U0909527

北京印刷学院传播学重点建设学科项目

高等学校编辑专业教学参考书

20 世纪
中国著名编辑出版家
研究资料汇辑

宋应离　袁喜生　刘小敏　编

河南大学出版社

目　录

赵树理

钱君匋

金仲华

赵家璧

黄洛峰

罗竹风

赵树理

赵树理（1906～1970），山西省沁水县人。原名赵树礼，曾用笔名野小、常哉、王甲土等。少年时即参加劳动，熟悉农民，热爱民间文艺。1925年考入山西省立第四师范学校。1929年因参加进步学生运动被捕入狱，次年获释。1937年投身抗战工作。1939年11月，到“牺盟”会上党中心区办的《黄河日报》副刊“山地”任编辑。1940年4月参加创办《人民报》并主编副刊；同年到《华北日报》社工作，冬，报社增办一种发行到敌占区边沿的小报《中国人》，赵任此报副刊“大家看”编辑。1943年5月，发表了著名短篇小说《小二黑结婚》，9月，由新华书店出版。不久就被调到华北新华书店任编辑。

1948年1月，通俗读物《新大众》改版为《新大众报》，赵任编辑。1949年7月，工人出版社成立，赵担任社长。1950年10月，北京大众文化创作研究会成立，该会当年决定创办会刊《说说唱唱》，赵担任主编，后改任副主编。之后他相继担任《文艺报》、《人民文学》编委。在十年动乱中被迫害致死。

赵树理是杰出的现代文学家，他擅长描写农村、农民生活，被称为“写农村的‘铁笔’、‘圣手’”。他同时也是一位长期从事报刊编辑的编辑家。他在编辑工作中坚持贴近农民读者，注意发现与培养新人，努力实现通俗化、大众化，深受读者好评。

《金锁》发表前后

赵树理

《金锁》这篇小说，在《说说唱唱》上发表之后，收到读者的意见如下：

人物不真实，侮辱了劳动人民。

下三烂话太多。

结尾矫揉做作。

摹仿《阿Q正传》。

为了答复读者对《说说唱唱》的爱护热诚，“大众文艺创作研究会”开了三次讨论会，把这篇作品逐字逐句检查了一番，并将检查的结果整理发表。可惜这三次讨论，我只赶上在第二次参加了个会尾巴，有些意见不曾谈出，再加上在编辑过程中我还有值得检讨的地方，现在把它一并写出来，作为对讨论会的一个补充和对作者、读者及其他编委的道歉（其余在讨论总结上提到的，这里不重复）。

一 编辑经过

在收到这一稿件后，“大众创研会”小说组的几个人和少数编委传阅了一下，发现了以下几个问题：

1.故事轮廓脱胎于《阿Q正传》。

2.解放以后的尾巴是加上去的(自原文第十章中“七七事变后……”起)。

3.假如删去了尾巴看,主题只在于暴露恶霸的罪恶,而未给被压迫者指出出路。

4.在趣味主义支配下,用了些不必要的人物,强调了些不必要的段落。

稿子传到了我,我主张发表,理由是作者真正了解未解放以前的农村,虽用了《阿Q正传》的架子,其内容并无抄袭之嫌,也没有一般写农村者只写概念的毛病,发表了可使人了解革命势力未到以前自然状态下的农村具体情况如何。

也有人提议改一改,我主张不大改,理由是尊重作者。

主意一定,发稿期也到了,没有和其他编委商量,就那样发出去了。

二 自我检讨

处理这一稿件,我有两点错误:

第一是其他编委提出来的意见自己不同意,不和人家再商量,就按自己的意见处理了,在作风上欠民主。

第二是以迁就毛病为尊重作者,其实就是对作者不诚恳。《金锁》的作者孟淑池曾要求对他这个作品提出意见,我自己和看过这篇稿的编委也曾看出作品的毛病,但在谈话时候,忽然觉得一个作品发表出去能起到一定的进步作用就算了,不必强叫人家和自己的观点完全一致,因此就和人家客气了两句就走开了。现在检讨起来这是个原则的错误——因为正确的观点只能有一个,自己对了就该说服人家,自己错了就该服从人家。从这篇作品上看,局部地从趣味出发,因而损害了对事物的选择与批判,原是艺术观点上的错误，而我则既不向作者提出，又不在文章上改正，对作者是一种“外气”，对读者也没有负到应该负的责任。

三　一点辩护

读者意见中，有一条是说这篇作品中的主角金锁是不真实的，是对劳动人民的侮辱。我以为这是不对的。我所以选登这篇作品，也正因为有些写农村的人，主观上热爱劳动人民，有时候就把一切农民都理想化了，有时与事实不符，所以才选一篇比较现实的作品来作个参照。事实上破过产的农民，于扫地出门之后，其谋生之道普通有五种：“赚”、“乞”、“偷”、“抢”、“诈”，金锁不过是开始选了个“乞”，然后转到“赚”。“有骨头”这话是多少有点社会地位的人才讲得起的，凡是靠磕头叫大爷吃饭的人都讲不起，但不能就说他们都不是劳动人民。他们对付压迫者的方法差不多只有四种：“求饶”、“躲避”、“忍受”、“拼命”，有时选用，有时连用，金锁也不例外。这些人的出路只有一条，就是参加革命：有的是在革命势力未到以前自动找去，有的是在革命势力到达以后，得到了土地，再加以组织教育，才能挺起腰来。在新解放区的农村，这种人虽不占多数，可也不是个别的，只是容易被一般人（连贫农在内）忽略，因为在一般人的意识中没有给他们列下户口。

作农村工作的同志们，如果事先把农民都设想为解放军那样英雄好汉，碰上金锁这类人就无法理解，其实只要使他的生活有着落，又能在社会上出头露面，他并不是没骨头的，解放军中像金锁这一类出身的人也不少，经过教育之后，还不是和其他英雄一样吗？

这篇作品中对金锁这个人物的处理，最大的缺陷是没有写出他进步的过程——也就是尾巴接得太短了一点，使金锁一类人读了不知道该如何挺起腰来，“瞎闯王”、“么二楞”等农民读了不知道对解放后的金锁在日常生活中应取什么态度,作农村工作的人读了不知道对金锁该如何做工作。虽有这个缺陷,只能说是美中不足,并不能说是没有真实性或是作者故意侮辱劳动人民。

原载《文艺报》1950年5月第2卷第5期

对《金锁》问题的再检讨

赵树理

《说说唱唱》第3第4两期上,发表了淑池一篇题名《金锁》的小说,作者对于农民作了不正确的描写,我在编辑的时候,没有接受其他编委的意见,未把可能改正的地方改正,以致发表出去之后,引出文艺界同人和其他读者好多意见。我收到这些反映后,曾在《文艺报》第17期上作了检讨和辩护(题名《金锁发表前后》),但检讨得不够详尽,辩护得不够正确,我现在感觉有重新来检讨一下的必要。

一 对"检讨"的检讨

我在原来的检讨中,虽然也曾提到原作是"局部地从趣味出发,因而损害了对事物的选择和批判",也曾提到这是作者的错误,可是只那么略略提到,轻轻放过,其原因是着重检讨自己,不愿多把错误向作者身上推。我在那时对原作的看法是这样的:

从这篇小说的主要内容上看,也不过是"一个流浪的难民,流落在一家恶霸地主家里当长工。恶霸地主欠下他的工钱不给,又用公家的粮食骗来了另外一个女难民,名义上是替他这个长工娶妻,实质上别有用心,后来因强奸不从,竟将男女一同治死。不料男的没有死去，投入解放军，最后把案情弄明了”。要是正正派派写，这个题材没有多大毛病（略有点公式化），可惜作者嫌它不足，故意把主角（长工）丑化了，又加上些除了色情再无其他的低级趣味部分来凑趣，竟弄得这篇东西局部地变了质。

这便是我原来对这篇小说的认识。原检讨中不足之处是没有把“对事物的选择”问题看成立场问题——以为对“金锁”本人的挖苦只是“语言”、“口吻”的无选择。现在看来，这一点是非常不正确的，这实际上是一个立场问题。作者主观上是要替劳动人民说话的，可是因为生活、思想、感情与劳动人民有些脱离（虽然作者原来是农民家庭出身），因而就不能把劳动人民的事当做自己一家人的事来讲。例如：小说中一开始介绍了曹家的“驴宅”（这个词也有毛病，不应把宗族和阶级混为一谈）之后，接着便说“金锁这个人虽然也姓过曹，却不是‘驴’家的正支正派……”这就等于说“这个忘八蛋与那一伙忘八蛋虽然都是忘八蛋，可是不同种”。这种口吻，贯注于全篇，使人读了不知道作者是站在哪一方面说话。

二　对辩护的检讨

我的辩护中需要检讨之处甚多，现在先举两条重要的：

一、好多人指出这篇小说“是对劳动人民的侮辱”，我的辩护说“不是”。大家是对的，我是错误的。把恶霸地主和农民平列起来，一例地挑着眼用俏皮话骂下去，还能说不是侮辱劳动人民吗？

二、说“有些写农村的人……把一切农民理想化了，所以才选一篇比较现实的作品来作个参照”也是错的。指导我作这样辩护的思想是自己有个熟悉农村的包袱。当时收到的稿件中，《……翻身记》就有好几篇，可惜都好像新闻，看不出农村的生活，而看到《金锁》之后，觉着其中写到的事物有不少地方和我自己观念中已有的事物都相差不多，因此就说它是“比较现实的作品”，还要叫给别人作个参照。仔细一想,别人如果真的参照了这个讥讽农民的风格来写东西,不是都讥讽起农民来了吗?因为自己有了熟悉农村这个包袱,在感情上总觉着千篇一律的概念化的作品讨厌,没有认识到,只有概念或千篇一律固然不好,但是写的人主观上诚诚恳恳的歌颂劳动人民,自己如果比人家多知道一点什么,应该把自己的意见提出来给人家作个参考,为什么要以为人家的作品"讨厌"呢?

三　对辩护的保留与保留中的检讨

我所担心的一个问题是做农村工作的人怎样对待破产后流入下流社会那一层人的问题。这一层人在有些经过土改的村子还是被歧视的,例如遇了红白大事,村里人都还以跟他们坐在一块吃饭为羞。我写《福贵》那时候,就是专为解决这个问题。福贵的前期遭遇并不比金锁好,假如只从"现象"上挖苦起来,恐怕要比金锁还难看。我在辩护中说,他们讲不起"骨头",只是说"讲不起",并非说他"没有";说"多少有点社会地位的人"才讲得起,指的是比金锁稍强一点,在社会上还有人愿意跟他谈话的人,而并非指什么能挤到地主边上的人。我对这一层人的分析还认为没有大错,不过要是选举农民代表,当未做过适当工作之前我可也不选他们。

这一段分析不论对与错(错了再研究),写在辩护中也只能算是狡辩,因为《金锁》这篇小说根本不是以解决那个问题为主题的。根据这种说法推论下来,就得出原辩护中末一段的结论:"……对金锁这个人物的处理,最大缺陷是没有写出他进步的过程……"其实是这样吗?假如补出他的进步过程来,该算一篇呀该算两篇?补出进步过程来就能把前边立场上的错误撤消了吗?显然是不妥的。

四　对作者的认识

最后,我仍认为作者具有写农村的特殊条件:生活熟悉、文字通俗流利,只要经过相当的政治学习,一定是能写出好的作品来的。

原载《文艺报》1950 年 7 月第 2 卷第 8 期

我与《说说唱唱》

赵树理

我与《说说唱唱》已经有二年关系了,趁着这次文艺界整顿思想,我把这二年来在这刊物上经我手弄出来的错误检查一下。

这二年来经过我手在这刊物上弄出来的具体思想错误有三次:第一次是发表了歪曲农民形象的小说《金锁》。发表这个作品的原因,一方面是因为自己的理论水平低和固执着从旧农村得来的一些狭隘经验;另一方面又以为"不必强叫人家和自己的观点一致"(见第一次检讨)。第二次是写《武训问题介绍》中说"有些人"捧场,"有些人"批评,故意把"阶级"观点字样避开。第三次是发表了用单纯经济观点宣传种棉的《种棉记》,以为只要使不愿种棉的人读了去种棉就行,也不必给农民以更高的政治教育。产生这三次错误有一个相同的根源,就是不懂今日的文艺思想一定该由无产阶级领导。因为我们的文艺是要教育人民的;传播了错误的思想,就会把人引到错误的路上去。我们这国家的性质是"无产阶级领导的,以工农联盟为基础的,团结各民主阶级和国内各民族的人民民主专政,反对帝国主义,反对封建主义和官僚资本主义的人民共和国”。要是没有无产阶级领导,就不能彻底战胜帝国主义、封建主义和官僚资本主义的势力。这个道理,在今天早为参加革命的各阶级人民所拥护。而我自己是个共产党员,反抱着一种糊涂想法,不是去宣传无产阶级在国家生活中的领导作用,而是故意把阶级面貌模糊起来,甚而迁就了非无产阶级观点,以至造成不断的错误。

再一个错误是在选稿问题上,由要求“形式通俗化”走到了“形式主义”。在形式问题上,我们开始只规定“力求能说能唱,说唱出去大众听得懂、愿意听”,并不是一定要用“旧形式”,更不是不管内容,只要能说能唱就行。可是有些作家往往不习惯于通俗的形式,不能多来稿;有些掌握了说唱形式的人,对新的政治生活未必熟悉,写来的东西,在内容上有的太单薄,有的一般化,有的有错误,而我们选稿的时候偏又得从这些来稿中去挑,结果就从形式上比高低,在内容上自然仍以单薄的、一般化的为最多,甚而发表了有错误的东西。这样就把形式放到第一位而把内容放到第二位了。就是单从形式上讲,也只是为了给掌握旧技术的艺人拿去当下可以说唱,并没有多注意到丰富和改变那些通俗的形式,使它们适切地表现生活中的新因素,而符合于毛主席所指示的“从普及基础上求提高”。不论我们编辑者在客观上有什么原因,拿出去的货色大多数既然是这样的东西,投稿者就照样制货,结果每月收到五六百件稿子,大部分是一些“儿婿拜寿”、“儿女夸夫”、“某甲翻身”、“某乙改

《说说唱唱》创刊号书影

造”的千篇一律的故事加了一些陈腔滥调的敷演，到了发稿时期无好稿可发，仍旧发的是这些。这真叫做自己搬石头砸了自己的脚面。

还有个错误是事前缺乏计划，弄得完全被动。每逢有了重要的政治任务，就临时请人补空子，补不起来的时候，就选一些多少与该问题有点关系的来充数，简直有点和政治任务开玩笑。

经过这次整顿思想，我和几位有同样毛病的同志们，深深感到错误的严重，因此就和这几位同志约定，今后努力提高自己的理论水平，加强对读者的责任心，务使不犯旧错，并望文艺工作者和读者诸同志随时加以监督。

原载《说说唱唱》1952 年第 1 期

彻底面向群众[①]

赵树理

去年有些同志们想在首都办一个通俗文艺刊物，我也是其中的一个，并且和大家在报上登过启事，写过文章，后来因为没有找到主编人，没有办成。我们曾有一度和北京市文联商议请他们兼办，北京市文联愿意将他们原有的刊物《北京文艺》彻底改变为面向广大群众的文艺刊物，以代替我们拟办的这个刊物的作用。这自然是我们求之不得的。现在《北京文艺》这种改革措施已经成为事实，我敬向他们致贺！

“通俗”这个词儿虽然大家习用已久，可是我每次见到它的时候都觉得于心不安。“俗”字本来是旧社会的所谓“上流人物”轻

① 这篇文章最初发表在《北京文艺》1958 年 10 月号，后收入《三复集》。

视和侮蔑劳动人民的字眼儿——如说“世俗之徒”,“凡夫俗子”之类。“俗”的对方是他们自己的特殊性,他们名为“雅”,就是一切语言、行动与“众”不同的意思——例如行动方面的讲话摇头晃脑、走路踩不死蚂蚁,语言文字方面的“古”一点、“洋”一点、“奇怪”一点、“麻烦”一点之类,就都属于他们那“雅”的范围。要从文艺中划出一块小小地盘来叫做“通俗文艺”,那么保留下的那个大地盘该叫做什么“文艺”呢?用这个词儿,不但对普及工作者有点下眼看待,就是对占着大地盘的“文艺”也未免有点不敬。把《北京文艺》彻底改为面向广大群众的刊物,则不需再加上什么“通俗”字样,“通俗”这顶帽子首先可以在首都摘去了。

这样一改,也许会有人为“提高”担忧。我以为彻底面向广大群众,对于提高不但不会妨害,反而会为提高造成非常方便的条件。“在普及基础上的提高”这话在我们的文艺界没有人反对,只是十多年来认真按照这个话办事的人不像我们理想中那样多,所以成效也不是那样理想地大,“普及”固然受到些影响,“提高”也不见得很够——因为不曾都放在“基础”之上。假如我们十多年来更注意一点普及工作,到了现在,提高工作的基础要比已经具备的高一点。虽然是这样,提高工作仍应该从这个基础上作,否则仍会是脱离群众的。误了的课一定要补,跃进只是说要加快脚步而不是说要脱离基础。在全国大跃进的高潮中所涌现出来的群众文艺创作,就是这个“基础”的大展览,从前要花好多时间才能搜集到的东西,现在只要睁开眼往街上走,想不看见也不行,难道不是非常方便的条件吗?

一切专家,都是做提高工作的,文艺也不例外。“专家”之所以为“专家”,无非是对他所“专”的事物经多见广,从中找出许多规律来,再用这些规律指导他的工作、传授他的学生,并且不断从工作中发现新现象、新问题,随时修正和补充他已经掌握的规律,以便把工作做得更好,把徒弟教得更出色。业余工作者也能发现一些规律,应用一些规律,不过因为自己没有专责,所以往往掌握不了全面,只是能做多少做多少。一个专家要能随时注意业余工作者的新发展、新创造,他的专业本领就能迅速提高。业余工作者固然对一种行业不像专家那样有全面知识,可是也不像专家那样有清规戒律,因而他们的新发现、新创造往往不是遵循着专家的思路想出来的,往往是专家不敢想的,而且他们人数又比专家多得多,除去重复了前人和专家的发现、创造之外,剩下来的还都是专家未接触过的新天地。农民在农业上放出去的卫星接连不断地超出世界上一切农业科学家理想框子之外,就是个有力的证明。最近的群众文艺创作之多,多到我们无法估计,其中有多少特殊优秀的作品,多少出乎我们思想框子之外的新思想、新方法,都正待我们去发现、去总结,难道不正是给提高工作者拟出来的无穷无尽的题目吗?即以河北民歌为例,今年可能要有1000万首;每首平均以30个字计算,就有3亿字;一个人读书的速度每天以15万字计算,要读完这些民歌,就需要5年零6个月。河北的群众文艺创作不止有民歌,中国的群众文艺创作又不止河北一省有,这个文艺的海洋,虽不是深不可测,可是真够为数不多的专业文艺工作者测几天的,何况我们的任务不仅在于“测”,而更重要的在于沿着他们自己的前进方向给他们写出更高的作品来,总结出更合乎实际的理论来呢?我们可以断定,专家越是面向群众,越没有“失业”的危险;要是脱离群众,反而会被从群众中来的新专家顶出门来。

《北京文艺》在近几个月来也和其他文艺刊物一样,随着大跃进的浪潮变得更接近群众了,现在再实现了酝酿已久的彻底改革,将会使群众更加欢迎,将会使专业文艺工作者更有用武之地,因此我觉着特别值得祝贺。

1958年9月21日

原载《北京文艺》1958年10月号

编小报的回忆[①]

赵树理

那时，办小报，从采访、编辑到印刷、发行都是我一个人包办，又当主编，又当发行员，样样干……农民不识字，看不懂书报，只能让别人念给他们听。所以，办小报主要是给农村干部看的，通过干部再向群众宣传。

我在农村与老乡吃住在一起。夏天干活时，在地头树阴下，冬天活计少，蹲在房前晒太阳，和老乡拉家常。我向他们宣传党的政策，讲新故事，他们很喜欢听。农民有什么话都愿意对我讲，有什么疑难问题找我给他们解答。我了解农民的喜爱和要求。农民需要什么，我就写什么。农民喜欢什么艺术形式，我就采用什么形式。快板、评书、故事、小说以及地方戏曲，我样样都写。《小二黑结婚》、《李有才板话》等作品，就是根据当时民主革命时期，农村减租减息、土地改革、反对封建婚姻中发生的事情，经过集中概括艺术加工写成的。每次写出初稿，先念给老乡听听，征求意见，看看反映如何，再作修改。在小报上发表文章，当时很少用真名，笔名用了多少，连我自己也记不清，反正随便从篓子里拣出两个铅字，逗在一起就行了。

那时候，办个小报，可不容易了。不仅纸张、油墨缺乏，还得时时提高警惕。一听说敌人要来，我便背上装铅字的背篓，跑进山里

---

① 据杨百铸《忆赵树理》一文辑录，该文载《大西南文学》月刊 1988 年第 1 期。按，1939 年冬天，赵树理编《黄河日报》（路东版）副刊。1940 年 5 至 6 月编《人民报》副刊，同年 8 月起，在华北《新华日报》社编《中国人》周刊，1942 年夏秋之间停刊。回忆时间约在 1955、1956 年。题目是编者加的。

躲起来。走到哪里,便在那里编起来,条件嘛,与现在无法相比了。

选自《赵树理全集》(5),北岳文艺出版社 1994 年

附:

给陈登科同志的信[①](片断)

我读了你的小说[②]之后,觉着内容充实,语言生动,乡土气很浓,但是,书中人物还欠精雕细刻,在艺术结构上也不够完整,希你能在它出版之前,再做一次必要的修改,地方土语,以少为好。

……

给凌孟章、龚启文的信[③]

来信来稿已收到。至于你俩写的短篇小说,主题虽然新颖,但感情不够真挚。所以你俩的稿件不能用。今后要注意,感情要真挚,千万不要作假,作假就是无病呻吟。

以上两信选自《赵树理全集》
(5),北岳文艺出版社 1994 年

---

① 据陈登科《忆念赵树理同志》一文摘录。据陈文说,此信很长。写信时间约在 1950 年 10 月初。

② 指《活人塘》原稿。

③ 据凌孟章、龚启文《一段难忘的回忆》(载《赵树理研究》1990 年第 4 期)辑录。时间在 1964 年秋天。两位作者当时在沁水一中工作。原件未见。

回忆我的父亲赵树理

赵广建

1971年2月的一天,阴云低垂,北风呼号。我怀里抱着含冤死去的父亲的骨灰盒,和年迈的母亲回沁水故乡。山路颠簸起伏,车内的空气沉闷得好像冻僵了。母亲一路上低声哭泣,搅得我心乱如麻,许多往事一股劲地往上涌,随着我的眼泪流淌着……

25年前,就是在这条路上,父亲接我和母亲离开故乡去晋冀鲁豫边区。父亲怀里抱着我,和母亲坐在一辆拉木炭的汽车上,我偎依在父亲怀里,幸福地端详着这个刚刚相识没几天的父亲。父亲是多么爽朗风趣啊!他谈笑风生,不时嘴里打着锣鼓点哼上几段上党梆子,逗得人嬉笑了一路。大家七嘴八舌和父亲攀谈,争着把自己家乡的各种趣闻和个人的喜怒哀乐告诉给父亲,大家都喜欢他,信任他,有这样一个父亲,我心里有多么高兴啊!

我父亲很早就参加了革命,在生我以前几个月,他就离开了家。1946年,我长到9岁了还没见过父亲的面。夏季的一天,我正沿着村后的小山沟挖野菜,快到晌午了,突然有人在沟口喊我:"喂,小芬,快,你大回来了!""什么呀?"我愣了一下,提起篮子,惊喜地朝村里跑,心里可在想:敢情是有人在捉弄我?一进村,就看见我家院里院外挤满了人。大家见我回来了,就闪开一条路,妈妈指着被围在中间的一个又高又瘦穿着一身灰衣服的陌生人让我叫大,我羞怯地嗫嚅着。那个陌生人慈祥地笑着从台阶上下来,一把就将我抱在怀里。一个从小没见过父亲的孩子,第一次享受父亲怀抱的温暖,心情该是多么欢悦欣喜。

可是,我现在怀里抱的却是父亲的骨灰盒……父亲是受林彪、"四人帮"的残酷迫害致死的。1970年9月6日,我已经很久没有见到父亲的面了，好容易才得到允许去看囚禁中的父亲。他被关在一间小屋子里，我进去的时候，父亲在伏案认真地抄写着什么，我轻轻地走过去一看，原来是毛主席的诗词《卜算子·咏梅》。父亲用一只手按着被打断两根肋骨的侧胸，忍着极大的疼痛，艰难地坐在桌前恭恭敬敬、一笔一画地抄写着，汗水从他布满皱纹的额头沁出来，滴在纸上，他却抄得那样虔诚，那样聚精会神，仿佛是在用整个生命书写着自己的信仰和寄托。看到这个情景，我积悲难禁，一下子哭出声来。父亲回头一看是我，叫我靠到桌前，双手捧着那首刚刚写好的《咏梅》递给我，庄重严肃地对我说："小鬼，如果将来有一天你能看到党的领导，就替我把它交给党，党会明白我的……"说到这里，父亲眼里闪着异样的光，灼灼有神地凝视着《咏梅》。我知道他这时早已驰思窗外很远很远的地方……我心酸地端详着父亲，看着他被摧残折磨得不成样子的身体，想安慰他，可又不知说些什么，反而是父亲劝慰我，激励我。父亲在"文化大革命"中一直很乐观。他喜欢民间乐器，平素只要一听到锣鼓响，他一定要凑过去来几下，他一个人能同时把锣、鼓、钹等几样乐器打起来，口当胡琴还不误唱。这时不行了，他已经失去了这种自由，可他仍然想办法自得其乐。常常是刚被批斗完，一回家来，就拿个鸡毛掸子当马鞭，嘴里喊着锣鼓点，把地上当作舞台跑圆场，逗得两个小外孙也拿着小棒跟在他屁股后边跑。每逢这时，常弄得母亲哭笑不得，叹着气对父亲说："斗成你这样，还把你高兴的。"妈妈不理解，爸爸的这种苦中寻乐，其实就是对林彪、"四人帮"迫害他的一种坚强的反抗。在那些日子里，父亲经常对我说："小鬼，不要软弱，相信党，相信群众。现在确实困难，但这对我们每个人的革命意志都是个很好的考验和锻炼，只要对党和人民有好处，个人受到一点冲击和委屈不该有什么怨言。"父亲热爱党、热爱人民，一直到他被林彪、"四人帮"迫害到生命垂危、奄奄一息的时刻，他想到的仍然是党的事业和人民的利益，对于未来充满了信心和希望。

9月18日,已经濒危的父亲又被拉到万人大会上进行批斗。这时他已经站立不住了,大会开始了没几分钟,父亲就一头栽倒在地上。眼看父亲是不行了,可那些人仍然强行让父亲写所谓的检查。5天以后,父亲的"检查"写到中途就含恨死去了。丧尽天良的林彪、"四人帮"惨无人道地夺去了我的可亲、可爱、可敬的父亲。不共戴天的仇恨,像火一样燃烧在我的心头。这绝不是我个人的恩怨得失,因为父亲是属于党的、属于人民的,他是人民大众的作家。

父亲一生热爱劳动人民。我经常听父亲说:"我每逢写作的时候,总不会忘记我的作品是写给农村读者读的。"父亲一直生活在人民群众中间,是人民群众火热斗争的积极参加者,他的一生是为工农兵服务的一生。父亲在谈到他是如何确定作品的主题时总爱说:"我在做群众工作的过程中,遇到非解决不可而又不是轻易能解决得了的问题,往往就变成我要写的主题。"父亲的创作实践和他讲的完全一致。我从来没有见过父亲拿着本子去收集什么创作素材,或者是为要写什么东西而专门找人开座谈会。有一次出于好奇,我想看一看一个作家的笔记。当我打开父亲的笔记时,我愣住了,里面记的和我想的完全不同:

"1.返销粮:指标到户、分期付粮,凭证领粮。节约用粮:应做重点户的具体工作。重灾区应抓生活、促生产——以生产自救为中心。管好储备粮,要先备种子。2.水源问题:自给队——要将水充分用起来;半自给队——多费点劲引水上山;缺水队——滴水不弃,种一亩算一亩……"

1957年父亲送我下乡以后,我有机会实地看到他在乡下的工作、生活和写作。1958年秋季一天的上午,有人告诉我说父亲回来了,可是直到天黑还没见他的影子。正当我等得着急的时候,父亲进门了。我问他:"有人见你早就进村了,怎么现在才回到家?"父亲微笑着说:"我从后盔回来,看到老瓜滚在坡上,柿子都熟透了还挂在树上,心想不知山上玉茭掰了没有?就上了西坡。从西坡到磨疆,又转到了大凡,在大凡坡底看到了三队的人在那里掰玉茭,就跟他们干了一会。晌午收工回来,在杨树滩碰到支书,我俩边走边谈去了他家,在他那儿吃过了午饭,开了一个支委会。下午我俩又到各队了解了一下情况,直转到现在。晚上要开干部会,你也该参加。你想想能不能马上办起幼儿院来?这些工作,其实你当妇女干部,在男劳力抽去大搞钢铁的情况下早该想到。一个社员,更何况是一个队干部,应当有这种责任感,不能只等着支书给你分配工作任务!”

对于农活,无论是犁地、摇耧,还是扬场、撒粪,没有一样能难住他。父亲还会编簸箕、箩筐和小篮。他下乡,经常是赶上什么活都能跟上社员干,这使他非常容易接近群众。村里的干部社员都很信任父亲,把他当作知心人。父亲到哪儿,哪儿就红火起来。社队干部找他谈工作,姑娘、小伙子喜欢听他吹拉弹唱,婶子大娘请他排难解忧,东邻西舍吵嘴打架请他评理说长短,两口子闹离婚找他说合,叔叔大爷生疮闹病请他想办法,甚至连小会计刚接账搞不来分配也找他。总之,父亲是来者不拒,什么事都管,人们来了就像到了自己的家。在他耐心认真地帮助群众解决这些问题时,他并没有想到有一天要把他们写进小说里,可他一旦在实际生活中发现了需要解决的问题,产生了强烈的创作欲望时,这些人和事就自然而然地出现在他的面前,成为他作品中的人物和情节。因此广大群众喜爱父亲的小说,称他是“我们的老赵”、人民作家。这是党和人民给予父亲的最大的信任和荣誉,这也是林彪和“四人帮”对父亲恨之入骨、必欲置之于死地的原因。

父亲是一个生活俭朴不讲究吃穿的人。1950 年母亲来北京前,父亲常带我去霞公府西口的一家小饭铺吃饭。这里的顾客全是蹬三轮、赶大车的劳动人民,卖的吃食是烤白薯、大饼、葱沾酱和老豆腐。那时,父亲已经是成名作家,又担负着领导工作,可是他喜欢在这种充满着汗味的大众饭铺里吃饭。有一次,一个当副省长的叔叔到北京开会来看父亲。他俩是老同学,又是多年的好朋友,父亲见到这个叔叔,就把他领到这家小饭铺吃老豆腐,俩人边吃边谈,非常开心。

父亲一生没有积蓄。母亲也是穷苦人家出身,在农村过惯了苦日子了,进城后,家里的支出都是精打细算的,按说每月该有较多的剩余,可是父亲从来不让母亲存钱,除了维持在一般中等人家的生活水平外,父亲把剩余的工资和稿费不是交了党费,就是支援了家乡社队,接济了经济困难的同志。

父亲对我和两个弟弟要求非常严格,经常教育我们不要因为自己是干部子女,就轻视劳动人民和体力劳动。1957 年,我高中毕业后,父亲坚持动员我到农村做个普通农民,如果要留在北京,就在服务行业里当个售货员或是理发员。当时我想不通,觉得去农村没出息,当服务员太丢人。父亲针对我的思想问题,进行了严肃的批评,指出这是轻视劳动人民的思想在作怪。在父亲的耐心教育下,我终于打通了思想,愉快地回到家乡务农。

父亲热爱劳动人民,人民关心着我父亲。在"四害"横行的日子里,经常有一些素不相识的同志向我问询父亲的状况,他们惦记他,为他所遭受的迫害愤愤不平、焦急不安。当父亲被迫害死的消息传出后,这种不相识的慰问就愈来愈多了。群众通过各种办法来表示对父亲的感情。有一次,一个熟惯的朋友,悄悄地把一本在群众中私下传阅的父亲写的《下乡集》转给我看。这是一本经过精心装订的旧书:磨秃的书角和断口都被人用透明胶纸整齐地粘贴起来,残缺的断页也被人用清秀的小字抄写补齐,笔迹不一,显然是出自众人的手。我含泪翻着这本劫后余生,被群众精心保护下来的"地下读物",百感交集,心潮澎湃。真理是任何谎言和诋毁所遮盖不住的,人民是历史最公正的评判者。在人民的感情的海洋中,我看到了对父亲信任和同情的浪花,它在"四人帮"猖獗的时候，给了我斗争的勇气和力量。我坚信总有一天阳光要驱散乌云，正义要得到伸张，邪恶要受到惩罚。

8 年来，我仔细地珍藏着父亲遗留下来的那首他亲笔抄写的毛主席诗词《咏梅》，满怀信心地等待着，等待着……这一天终于来临了。1976 年 10 月，以华主席为首的党中央一举粉碎了“四人帮”，挽救了我们的党、我们的国家。我父亲的沉冤终于得到昭雪，当我双手把这张烙有父亲心迹的《咏梅》交给党组织的时候，我仿佛看到父亲就在我跟前，无声地向党诉说他对华主席和党中央的感激。

历史翻开了新的一页，往昔的痛苦被今日的欢乐所代替，每当我看到周围兴高采烈、意气风发的人们愉快地工作和生活着的时候，我总要想起毛主席和周总理等老一辈无产阶级革命家，想起那些为了今天幸福而惨遭林彪、“四人帮”迫害的老干部，想起我的父亲，同时，我也在问我自己，应该怎样珍惜今天幸福的时代？

原载 1978 年 10 月 22 日《山西日报》

赵树理帮助我修改《活人塘》

——怀念赵树理同志

陈登科

《活人塘》写于 1948 年，到今年，正好是 30 年。在 30 年后的今天，它又获得新生，不禁使我想起赵树理同志当年是怎样支持、帮助、扶植、培养一个年轻的初学写作者的。

30 年前，我是一个抗日游击队员，而且是一个非常普通的游击队员。那时我不知道什么叫小说，我也不知“作家”这两字的含义,更没有想到我会进入文艺队伍,充当文学战线上的一名战士。

我写小说,是从1947年夏开始的。第一部小说叫《杜大嫂》,是写洪泽湖边一支游击队,在敌后坚持斗争的故事。在当时,我既不知什么叫小说,我也无意写小说,只是将我自己在洪泽湖边打游击时,耳闻目睹的一个一个对敌斗争的故事,略加概括与提炼,汇编成一个大的更为完整的故事。后来人们都称它为小说,既然称它为小说,我就写小说呗,便又写了第二部小说《活人塘》。但是,我仍不知"小说"这个名称是什么意思。

《活人塘》的初稿写好时,正当淮海战役的开始,我被派往新华社淮海支前支社任记者。淮海战役结束后,我又奉调去新华社合肥分社工作,因此,这部小说,我一直放在背包里,从苏北背到淮海前线,又从淮海前线背到安徽。直到1950年秋,因生病,住院治疗,才又把它拿出来。

在苏北《盐阜大众报》时,一些老同志,对我的写作,不仅给予极大的支持,他们还肩负着培养我的责任,每当我写好一篇稿子,他们不但主动帮我看,还帮助我修改,到了安徽不仅与原来帮助我的人一个一个失去了联系,而且工作关系也起了变化。稿子向什么地方寄?请谁看?正当我没有主张的时候,一位同志向我提出《说说唱唱》的主编赵树理来。

赵树理这个名字,在好几年前我就听说过了。因他写的《小二黑结婚》在我们苏北解放区好多农村剧团全演过,但是他是什么地方人?连是男是女我也不清楚,怎么好意思给他写信?把稿子寄给一个从不相识的人,他会不会帮我看?他若是不看,万一丢掉怎么办?……当时我想得好多。

其实,我这些担心,全是多余的。赵树理同志一接到我的稿子,不但亲自看了,还为我找了田间同志看,并对田间同志说:"我近来看了一些来稿,能够如此打动我心的还不多。希望你能看看。其中的人物,虽然没有经过精雕细刻,但他们也令人忘不了。"接着他又找康濯同志说:“有篇稿子,看来是个工农干部写的,有些字是打的记号,还要你去猜,要把它看完,是要费点劲,耐点心,吃点苦头,不过是值得一看的。”

是的,我那时写的字,虽不是洋文,却比天书还难认。如趴下来的趴字,我不会写,就自己想了一个字,将“馬”字去了四点,“馬”砍去四条腿,不就“馬”下了吗?可是这个“馬”字,别人是认不得的,同时,有些字,我想不出来,就干脆在稿子上打个记号,这记号就得看稿人去猜。尤其难认的,因我从淮海前线南下时,途中翻了一次车子,连人带稿子全翻下河,稿子经水一泡,字迹模糊不清,有些地方,就连我自己也很难认出。

赵树理同志,当时是《说说唱唱》的主编人,他对一个初学写作的人,并不因我的字难懂难认,放到一边去,或者推给别人处理,他不但细心地、认真地、负责地看了我的稿子,一字一句帮助我修改,而且还动员其他编委帮我看稿,修改稿,这对一个初学写作的人来说,是多么难得呵!

《活人塘》经赵树理同志亲自修改后,终于在1950年10月份的《说说唱唱》上发表了。在发表的同时,赵树理同志还将他的读后感,写成了“四人赞”:

一　刘根生赞

狂敌迎锋倒,碉楼触手摧。
临危坚不屈,视死坦如归;
得救知群力,相依渡久围;
时机才一到,拔地一声雷。

二　薛陆氏赞

白发残年百难身，冤仇未报恨沉沉。
雪中埋去连心肉，墓里刨回舍命人。
茅屋成灰尤放胆，糟糠吃尽不灰心。
黄昏斗到太阳出，敢把豺狼一口吞。

三　大凤赞

十五月来惟一事，小心翼翼护同志：
包伤喂饭病床前，递信传书生死地。
并坐还装姐妹行，相亲不避雌雄异。
船头携手一叮咛，脱尽寻常儿女气。

四　七月赞

伶俐聪明小女孩，无辜血肉委尘埃。
遗尸也有功劳在，换得英雄雪恨来。

赵树理同志在写出“四人赞”的同时，又给我写了一封长信，他说：“我读了你的小说之后，觉着内容充实，语言生动，乡土气很浓，但是，书中人物还欠精雕细刻，在艺术结构上也不够完整，希你能在它出版之前，再做一次必要的修改，地方土语，以少为好……”他在这封信里，特别提出要我加强文学方面的学习，并开了一大串书名，要我一本一本地看，鼓励我学习要坚持不懈，生活要点滴积累，刻苦钻研，循序渐进。在写的时候，要有话则长，无话则短，切不可无话找话，拉得太长。在语言上，要说能上口,听能入耳,切不可学洋等等。同时他还愿与我做个朋友,经常和我通信,表示如我愿进中央文学研究所学习,他可做个引线人。

其实,在我接到赵树理同志信前几天,当时《皖北日报》的负责人,已接到赵树理和田间两人的联名信,建议报社送我进文学研究所去学习。

在赵树理同志极力推荐下,我于1950年底进了中央文学研究所。我也就从此跨进了文艺界的大门。

我在文学研究所二年多的学习中,不仅听过他的课,他还多次与我单独交谈,向我传授了他的个人创作经验。他把我当着小弟弟看待,我亦把他视为良师……可是,他,他……

他的遭遇,比我更惨呵!

大叛徒江青,还有那个叛徒的儿子、文痞姚文元,点了他的名。在万恶的"四人帮"横行的日子里,白骨精江青,信口雌黄,她说谁是反革命,谁便九族遭殃。赵树理同志常常在深更半夜被蒙上眼睛,从床上拖出去,这儿批,那儿斗。从太原斗到长治,从长治斗到晋城,从城里斗到乡下。他头上戴着高帽,脖子上挂着几十斤重的铁牌子,站在三张桌子垒起来的高台上,一时要他跪在桌子上,一时又逼他站起,就在他站起来的当儿,凶恶的打手,从他背后,猛力往下一推,这一推……

赵树理同志从三张桌子上被推下,什么也不知道了,当他从死亡的道路上又返过魂来,才知他的髋骨被摔断了,肋骨亦被打折,肺子被折骨戳通……那些打手们,又把一个奄奄一息的人,拖到太原湖滨会堂召开万人批判大会,不到四天,赵树理同志便含冤离开了人间……

唉!30年啊!30年,《活人塘》在30年后的今天,又获得新生,赵树理同志却永远离开了我们。我借着《活人塘》再版的机会,写了这么几句,作为对赵树理同志的怀念,也算作《活人塘》的再版又记吧！

作 者 1978年6月10日于北京

此文系陈登科同志为1979年人民文学出版社出版的《活人塘》写的“又记”，本题目为编者所加

赵树理传略

黄修己

在原野里成长

在山西省沁水县县城东南一百二十余华里，磨缰山下，沁河之畔，有一个不满百户的村庄，叫尉迟村（今属潘庄公社）。当地传说，唐代初建时，尉迟恭愤于唐高祖李渊陷害忠良，逃出朝廷，隐匿于此，村子因而得名。1906年9月24日（农历八月初七），当代著名作家赵树理就诞生在这里。他原名赵树礼①，乳名得意。当时家有16亩土地，住房亦较宽敞，相当中农的经济水平。祖父赵忠方，年青时常年随同乡在河南经商。清朝末年，时局动荡，小本生意，无利可图。三十多岁时得独子赵和清，此后即在家务农。因不善农事，家境亦甚困窘。于是冬春两季，在他家西屋开馆，招有二十余名学生。约在赵树理11岁时，祖父去世。此后，赵家屡为婚丧诸事而举债，不断将土地抵押出去。晋东南民谚：“借钱上利，不如卖房卖地。”在高利贷盘剥之下，赵家便一蹶不振，迅速从中农下降为贫农。

---

① 赵树理改名当在1937年参加革命前后，据1935年见过赵的人回忆，那时他仍以“树礼”为名。

赵树理的父亲赵和清(1884～1943),是个“万宝全”式的农民,从地里农活,到编筐织箩,修壶补锅,样样都拿得起来。他也读过一些古书,既懂得号脉处方,又谙熟择出行、测八字、看风水等迷信物事,而且熟悉民间音乐,是当地农民自乐班“八音会”里的拉弦好手。赵树理的母亲王金莲(1885～1962),是个李成娘式的农家妇女,料理家务精明能干。尽管双亲都有些能耐,却抵挡不住高利贷的重压,日子过得相当艰辛。直到抗日战争爆发,赵家仍是重债难清。赵树理是独子,他有一姐三妹。因家境困难,父母忍痛将他的一个妹妹给了人。

生长在这样的家庭里,赵树理从小饱尝了受剥削的辛酸滋味。很小他就赶驴送炭、拾粪放牛,在大腊月天冒着风雪严寒离家躲债。他后来回忆说:“我是被债务挤过十几年的,经我手写给债主的借约(有自己的、也有代人写的),在当时,每年平均总有百余张,其中滋味,有非今日青年所能理会者。”①在饱受熬煎的生活中,他也学会了农业生产和农村生活的各种本事,扶耧犁田、施肥播种、盖房刷墙、生火擀面,无所不能。同时也经常参与农村社会的各种活动,“跟着人家当社头祈过雨,参与过婚丧大事,走过亲戚拜过年”②,熟悉了农村的人情世态、风俗习惯。他还从小接受了民间艺术的熏陶,对说书、鼓词、快板和各种民间小调、秧歌等都能熟练掌握,尤其喜爱上党梆子。常常走十几里路到邻近村庄看戏,回村时已是天亮,也不休息就下地干活。高度的兴致使他后来成为上党梆子剧种在剧目、编导、音乐、表演等方面的一个难得的行家。他在农闲和雨天,也常随父亲到一位姓吕的贫农家里,参加“八音会”活动。他很快学会吹拉弹打的全套本领。在这里,还从农民们那些生动活泼、幽默风趣的谈话中学习语言。他后来把这

---

① 《挤三十》,《人民日报》1962年2月4日。

② 王春:《赵树理是怎样成为作家的》。

里称为自己的“初级语言学校”。青少年时代的经历，使赵树理在思想感情、生活习惯、气质风度、艺术趣味以及语言等方面，都完全农民化了，因而深知农民的心灵奥秘，深解他们的美德及弱点。他后来总结自己成功的经验时，认为这些都是他的“自以为幸的先天条件”①。

农村家庭里的独子所受到的宠爱是不言而喻的。赵树理很小时候，祖父就教他读书写字（所读当然只是四书五经）。祖父去世后，他还曾讲过村塾。赵和清则将自己的生产、中医、迷信等各种知识，悉数传授给儿子。父亲对儿子接受文化的能力甚感自豪，常令他在串门的亲友邻里面前背诵古书和迷信口诀。他把人们对儿子的夸奖作为奔波劳顿之余的心灵的慰藉，同时由儿子的聪敏而产生对家庭未来前途的憧憬。1920 年，当赵树理 14 岁时，父亲接受了邻里的建议，把他送到邻近的榼山（今属端氏公社）上高等小学。祖祖辈辈过着贫困生活的农民，迫切希望改变当牛做马的命运。但是，出路在哪里？赵和清所能给儿子安排的，只有通过“学而优则仕”来改换门庭的路。1923 年，赵树理高小毕业。1924 年到板掌村（今亦属端氏公社）教小学。他虽然当上了“冬烘先生”，却不曾脱离过农民。“在乡村集镇上教小学，教学以外的杂事很多：赛神唱戏写通知、写神庙对联，村里人有了红白大事写请柬、谢帖、庚帖（婚约）、灵牌，年关之前替穷人写借据、卖契，替一般住户写春联……像一个全村或全镇的义务秘书。”②这里所叙正是赵树理自己担任乡村教师的体验。他在板掌教书一年，因为出身贫贱之故，被督学撤职了。1925 年，他只好跑到邻县阳城去谋生，在那里当过半年左右的塾师。赵树理被无故撤职，这对赵和清是一个重大的打击。不过老人并未死心，他下了狠心宁愿节衣缩食、东借

---

① 《决心到群众中去》，《人民日报》1952 年 5 月 22 日。

② 赵树理：《金字》，《收获》1957 年第 3 期。

西挪，索性让儿子远走高飞，去求大学问。他或者以为这样就可以争到牢靠的地位。1925年夏，赵树理来到上党地区的政治文化中心长治上学。辛苦麻木的赵和清，就这样把赵树理送上了辛苦辗转的路。不过，这一走却是赵树理思想发展中的重要一步。因为从此他走出了闭塞的乡村，迈步进入了一个新天地。19年的农村生活虽然给他后来的成长下足了底肥，但也不可避免地造成他的思想局限。青少年时代的赵树理，同样有着农民那种小天小地的狭隘观念。他家在沁水城东，他酷爱这里流行的上党梆子，却对城西的蒲剧百般看不顺眼，挑剔个没完。他在家还敬神吃素，17岁时加入过当地会道门太阳教。他到长治上学时，还没有打破迷信观念。这一切，到了长治就慢慢改变了，他走上了一条父亲所意想不到的新路。

1943年，在日寇向晋东南根据地的"扫荡"中，赵和清老人不幸被残酷杀害。也正是这一年，赵树理成名。老人不惜心血培育的幼苗，终于在党的阳光雨露下，茁壮地长成了。

1931年赵树理初次发表作品时，用"野小"做笔名。他后来解释说："我的父亲是野大，我就是野小。"表明自己是村野小辈。这个笔名形象地概括了他的青少年时代。由于青少年时期的生活特点，使他此后与农民在感情上息息相通，十分熟识农村生活，并且精通农民艺术。因而他后来从事文学创作时，很快就形成了自己的独特风格。这正如郭沫若所生动描述的："这是一株在原野里成长起来的大树子，它扎根得很深，抽长得那么条畅，吐纳着大气和养料那么不动声色地自然自在。"①

---

① 《读了〈李家庄的变迁〉》。

补上这一课

赵树理到了长治后,进入山西省立第四师范学校读书,编在第19班。四师每月津贴学生3元8角的膳费,穷苦的赵树理就靠这一点钱,加上家里微薄的接济,坚持学习生活。他勤奋地阅读古今中外的各种书籍,因为从小接近民间文艺,使他对文学书籍更感兴趣。从《诗经》、《楚辞》到明清小说,他读了大量中国古典文学,为后来的创作打下了很深的文学修养的根底。这时,五四以来的新文学在青年学生中更为时行。这个从乡村来的19岁的农民儿子,也很快地被五四新思潮所吸引了。他接触到了鲁迅、郭沫若、郁达夫、蒋光慈的作品,还有文学研究会、创造社等社团的刊物。思想解放的先驱者们提出的"民主"、"科学"的观念,抨击黑暗社会的勇猛精神,为贫苦农民和知识分子的解放的大胆呼号,还有他们所介绍的许多未见未闻的新思想、新观念、新文艺形式,这一切都在赵树理面前展现了一个崭新的世界。1919年的五四运动,曾经震动过多少中国知识青年的心,把他们从黑沉沉的铁屋子里震醒,开始为冲出这牢笼而奋起抗争。但是,那时新文化运动没有来叩乡村之门。生活在偏僻山村的赵树理,对北京发生的轰轰烈烈的爱国运动还毫无所知。现在,他在长治补上了这一课。经过与同学的几番认真辩论,他彻底地抛弃了迷信思想,假期回乡,就反起迷信来了。而最重要的,还是他从此认识到父亲所安排的是到剥削者那边"入伙"的路,下了决心抛弃这条路。

这个时期正值大革命高潮。1925年在国共合作时期,国民党从太原派到长治来开展工作的两个党员中,有一位叫周毓林的实际上是共产党员。他在四师发展了当地最早的一批共产党员,第一个叫常文郁。赵树理的挚友、阳城人王春,也是在这时入党的。在王春的影响下,赵树理开始偷偷地阅读马列主义的书。表面上他们都信仰三民主义,但比较起来共产主义对赵树理更有吸引力。这时,赵树理为了批判小私有者谋求个人解放的错误思想,曾构思了一篇《双生子》的小说,“想写弟兄两个,一个找个人出路——爬、撞;一个找到社会出路。”①所谓“社会出路”,就是指的要改变社会制度,使全体大众都能获得翻身解放。这篇小说虽未写成,却标志着赵树理到长治后思想上的一个飞跃。

1926 年冬,四师爆发了一场学潮。校长姚用中,出身沁源县大地主家庭,曾留学日本,他作风专制,压迫学生,贪污公款,阻碍学校的进步改革。在常文郁的带领下,学生们发动了驱姚运动。赵树理是运动中的骨干,他和王春共同起草了《驱姚宣言》②,历数校长罪责,博得了长治各界的同情。斗争取得了胜利,赵树理首次显示了自己卓越的宣传才干。1927 年,他由王春介绍加入了中国共产党。

萍草生涯

1927 年大革命失败后,在严重的白色恐怖中,党所领导的左翼文艺运动奋然崛起。1928 年初,创造社、太阳社倡导无产阶级文学的刊物,传到了长治。赵树理和一些进步的同学受到倡导者所宣传的马列主义文艺思想的鼓舞,他们都表示支持“普罗文学”。但是没有等到他们详细、深入地了解、学习“普罗文学”的主张,一场搜捕、屠杀共产党员和革命青年的恶浪淹没了长治。四师党组织受到破坏,常文郁牺牲了。赵树理也无法在此立足,他同王春一起逃出了长治,来到阳城与垣曲之间的一座山上的寺庙中避

---

① 《赵树理谈〈花好月圆〉》,《中国电影》1957 年第 6 期。

② 一说系王春起草的。

难①,在这里躲过了搜捕的高潮。因为学籍已丢,无法再回长治,便与党组织失去了联系。大约在这年夏末,赵树理化名杨大夫,带着他在山上自制的一些丸药,手持三弦,下山来游乡串户,当上了江湖郎中。回到沁水时,正赶上帮助家里收秋。他被视为"落魄者"受到周围一些群众的冷遇,也受到父亲的怨恨。翌年初,在父亲的敦促下参加沁水县招收小学教师考试。农历元宵张榜揭晓,赵树理名列第一,被分配到西关小学任教。上任不几日便因受人忌妒被告发而以共产党嫌疑分子之名被捕,不久押往太原。因反动当局未曾掌握可靠凭证,便将他转到自新院,关到 1930 年春被释。赵树理在狱中未曾暴露过自己曾经入党的身份,始终保持一个普通乡村教师的面目。他的家因为营救和接济他,几乎完全破产,寄给他的钱却绝大部分被人吞食了。赵树理出狱回家,无以为生,只好出外流浪。6 月,他在长治遇到四师几位老同学(被开除),他们合影留念,赵树理在照片上题词:"萍草一样的飘泊/或许是我们的前程……朋友们呵/我们的归宿让我们分头找去。"从此到 1937 年抗战爆发,整整 7 年时间,他都像萍草一样任凭风吹浪逐,始终找不到一小块(儿)可以安身立命之地。

他曾经到河南一位同乡的书铺当小伙计;他曾经在太原当过录事(负责抄写),还当过端汤倒壶的差役;他给大学教授刻写讲义,给邮局糊信封、印信笺;也曾到太谷北洸村小学顶替过老同学的职务;在沁水固县洞庵小学代过课;他还讲过电影演员训练班,在一个试拍片中扮演乡村教师的角色(片子未拍成)。他在饥饿线上不停地奔波,提心吊胆地逃避土匪的魔掌,极度的紧张劳累摧残他的身心,不知何日终了的半讨乞生活也使他悲伤不已。他曾经被逼迫着走上了轻生的路,投进太原海子边的一个小湖中,幸而遇救。海子边这一汪之水今日已辟为人民公园,它就是旧中国残

---

① 据说是躲在阳城的南山上。

酷迫害一位颇有才华的农民子弟的见证。这株可以长成艺术大树的幼苗，未及破土就险些默默地夭折在沉沉重压的泥土之下！

为了谋生，赵树理也和文艺结下了姻缘。1930 年 12 月，他写了长 84 句的旧体诗《打卦歌》，托友人带到北平在《北平晨报》上发表，署名“野小”。这是赵树理发表的最早的作品。诗歌通过一个“憔悴游人”的问卜，描绘了从直皖战争到蒋冯阎大战期间，山西社会的动乱、衰败景象，揭露了军阀混战给人民带来的无穷祸殃。这个“憔悴游人”的感伤情绪，也反映了赵树理自己在颠沛流离中的心境。1931 年，他又以同一笔名在山西《大风报》上发表中篇小说《铁牛的复职》，叙述乞儿铁牛给地主放牛，因遍身生疮而被辞退，他只好把断了绳子的快板重新穿好，上街唱莲花落讨饭。所谓“复职”，指恢复了讨乞生活。后来赵树理的两位四师同学，在太原一个刊物上主编名为《最后一页》的副刊，他们对赵树理来稿必登，以此接济他的生活。赵树理曾在这个副刊上发表过各种文字。据他自己和友人的回忆，小说有《蟠龙峪》、《白的雪》、《有个人》等，均系长篇连载。《蟠龙峪》“是描写农民和封建势力作斗争的故事”，因别的报刊不能发表，交书店出版押金太贵，而《最后一页》又篇幅太小，“这部作品只好写了一半约十万字就搁笔了”①。另有《糊涂县长》、《到任的第一天》等短篇，解放后赵树理回忆重写的短篇小说《金字》，亦写于本时期。他的小说大多是描写农民生活的。这一时期的各种文字，据赵树理自己估计，约在 30 万字以上，除新查到的极少的几篇，今大多已亡佚。

立志摆“文摊”

当赵树理接受了五四运动提倡的“民主”、“科学”的思想后，

---

① 荣安:《人民作家赵树理》,《人民日报》1949 年 9 月 30 日。

他很自然地想到还在封建文化笼罩下的广大农村的父老乡亲，产生了在农民中进行启蒙教育的思想。寒暑假回乡，他曾经带了一些五四新文学作品念给家里的人听。无论他怎样说明这些作品的优越，他的父亲却只是摇头。这使他深切体会了五四新文学的弱点，尽管它在思想上具有进步性，但因为其脱离群众的欧化形式，知识分子的腔调，使它无法在广大农民中与封建文化争夺群众。那些散布"三纲五常"、"皇图永固"和迷信宿命等观念的文艺，仍然是农民的主要精神食粮。赵树理感到文坛太高了，应该拆下来，铺成"文摊"。因而放弃了他曾经着实地学过一阵的欧化形式，立志为农民写那种识字不多的能看懂、不识字的能听懂的通俗作品。

赵树理的这种志愿，和当时"左联"正在提倡的文艺大众化，其方向是一致的，而他的身体力行的态度，却较当时许多左翼作家更为彻底、坚决。30 年代文艺大众化的讨论，也曾对太原文坛发生一定的影响。赵树理曾把自己质朴的对文艺大众化的认识写成文章。他反对"艺术至上"的理论，批驳梁实秋所宣扬的人性论，认为林语堂、曾今可那样的作家是没有前途的，因为艺术只有是社会的、群众的才有发展前途。同时也批评某些左翼作家的主张欧化，认为用中国文字同样能描写(得)逼真、生动。他提出作家要实地参加大众生活，体验大众的心情和体态，用大众的语言，才能产生大众的文学。在语言问题上，相当程度上赞同瞿秋白的观点，支持汉字拉丁化的主张。文章发表后，受到了某些人的反对，认为不值得提倡。后来赵树理曾说，他当时无力从理论上反驳这类见解。加以太原的新文艺"还在开垦时代"①，尚未能形成一个有形的左翼战线，因而赵树理的主张和创作实践，均未得到应有的重视。当时，鲁迅曾"因为农工历来只被压迫、榨取，没有略受教育的

① 鲁迅：《致唐诃》，1933 年 6 月 20 日。

机会”，致使“左翼作家之中，还没有农工出身的作家”①，而深感惋惜。此时，山西省这位因偶然机会获得了“略受教育”机会的农民子弟，已在卖文为生，而且产生了朴素的文艺大众化的思想。只是那时的社会太黑暗了，他还在饥饿线上苦苦挣扎，一时难得破土。

1936 年 2 月，红军为开赴抗日前线，从陕北渡过黄河东征。蒋介石和阎锡山惊慌万状，急忙堵截。太原形势紧张，赵树理于三四月间回沁水去了。恰值主编《最后一页》的老同学被聘主持上党乡村师范的工作，他们邀请赵树理担任语文教员。由于此校系上党 19 县乡绅集资兴办，不属政府领导，故校内活动较为自由。赵树理除授课外，还积极宣传抗日救国的道理，向学生介绍进步书籍，带领他们到煤矿、农村了解下层人民的生活。师生们还在长治街头演出自编的街头剧。解放后赵树理回忆重写的小剧《打倒汉奸》，就是在此时创作的。

1937 年七七事变前夕，党为了推动阎锡山守土抗战，通过统一战线关系，在山西建立了牺牲救国同盟会和山西新军。“牺盟”以长治、沁县为中心领导了上党地区工作，在晋东南打开了局面。抗战爆发后，乡村师范停办，赵树理和这里的许多师生一道参加了“牺盟”，成了“牺盟”的干部。同年八九月间，经要崇德、桂承志的介绍，重新加入中国共产党。他在重新入党时，将 1929 年被捕入狱情况向党作了交代。

当赵树理重新加入党的队伍时，他已不但具有少年时代受压迫的体验，而且又经过了整整十年的艰难困苦生活。十年间波穿火透，磨难砥砺，给他一生的发展打下了比较坚实的思想基础。十年间他从亲身悲痛经历中认识了只有革命才是被压迫者唯一的出路，又从自己的经历对革命道路的艰难曲折，有了较深的体会，作了思想准备。十年间思想进步的痕迹是鲜明的：他出狱后走投无

---

① 《二心集·黑暗中国的文艺界的现状》。

路，虽然采取过消极的轻生行为，但他宁愿干净地死，也不走已被自己否定的到剥削者那边"入伙"的路。从《打卦歌》开始，他这段时间所写的作品，站在受压迫的农民一边，把抨击的矛头指向黑暗的旧社会。他的作品和关于文艺大众化的主张，理所当然地应属于30年代中国唯一的文艺运动——左翼文艺运动。生活的磨炼去掉了他早先曾有的某些软弱感伤的情绪，他在乡村师范工作时，曾经帮助一位不满包办婚姻和社会黑暗的青年，抛弃嫌世思想，后来走上了革命道路。他自己一旦与党重逢，便立即投归党的怀抱，因为除了党，没有别的力量会重视这个农民子弟的意愿，并使他的才干得到发挥。

鲁迅常用"破落户的漂零子弟"来说明30年代多数左翼作家，也用以解释他自己。赵树理在某种意义上也是个"破落户的漂零子弟"，不过他家不是破落的地富，而是破落的中农。因此他从小就在家庭中受了农民的实际主义、务实精神的熏陶。家庭败落后，债务的重压使他们的生活如履薄冰，不得不小心翼翼地应付着周围的一切，不论何时都不敢有半点任意性。这种境况塑造了赵树理的性格，他没有一般小资产阶级知识分子那样多的幻想、狂热，比较重实际、讲实干，甚至多少有点拘谨、固执。所以即使长期过着飘零生活，往来都市与乡村，而主要在都市谋生，却丝毫没有沾染半殖民地都市流浪者的习气，而能保持着农民的质朴。他在太原除了像寄食者一样寄居于穷学生的宿舍外，就是与拉车卖炭者为伍，头戴瓜皮帽身着旧长袍，住在贫民窟般的大杂院里。他既不可能有那种"革命的浪漫谛克"，也不同于一般的"乡土文学"作家。在与农民的关系上，他不是从外面扎进去的，而是从里面长出来的。所有这些都决定了当他拿起笔来时，不但要写农民，而且必然表现出农民的风格，能够成为一位重要的现实主义作家。

找到了归宿

1937年抗日战争爆发后,朱德总司令、彭德怀副总司令亲率八路军总部和刘伯承、邓小平同志领导的一二九师,开进了有反抗侵略传统的太行山区,在这里开辟了敌后根据地。晋东南的政治形势发生巨大变化,一个新民主主义的社会在这里的广大农村中建立起来了。

赵树理加入"牺盟"后,即被派到阳城开展工作,曾任第四区特派员,后又当过40天的新编第八区区长和牺公联合会的团长①等职。1938年夏,阳城"牺盟"遭阎锡山的破坏,赵树理回到长治任中心区第五专署民宣科烽火剧团团长。1939年调任《黄河日报》(太南版)副刊编辑。这段时间里,赵树理主要从事宣传工作,因对民间戏曲、秧歌、小调等流行的简便艺术形式和农民口语的熟悉,所以在口头宣传和写小传单方面,颇有吸引群众的能力,很受同事们的称许。他所编《黄河日报》副刊名《山地》,他经常在上面发表用各种民间艺术形式写的揭露阎锡山假抗日真反共的作品,报纸贴到哪里读者就挤到哪里。1939年阎锡山发动了"十二月政变",向"牺盟"和新军开刀。赵树理躲过了搜捕,被调到一二九师的《晋豫日报》(后改名《人民报》),继续编副刊。1940年,他来到华北《新华日报》社工作。冬,报社增办一种专门发行到敌占区边沿的小报《中国人》(周刊),赵树理任此报副刊《大家看》的编辑。他发扬了《山地》之风,写作许多通俗小文,揭露日寇的凶残暴戾。这个副刊的全部文章均系赵树理的手笔。从《山地》到《大家看》,赵树理写下了数十万字的小鼓词、小小说、杂文等,有的自以为值

---

① 牺公联合会是党领导的"牺盟"与阎锡山反共的"公道团"的统一战线组织,系为团结阎锡山一致抗日而留公道团之名,引"牺盟"之实。

得保留,可惜这些战争年代的报刊均已散失无存。

1941 年中秋节,黎城县发生离卦道暴乱,这是日寇为了加紧从政治上破坏敌后根据地,利用会道门和民间迷信团体所策动的。这个事件说明为巩固根据地,将抗日战争进行到底,在农村普及文化,破除包括迷信在内的各种反动、落后思想的必要性;也暴露了根据地文化工作存在脱离实际,未能深入群众等缺点。为了改变脱离群众的倾向,整顿文风,一二九师政治部与中共太北区党委于 1942 年 1 月联合召开了大规模的文化座谈会。赵树理出席了这次会议,他特地从老乡家里借来了《太阳经》、《玉匣记》、《麻衣神相》、《推背图》,还有《秦雪梅吊孝唱本》、《洞房归山》等一大堆书,他用这些实物说明:“这才是在群众中间占着压倒之势的‘华北文化’!”①他在会上大声疾呼,希望这些触目惊心的现象能引起作家们的重视,从而改变轻视普及工作的偏向,共同致力于文艺大众化的实施。为了加强群众文化工作,会后,党把他调到北方局领导的华北党校,专门从事文化普及工作。他在这里以黎城县离卦道暴乱为背景,创作了揭露日寇汉奸利用迷信蒙蔽、迫害农民的剧本《万象楼》,这是赵树理创作的第一出上党梆子戏。同时,为配合农村减租运动写了小戏《清债》。1943 年 5 月,他以创作《小二黑结婚》而一举成名,此后又连续创作了许多反映根据地社会变革和阶级斗争的杰作。但是,即使在他被公认为解放区最有代表性的作家后,他仍然坚持用大量时间从事文化普及工作,编辑通俗报刊,创作几成了他的业余工作。1944 年后,赵树理一直在华北新华书店任编辑。他在编辑工作中,凡是带有八股腔调的作品都不予出版,不怕因此而挨骂。他还极为关心农村剧运,因他认为与中国农民关系最为密切的文艺品种,当属戏剧。对当时太行山区著

① 王春:《继续向封建文化夺取阵地》,《北方文化》创刊号,1946 年 6 月出版。

名的农村剧团，如胜利剧团、襄垣剧团等，均给予热情的指导。1944年整个夏天他跟着襄垣剧团跋山涉水，几乎走遍太行区的重要村镇，为抗日军民演出。等他回到机关时，竟已穿烂了两双新鞋。

在党领导下的解放区，赵树理立志摆“文摊”的宿愿，得到了实现。

大树长成了

1942年，整风运动在晋东南开始了，晋冀豫文联等文化团体根据党中央整顿三风精神，开展了文风大检查。毛泽东同志的《在延安文艺座谈会上的讲话》精神和1943年3月中央文委召开党的文艺工作者会议的精神，也先后传到了晋东南。在各根据地，一个贯彻“文艺为工农兵服务”方针的新文艺时期开始了。在这样的历史背景下，赵树理的创作迈入了新的阶段。由于长期从事宣传工作，赵树理一开始写作就把文艺的宣传作用摆在第一位。这时期他的创作绝大多数都是“为时”、“为事”而作，有十分明确的教育目的。

赵树理早感到在农村进行破除迷信教育的重要性，曾拟创作《神仙之家》一剧。后因写《万象楼》，把此剧放下了。1943年反“扫荡”中，他来到辽县（今左权县），在这里了解到一桩村干部迫害争取婚姻自主的青年岳冬至致死的案件。他在调查案件的过程中，了解到全村人包括岳的家长在内，竟无一人同情岳。他们虽然认为不该打死岳，但却认为可以教训他，为的是他敢于不听父母之命。现实生活启示了作家，使他深感如不启发农民民主主义觉悟，便难以领导他们彻底进行反对封建势力的斗争。于是他以岳冬至案件为直接的生活根据，运用长期的积累，（开始）创作短篇小说《小二黑结婚》。小说写了两个“神仙之家”，但其主题已从破除迷信升华为揭示破除根深蒂固的封建宗法观念、伦理观念的迫切意义。同时在人物塑造、小说结构和语言方面，都在学习民间文艺的基础上，有所发展创造，形成了自己独特的大众风格，使五四新文学与民间文艺传统接上了关系。1943 年 5 月完成了小说，有人却认为只是低级的通俗故事。小说送到了彭德怀同志那里，他读后热情题词“像这样从群众调查研究中写出来的通俗故事还不多见”，以示支持，使小说得以在 10 月出版。这篇小说立即从太行山区传播到各根据地，受到群众的热烈欢迎。仅太行山区，就销行了三四万册。《小二黑结婚》是赵树理风格形成的标志，也是他的小说艺术已臻成熟的标志。

1940 年 4 月，中共中央北方局黎城会议纠正了“十二月政变”后反摩擦斗争中的“左”倾偏向。但此后对根据地群众工作重视不够，错过了贯彻减租减息充分发动群众的时机，致使上党地区在 1942 年上半年之前，农村群运未能充分发展，根据地建设缺乏坚强的群众依靠。那时不少新辟地区只从上面派去村长或工作员，他们由于缺乏经验或工作作风上的问题，不能依靠、发动群众，而使某些地主利用抗日时期党的政策，采取收买干部积极分子、偷梁换柱、搞假斗争等混蒙上级，以继续掌握农村基层政权，欺压百姓。赵树理在《小二黑结婚》中已经涉及到了这个问题，但那时他尚未发现害死岳冬至的村长，就是富农的儿子。后来在实际工作中接触到这类问题多了，深感能联系群众的、有经验的干部少，而一些年青同志常常受地主的蒙蔽，于是他在 1943 年 10 月写了《李有才板话》。这部中篇小说以其深刻地反映了抗日时期根据地农村阶级关系和尖锐而微妙的阶级斗争形态，及时地提出实际工作中带有普遍性的问题，加以艺术上的成功，得到了人们的高度评价，被誉为“反映农村斗争的最杰出的作品，也是解放区文艺的代表之作”①。在减租减息和后来的土地改革运动中,《李有才板话》都曾被当作形象化的教材,成为干部整风的参考读物。《小二黑结婚》、《李有才板话》的发表,使赵树理成为根据地最受群众欢迎、爱戴的作家。两篇小说都很快被农村剧团改编为戏曲,在山西根据地广泛演出,成为当时最流行的剧目。农民们边看演出边自豪地说:“这是老赵给我们编的!”

1943 年底,晋冀鲁豫边区政府号召开展拥军活动,赵树理写作拥军爱民故事《来来往往》,又写“拥军剧本”《两个世界》。该剧揭露国民党顽固派庞炳勋部队在陵川一带的血腥统治。这是赵树理创作的唯一的一个三幕话剧。

1944 年,赵树理在参加减租减息运动中,看到在说理斗争时,有的地主说他收的租是拿地板(土地)换的,而农民一时未能反驳,形成冷场。为了说明没有农民的劳动,创造不了财富的道理,赵树理写了短篇小说《地板》。1946 年延安《解放日报》转载了这篇小说,并加《编者前记》,肯定它的教育作用。这是在延安发表的赵树理的第一篇作品。

同年,赵树理在黎城南委泉参加太行区第一届群英大会的工作,根据采访的材料,以真人真事为基础,写了《孟祥英翻身》,描写太行山区妇女运动旗帜孟祥英如何从一个受欺压的媳妇成长为劳动英雄。又写鼓词《庞如林》,歌颂寿阳劳武结合英雄庞如林,组织卖工队,深入敌占区,边作战,边帮助群众生产的事迹。

1945 年 8 月,日本帝国主义无条件投降,八年浴血抗战取得了最后胜利。这时蒋介石从峨眉山上下山摘桃。9 月初,正当毛泽东同志在重庆与蒋介石进行谈判时,日伪阎联合向我太行、太岳根据地进行“扫荡”,蒋介石军队亦向此地区进攻。10 月 2 日我军开始还击,至 10 日将入侵上党地区的阎军全部击溃。为了动员群

① 周扬:《新的人民的文艺》。

众参加上党战役，赵树理赶写了《李家庄的变迁》。本年沁水解放后，赵树理曾回乡接家属。沁水在抗战期间为接敌区，赵树理走亲访友，了解了一些故乡农民在艰苦的抗战岁月中的斗争生活。他结合自己的生平经历，在《李家庄的变迁》中，通过一个村庄的变化，描写了从大革命失败直到抗战胜利、上党战役爆发，近二十年间晋东南农村的风云变幻，也在一定程度上反映了山西政坛的动荡。这部描写农民从自发反抗的失败，经过党的组织领导，走上了武装斗争道路的长篇小说，是赵树理解放前创作中历史容量最大的一部作品。作品完成时，上党战役已经胜利结束。此书虽未赶上直接配合当时的斗争，却为人们留下了对中国农村变革有一定认识价值的广阔画面。

随着解放战争的胜利进行，解放区不断得到扩大和巩固。太行山区农村面貌日新月异，赵树理创作的主要内容也转到表现解放区农村新事物、新问题上来。

1946 年 4 月起，赵树理在阳城、高平一带进行采访活动，历时半年左右。他在阳城写了短篇小说《福贵》、《催粮差》。在这次深入基层的过程中，他看到有些基层干部仍残存着封建观念，对过去因为极端贫穷做过一些被封建阶级认为下贱事的人（如送死孩子，当过吹鼓手、轿夫等），不但不尊重，而且还害怕接近他们有损自己的身份。于是他写了《福贵》，揭示造成福贵这样善良农民破产并沾染某些不良习惯的社会原因。解放区当时正在开展改造二流子的工作，这篇小说对教育人们正确鉴别二流子，也有借鉴的意义。赵树理还发现某些干部看不起过去的“卑贱者”，却往往轻信某些真正的坏人、旧社会的渣滓。他在阳城就看到一些旧衙门里的人员，到处钻头觅缝找事干，因为能言善道，往往骗取了我们一些同志的信任。所以他又写《催粮差》，挖掘旧衙门里的狗腿子的卑劣灵魂。

这个时期赵树理还创作了一些反映解放区农村新人新风的优

秀短篇。由于解放区面积的扩大,许多被分割的地区连成了片,交通便利了,贸易发达了,农村合作社事业也有了发展。因一时缺乏业务人才,也曾采取与中小商人合作的办法。因此发生过迁就旧商人,致使合作社垮台的教训。有些地区领导提出“改造旧商人,培养新干部”的方针。1947 年赵树理创作了《小经理》,塑造了一位敢于与旧商人的刁难作斗争,发愤苦学,终于掌握了经营业务的农村新青年,表现解放了的农民在创造历史中的勃勃朝气和主动精神。写于 1949 年初的《传家宝》则从家庭关系的变化反映农村的变革。李成娘习惯于在自然经济下理家的方式,而儿媳金桂则在劳动分工与交换逐渐发达,妇女逐步参加生产劳动和社会活动的新历史条件下,提出新的持家方针。家庭“领导权”从李成娘转到金桂之手的事实,表明新民主主义在农村的胜利,使农村政治、经济发生了巨大变化,随之要求文化思想上的相应进步以及家庭关系的改造。建国前夕所写的《田寡妇看瓜》,则表现了老解放区土改运动完成后,人的精神面貌的大变化。

1946 年党中央发布“五四指示”,次年 10 月又公布“土地法大纲”,土地改革运动在解放区全面展开。晋冀鲁豫边区于 1946 年 6 月开始贯彻“五四指示”,此时赵树理正在华北新华书店编辑小型通俗杂志《新大众》(1945 年 6 月创刊,1948 年元旦改为报纸)。1946 年 11 月起,这个杂志曾连载赵树理描写旧社会地主豪绅与农民矛盾的小说《刘二和与王继圣》(因提纲失落,未完成)。土改运动开始后,赵树理积极参加了驻村的土改工作。当时解放区报纸报道:“新华书店人员,积极参加驻村翻身运动。作家赵树理同志,今年以来,经常帮助驻村的群运工作。在改善干群关系,动员干部“洗脸”时,他为了解决某些干部和积极分子的思想疙瘩,常给他们耐心地解释,甚至一连搞四五夜。在这次复查运动中,赵同志……都自始至终地参加了。随时给群众讲理撑腰,打击地主,参加村中各级会议,给村干部帮忙。”[①]他在参加实际斗争中,及时地发现运动中的不少问题,1948 年上半年曾在《新大众报》、《人民日报》上发表了 14 篇短评、快板,针对土改运动中出现的问题,向农村各阶层群众分别做宣传教育工作,其中特别提出纠正侵犯中农利益的“左”倾偏向问题。这个问题恰是当时晋冀鲁豫边区土改中的一个主要偏向。1948 年 4 月,晋冀鲁豫边区中央局曾接连向太行、太岳两区党委发出坚决纠正土改中的“左”倾冒险主义错误的指示。赵树理根据这方面的体验,于 1948 年 10 月创作、发表了中篇小说《邪不压正》。小说描写下河村土改中的“左”倾错误,深刻地揭示了产生乱批乱斗错误的社会根源。他自述写作这篇小说的目的,是“想写出当时当地土改全部过程中的经验教训,使土改中的干部和群众读了知所趋避”[②]。由于小说真实表现某些农村干部在打倒了封建势力,阶级地位发生了变化后,迅速变质,揭示了小生产者思想的严重局限性,因而富有教育意义。小说发表后曾引起一场不了了之的小小争论,表明在新民主主义革命刚刚取得胜利的时期,这篇小说的意义还来不及被多数人所认识。

土改运动彻底推翻了几千年的封建所有制,世世代代被压迫的农民从此翻了身,这也是贫苦农民出身的赵树理所梦寐以求的。他在这场伟大的历史变革中,表现了坚定的阶级立场、高度的政治热情和革命积极性。但他同时也看到了农民作为小私有者的弱点,看到农民翻身后的新矛盾。他的《邪不压正》在土改题材的同类作品中别具一格,表现作家的敏锐的政治眼光和观察生活的独具只眼,表明他是站在无产阶级思想的高度上观察生活、描写农民的。

---

① 《人民日报》(晋冀鲁豫边区)1947 年 9 月 4 日报道:《新华书店人员帮助驻村群众翻身》。

② 《关于〈邪不压正〉》。

40 年代是赵树理创作成果最为丰硕的时期，他的作品是中国农村新民主主义革命的一面镜子，具有深刻的思想内容和认识价值，同时又创造了新颖的民族形式。他的高度成就很快引起人们的注意。郭沫若、茅盾等前辈作家和周扬等，均给予很高的评价。1946 年 8 月郭沫若写了《“板话”及其它》一文，说他读了《李有才板话》后：“我完全陶醉了，被那新鲜、健康、简朴的内容和手法；这儿有新的天地，新的人物，新的意义，新的作风，新的文化，谁读了我相信都会感着兴趣的。”后来，他又发表了《读了〈李家庄的变迁〉》一文，评论赵树理说：“由《小二黑结婚》到《李有才板话》再到《李家庄的变迁》，作者本身他就像一株树子一样，在欣欣向荣地、不断地成长。赵树理，毫无疑问，已经是一株子大树了。”周扬也对赵树理的创作做了全面的分析，肯定他把人民大众的立场和现实主义结合，把大众性和艺术性结合的成就，称赞他是“一位具有新颖独创的大众风格的人民艺术家”①。此后，赵树理被公认为体现文艺为工农兵服务方向的解放区最有代表性的作家。1947 年七八月，晋冀鲁豫边区文联为发展文艺召开座谈会，赵树理在会上介绍了自己的创作过程和经验。会议经过认真讨论，提出了“向赵树理方向迈进”的号召。赵树理的作品，也被不断地译介到国外，在国外也享有一定的声誉。

1949 年初，赵树理随《新大众报》社迁到北平。3 月，他被推选为中华全国文学艺术工作者代表大会的筹备委员。7 月，在第一次全国文代会上，被选为中国文联理事、作协理事、剧协委员和中华全国曲艺改进会副主席。

---

① 《论赵树理的创作》，《解放日报》1946 年 8 月 26 日。

坚持不懈

1949年10月1日,伟大的中华人民共和国中央人民政府诞生了,我国进入了社会主义革命和社会主义建设的新时期。赵树理从乡村来到了车水马龙的北京城,生活有很大变化。在胜利面前,赵树理保持谦虚谨慎的精神,他认识到:"越是没有得到特权的人,对人类的接触面、了解面就越广,对劳动人民的同情之处就越多,吸收的由劳动人民创造的艺术成品及半制品也越多,因而其作品也就为多数人所喜爱。"①他始终保持战争年代艰苦奋斗的优良传统,生活上自奉甚薄,自甘淡泊。他爱吃的还是家乡农村的和子饭(以谷子为主要原料),爱用的还是烟袋锅,偶尔买买香烟,也只抽一角多一包的,还要把烟头留起来抽烟斗。他不进大馆子,宁愿拉着从太行山区来的老朋友钻进矮小简陋的小吃店,和城市劳动者们坐在一道,吃那几分钱一碗的老豆腐。他收回被孩子拿走的优待券,而后掏出几角钱让孩子自己乘车买票看戏。他把大笔大笔的稿费或交了党费,或支援家乡农村的生产建设。为了农民能买到价格便宜的书,他将解放后的代表作《三里湾》交给通俗读物出版社出版,宁愿自己拿较低的稿酬。子女多了,也不为身后计,不让家里多储蓄,以至他死后亲属在料理完丧事时,存款几已告罄。就是这样,他仍觉得自己的生活过高于农民,于1953年主动提出调整双重待遇的建议,并先其他作家两年,试行放弃工资靠稿酬自给的制度。这期间连旅差费、医疗费也都不报销。一直实行到1958年恢复作家工资制为止。

革命中心从乡村转入城市后,赵树理也曾企图表现工人的生活。1949年初,就有石家庄的工人在报上提出希望赵树理"写一

---

① 《我在创作中的一点体会》,《人民中国》1955年第14期。

些工人的东西”[1]。赵树理为此曾深入北京的一个工厂。经过一段试验,发觉自己已成的风格更适宜于表现农村生活,他不愿“舍己之田,耘人之地”,于是决心回太行山区建立自己的生活根据地。他每年都有很长时间回到那里与农民“共事”,“从互助组一直共到公社化,从栽苹果树一直共到苹果上市场,从扫盲缺教员一直共到乡乡有中学,从两条腿爬山、交通员送信一直共到县县通汽车、村村安电话。”[2]根据新时期农村生活体验写的作品,使他的创作在解放后有新的发展。

这一时期,赵树理仍然以大量精力从事文艺普及工作。他一进入北京城,就对这里的曲艺发生浓厚兴趣,经常到天桥等处看演出。解放前曲艺艺人社会地位低下,一些曲艺品种濒于灭绝,为适应新中国的需要,曲艺艺术也亟待改革。但轻视普及工作的思想依然存在,有人不愿来搞通俗化工作,而熟悉此行的旧作者,思想又跟不上形势。赵树理发扬老解放区从事普及工作的传统,积极扶植曲艺等城市中流行的通俗文艺。在他和其他同志的提议、筹划下,在中国文联和北京市文委的领导、支持下,北京大众文艺创作研究会于 1949 年 10 月成立。赵树理当选为主席,并负责研究部工作。该会在京津报刊上主编了《新曲艺》、《大众文艺》等多种周刊,并于 1950 年出版会刊《说说唱唱》,赵树理任主编(后改任副主编)。创刊号上,赵树理发表了根据田间的叙事诗改编的鼓词《石不烂赶车》。这件新曲艺作品发表后,一些诗人、语言学家都赞扬它在艺术上的成功和语言的流畅、上口,认为是对新诗创作的一个启发。接着,赵树理又写了《登记》,以评书之名在第六期上发表。这个作品是为配合新婚姻法的公布而作,其中包含他对农

---

① 《人民日报》1949 年 1 月 25 日报道:《石家庄工人来信,请赵树理写工人》。

② 赵树理:《下乡杂忆》。

村包办婚姻弊害的深刻体验，作品的故事、人物是早就酝酿在心的。《登记》不断地被改编为许多地方戏曲，成为建国初期舞台上有影响的剧目。1953 年，他又在该刊发表批判旧婚姻制的小调《王家坡》。他带头努力写作曲艺节目，并把小说以曲艺之名发表，提出说书与小说本无严格界限的见解，表示对曲艺的大力支持。为了鼓励艺人们的改革，他帮助在前门箭楼开辟大众游艺场，作为演出新曲艺的场地。他还热心培育新苗，对有志于通俗文艺写作者的稿子，总是尽力帮助修改。他发现并扶植了陈登科，为发表他的《活人塘》特作诗歌《〈活人塘〉四人赞》。文化部成立戏剧改进局时，赵树理被任命为曲艺处处长。1953 年 9 月，中国曲艺研究会成立，他被选为副主席。1958 年中国曲协成立，他又被选为主席，担任此职直到逝世。前一年他还担任了《曲艺》杂志的主编。他为社会主义新曲艺的发展，花费了大量心血。

从头锻炼自己

建国初期，赵树理除了为宣传土改和婚姻法写的作品外，还写了破除迷信的短篇小说《求雨》，这些都是为配合民主改革所作的努力。但他很快地把注意力集中到社会主义革命和社会主义建设的新课题上。他深感生活变化之快，他说过自己原先熟悉的“是痛苦不堪的苦海，而后来的海渐渐甜起来。吃惯了苦的人会说苦，至于才尝到的甜味，领略得还不深，而且这种甜味时刻不停地在增加着，才要说它如何甜的时候，它就比自己说的更甜了——用作家们常用的语言来说，就是时时觉着自己的作品落在现实之后。在这方面，我……要从头锻炼自己，使之适合于在这甜海中生活”①。

1951 年赵树理参加了晋东南农村的建立农业合作社工作，写

---

① 《我在创作中的一点体会》，《人民中国》1955 年第 14 期。

成电影故事《表明态度》(1956 年修改发表),在表现土改后农村新生活上初试牛刀。为了更深入了解农村合作化运动,复于 1952 年用七个月时间参加平顺县川底村的扩社工作。他看到农民对发展生产,改变农村面貌的强烈愿望,互助合作运动“如果不再增加更能提高生产的新内容,大家便对组织起来不感兴趣了”。而合作社的建立,果然“给附近农村增加了发展生产的新刺激力”①。根据所得到的新鲜体验,与长期农村生活积累相熔铸,他于 1955 年发表了《三里湾》,这是我国最早一部反映农业社会主义改造运动的长篇小说。赵树理在描绘老根据地特定环境中农民内部与个人发家倾向的斗争时,写得很有分寸。作品塑造了土改中“翻得高”的干部形象。早在《邪不压正》中已经提出这类人物对革命的危害问题,而在《三里湾》中则进而描写他们如何成了新时期社会进步的主要障碍。作品还热情地塑造了土改后生活得到保障,合作化运动又为发展生产开辟了广阔前景的典型环境中,所涌现的新老农民中的生产革新积极分子形象,并且通过婚姻故事,描绘了文化水平较高的青年农民与有生产经验的农民的结合,寄托了作家对建设新农村的理想。作品精心描摹 50 年代农村蓬蓬勃勃的发展景象和农民们对美好未来的憧憬,充满了时代气氛。由于把改造农村旧家庭与推动农村社会进步问题联系起来描写,使作品在思想上也具有一定的深刻性。《三里湾》发表后,赵树理又写了《〈三里湾〉写作前后》、《与读者谈〈三里湾〉》,还针对根据《三里湾》改编的电影、戏曲,发表不少言论,多次解释为什么不写地主和为什么不把农村阶级斗争写得更严重,而把矛盾双方写成“不成阵容的组织”②,阐明自己对农村两条道路斗争实情的体察:“并不是摆开阵势两边旗鼓相当地打起仗来,也不是说把农村的住户分成一半

① 赵树理:《〈三里湾〉写作前后》。

② 《赵树理同志谈〈花好月圆〉》,《中国电影》1957 年第 6 期。

是走资本主义路线的,一半是走社会主义路线的,或者多一点少一点。实际上,这个阵势不是这么个摆法,有时候在一个家里边,这个人走这条路线,那个人走那条路线;在一个人身上,也可能有社会主义思想,也有资本主义思想,他有时在这一段资本主义思想多一些,到另一段资本主义思想又可能少一些。……人就是这么纷繁复杂地组织起来的。这样来认识和处理人物,是符合客观的情况的。"①

1957 年秋,赵树理在晋东南参加农村整风运动。1958 年发表以这场运动为背景的短篇小说《"锻炼锻炼"》。作品描写农民中自私自利思想对集体经济的破坏,批评了某些农村干部的"和事佬"思想。因为塑造了两个落后妇女的形象,引起了一场关于文学如何反映人民内部矛盾的争论。许多同志发表文章抵制了对赵树理创作的简单化的批评。

1958 年,赵树理还创作了长篇评书《灵泉洞》(上),描写一对农民兄弟在抗战时期的斗争经历。他计划在下部以批判"做官思想和拜官思想的合流"②为主题,描写这对兄弟在解放后和平环境中的变化,表彰哥哥坚持革命传统,回乡带领农民改造大自然,批评弟弟贪图享乐,蜕化变质。写完上部后,他没有立即续写下部,因而《灵泉洞》所要重点地提出的问题,便没有得到表现。

呼唤实干家

1958 年,中国发生了"大跃进"运动。在一段时间里,经济工作指导上违背了客观规律,犯了"瞎指挥风"、"浮夸风"、"共产风"等"五风"的错误。当一些同志起来抵制这种错误时,1959 年,在

---

① 《谈谈花鼓戏〈三里湾〉》,《湖南文学》1963 年 1、2 月号合刊。

② 晓流:《赵树理在写〈灵泉洞〉》,《读书》1958 年第 5 期。

党内又不适当地开展了反对所谓右倾机会主义的斗争。加上自然灾害等原因,使国民经济在50年代末60年代初遭受了严重的挫折。起先,当赵树理听说能够用大大超过预料的速度改变农村一穷二白的面貌,达到富足和幸福的境界时,这位对农民的命运魂牵梦萦的作家,不能不感到兴奋和激动。他满心喜悦地给自己的家乡设计了一个加速建设新农村的蓝图,提议分设棉麦、杂粮、林牧等重点管理区,由公社统一调动劳力,负责具体分工。1957年冬,他曾写过著名的《愿你决心做一个劳动者》的信,在女儿高中毕业后动员她回到尉迟村当社员,目的就在于让女儿继承自己改变家乡面貌的愿望,亲自参加家乡的建设。这件事在当时产生了良好的影响,人们评论说:赵树理的行动反掉了一人得志妻荣子贵的封建思想,也反掉了儿女继承版权的资本主义"公理","在旧思想尚未消除净尽的今天,有谁自动地领头这样做,却也还是不简单的"。① 1958年春,赵树理自己也跑回故乡来了。他一放下行李,立即赶到水库工地,和社员一起劳动。他帮助队里制订生产计划,改进管理,使尉迟村当年农民的收入大增。他还自己拿钱买树苗、羊羔帮助队里发展多种经营,买缝纫机给队里办缝纫组、托儿所,还帮助村里搞到水泵,引沁河水上山,改坡地为水田。他这时的兴奋之情,表现在当年所写《春在农村的变化》(快板)等作品中。在1959年所写的《老定额》中,虽然批评了片面地依靠定额进行管理的错误,但在提倡不计报酬的劳动,对公共食堂、托儿所等的赞美上,也打着"大跃进"时代的烙印。

1958年秋,赵树理出国访问归来后,在沁水县(后一度与阳城合并)兼任县委书记处书记。这时,他在较大范围内深入农村,接触到了像流行病一般蔓延着的"五风",他的心情从兴奋转为冷静了。当他看到以实行"共产主义"的美名来损害农民利益的行为

---

① 韦禾:《且说父当作家女耕田》,《山西日报》1957年11月25日。

时，感到触目惊心，难以容忍，他开始为反对“五风”而奔走呼号。他劝戒干部不要追求“放卫星”的虚名而弄虚作假，用从实际出发算细账的方法，帮他们分析那些“大跃进”的规划，指出这是毫不落实、根本无法实现的。但是他的意见没有得到应有的重视，他的正当的呼号遇到了很大的阻力。面对这严重的现实，他不能不产生忧虑、愤激之情，不得不向更高的领导去反映意见。他向党中央的理论刊物上书，给主管农业的领导同志写信，在地区的干部会上高声疾呼。这样做，理所当然地使他在 1959 年的“反右倾斗争”中受到了批判。但是一个政治上坚定的共产党员，一个有责任感的作家，绝不会不顾亲眼看到的事实，抛弃真理去随波逐流。在当时的政治压力下，赵树理宁愿辍笔，宁愿缄默，甚至宁愿不当作家回乡务农，也不肯放弃自己的正确意见，去趋时从俗，随流扬波。由于无法正面反映自己所看到的现实，在进入 60 年代后，他的创作很少，有一些是纯粹为了应付报刊编辑的索稿而作的，并非出于自愿。但间或也有不得已于言的，便用比较隐晦的方法来写。

1960 年，他写了快板《谷子好》，表面上歌唱谷子用途之广，实际上批评不顾当地条件和群众需要，强令改种玉茭的错误。同年，又作短篇小说《套不住的手》，自称以山西某劳模之父为模特儿，未寓深意。但实际上是通过赞美一位年过古稀却套不住手的老农，提倡建设社会主义就需要像这样的一双手，明显地含有讽喻的意味。最突出的是 1961 年春发表的《实干家潘永福》，记叙他同乡一位农民出身的干部的事迹，细致地描写他的实干精神和经营之才。在这篇传记性小说的最后，赵树理一反过去含蓄的风格，自己出面说话：“其实经营生产最基本的目的就是为了‘实’利，最要不得的作风就是只摆花样让人看而不顾‘实’利。”终于露出了批判的锋芒。有见地的评论家一眼看出：“作者所以为潘永福同志立传,是有所感而发,有很明确很强的现实目的。"①

1960年,赵树理将他的散文、评论结集出版,题为《三复集》。从1949年写作《也算经验》起,他陆续发表了不少总结介绍创作经验和提出自己文艺见解的文章。这个集子中除了部分独具平易、清新风格的散文外,最重要的就是这类文章。在这些文章以及此后所作的同类文章中,赵树理阐述了自己从事创作以来所坚守的一些创作原则。他反复说明自己不是为了当作家而写作的,往往是在工作中与主题走碰了头,即工作中遇到必须解决而又不太容易解决的问题,就成了他的主题。因此他把自己的小说称为"问题小说",表明他的创作有十分明确的宣传教育目的。他反复强调普及的重要性,详细介绍自己为普及而在艺术上所作的努力。他认为由于历史的原因,五四以来在文艺上存在着学习、借鉴西方近代、现代文艺而产生的新文艺传统,和广大农民中固有的民间文学传统。他主张这两个传统互相学习、互相吸收,走融合的路,以达到普及与提高的统一,反对把普及视为简单。赵树理在叙述自己的创作经验时,还反复地说明长期深入生活的意义,要求对人的了解要多方面,而且细致入微,达到能以足音辨人的程度。同时要消化生活,融会贯通,直到可以调遣自己的人物到任何环境中去活动,才可以进入创作。他的这些主张多是从剖析自己的创作实践中引出的,实践加上了这些理论说明,把他的创作的特色更鲜明地显现出来了。40年代以来,由于某些共同的条件,也由于赵树理的影响,使山西产生了一批风格相近的作家,被称为"山药蛋"派。赵树理成为这一流派的代表作家。

1962年8月,赵树理参加了作协在大连召开的农村题材短篇小说座谈会。他受年初党中央工作会议(即七千人大会)精神的鼓舞,在大连会议的发言中批评了前几年农村工作中的错误,对祸

① 《侯金镜文艺评论选集》,第222页,人民文学出版社1979年出版。

国殃民的“五风”之害，表示深恶痛绝。他列举事实，对数年来农民的遭遇表示深切的同情。他认为创作要坚持现实主义，就应该真实地反映农村的新现实，就不能回避生活中的问题。如果现在不能写，可以以后写。在这次会议上，赵树理的创作得到重新评价。由于前几年党的事业遭受一次大的挫折，使党和人民从痛苦的事实中受到深刻教育，认识到社会主义事业并非总是一帆风顺，共产主义也并非招之即来，前进路上还有困难、曲折、失败。由于这种对现实生活认识的深化，从而也要求现实主义的深化。因此对于一定程度上表现了农村变革的曲折性、复杂性、长期性的赵树理创作的意义，也有了进一步的认识。赵树理被誉为写农村的“铁笔”、“圣手”。包括一些过去批评过他的人，也都肯定他的生活态度，对他在“五风”泛滥时，敢于面对现实、忠于生活，敢于讲真话，不因受批评和挨大字报而消极下来的精神，表示钦佩。同时，也肯定赵树理作品经得起时间的检验，是真正从生活中来的。这是继40年代后期对赵树理大众化方向的肯定之后，对他创作的一次再认识，是比较前一次更为深刻的重新认识。但是这种认识未及普及，1964年以批判“写中间人物”论和“现实主义深化”论之名，发动了对大连会议的批判，把赵树理作为“写中间人物”论的标兵。在短暂期间得到的赞誉，立即成了他的更大的罪名。1964年，赵树理被调回山西省文联工作，全家离开了北京。

为人民拉磨拉到底

1962至1963年间，赵树理写了短篇小说《杨老太爷》、《张来兴》、《互作鉴定》、《卖烟叶》(1964年1月起发表)，他对这几个作品都不太满意。长期以来，他有感于对英雄人物的描写，今人不及古人，也不满于自己笔下正面人物不及落后人物成功，心存表现好当代英雄的愿望。为此，在这段时间里曾到山西几个先进地区参观访问。不久,农村“四清”运动兴起,赵树理为了掌握“时代脉搏”,于1963年8月来到山西潞城黄碾公社参加“四清”。他感到在这里所了解到的那些材料,无助于弥补自己生活上的不足,因而于1964年又到陵川的黑山底大队,重点采访先进人物。根据这两次下乡所得,写出以“四清”运动为背景,反映农村阶级斗争的上党梆子《十里店》。

赵树理由于酷爱上党梆子,也一直关心戏剧运动,建国以后,积极参加戏曲改革。他所写的《我对戏曲艺术改革的看法》、《戏外话》,和1963年在晋东南戏曲研究座谈会上的三次讲话,都对戏改工作提出许多精辟意见。赵树理认为旧戏曲是古人把他们的生活歌舞化了,我们今天还没有能够把现代生活也歌舞化。由于旧戏曲缺乏足以表现封建社会以外的其他现实的基本因素,因而反映现代生活有困难,必须加以“利用、改造、补充、提高”,增加新内容,创造新程式。他主张写现代戏,但同时要保留“成就最高的古典节目”以为借鉴。他自己早已实践这种并举的方针。抗战时期除了创作现代戏《万象楼》,也还改编过历史剧《韩玉娘》和《邺宫图》等。1961年,他又改编了宣扬民族气节的上党梆子传统剧目《三关排宴》,随后又热情地协助将此剧拍成舞台艺术片。在创作《十里店》之后,又帮助晋城梆子剧团修改反映教育改革的《两教师》和表现模范县委书记的《焦裕禄》。1966年春,专门为了解焦裕禄事迹去过兰考。此剧刚改写了三幕,“文化大革命”就爆发了。“文化大革命”初兴之时,赵树理似有预感地说:我是“生于万象楼,死于十里店”。此话不幸言中,《十里店》成了他最后一部完整的上党梆子剧本。

1965年,赵树理为了便于深入生活,到晋城兼任县委副书记。他打算在这里一面了解面上的情况,作为未来作品的背景;一面为写县级领导干部作准备。建国初期,他曾被调到中央宣传部,进修文艺理论和外国文学,以弥补自身的不足。他希望自己能写出一些背景更广阔，历史内容更大，时代感更突出的新作。他曾构思一部反映土改运动的大作品。他以为《石头记》只是反映封建贵族的生活，现在要翻过来，看看石头底下的农民生活，故拟取名为《石头底》。他在晋城工作时，还构思一部《户》，计划写 80 万字。他认为家庭是农村社会的细胞，巴金写了一部《家》，为反映农民生活也可以写一部《户》。他想写三户人家在社会主义时期的相互关系，并想下功夫写好英雄人物。令人无限惋惜的是，他夙愿未偿，就被害而死了！

1966 年 2 月，林彪伙同江青炮制了《部队文艺工作座谈会纪要》，抛出了"文艺黑线专政"论，把"写中间人物"论等作为这条"黑线"的主要论点之一。不久，"文化大革命"全面爆发，赵树理大难临头，被当作"文艺黑线"树立的"标兵"、"资产阶级反动文学权威"受到批判、斗争，他的那些杰作竟都成了"毒草"。开始时，出自对党的信念，他相信总有弄清是非之时。他在批判他的大字报栏上贴了一首诗："污垢沾身久，未能及早除。欢迎诸同志，策我去尘污。"他受了无理的过火的斗争，仍教育亲属正确对待群众；在挨了批斗之后，照样唱他爱唱的上党梆子，抓紧时间跟儿女们学数学。他的心情还比较开朗。但是，迫害不断升级，他被关进了"牛棚"，忍着肉体和精神上的痛苦，被逼迫写下一份份的"检查"、"交代"。其中一篇长达二万余言的，题为《回忆历史，认识自己》，文中比较详细地回顾了自己走过的道路，叙述了写作每一篇作品的背景、动机，表达自己对文艺问题，特别是大众化问题的见解。这份自述性的材料，是顶住了政治压力，坚持实事求是的精神所写下的最后遗作。他一方面检查自己没有写出更好的作品，有愧于时代，一方面对那些蛮横无理的指责，过了头的批判，则给予抵制。1970 年，林彪、"四人帮"在山西发动了全省规模的批判赵树理运动。他被拉到太原和晋东南各地"游斗"，肋骨被打断，髋骨被打伤。他终于看穿了"一文一武"（指林彪、江青）是祸国殃民的罪魁,对党和国家遭受浩劫不能不深感忧虑。他在被关押中,忍痛用生命的最后力量,敬录了毛泽东同志的《咏梅》,交给前来探望的女儿,叮嘱她:“如果将来有一天你能看到党的领导,就替我把它交给党,党会明白我的!”就在这种时候,他还常常思念家乡的农民们,遇有机会就嘱咐人们:“晋城、阳城一带流行的上党秧歌,群众很喜欢,要设法把这种地方小剧种扶植起来!”同样,家乡的人民也没有忘记赵树理。尉迟村三次“揭批”赵树理的会,三次都开成给赵树理评功摆好的会。外调人员启发农民揭发赵树理,群众当面顶撞:“我们不知道他有什么错误!”川底村一位七十多岁的老农听到赵树理被迫害,无限悲愤地说:“保国忠良没有好下场啊!”就在太原,有一天赵树理拄拐到医院看病,被候诊的群众认出,有人就在大庭广众中说:“我们可爱读他的作品哩!”这时赵树理作品已成“禁书”,却同时也成了“地下读物”,在他家乡农民手中传阅,破了有人补好,掉了页有人抄好贴上。人民作家永远与人民心相连,什么样的污蔑、毁谤也不能把他与人民隔离开来。

1970 年 9 月 18 日,赵树理被拉到离三十多年前投水遇救不远处的一座富丽堂皇的大会堂批斗。他身负重伤,加以重病,开会不久,便栽倒在地。批斗后送回“牛棚”,已是奄奄一息。9 月 23 日,一代著名作家孤独地病逝于监禁之中。赵树理死后,被继续大张旗鼓地批判了十个月。他的身后留下妻子和三子一女。他的家属被当作“牛鬼蛇神”,勾销户口从太原赶回沁水老家。

粉碎“四人帮”后,党为赵树理平反昭雪。1978 年 10 月 17 日,在北京举行了骨灰安放仪式。悼词称颂赵树理为国内外享有盛誉的作家,赞扬他一生为工农兵而创作,经常深入农村,与农民同吃同住同劳动,同农民群众打成一片;他的作品有独特的艺术风格,富有浓厚的生活气息和地方色彩,深受广大群众的喜爱;在发扬文艺的民族传统、文艺的大众化方面,作出了积极的贡献;指出赵树理的作品将永远留在人间。此后,出版部门立即着手整理、编辑《赵树理文集》。赵树理研究得到复苏。一些赵树理作品的续作，如《老二黑离婚》、《李有才之死》等陆续发表，表现了后人继承、发扬赵树理传统的宏愿。

赵树理生前曾经告诫有志习文的青年说："鲁迅先生所谓'俯首甘为孺子牛'的意思，就是甘心为人民拉磨。我们虽不像鲁迅先生拉得那样卖力气，但作为一个为人民拉磨者，性质是相同的，过去没偷过懒，今后仍不会偷懒。"①赵树理自比为牛，这是至为确切的。尽管他也多才多艺，在书法、绘画、戏曲音乐、表演诸方面都很有造诣，在文学创作的各部门都显示过出色的才华，他用真名和野小、吴戴、尚在、黑丑、何化鲁、胡启明、启明、启鸣、起鸣、理、王甲土、吉成等笔名写过小说、话剧、戏曲、曲艺、诗歌、散文、评论，总计约在 120 万字以上，如加上亡佚的，当在 200 万字以上。他的成就也曾使他得到人民的敬重。他参加了第一届政治协商会议，被选为全国人民代表大会第一、二、三届的代表，党的八大的代表，多次代表中国作家出国访问。他在成就和荣誉面前从未抬起过头，对不时从前面或后面打来的鞭子，总是忍耐着，从不曾因而停了拉磨的步伐，最后就死在"牛棚"中。他是中国无产阶级在领导农民革命的过程中，从农民中发现、培育的第一代作家的代表。他身上的农民的传统美德，经过无产阶级思想的浸润、滋养，得到了高度的升华。他的全部生平，正可用他自己的那句话来概括：

为人民拉磨者！

原载《新文学史料》1981 年第 2 期

① 《青年与创作》。

赵树理和《新大众报》

黄修己

赵树理在发表《小二黑结婚》前,已经调到晋冀鲁豫边区的华北新华书店,成为一名专职的文化工作者。华北新华书店和韬奋书店为了向广大工农兵普及文化,在1945年创办了一种小型的综合杂志,叫《新大众》,是一种小32开本的半月刊。赵树理的小说《刘二和与王继平》,就是在1946年11月《新大众》第34期起连载,到45期结束的。这篇小说解放后在《人民文学》1955年8月号上重新发表,并收进了1958年出版的《赵树理选集》。在《新大众》上,赵树理还发表了两出小唱剧。1945年12月第12期上发表了《好消息》。抗战胜利后,国民党反动派在美帝国主义的支持下,调兵遣将向解放区节节进逼,内战的阴云笼罩着中国大地。被派往进攻解放区的高树勋将军所率新八军,在中国共产党政策的感召下,不愿打内战,在邯郸宣布起义。《好消息》这出短剧就是描写当时在磁县附近的民兵抓获一新八军逃兵,听到新八军起义消息后,就把他送回该部队。这是为配合当时宣传高树勋起义而写的。剧本前面有一段说明:“可用上党戏与大乐子常用的‘拉锚’的锣鼓点开场,可用上党戏的二簧摇板或落子的起腔,中路梆子的慢板或落子的清流水等。”1946年2月第16期上,又发表《巩固和平》一剧。毛主席亲自到重庆与蒋介石举行谈判,签订了《双十协定》。解放区有些群众产生了和平麻痹思想。这个剧通过甲乙二人的辩论,批评了“今年成了太平年,咱们可该睡大觉”的错误思想,指出国民党反动派“明一套,暗一套:明里跟咱来谈判,暗地悄悄把兵调,不是咱军民一心堵得好,早把咱这里糟蹋了”。因此“咱们大家要防范,休露出空子叫他钻”。这两个剧都是赵树理紧密配合形势所写的普及性作品。与《好消息》的主要运用山西地方戏曲曲调演唱不同,《巩固和平》是“不布景,不限调,各种地方戏均可唱”,演出更为自由方便。

《新大众》在1945年6月1日创刊,到了1947年底停刊改版。1948年元旦起,改为报纸,即《新大众报》,每周出一张。赵树理这时担任了这个报纸的编辑。1949年《新大众报》社调往北京,7月,改为《工人日报》,归属全国总工会领导。因此之故赵树理离开太行来到北京,曾在《工人日报》和工人出版社工作过一些时候。《新大众报》以通俗的形式,向群众宣传党的方针、政策,指导解放区农村工作,获得很大成功。它最多时发行量达35000份,是晋冀鲁豫边区发行量最大的报纸;并有8000名通讯员,与华北解放区群众保持着广泛联系。1949年1月,当它一周年纪念时,董必武同志为它题词:“对群众说老实话,正确地反映群众底意见,让群众坦率地表达他们自己底意见。”周扬同志的题词中有这样的赞语:“新大众报,由于它的密切联系群众的工作以及大众化的作风,已经取得了广大群众的支持和拥护。”一位读者来信说:“给群众讲别的报,好像当翻译,讲新大众好比当电话线,用不着解释。”来自战斗前线的报道说:在临汾战斗中,战士们要求念《新大众报》,“念了一篇,他们听得上了劲,要求再念,念到正要紧的地方,一颗飞机弹落在战壕附近,战士们将灯光用洋铁片挡了一挡,还叫念”。一张报纸都念完了,战士们说:“这报说的话,都是老百姓的话,一听就懂,真好,咱们连上今后多订上几份,叫咱听听。”(贾青山《在战壕里读新大众报》,1948年6月1日《新大众报》)所有这些成功里面,当然也包含着赵树理的努力。这里摘录一段1948年5月16日该报的一篇报道。这篇报道题为:“本报派赵树理同志,参加解决野河干群关系。”报道说,本报第17期上登了一条武安县第三区野河村富农村长制造假贫农团和假党员的消息,内容不实,被村干部利用这张报纸打击群众。被打击者找到报社要求澄清是非。

“我们报社觉着如果真要把事实弄错了，就应该负责，便派赵树理同志，会同武安县委会办公室张一英同志、三区工作员张存秀同志到野河召集村干部和贫雇代表开了个调查会”，经过双方核实、辩论，弄清了事实。报道说：“在这次调查时候，赵同志帮着县上区上两位张同志，共同向村干部和贫雇代表们说明不合手续的贫农团停止活动是防备出乱子；说明整党、民主、抽补工作一定还要做，村干部应该在领导生产中老老实实改正自己的错误，不许再去找群众的麻烦，免得再给自己制造材料；说明将来到整党时候，群众给干部提意见应该是为着治病救人，再不要提什么扣打吊，干部对群众更应该如此，实行民主，先得保证‘人不许打人’。当时两方面的思想好像都已经打通，都表示疙瘩已经解了，以后可以安心生产。”这段文字为我们保存了赵树理同志在《新大众报》工作期间，深入群众，认真贯彻党的各项政策的史实。正因为他能经常深入群众，所以能及时发现群众工作中一些问题，并在报上发表一些现实性很强的短文或作品，计有：

1948.1.7 《我们执行土地法，不许地主富农管》

1948.1.14 《为啥要组贫农团》（快板）

1948.1.14 《休想钻法令空子》

1948.1.21 《谁也不能有特权》

1948.1.28 《中农不要外气》

1948.2.4 《不要误解“行政命令”》（大众信箱）

1948.2.11 《再谈“行政命令”》（大众信箱）

1948.3.16 《发动贫雇要靠民主》（大家讨论）

1948.5.16 《停止假贫农团活动，不能打击贫雇！》（大众话）

1948.6.21 《“自愿”不是“自流”》

1948.6.21 《从寡妇改嫁说到扭正村风》

1948.6.26 《躺倒不对，起来怎干？》

总计半年间共发表12篇文章。其中有两篇被晋冀鲁豫中央局的机关报《人民日报》转载。赵树理在同年1月15日还在《人民日报》发表《干部有错要老实》的短评。

赵树理这许多文章，一个中心内容就是宣传党在土地改革运动中的政策。1947年10月，中共中央公布了《土地法大纲》后，晋冀鲁豫边区的土改正在蓬勃开展。为了联系当地土改运动中的实际情况，做好宣传工作，赵树理这批文章大致有三方面的内容。

首先是发动群众投入斗争。这方面最突出的是像李有才写板话一样，他写了一首《为啥要组贫农团》的快板：

谁把贫雇剥削干？地主富农老封建。
分土地，反封建，贫雇站在最前面。
……
村里没有贫农团，贫雇翻身难上难，
一直翻了一年半，好多窟窿没有填：
东村没有贫农团，地主富农假转变，
改头换面当干部，假扮斗争把人骗。
西村没有贫农团，全是中农当骨干，
只说斗争很和平，哪管穷人多困难？
南村没有贫农团，流氓当权胡作乱，
斗争果实还没分，自己先要抓一半。
北村没有贫农团，几个贫雇当了权，
只顾自己翻透身，不管别的穷苦汉。

快板接着说明组织起贫农团，斗争中的这些偏差，便可能得到纠正，加以避免。通过反复对比点明主题：

穷苦人，一串连，大家组个贫农团，
带起头来分土地，才能彻底把身翻。

这篇快板的内容表明赵树理对发动群众阶段存在的问题有着比较深入的了解。在另一篇文章中还有更细致的说明：发动群众在开始时往往“多数人没有真正起来，少数能说会道可是不很正派的人当了委员或者积极分子”。因为“每个村子里，都有一种灵活的滑头分子，好像不论什么运动，他都是积极分子——什么时候行卖什么，吃得了谁就吃谁，谁上了台拥护谁。这些人，有好多是流氓底子，不止没产业，也不想靠产业过活，分果实迟早是头一份，填窟窿时候又回回是窟窿。可是当大多数正派贫雇还不相信自己的时候，偏好推这些人出头说话，这些人就成了天然的积极分子。……要是大多数正派人都还没有当家作主的时候，就依靠他们出来作积极分子，或让他们当了领袖，他们更会把别人踏到脚底下，工作一定要搞坏”。赵树理认为防止这种偏向的关键，在于充分发动群众，不能因噎废食而不敢放手。“要是全村贫雇共有一百个人，一齐发动起来了，其中有几个这种人，大家对他们提出意见，这时候纵然他们各人都有个别的私人朋友，谁也不敢当着大多数人面前来包庇他们。”为此，他提出把公开宣传与个别访贫结合起来，做好发动工作（以上见《发动贫雇要靠民主》）。他还根据在武安县处理假贫农团时获得的经验，提出假贫农团的形成是很复杂的，“有干部为了响应土地法组织的，有坏干部为了抵挡土地法组织的，有坏分子趁机组织的，有为了闹宗派组织的，有县区干部在没有组织工作团以前凭热情组织的。……无论什么样子的假贫农团，参加的人大多数是真贫雇”。因此，对他们一律不该打击，这样才能真正保护基本群众，有利于发动群众（以上见《停止假贫农团活动，不能打击贫雇！》）。

其次,赵树理强调在土改运动中干部作风的重要性,特别反对干部利用特权多占胜利果实。也批评了某些干部作风的不民主:"干部通,群众过,不通也得通;完全是专制做法,国民党老爷派头。这种作风,有的地方,已经发展成一全套,结果把咱们党和政府的政策法令,弄走了样。本来对群众十分有利的事,经他们强迫命令一下子,反转成了群众的负担,引起很多不满,坏了老大事情。"(《再谈"行政命令"》)

再次,赵树理反复谈到正确对待中农的问题。这个问题又与干部问题紧密相关,许多地方在土改中侵犯中农利益都与干部队伍不纯,作风不正有关。而这一问题正是当时运动中的主要危险。就在这年4月21日和27日,晋冀鲁豫边区中央局分别向太岳、太行区党委发出指示,要求坚决纠正土改中的"左"倾冒险主义错误,正确贯彻党在土改中的路线、方针、政策。5月10日,又在《人民日报》上发表毛泽东同志《在晋绥干部会议上的讲话》,也是为了帮助纠正土改中的错误倾向。党的领导机关的这些指示,说明赵树理从实际工作中体察到的情况是十分重要的。

赵树理看到了一些村子的政权实际上没有掌握在贫雇农之手。一种是地主阶级没有彻底被打倒。"凡是保留下来的地主富农,都有他一点小路道:有些是改头换面在村里当了干部、当了共产党员,或者跑出来钻进各机关里去;有些是军属、干属、烈属,靠子弟的势力保存自己。没有分了的果实,有的说保存在农会,有的说入了合作社,实际上是拿着群众的钱,几个掌权的人作了自己的生产本钱。多占了果实的,不是党员和干部,就是他们的亲戚、朋友。"(《谁也不能有特权》)还有一种就是上面提到的流氓无产阶级分子,回回填窟窿都有他,永远填不满。在这种情况下,或者为了转嫁自己的损失,或者为了更多地占有果实,就必然到中农身上打主意。赵树理所举的晋城马坪头村实行"劳资合作",就是一例。那里地主也斗了,果实也分了,但是126户中还有25户是赤贫，而且这25户没有干部，尽是群众。为了解决这些赤贫户的困难，干部又想出了“劳资合作”的办法，开了三天会打通中农的思想，让他们去跟这些赤贫户“合作”。实际上是让这25户去侵占中农的利益。赵树理指出：“这一年多的填平补齐工作没有做好，村干部应该负责，不能把25个窟窿推给中农去填。”(《干部有错要老实》)

在干部执行政策普遍发生偏差的情况下，赵树理也向中农做工作，向他们解释党的政策：“中农不要担心：照土地法办事，中农跟不动一样——土地在平均数以上的只拿出一点地，在平均数以下的还要得一点地，浮财一点也不动，并且还能参加农会，当合法的分地人，绝不会再叫你拿出东西来搞‘劳资合作’。”(《干部有错要老实》)针对某些中农砍树木、卖牲口、大吃大喝的行为，指出这或是听了地富的谣言，或是不了解政策瞎操心。“这些中农做得太不上算了：消耗的财产是自己的，自然是自己吃亏。土地改革过后，别的中农都去犁地，你把驴卖了，看人家犁；别的中农的猪长得肥了，你早把小猪杀了，看人家吃肉、卖钱；别的中农的树长大了，你的小树早做了抬杆，看人家做梁做柱……看见人家别的中农入农会，你去报名，人家嫌你顽固，不要你。这些都还是小事，要是你带了个顽固头，好多中农跟着你上了当，以后人家上当的人追究起这事来，更加麻烦。那就叫‘费了东西不讨好’，两头吃苦。”(《中农不要外气》)

上面提到赵树理在《新大众报》以及《新大众》杂志上发表的这十几篇短评、快板、小说、小戏，除了一篇小说解放后重新发表过以外，几乎没有人再来提它。如果不加挖掘或许要渐渐地湮没掉了。固然，作为普及的作品，艺术上可能没有太高的价值。但是，这些作品对我们了解赵树理的生平、思想和创作，却有不小的价值。我们读了那十几篇短评，很可以帮助了解为什么在《李有才板话》中塑造了在斗争中起来打头阵却并不代表贫农利益的马凤鸣，又塑造了当了干部很快变质的陈小元。这说明赵树理早就关切着发动群众中的问题。甚至对了解《三里湾》中“翻得高”的村长范登高和党员袁天成,他们为什么思想逐渐退坡,也有意义。特别对正确理解《邪不压正》,简直是一把钥匙。这部小说中,赵树理“想写出当时当地土改全部过程中的经验教训,使土改中的干部和群众读了知所趋避”。(赵树理《关于〈邪不压正〉》)它不但描绘了发动土改时各阶级、阶层的复杂动向,而且特别对为什么侵犯中农利益作了相当深刻而形象的描写。这些显而易见都是他在这一时期在实际工作中所得到的深刻体会的艺术表现。

原载《新文学史料》1980 年第 2 期

赵树理在华北《新华日报》

华　山

是 1940 年的春天吧。当时华北新华日报馆驻在太行山主脉下一个千山万壑里的小山村叫做圪隆峧,又叫安乐庄,属山西省武乡县管。我在“木刻工作室”给报纸刻插画。那是半坡道上一家闲置的独立小屋,离开坡头编辑部和沟里电务科的院落都有小几百步,不多见人,怪清静的。光线又好,朝阳的门窗都拆卸光了,门口站上个人,也不多挡亮,谁愿看就只管看吧。反正在山里,看人画画也和看补锅补碗锯大缸一样,都是一种看不够的文化娱乐呢。

门口站着个人忽然说话了:“同志,问个话行吗?”

真讲礼貌!我回过头去,只见门框傍着个过路打扮的瘦高个儿,且喘着气,披着件罩住小背包的旧棉大衣。我见他独自一人,汗水淋漓,关心地说:

“你上哪儿?”

“请问,”他凑到跟前,把声音压在嗓门眼里,悄悄问道,“这是新华日报馆吗?”

我一怔:这人是谁,跑来打听报馆!

在敌后方,是个战士都知道,部队番号是保密的。报上倒着印着:“社址:山西省沁县。”那已经是1939年元旦创刊之初了,县城里也只有一个办事处,负责公开联络,编辑部和印刷厂、新闻电台等要害部门都隐蔽在几十里外的太岳山里,一个叫做计刀岩的山村一带。到了7月7日,敌人大举扫荡晋东南地区,进占长治—沁县一线,打通了白(圭)晋(城)公路,报社早随着八路军总部转移到太行山里,驻到长壁一带。圪隆峧的老百姓只知道村里来了一个“平凉”部,是个后方机关,什么机关就说不来了。也不问。因为国民党军队一败千里,丢了华北,全世界都知道。可是八路军打到华北敌后,猛烈展开游击战,只一两年就从2万多人发展到40万人,南到黄河,东到渤海,北到蒙古草原和长城内外,都开辟出大片大片的抗日根据地来,外界却不知道。各个根据地相互间也不大知道。甚至朱总司令自己,也常常幽默地说:“现在八路军有多少,我这个总司令也不知道——刚报上来,又发展了。”他把我们的宣传工作,比做“满茶壶的汤团——倒不出来”。现在好!《新华日报(华北版)》一出版,就像根据地打开了一个窗子,大大提高了抗战必胜的民族自信心和自尊心。日寇恨透了,说它比十万精兵还厉害,列为扫荡的重点目标。何况报社驻地,总是离领导机关不远。找到了报社就等于找到了总部驻地了。所以报社内部都以代号称呼,或者直呼名字。可这人……你见人就问,我还会装糊涂哩:

“新华肥皂厂?”我冲他一打量,摇了摇头,“这一带,没有肥皂厂。你到西井看看?离这儿40里。翻大山过去,紧走两步,搭黑能赶到啊。”

说着,我转过身,又画起来。心里可默画着一眼记下的轮廓。

三十多岁,满脸皱纹,那么大年纪还背个背包行军真少见啊。在八路军里,当时二十多岁就算年龄很大很大了……他的脸色和旧棉大衣满像是同锅台烟火常年打交道,但身架腿脚可不像背着行军铁锅走长途啊。正揣不透,他又说了:

"同志,我可以进来歇歇吗?"

我回过头去,他还是傍门站着,怕挡了光线,我赶忙说:"可以!"同时冲着光板土炕一扬脸,"刚打扫过,累了随便歇会儿。"

那时候,对待生人,既要提高革命警惕,又要热情关怀,先定性后考查是不允许的。可也怕说漏了嘴。见他倚坐炕沿,我又转身画画了,只是尖着耳朵听着。

"同志,"歇歇他又说了,"我有点儿嗜好——可以抽烟吗?"

我一愣:还抽大烟?在八路军的概念里,抽大烟不是旧军队,就是地主官僚、社会渣子,我立刻想到前不久阎锡山发动的"十二月政变"。去年冬天,国民党掀起第一次反共高潮,我们党领导的山西新军"决死队"和"牺盟会"、"战地动员委员会"等群众组织果断反击,向太行山区靠拢,好多友军成员都跟了过来。免不了有人又想进步,又急忙去不掉这点嗜好,给一点特殊照顾也是应该的吧。不由得看他一眼:果然牙齿黑黄,面有菜色。便同情地说:"可以吧……就是没有炕席。"

他放下大衣,卸下背包,没有上炕,却蹲在炕脚地上,背靠炕沿,掏出三寸长一支小旱烟袋。我差点没笑出声来:什么外国小说里学来的洋规矩,抽袋旱烟还征求同意!可看他那拘谨样子,真不像到过什么十里洋场的新派知识分子啊。还会打火镰!只听得擦的一声,腕子一摔怪优美的。可是他为什么跑到圪隆峧来,打听报馆,我还是揣不透。他可站了起来,背上背包,披上大衣,冲我和悦地说声谢谢,出门走了。

我凑近窗口,看他已拐进一家院门,正是我们社长何云同志住的那个院子。赶紧跟踪上去,找到支干会的民运干事,叫她快去看看。天晌午了。正是开饭的时候。我回家拿上碗筷，到了通联科院里。编辑部秘书笑眯眯地挽着个背包进来了，领着那人，跟等着饭菜的同志们说："大家欢迎！又来了个新战友：赵树理同志，通俗文艺专家。"赵树理见我在，点头笑笑。我也点头笑了。从此"新华肥皂厂"成了报社一个小典故。以后熟了，有天我说：

"那天你来，就不打听代号？"

"该没有哩！"他一本正经地说，"那天我到'巴黎'（就是北方局），转了关系，拿了介绍信，人家还专门开个路单，让我反复背诵，记住了，当场烧掉。一路上我背得烂熟。站在门边看你画画，还背着哩。见你炕沿放着三瓶颜色，都是新打开的，心想真是大机关啊。一紧张，把个代号都忘了，越急越想不起来。有心拿出介绍信，又怕你不是报社的人，再不敢问。真怕你送我到锄奸部去。"

"真到了锄奸部，倒省事了，"我也乐了，"不用说代号啦。"

粉碎了晋南反共政变以后，根据地建设发展很快。报社来了大批生力军。成立了一个人才济济的"丛书编辑部"，开办了"华北新华书店"，出版了《新民主主义论》等一批单行本，还有期刊《华北文化》、《华北文艺》。赵树理当了通俗读物的编辑。他编撰了一套《抗日三字经》和《抗日千字文》，木版刻字印刷，销路很广。还打算模仿乡间庙会摆摊卖的鼓词、唱本、历书、评话等形式，创作一批农民喜欢看的文艺作品。可惜还没实现，一个紧迫任务又交给他了，就是由他编辑一份向敌占区发行的铅印小报，叫做《中国人报》，八开四版，十天一期（或者一周一期，半月一期，记不清了）。总之是把华北新华日报的内容，缩编改写，有社论，有新闻，还有故事、鼓词、快板、时事问答、"三言两语"等等，都是老赵一人的手笔。还要配上插画、连环画和活跃版面的装饰画，同我打交道的时候也多些，有什么想法就找我商量。我也成了《中国人报》的第一个读者。对他运用通俗文字的才能佩服极了。总共几千字一期的小报，居然配搭出那许多栏目，抗日根据地的新事物和新的政治概念都要宣传出去。还要明白易懂,引人入胜,真了不起。编《赵树理文集》不选上一期《中国人报》怪可惜的。

可是最令人佩服的,还是他同群众打成一片的幽默才能。村里老百姓和报社的勤杂人员都喜欢他。无论是炊事员、饲养员、交通员、勤务员、报务员,还是警卫排的同志,都同他说得来,玩到一起。他一露脸,空气就活跃起来,这里也叫:"老赵快来,唱一段儿!"那里也叫:"老赵过来,讲个故事!"在他看来,天下最好听的戏曲就是山西梆子了。山西梆子又以上党梆子最来劲儿,北路梆子、南路梆子、中路梆子都不行,就数上党梆子好听。你说上党梆子不够味儿,他能跟你拼命,非叫你服了不可,说着说着又哼哼起来,连唱带比划的,拿手指弹着装烟末的小铁盒盒当鼓点,嘴里响着锣鼓家什,一个人唱起一台戏来,叫你听得入迷。说个事儿也是风趣横生。

有一回,他说了三几分钟的一个小段:

> 今天晚会,我不唱戏,也不讲故事,讲讲文化娱乐吧。咱们这个晚会,叫做文化娱乐晚会。为啥打日本,闹革命,还要文化娱乐呢?我们做工作,好比毛驴拉碾拉磨,驮炭驮水,一天半晌过来,干活累了,让毛驴喘喘气,歇歇劲儿:卸了驮子,卸了驮架,套包笼头毡垫都卸了,牵着驴儿在太阳地里转上几圈,转着转着,毛驴就懒洋洋地,跪下两条前腿,躺倒在干土地上,美美地打个滚儿,裹上一身浮土,又滚过来,滚过去,滚个四脚朝天,好舒服啊!歇上会儿,浑身上下一抖擞,抖掉满身浮土,蹦跶起来,喷喷鼻子,翻翻嘴唇,扬起脖子,放开嗓门鼓动着肚皮'胡阿胡阿'一叫唤,又精神了。干起活儿又是一身劲了。文化娱乐就像驴打滚,没点文化娱乐不行。可是光打滚,不干活,就不是只好毛驴了。所以做工作,闹革命,都要学会驴打滚,可千万别做打滚驴……

晚会上顿时“哄”地欢笑起来。

可是，当时活跃一时的文坛佼佼者们，对老赵并不都是那么尊重的。口头也讲大众化，讲中国气派和中国作风，可眼睛总盯住大后方几个大型刊物，要写“全国性”的作品，至于敌后方的群众，无非是看看《小放牛》，听听“莲花落”，有赵树理说说唱唱就行。加之老赵比小青年们大好多，身体又弱，不如战地记者灵活。每逢敌人扫荡，报社行军转移，或者分散隐蔽，他应付突然情况的生活能力总要差些。他也自称是个包袱，不过他却又说：“我真是个包袱倒好：你找个洞洞，把我‘坚壁’起来，就不用管了，敌人走了再取出来。偏偏我是活的，是个活包袱，我有思想，要判断，你说保险，我还不放心，要亲自看看，不出来看看真憋得慌啊。”有回敌人搜山，小组长把他藏好，再三叮咛：不要暴露目标，路口都有人放哨，有变化会来找他，带他转移，不来人千万别动。谁知半晌工夫，他就跑来找你三趟，每回都是不声不响就爬到身旁，压着嗓门唤道：“敌人来了没有？”“你别睡着了吧？”把个小组长气的：“快回去！天不黑，不能出来！”正好敌人撤围，后晌来了通知：马上回村待命，抓紧弄顿饭吃。偏偏把个老赵丢了。几个人转圈好找，就是叫他不应。正急得冒汗，小组长猛一回头，只见他探身趴在洞口，从嗓门眼里悄声唤道：

“我在这儿呐！”

可不就在原来地方！小组长气都出不来了：

“怎么总叫不应呢？”

他还是压着嗓门：

“我答应了啦！你们都听不见啊。”

“你就不能大声点？”

“我怕敌人听见啦！”

“都出来了，你就没见？”

真能把你气死，还要你笑出声来。同老赵相处其实总是蛮愉快的。可是平时说笑，总爱拿他逗乐，编派他的“战场逸事”，叫他“庙会作家”，挖苦他“快板诗人”（《李有才板话》这个题名和这也不无关系吧）。老赵也不免有时回敬几句，把模仿马雅柯夫斯基叫做“有点（省略号）、带杠（破折号）、长短不齐的楼梯式，妈呀体”。损他诳他作弄他都背不住了。有天报社正开编委会，老赵忽然泪汪汪地来到跟前，紧裹着那件棉花蛋吊得精薄旧棉大衣，冷不丁说：“何社长，你派我到伙房当伙夫吧！”在场的人都愣住了。何云同志望着老赵笑笑说：“你怎么回事？”说着长出口气，皱眉头问着大家，“谁又欺负老赵啦？”我们都紧张起来。为了编辑部里的淘气小文人们，好几个编委没少挨社长批评：一个老赵都团结不了。怎么又出乱子了呢？不由得满屋静悄悄的，都冲着他看。可他，谁也不说，只是满心委屈地望着何云，一动不动，告饶似的，半天冒出两字：“我冷……”我差点没笑出声来。他可有得说了：“我会烧火，我保证做好饭，还编稿子……”那年冬天就是冷啊。反扫荡刚结束回来，烤火煤总供不上，伙食又不好。钢笔写写就不出水了，得揣到怀里，暖和暖和；拿出笔来手指又冻僵了，得站直腰身，原地跳动好一会儿，一面搓手，让身子跳出热气，赶紧写写，肚子早又饿得慌了。何况老赵是个怕冷出了名的！到伙房热炕头上写稿还真美哩。可又一想，老赵真不是个吃不来苦的人呀。人不伤心不落泪啊。每逢想到那天情景，一位青年诗人的欣然笑脸便浮现眼前，自得其乐地看着他笑……

这位诗人叫做高咏，二十一二岁，抗战初期出版过一部长篇小说。他看不来国民党的投降、分裂、倒退政策，向往抗战、团结、进步的华北敌后抗日根据地，便在 1941 年夏秋之间，以国际新闻社记者身份，从重庆投奔太行山区来。行前写了一首短诗：

这里太冷，

留不住人，
我要走了，
去找北方的春……

他来后给大后方发出好多通讯、报告、散文、随笔，同时写着一部长诗《漳河女儿曲》。诗稿随身装在兜里，在会议记者席上给我看过，是拿红绒系上蝴蝶结的白有光纸双面36开线装手抄本。字迹工整、洒脱，活字排版似的，已经抄满半册，都是夜间打好腹稿，早起逐页誊清，一千多行不带涂改的。真是才华横溢。他也多少有些自视特殊。有人给他起了一个外号叫做“美蹄克”。意思是，在大发展时期来到敌后的美少年，一旦碰上空前残酷的大扫荡，难保不同《毁灭》里那位旧俄知识分子似的临阵脱逃的。然而这个类比全然错了。1942年5月大扫荡，标志着敌后抗战进入了最艰难困苦的两年，总部直属队在十字岭突围打零散了，损失很大，好多人陷在合击圈里，都是徒手人员，高咏也在其中。为了不让敌人活捉，他卷起未完成的诗篇《漳河女儿曲》，像举起一枚手榴弹，照脸打去，迎着刺刀高呼：“打倒日本帝国主义！中华民族解放万岁！”同他一起牺牲的，还有太行区文联的蒋弼、陈默君、刘稚灵(女)，国际新闻社记者乔秋远，延安鲁艺出来的女高音歌唱家龙韵……我写下这些，是想说明，在我们党影响下的中国知识分子同旧俄知识分子毕竟是不同的。可是恰恰是高咏这样一位可歌可泣的民族精英，居然会在大打人民战争的地方反对大众化。

那是1942年1月间，一二九师和太行区党委在清漳河畔七原村里，联合召开“太行文化人座谈会”，检查文化工作脱离实际、脱离群众的倾向。邓小平同志在会上讲了话，号召文化人到群众中去，做社会调查，做农村调查，抓住紧迫问题，发动群众起来斗争，团结人民战胜敌人。这个讲话，方向明确，振奋精神，得到热烈响应，纷纷要求深入生活。可是一谈到学习群众语言，谈到大众化通

俗化问题,高咏公然宣称,群众语言写不出伟大作品。他提出了一个令人吃惊的命题:

——群众虽然是大多数,但却是落后的!

会场“哄”地乱了营啦。都说群众是英雄,偏你说群众落后,这还了得!都争着发言反驳。可是说实在的,在延安整风以前,特别是《在延安文艺座谈会上的讲话》发表以前,真正同群众打成一片,说得出切身感受,在敌后文艺界也是不多见的。只好长篇大论,说个不清,越说越气。高咏笑盈盈地好不得意。赵树理倒是不气,还像平时说话一样:“我搞通俗文艺,还没想过伟大不伟大,我只是想用群众语言,写出群众生活,让老百姓看得懂,喜欢看,受到教育。因为(他把谈锋一转,提出了一个针锋相对的命题):

——群众再落后,总是大多数。离了大多数就没有伟大的抗战也就没有伟大的文艺!”

鼓掌声把房顶都快抬起来了。解渴!过瘾!扬眉吐气!真亏老赵一句话哩。其实,与其说是雄辩,不如说是道出了“为什么人”这个根本问题。《在延安文艺座谈会上的讲话》开辟了表现人民群众的时代,赵树理的创作也进入了星光灿烂的成熟时期。今天回头看看还是蛮亲切的。

原载《瞭望》1982 年第 11 期

抗战文学一朵花

——谈赵树理主编的《中国人》周刊

董大中

在纪念抗日战争胜利 40 周年的前夕,我翻阅着手边的一叠叠资料，不由想到了《中国人》周刊。我觉得，要谈抗战文学，《中国人》很值得一提。

《中国人》周刊是1940年7月，由中共中央北方局宣传部决定创办的，"专发敌占区"。16开大小，每期四个版，一二三版为要闻、言论等，第四版为文艺副刊。全部四个版，均由赵树理一人主编，他还兼管校对和画版等。曾有一些青年同志作他的助手，但为时很短。在战争环境下，一个人编这么一张报纸，而且大都能按期出版，委实不易。尤其使人惊羡的，是副刊《大家看》专版。这个版每次发四五篇稿件，各种形式都有，但极少来稿，基本上靠编者自己撰写。赵树理真也有两下，小说、故事、杂文、鼓词、唱剧、寓言、民谣、童话、日记、书信、有韵话、随感录等，凡属普通老百姓所"喜闻乐见"的，他都写了，其中许多形式是他的创造，如有韵话。再如外国有《伊索寓言》，赵树理就写《你索寓言》，称"你索先生是伊索先生的本家"。笔者看到的《你索寓言》共有三篇，都很能吸引人。

《中国人》既是"专发敌占区"，自然以暴露日本侵略军的罪行为主。赵树理当时在华北《新华日报》社工作，消息灵通，搜集资料比较方便。从新闻报道到文艺作品，他都把暴露敌人放在主要地位。读了那些文章，我们对日本侵略军的罪行会有深切的感受。《李克仁妙计留如意》等文，把暴露敌人和向沦陷区人民指明出路结合起来，表现了群众的斗争精神和智慧。

《中国人》副刊，虽然每期只有一千多字的篇幅，但佳作不少。在我所见到的30张《中国人》上，较为重要的，有古体诗《避雨者》、《乞巧歌》，章回小说《再生录》等。《避雨者》写了一个人背井离乡、流离失所的情景，其形式、格调跟1930年所作《打卦歌》相像，堪称《打卦歌》的姊妹篇。《再生录》在副刊上连载多日，共八回。内容是写张庄青年农民赵天锡一家的遭遇。他们被日军苦害得无法生活，后被抓去拷打。在游击队帮助下，赵天锡逃出魔掌，跟干兄弟杨二牛一起参加了抗日队伍。这部作品写于1941年春，是解放区较早出现的一部章回小说。

赵树理主编《中国人》，约有两年时间，出版四五十期。在这期间，他写了各种形式的作品近二百篇，笔者见到一百篇左右。我想，为了牢记抗日战争时期中国人民所受的苦难，所展开的艰苦卓绝的斗争，如能出版一本《〈中国人〉作品选》，倒是很有意思的。这是抗战文学的一朵奇葩。

原载1985年7月29日《人民日报》

赵树理编辑活动纪略

华　然

赵树理不仅是一个具有新颖独特的大众风格的人民艺术家，而且是一位当之无愧的优秀编辑。他关于编辑方面的活动和经验，同他的文艺创作一样，同样值得我们学习和研究。

"编辑世家"

有一次老赵开玩笑说：你们只知道我编过报纸和刊物，却不知道我也是一个筐啊篓啊的编辑。我家祖祖辈辈都会编，可算是"编辑世家"！赵树理从事报刊编辑工作的历史很久。早在1939年他就在山西牺盟会办的小报《黄河日报》任副刊《山地》的编辑。这张报纸由杨献珍直接领导，王春担任主编。《山地》副刊每周一期，赵树理在编辑工作中十分注意通俗化、大众化，显示了独特的风貌。他编发的诗（包括快板、鼓词、民谣）能唱，编发的小说（包括故事、小小说）能说，为群众所喜爱。当时外稿拉不到，全靠他一个人唱独脚戏,各种式样的稿件几乎都出自他一人之手。为了对付阎锡山的特务,他还利用那些民间艺术形式巧妙地进行斗争。他说:“老实说,我是颇懂一点鲁迅笔法的,再加上点群众所熟悉的民间艺术因素,颇有点威力。”报纸贴到哪里,读者就挤到哪里。有一次,报纸贴在长治城门洞里,人们围得水泄不通,路都堵塞了。1940年春,《黄河日报》与一二九师办的《晋豫报》合并为《人民报》,赵树理仍任副刊编辑。他时刻以为战士服务为宗旨,尽量使用适合战士口味的通俗生动的语言和形式,很受战士的欢迎。不久,又被调到华北《新华日报》编辑科参与《抗战生活》的编辑工作。1940年冬,新华日报社增办了一份专门发往敌占区的小报《中国人》,请赵树理负责该报的副刊《大家看》。老赵说,办这个副刊仍继续了《山地》的风格,尽情地揭露敌人的残暴、丑恶,发挥了投枪、匕首的作用。当时有一篇叫《我所看到的赵树理》的文章说:“那时他的主要工作是编一种给敌占区同胞看的通俗小报,叫《中国人》,他既是编辑,又是作者,每期要写各种形式的文章:通俗言论、小说、诗歌、话剧、曲艺、活报、快板、讽刺笑话、民间歌谣等,还要数字数,排版样;还要在石印薄纸上写各种字体的标题,画小插图和题头画,细心地描绘各种图案花纹;还要负责校对。不仅敌占区同胞喜欢看这个报,石印工友们也常常一面印,一面朗读着他的作品。”1943年夏,边区成立了新华书店,不单卖书,也出书。赵树理的《小二黑结婚》最早就是彭德怀同志看后认为写得很好,可以印出,由杨献珍交新华书店出版的。与此同时,王春与赵树理也调新华书店分别担任总编辑和编辑。在这里,老赵一直工作到全国解放。当时恰逢太行区模范文教工作者会议及文教展览会在山西涉县开幕。老赵以书店编辑的身份参加大会工作。他为了活跃大会气氛,办了一个临时刊物——壁报宣传栏“新华窗”,一人采访,一人写稿,一人编排、校对,诗歌、快板、散文,色色齐全,同时也发动代表写稿,帮他们修改。大会结束时,代表们对“新华窗”

恋恋不舍,都说,书店要是经常出这样好的刊物多好!新华书店后来就创办了《新大众》杂志,由老赵任编辑。

沙里淘金

赵树理搞编辑工作有一种沙里淘金的顽强精神,他说过:"沙里淘金常常是沙多金少,可是在沙外没有更丰富的金矿的地方,金还是只能在沙里淘,淘得多了也会得到多量的纯金。"当时边区政府从各地群众在春节期间自编自演的秧歌剧本中,征集到217册,聘请赵树理评选。这些稿上的字有的核桃般大,有的瓜子样小;用的稿纸,没有格子,也不分大小新旧,还有把旧书拆开翻过来用的;书写不分章节,不留天地,顶天立地写成一片。面对这些"乱七八糟"的小本子,老赵以高度的革命责任心一篇篇细细看,一字字认真辨,充分体现了他对群众劳动的尊重和热爱之情。在评阅中,他发现一篇好作品,或一篇作品中有一段很精彩,或有几句对话动人,他都高兴得坐不住,马上给其他评选人员朗读,甚至手舞足蹈地表演起来。比如山西左权县写了个小剧叫《神虫》,写他们那儿遭了蝗灾,大家正打蝗虫,有个老头却在那里念符咒,后来看见自己的符咒不灵,就拿着画了符的木板参加到群众的打蝗队伍中去。老赵对这个剧本非常佩服,认为"没有费大气力就写出一个老年人的思想转变"。一直到1948年他编选"人民文艺丛书"时,还不忘这个剧本,把它编了进去。

扶植新人

全国解放后,老赵和他的老战友王春一起调到北京,他担任了工人出版社第一任社长,兼编委、副刊主编。1950年1月全国第一个通俗文艺刊物《说说唱唱》在北京创刊,他与李伯钊担任主编。《说说唱唱》的创刊得到了郭沫若、茅盾、周扬等同志的大力支持。老赵带头致力于通俗文艺的创作。他认为田间的叙事诗《赶车传》这样的好作品,不能唱给群众听很可惜,于是他常常闭起眼睛,弹着三弦,用自己的语言编制歌词,很快把《赶车传》改编成鼓词《石不烂赶车》,登在创刊号上。在编辑部,他还注意从自发来稿中发现人才,培养作者。为了不漏掉一部好稿,他特别安排了一位主要编辑做退稿复审的工作,规定:凡是经编委审阅不用的稿件,都要再经这位编辑复查一遍,不让一篇可用的稿子漏掉。陈登科的《活人塘》本来要退稿了,转到那位编辑手里时,起先也感到没法用,错别字连篇不用说,有些地方还画着代替文字的象形符号或干脆空着,更难办的是原稿曾掉进河水里泡过,字迹模糊,难以辨认。但是这位把关编辑还是仔细看完了,认为有些段落挺有生活气息,就交给赵树理决审。老赵仔细看了两遍,一天早上跑到编辑部,碰到人就喊:“好稿子发现了,好稿子发现了!”他找到田间,请他看这部稿子,并说:“我近来看了一些来稿,能够如此打动我的心的还不多。希望你能看看。其中人物,虽然没有经过精雕细刻,但他们也令人忘不了。”又找到康濯说:“有篇稿子,看来是个工农干部写的,有些字是打的记号,还要你去猜,要把它看完,是要费点劲,耐心点,吃点苦头,不过还是值得一看的。”田、康看后,感到的确好,还做了部分修剪工作。赵树理又从头至尾进行了修改,并建议作者把书名由《替死》改为《活人塘》,在《说说唱唱》1950年10月号发表了。从此陈登科蜚声文坛。小说发表后,老赵写信给陈登科说:“我读了你的小说之后,觉得内容充实、语言生动,乡土气息很浓,但是书中人物还欠精雕细刻,在艺术结构上也不够完整,希你能在它出版之前,再做一次必要的修改,地方土语,以少为好……”并鼓励陈登科加强文学修养,注意生活积累,写作时有话则长,无话则短,要说能上口,听能入耳,切不可学洋。赵树理还给陈的所在单位皖北日报社写信,建议送陈到作协的文学讲习所学习深造。著名作家邓友梅、方之、刘真、韩文洲等也是赵树理在《说说唱唱》编辑部期间发现的文学新人。老赵对他们都给过不少帮助。如刘真在文讲所学习时创作了短篇小说《春大姐》，其中写了一个媒婆的形象，但因她对农村媒婆不了解，怎么也写不活，严文井建议刘找赵树理。赵树理看了稿子不仅活灵活现地向刘介绍了农村某些媒婆如何花言巧语骗人的行为，而且放下自己的创作，花了两三天时间给刘真改稿子，使《春大姐》成为一篇优秀小说。

严 格 把 关

老赵选稿、编稿历来强调质量第一，力求把最新最好的精神食粮献给人民群众，从不马虎，从不凑合。1958 年 2 月他在《文艺报》的一次座谈会上说：我在太行山时，在新华书店编文艺书籍，总编辑是王春同志。我们大概有些“左倾冒险主义”，凡是在文章中带有八股气的，一概不予出版，挨了很多人的骂。骂也没用，除非我们不干，你们来了再说。1951 年他参与编选《工人文艺创作选集》，在这套选集的第一集代序中，就提了几条不入选的原则：说教成分过重，不曾通过具体生活刻画形象；经过不适当的帮助，拾取了欧化的结构、语言，失去了工人的本色；临时性太大，所反映的问题已普遍不存在或变了样；特殊性太大，别的人，别的地方读了不了解或不感兴趣等。他认为印成集子是供给自今以后的人读的，因此选择的标准要严格，尽管少数人喜爱但为广大读者计，也无法不割爱。这种以读者利益为重，以作品的社会效益为重的精神，今天依然多么值得我们发扬光大啊！

原载《杂家》1986 年第 3 期

他，是弱者也是强者

——非常生活回忆录

西　戎

赵树理是一位生活淡泊，思想深邃，在现代文学史上有独特风格的作家。他一生倡导文艺大众化，并身体力行，为农民辛勤笔耕，写下了几百万字的优秀作品。今年是赵树理80周岁诞辰，缅怀往事，留在我的记忆中最强烈的，莫过于动乱年月我们一起住“牛棚”时度过的日日夜夜。记忆的每一页里，都留着他的许多令人笑中含泪的故事。

喊不喊都有错

在“横扫一切牛鬼蛇神”的紧锣密鼓声中，赵树理被冠以“牛鬼蛇神的祖师爷”而被揪了出来。

我不愿再去重复现在看来既野蛮又荒唐的批斗会，因为每个揪斗对象所经受的苦况，几乎是千篇一律：挂牌、游街、戴纸帽、低头、弯腰、罚跪、罚站、辱骂、狂叫……然而在这些失去人的理智的批斗会上，赵树理却表现了与众不同的冷静。

红卫兵厉声质问：“赵树理，你写的《“锻炼锻炼”》是不是诬蔑贫下中农？”

赵树理答：“我没有诬蔑，我写的都是农村生活的真实！”

红卫兵又质问：“难道我们的农村有‘吃不饱’、‘小腿疼’这样的人物吗？”

赵树理淡然反问：“难道你不认为生活是这样的吗？”

红卫兵激怒了,狂叫:“你胡说!你造谣!你放毒!”

赵树理平静地说:“大家别急,如果有人不信,我还可以领你们去农村看看,队长的老婆就是‘小腿疼’!”

“不准赵树理继续放毒!”

“赵树理罪该万死!”

口号声大作。在这具有威慑声势的斗争会上,赵树理非但面无惧色,反而出声地笑了。

“赵树理,你笑什么?”红卫兵愤怒逼问。

赵树理看看质问者的脸色,依然笑着说:“大家刚才喊口号,说我罪该万死,其实,人只有一死,也用不着万死!”

他不慌不忙,操着浓重的家乡口音说出这几句辩白,把坐在会场里的红卫兵也给逗乐了。场上出现了笑声。

会议主持人有些紧张,横眉怒目,猛力拍着桌子:“把这个顽固不化的反革命分子拉下去!”

在一片狂怒的口号声中,赵树理和我们几个陪斗的人,被推搡着从会场往外走。刚走到门口,群众高呼:“毛主席万岁!”这时赵树理也振臂高呼。刚刚喊出了“毛主席”三个字,便听见主持人高声怒斥:“赵树理,你喊什么?”

赵树理答:“喊口号!”

“你是反革命,不准你喊!”

赵树理感到迷惘,笑着解释:“我在晋城参加批斗会时,革命群众喊口号,我未跟着喊,主持人质问我,‘为什么不喊?’我无法回答,现在我紧跟着喊,你们又不准我喊,究竟是喊好,还是不喊对,原来一个地方一个做法吧!”

平平常常一席话,又把会场里的人逗笑了。连我这陪斗对象,也有点憋不住地想笑。心里直埋怨老赵,在这“造反有理”的年月,还讲的什么理啊!

“拉下去!快快拉下去!”

在一片斥责、哄笑、议论声中，一场批判反革命修正主义分子赵树理的“庄严而肃穆”的斗争会，闹得与会者完全忘记了“阶级斗争”，好似刚刚看完一场精彩的相声表演，有说有笑，议论纷纷地从会场里涌了出来。

背“老三篇”的故事

七月的夜晚，无风闷热。造反派决定用轮番批斗的办法，来对付赵树理的“冥顽不化”。

院子里的墙上，贴出了勒令告示，上面赫然写着“拼刺刀”三个大字。而且还用朱笔在字上加了三个红圈，以示威严。

赵树理戴着用细铁丝拴的大木牌。因为很重，两手端扶，步履艰难地被押进一间比较宽敞的大房间里。这里原是办公室，早已无公可办了，如今成了批斗会场。

会场里，人虽不多，但是个个神色冷漠，气氛庄严。赵树理押进来以后，被勒令低头弯腰，站在人圈中间的一小块空地上。

主持人宣布开会，照例全体起立，手捧红宝书，极度虔诚地齐声念道：“凡是反动的东西，你不打，它就不倒。这也和扫地一样，扫帚不到，灰尘照例不会自己跑掉。”念毕，全体落座。

主持人厉声厉色地问：

“赵树理，你会不会背‘老三篇’？”

赵树理低着头，答：“会背《愚公移山》！”

“给革命群众背一遍！”

赵树理应命背了起来。声音虽然低沉，但是一句紧接一句，确实熟背如流。

主持人突然把桌子一拍：“赵树理，声音大些，背慢一点！”

赵树理怔了一刻，似乎明白了主持人的要求，便放慢背诵节奏，提高嗓音，一字一句地背了起来。

“太行、王层二山，方七百里，高万仞。本在冀州之南，河阳之北。北山愚公者，年且九十，面山而居。惩山北之塞，出入之迂也，聚室而谋曰……”

坐在四周的人，露出奇异的神色，瞠目相视。

主持人问：“赵树理，你背的是什么？”

赵树理从容作答：“《愚公移山》！”

“是不是‘老三篇’？”

“是。”

“你胡说！”

“不胡说，这是比‘老三篇’还老的《愚公移山》！”

主持人狂怒，用手指住赵树理低着的脑门：“你简直反动透顶！”说时迟，那时快，倏忽从人群中跳出来两个年轻人，其中之一是一位戴一顶黄军帽，露着两根锅刷小辫的女青年，对准赵树理的胸口，猛击一拳。

赵树理毫无防备，身子倾斜，两腿失重，应声翻倒在地。

这一跤，跌得不轻，赵树理翻身坐了起来，诧异地望着四周的人。此刻，他确实摸不清是出了什么差错而挨打。

“你要什么死狗，站起来！”打人的女青年对着赵树理咆哮。

赵树理慢慢从地上站了起来，心中气恼，面色苍白，对那位站在脸前的女青年说：“刚才你偷打，我没有准备，现在你再打，肯定你打不倒了！”

在这种被视为是你死我活的阶级斗争氛围中，赵树理居然感受不到气氛的庄严，敢于说出这种带有亵渎意味的话来，不能不令参加会议的革命群众啼笑皆非。

火力来势更猛。连珠炮似的批判发言，向着赵树理劈头盖脸地打过来。

天气着实闷热，房间里的烟味、汗味，简直让人憋闷得喘不过气。赵树理脸上淌下来的汗珠，滴在胸前沉重的木牌上，渍湿了上面糊着的纸,又慢慢流着跌落在眼前的水泥地上。空气是多么令人窒息啊,听着那虚张声势聒噪刺耳而又荒诞可笑的发言,他忍无可忍了,把低得发酸的脖颈,突然直了起来。还是那位戴黄军帽的女青年,猛扑上前,用力把他的头压下去。赵树理没等她松开手,又把头抬了起来,那女青年无力制服了,又一个戴眼镜的男青年扑过来,狠命压住赵树理的头。

赵树理把头用力一摔,挣脱压在上面的手,生气地说:

"你们要不要我交待问题?"

主持人做个手势,两位"小将"方才坐回原来的位置。

赵树理把又酸又困的腰伸直,质问道:"我看见墙上贴的勒令,今晚是和我开拼刺刀会。既然是拼刺刀,就该双方都有武器。今晚光是你们发言,不让我说话反驳,我看这不能叫拼刺刀,应当改成捅刺刀!"

会场里,所有脸孔,都露出了震惊和愤怒。一个死不改悔的走资派,竟然敢如此嚣张,攻击革命。是可忍,孰不可忍。会场骚乱了,人们离开座位围了上来。叫骂声,推搡声,椅凳倒地的咚卡声响成一片。

所谓的"拼刺刀"会,在大打出手歇斯底里的喧闹声中终于收场了。

赵树理被押送回牛棚。有人关心地问:"受不了吧!"他淡然一笑:"出了几身臭汗,也没有什么,锻炼小将嘛!"

他坐在床上,接连不断地抽烟。他心中有气时,烟瘾也就更大了。

未能完成的腹稿

令人焦虑不安的日子,把关在"牛棚"里的人,关得都有些头脑麻木了。对人生,对理想,简直不存一丝幻想,只求还能活下去。

为什么要如此痛苦地活着，连自己也不知道这到底是为着什么。

社会上两派武斗升级了。进驻机关的革命组织，把精力转向了两派斗争，对我们这些关押在“牛棚”里的“批斗对象”，管制明显放松了，但仍然没有自由——不准回家，不准通讯，不准和外界联系，不准家属探望，不准……只是在每天完成劳动项目，利用“天天读”的时间里，开始彼此说几句笑话，使窒息的心灵，麻木的头脑，稍稍得到一丝轻松。

赵树理善讲故事，语言幽默，听来令人捧腹。他白天一句不讲，只有在夜晚躺在床上，还必须是房里只有两个人的时候才肯讲。他似乎也悟出个道理，在这人整人的年月，三人一块讲话是会带来可怕灾祸的。

赵树理爱戏若命，他自己不但会唱，而且还能熟练地操持几种乐器。现在没有了用武之地，每天也还要独坐床沿，用手拍着膝面，闭目摇头，自我陶醉一番。

有天晚上停电，不能开会，材料也写不成，只好早早上床睡觉。但是时间早，又都睡不着，两人便小声地说起了戏。从板眼、调式，说到台步表演，他说上党梆子好，我说蒲州梆子好，我们之间有了小小的争论。赵树理似乎忘记他身在牛棚，边说边披了衣裳从床上起来，赤脚站在地上，便情不自禁地舞蹈起来。边表演边提醒着我：“你看，大花脸的台步是这样，二花脸的台步是这样，各有程式，根本不同……”

房里没有灯光，一片漆黑，我听见“卡通”一声，像是凳子倒地的声响，忙说：“老赵，快别表演了，我什么也看不见，小心把你碰坏！”

他“嗤”的一声笑了，似乎这才想到房里无灯，才又脱衣上床。

许是因为说戏，又点燃了他对生活的希望。他躺下以后，便说起了他今后的创作计划。他准备再写一部反映农村经济体制改革的长篇小说《户》，已经有了腹稿。他在晋城县兼职担任县委副书记，就是为了继续积累生活，研究、思考农村经济体制上出现的各种各样的弊端和问题。他认为中国农村有自己的特点，要根本解决农民致富，必须以户为劳动生产个体。如果农村的经济体制不进行调整变革，是解决不了农民的吃饭问题的。他把发现的这些问题，早在1959年写过一份报告，向上级领导陈述一个党员作家对农村问题的真情实感。然而报告送出去以后，非但未引起有关方面的重视，反而招来了一顶思想右倾的帽子。让他做检查，端正认识。而他呢，开了几个月的会也没有能想通，仍坚持他对农村问题的观点，并幻想能划出几个生产队，让他搞搞试验。结果他的“试验田”不但没有人敢来支持，“文革”运动开始以后，连他写的那份“万言书”，也成了他“反党反社会主义的铁证”。为此他受到了比别人更加残酷的折磨，也是可想而知的了。

夜已很深了。我们两人辗转反侧，谁也没有了睡意。我问他：“你现在对这问题有无新的看法?”

赵树理说：“观点不变。只要认真到农村做调查研究的领导，都会承认我的观点是对的!”

是对的，我也承认。但是斯时斯地坚持真理，是需要付出高昂代价的啊!

“三类半”提恳求

由于赵树理的“冥顽不化”，拼刺刀会真正进入了短兵相接。

勒令又贴在院墙上，赵树理又被押进会场，不同的是会场里只留下十几名积极分子。气氛也与往日不大一样，简化了一切繁文缛节，主持人开宗明义，要赵树理交待写“万言书”的反党动机，声色语调，火药味极浓：

“赵树理，你是个地地道道的反革命分子，要老实交代罪行，不要戴着花岗岩脑袋去见上帝，听见了吗?”

赵树理听见了，也听清楚了。他摇着头，表示不能接受。欲申述理由，主持人厉声制止："只许你规规矩矩，不许你乱说乱动！"

主持人开始朗读文件"二十三条"，然后质问道："根据中央文件中干部队伍的分类，赵树理，你应该划归哪一类？"

赵树理不语，低着头在思索……

"快说！你属于哪一类？"其他人也开始助威呐喊。

赵树理抬起头，不慌不忙地回道："根据文件规定，一类是好干部，二类是比较好的干部，你们不把我往那里头划，我也不想往那里头钻。实事求是说，我认为我是犯有严重错误的好干部，划归三类合适，可是你们不同意，硬要说我是反党反社会主义的四类分子，你们这划法，我也不能同意！"

"那你算哪一类？"

"这样吧，咱们现在折中解决，我就属于三类半吧！"

赵树理的这一席慢条斯理、有理有据的发言，把坐在周围的十几个积极分子都逗乐了。会场里，剑拔弩张的气氛有所缓和。积极分子们以为赵树理是在玩弄幽默，其实他把自己划归"三类半"并不是任意胡说，是经过认真思索以后所能作出的唯一可以接受的办法。

主持人气急败坏地嘶喊："赵树理，今天是让你来编小说的吗？不准你胡编什么'三类半'，你是地地道道反党反社会主义分子！"

赵树理不接受，摇头说："你们非要这么说，我也没有办法，我可是不能承认自己是反革命！因为我本来就不是反革命！"

"那你是什么？"

"我是犯了错误的好干部！"

"你是反革命！"

"你们说我是反革命，我可要称你们为同志，不然，我岂不真的成了反革命分子了？"

会场里，有人冷笑，有人谩骂。经过几个回合的交锋，一种受到屈辱被人误解的悲凉感，涌上赵树理心头。他长长叹息一声，泪水顺着脸颊滚落下来。多么可怕的“逼供信”，多么可哀的人云亦云啊！他绝望地望着坐在周围的积极分子，难道他们之中就没有一个有头脑、有胆识的角色，站起来说几句使他感到宽慰的公正话？他宽谅了他们，因为遇事要做到实事求是，是需要勇气和胆识的啊！目下，还看不到这样的一个人！

赵树理失望了。他流着眼泪恳求说：“你们一定要打倒我，反正我也老了，把西戎、马烽他们留下，他们还年轻，能为革命做很多事情，这就是我唯一的要求！”

他的要求虽然没有被造反派接受，但是通过这件事，却使我们感受到了他博大的胸怀和对党、对同志善良无私的爱。这就是共产党员赵树理，在强大的批斗面前，低头弯腰几个晚上，汗水流下许多，所提出的一个和个人命运安危毫不相干的恳求！

肋骨折断以后

“牛棚”生活纪律虽严，但关在这里的人都还知趣，无人去节外生枝自讨苦吃。开会自我批判，空话连篇，写材料交待罪行，套话语录抄引大半。牛棚生活里要的就这一套，住在“牛棚”里的人，日久天长，也学会了应付这一套的一套。从早晨起床，熬到晚上睡觉。我们所求甚微，能够平安无事也就万幸了。

有一天下午，院子里突然站满了人。进进出出，行色匆忙。而且有许多面孔是生疏的，我预感到有什么严重情况要发生了。

我穿好衣服，做好一切要被揪斗的准备，等在房里。

突然，门被推开了，闯进来几个面孔陌生的人，手里都提着牌子。我自报姓名，戴上要我戴的一块牌子，心想：坏了，又要开大会批斗了！

“牛棚”里的人，都被戴上了牌子，押出了大门。门口，停着一辆贴满标语的大卡车。我们被驱赶着爬上车槽,汽车开动,把我们拉到了太原市的五一广场。

原来是在这里举行万人批斗大会。主斗对象是省委、省政府的“走资派”,我们几位(包括赵树理)都是来陪斗的。

喊口号、发言,发言、喊口号,糊里糊涂在台上低着头站了两个多钟头,天色将晚,批斗会总算收场了。我的心情也随之平静了许多,可是就在我们登上卡车准备返回原单位的时候,不幸的事情发生了。

赵树理年事已高,弯腰站了一下午,腿酸腰困,疲惫不堪,从会场出来上卡车时,两手攀着槽板,几次都未能跨上车去。这时,激怒了押着他的两个“革命小将”。其中一位,不分青红皂白,举起紧握的拳头,对准赵树理的腹侧,猛击两拳,打得他两眼生泪,霎时头晕眼黑,两手捂着腹部,蹲在地上,半天直不起腰来。

“革命小将”怒斥:“你要什么死狗?快上!”伸手一把擒住赵树理的衣领。

赵树理强忍着钻心的疼痛,慢慢站立起来,攀住车框,踩住汽车的后轮胎往上爬。这时,车上有人拉,下面有人扶,总算把他弄上去坐在车槽里。从此以后,他的身体状况便每况愈下了。

赵树理很要强。挨打以后腹痛难忍,每天仍和我们一样参加规定的劳动项目。

我们看着他那副病恹恹的样子,为他十分担心,请求看管人免去他的劳动任务,由我们来分担。结果看管人非但不允,还把我们集合起来训斥:“劳动是改造思想,他不劳动,能把他的思想改造好?你们能替他劳动,能替他改造了思想?”

还能再说什么呢?同情、怜悯、关怀、友爱,在阶级斗争面前,一切都化为子虚乌有了。

又过了二十多天,赵树理感到腹痛难熬,日夜呻吟。我们劝他请假去医院治疗。还好,造反派和支左人员中有人动了恻隐之心,批准了看病的请求。

医生接过病历本,见面前站着一位衣帽不整,脸色憔悴的老头,漫不经心地说:“坐下,你怎么不好?”

赵树理刚刚坐在医生面前的椅子上,医生睁大眼睛,指着病历本上的姓名栏,惊问:“作家赵树理就是你?”

赵树理笑了笑说:“这种时候了,谁还敢冒名顶替我!”

医生热情地让赵树理躺在床上,详细检查,初步印象是肋骨折断,由于医治不及时,引起腹腔发炎,可能化脓。医生要他立刻办理住院手续,他说:“要住院还得和单位里革命组织请示,我是身不由己啊!”

赵树理带着医生开出的证明和药片回来了。证明交给造反组织,住院不准,只能每天上医院门诊治疗。每天规定完成的劳动项目——清扫院子、厕所还得参加。只见他一手摁住腹部一手提着笤帚、簸箕,拖着沉重的双腿,边呻吟、边清扫。厕所、院子、马路依次扫完,腹腔剧痛,满头冷汗,连走路也感到吃力了,只好就地坐下来歇口气,大声地呻吟几声,这样似乎可以减去一些疼痛之苦。有时呻吟过高了,让造反派的专管人员听见了,便大声斥骂:

“赵树理,你瞎哼哼什么?”

赵树理只好回答:“我不是哼哼,是学唱样板戏!”

在那大搞“莺歌燕舞”的年月,只要抬出“样板戏”这块响当当的招牌,是可以消灾免难的。

凌晨起床的“钟表”

“牛棚”里的日子是难熬的。过了一天算一天,总算又熬过了两个多月,可怕的严冬来临了。

这时,进驻的“革命组织”又决定要我们去干重体力的劳动——烧机关里的暖气锅炉。

烧暖气锅炉,并不是所有关在"牛棚"的人都参加,只派定西、李、马、孙四人,一方面是因为我们"罪"大,另方面也是因为我们年纪轻(其实都已四十左右),这样繁重的体力活,不让我们去"改造",岂不便宜了我们。

我们这几个参加烧锅炉的强壮劳力,每天两班轮换。规定四点钟起床进锅炉房;拉开炉闸板,打开通风门,加水,看仪表,把封着的火用铁杠撬开,添煤,掏灰,拉煤……干完这一切必干的工序,已是凌晨六时;锅炉里的凉水,烧到了规定的度数,便开泵送水,正好是人们起床的时分。以后每烧半小时送一次,房内的温度,便不会发生大的变化。可是要保持这种正常情况,关键是必须保证准时起床。在那动乱年月,我们都没有手表了,那么重的劳动活儿,累一天,谁也不能保证不睡过头。

感激赵树理,是他——这位让病痛折磨得通宵不眠的人,帮了我们的大忙。

赵树理的病,一天比一天沉重起来。没有让他去烧锅炉,扫院子、扫厕所的劳动,一直未能停止。他瘦骨嶙峋,全身没有一点力气。本来骨折需要休息,他不但不能住院治疗,反而还要参加劳动,这样肋膜痛得更加厉害,晚上有床不能躺,躺下痛得连喘气都感到困难,只能背靠暖气片,胸伏床沿,用腿把腹部紧紧挤住来熬过这漫长的冬夜。每到凌晨四点钟左右,睡梦中便能听到他那浊重的声音在喊:

"时间到了,起来干活吧!"

我们应声起床穿好衣服,赶到锅炉房看那里的钟,时间大致不差。说也奇怪,赵树理手上的表也早被人脱走了,起床时间,他是如何看得这样准确的呢?我问过他,他不肯说。直到第二年春天快停锅炉了,他才公开了这个奥秘。他说明了不能早让我们知道的原由,是怕造反派听到了又要胡上纲说我们是"结党营私",感情拉拢。他说:"要是把我从这房里隔离出去,那就苦了你们了,万一误了时间，又批又斗，能活出来?”是他的这番良苦用心，才使我们平平安安地烧完了一冬天的锅炉。

“那你是怎样掌握时间呢?”我们十分感激地问。

“你们看，”他指着窗外一座房顶，“那座房顶上有个旧烟筒，每天我睡不着觉，就瞅着天空有一颗很亮的星星，当它走到和房顶上的烟筒成一直线时，肯定是凌晨四点左右，叫你们起床上班正好!”

原来是这样。这件事，说起来微不足道，但是这种关怀出自一个受着病痛折磨的病人，而且我们起床的早晚，与他并无直接关系。在这人情日渐淡薄的年月，他能每夜每夜不忘记为我们看守时辰，这又是为了什么呢? 仅仅说我们之间有着真挚的友情是远远不够的啊!

令人生畏的“胡司令”

1968 年的新年前夕，形势骤变，一场更大的灾难临头了。

在一个异常寒冷的早晨，从上面派来的工宣队、军宣队进驻了这个称之为“裴多菲俱乐部”的黑窝里。

当天来便召开群众大会。更加无情的斗争，好似温度计水银柱上的红线，突然直线上升了。从此，我们烧锅炉时享用的那一点点可怜的自由，也被取消了，不准再外出，每天吃饭、开会都是集体行动。原来看管我们的人员，也撤换了，由工宣队派出的一个外号叫“胡司令”的人监管我们的行动。此人长得身高体壮，一脸横肉，没有文化，很有力气，不要说打你，随手推搡几下也受不了。他还有点“二憨气”，训起人来，凶神恶煞，确有几分令人望而生畏。他对牛棚里的人，似有天然的仇恨，从无笑脸，动不动大声训斥。我们讨厌他，但又躲不开他，开会时他参加，劳动时他监督，吃饭时他押队，还必须夹着碗筷，排队站在一张《去安源煤矿》的大幅油画前，低下头，每人念经似地诉说一遍罪行，然后由他押队，方可前往食堂。走到食堂门口，如遇食堂内还有革命群众吃饭，必得一字排开，停立门外等候。遇有刮风下雪，也只能顶风冒雪忍受。他铁青着脸，是不会有一丝同情怜悯的，因为他已认定看管的这一群人是“不齿于人类的狗屎堆”了。

食堂里的饭，盛到碗里，端在嘴边也引不起多少食欲。早饭总是一碗米汤，一个二两重的玉茭面窝窝，一碟咸菜。中午略有油香，大不过是一碗高粱面擦尖。这样的生活，我们曾经烧过锅炉的人都日渐消瘦，赵树理、王玉堂已年逾花甲，如何支持得下去。窝窝咸菜都是需要牙齿对付的，他们二位牙口不好，一日三餐，真是苦了他们。而且还规定 15 分钟必须吃完。尽管时间不到，只要我们之中有人洗碗，监管人员盯他们，他们便着了急，几口把汤喝完，把尚未啃完的窝窝头放在碗里，排队回到牛棚，再重新细嚼烂咽了。

惟有的一点乐趣

时值隆冬，又接连下过几场大雪，气温骤降，牛棚里 15 度的温度，对病人已不适应，何况赵树理平素比别人惧冷。为了提高室内温度，经过请求，工宣队允许从家中搬一个铁火炉来，把炉子生在他床头的地上。

赵树理写作是能手，生火也堪称专家。对于各种形状的火炉和各种煤炭的性能，都有研究。他从前下乡时，曾为农民盘炕垒灶砌火炉，颇有名声，既省煤还好用。现在管理这个小火炉，好似给他囹圄生活增添了新的乐趣。由他亲自操作管理，白天只需三块煤泥糕，夜晚剔除死灰，加封，使可以彻夜炉底通红，一直燃到第二天早晨，然后再剔除死灰，加新燃料，又可以燃到晚上。夜以继日，周而复始，把火炉管得得心应手，从未灭过。我真佩服他具有的普通人的生活能力。

有一天早饭后，他上医院取药，快到吃午饭时间，不见他回来。我担心他的火炉要灭，揭开炉盖看看，还是昨晚封过的样子，看不见一丝红火，摸摸烟筒，滚烫，是灭了还是没有灭，实是判断不出来。出于一番好意，怕他夜晚受冻，我便用火柱捅开了炉膛，加了几块新煤，又用火柱狠捅了几下。刚刚弄好，赵树理呻吟着从医院回来了，进门先看他的火炉。

他揭开炉盖问："你弄火了？"

我点点头："怕灭了，添了几块煤泥块！"

他笑着摇头，边脱大衣边说："你这忙可帮坏了，害的我得重生它一次。"

于是他找来劈柴、烂报纸，把炉灰捅干净，煤块打碎，一边干一边说：

"火，要虚才旺；人，要实才好。你把它捅的上下不通气了，还能不憋死！"

不一会，火炉又生着了，等火着旺了，他又耐心地用碎炭沫把火封好，然后擦擦手坐回床边，用手摁着腹部开始抽烟。这时，他才感到腹部剧痛，意识到自己有病。小火炉也确实为他带来了一点生活的乐趣。

三 难 造 反 派

尽管病魔缠身，冬夜难熬，但是赵树理的心情依然是乐观的。当看管人员不在身边的时候，也说说笑话，也低声哼几句上党梆子，有时竟然也和看管人员中进驻的青年学生开点幽默的玩笑，他似乎什么都不怕。

有一次看管我们的"胡司令"来收自传材料。赵树理因为有病，只用文言体十分简练地写了一张稿纸。"胡司令"拿起来看了半天,看不懂,念又念不通,他发火了,把稿纸往桌上一摔:“赵树理,你这叫自传?你活了六十大几,就这二百多字能交待了?”

赵树理想挑他的漏眼,反问:“你说我哪里写的不对?”

“胡司令”把眼一瞪:“写的太少,分量不够!”

赵树理又问:“你说写多少才够分量,30斤,还是50斤?”

看管人满脸发窘,把桌子一拍。

“你老实点,再不老实,把你在这里关上40年不能出去!”

赵树理忍不住哈哈大笑。

“你笑什么?”看管人莫名其妙。

赵树理说:“40年以后,早已没有了赵树理,你想关也无对象了!”

还有一次,也是这位“胡司令”把牛棚的人集中起来训话。其实没有人犯错误,是他想抖抖威风。

我们站成一排。

看管人说:“拿出红宝书,先学语录!”

我们都从口袋里把语录本掏了出来。唯有赵树理摸遍了口袋,也找不见语录本。

看管人发现了,瞪着眼走过去问:“你怎么不带语录,啊——?”

赵树理解释:“刚才学习时,放在房里床上了!”

看管人:“经常不带语录,这是什么性质的问题?”

赵树理不慌不忙回道:“跟得不紧。”

看管人:“你为什么要跟得不紧?”

赵树理笑了笑,好似要说的话又说不出口。我们真为他捏着一把汗。

“为什么你要跟得不紧,啊——?”

赵树理说:“全国跟得最紧的是林副统帅,我怎么敢和林副统帅比呢!”

听着两人的对话,我又担心,又想笑,又不能笑。只见"胡司令"死死盯住赵树理,也不知该问什么好了。

听着这令人捧腹的对答,我心中暗暗为赵树理的才智和胆识叫绝。不由就联想起了这年春天,我们在花园劳动时的另一件事。

那天上午,我们正在花园地里劳动。有一位"革命小将"从花房里端出一盆花。他想拿走,又不认识是什么花,问我们大家:这盆花好不好?我等皆摇头不语,那位便端着花走到赵树理身旁问:"嗳,这叫什么花?"

赵树理转身看了看:"是扶桑!"

"革命小将"又问:"开花好看不好?"

赵树理淡然一笑,摇着头:"这话我不好说!"

"你为什么不好说?"

赵树理说:"你们不是口口声声说我是敌人吗?语录上说:'凡是敌人拥护的,我们就要反对。'我要是说这花好,你岂不是就不能要了!"

革命小将被说得无言以对。端着花站了一刻,板起脸孔反问:

"那你是什么人?"

赵树理风趣地说:"高尚的人,纯粹的人,脱离了低级趣味的人,有益于人民的人!"

"你胡说!"

"不,我是正说!"

"你是那样的人,为什么还叫你在这里劳动?""小将"以为问住了对方。

赵树理笑道:"正因为我参加劳动,才是那样的人,不劳动的人才真不够资格当那样的人!"

赵树理因此被"革命小将"打了嘴巴,受了凌辱,但他那高尚的人格,不是一个嘴巴就可以从人们的心中打掉的。处在如此的逆境之中,赵树理敢说几句真话,谈何容易!

他的支撑力耗尽了

天阴得更重了，大雪纷飞。赵树理拖着沉重的病体，腋下夹着碗筷，排在队里，继续跟着大家一日三趟去到食堂吃饭。他走出门口，下一个小坡时，路滑，两腿无力，突然摔倒在地，饭碗跌碎了，筷子飞向一边，我们赶快把他扶回房里，让他躺在床上，从此，每天由我们从食堂给他捎饭。一个病人，食堂的普通饭已引不起丝毫食欲。我们只好又向工宣队恳求，才算批准让家里人给他送饭。

他的老伴为他尽力生法变换饭菜花样，也难以改变他日渐憔悴的病容。病情日渐沉重，老伴让小儿子送来他最爱吃的拉面条，一顿也只能吃几口便把饭碗推在一边了。

1969 年的夏天，决定我们去住学习班，很快便离开太原。他因病，留了下来。就在这一年的秋天，我们的学习班尚未结束时，传来了他逝世的不幸消息。我不相信赵树理这样乐观的人会死，后来听到一位刚从省城来的人讲述他的情况，我听得心酸了。这样一位善良、敦厚、刚直不阿的人，竟然遭到了如此不公正的对待！

听说赵树理和我们分手后，病况日渐恶化，卧床不起。省里组织的“批赵写作组”继续在报刊对他进行诽谤，他的那些在读者中产生过强烈影响的作品如《“锻炼锻炼”》、《三里湾》、《套不住的手》等等，无一不在批判之列。据说有一次在湖滨会堂召开千人批斗大会，赵树理病体虚弱，已经卧床多时，还定要把他押到会场上去批斗。赵树理无力走路，是由他的小儿子搀扶着上了批斗台。

他颤颤巍巍地站了不多一会，实在难以再支撑了，主持人允许他坐下。他坐在椅子上，胸腹疼痛难忍，又不准退出，没有办法，守候在一旁的小儿子，见他满脸虚汗直冒，知道他腹部痛得厉害，便把讲台桌子上的抽屉拉出一只，让赵树理用它顶住剧痛的腹部。

赵树理趴在抽屉上，咬紧牙关，等着会议结束，可就是这样，也没能坚持多久，他连坐椅子的支撑力也耗尽了，突然从椅座上滑了下来。

抬回住处不几天，赵树理便不明不白地离开了人世。

死是痛苦的，但是从此以后，他也彻底摆脱了要活下去的痛苦与折磨！

“四人帮”粉碎了。梦魇般的日子结束了。三中全会后，党中央拨乱反正，落实知识分子政策，为赵树理彻底平反了。赵树理生前焦虑的农村经济体制问题，也得到了完满解决。农民吃饱了，迈开了致富的步伐。现在农村过年，已不是“对联越贴越窄”了，而是满屋子烧酒气了。走具有中国特色的社会主义建设之路，是我党坚持实事求是的具体体现。这一切伟大成果，将会使赵公含笑九泉！

赵树理离开我们16年了。他留在人们记忆中的美好印象，耿直、善良、温厚、平易，犹如他笔下那些闪光的艺术形象和他独具的幽默无饰的语言一样，其生命力是不朽的。赵树理是生活中的弱者也是强者。他的响亮的名字，有人曾经想从读者心中随意抹去，事实证明不是容易的，因为他已活在千百万读者的心里！

1986年5月23日

原载《山西文学》1986年第9期

赵树理之死

岳 峰

编者按 本文作者在50年代曾任《高平小报》编辑、《晋东南报》记者，与赵树理有较多的接触。“文化大革命”中，赵树理挨批判、被关押期间，作者仍与他保持特殊的联系。本文述及的史实，是作者直接采访得来的。

1970年9月23日，一具瘦骨嶙峋的高大尸体被抬进太原市工农兵医院的太平间。面部：双目未瞑。胸部：三支肋骨骨折。看不出什么医治痕迹，卡片上的名字是："赵理"。

"黄钟毁弃，瓦釜雷鸣"

死者就是当代著名作家赵树理。

"文化大革命"的风暴一起，赵树理就以"反动艺术权威"被卷进灾难的旋涡。

他要求申诉情况，"革命造反派"不许他说话；他要求和党组织谈话，党组织的负责人也同遭厄运。不过，他还是希望眼下的"文化革命"也同历次政治运动一样，开始总有些过头，以后就会矫正。因此，他心地还比较坦然。白天挨斗，黑夜还跟斗争他的小伙子们在土炕上讲故事，说笑话。他在一份"检查"中说："我以为这过程可能与打扑克有点相像：起牌时掺子上插错了牌，也是常有的事，但是打过几周来，就都倒正了。我愿意等到最后洗牌时再被检点。"

然而，希望统归幻想。到1967年的2月，赵树理的髋骨被"革命造反派"打坏。从晋东南押回太原，他被推进了"牛棚"。"活靶子"变成了"死靶子"。有人揪斗，他就到场侍候；无人揪斗，他就打扫厕所……

即便如此，赵树理仍在盼望得到解放。每逢批斗回来，他把牌子一摘，还哼一两句上党梆子。他说："生活就是一个舞台，叫你扮演什么角色，你就演好这个角色。"他同别的"牛鬼蛇神"一起打扫院落，把垃圾废纸堆起来，用火点着。他风趣地对同伴们说："我们又在'煽阴风、点鬼火'了!"

形势发展越来越严重。一天,一群暴徒围住赵树理,要存款折。赵树理恍惚了,难道存款折也与"文化大革命"牵连?可惜,存款折不在身边。这下激怒了"造反派",有个暴徒冲赵树理猛击一掌,把他打倒在地,又踏了几脚……送进医院检查:三支肋骨折断急需住院治疗,但"革命造反派"不许。于是并发了肋膜炎、胸膜炎、肺气肿……坐不能坐,躺不能躺,弯腰伏在床架上。咳嗽、说话,甚至呼吸都得用手按着胸肋。

薄一波等"六十一位"老同志被打成"叛徒"以后,1968 年,赵树理的"反动艺术权威"头上,又加了一顶"叛徒"帽子。同时,报纸把他 1956 年写给长治地委的信和 1959 年写给中央某负责人的汇报,以及在大连会议上的发言,重新加以公布,笨拙的大字标明:赵树理的"三反"是"有目的、有计划、有纲领"的。

赵树理终于清醒了:这哪里是帮助"触及灵魂",分明是要置他于死地!于是,失望代替了希望。他再不像先前那样顺从地侍候批斗了,代之以戏谑和挖苦。

"你的作品为什么诬蔑我们社会主义的妇女队长偷棉花?"

"确实有那么一个妇女队长偷棉花来,是沁水县尉迟村的。"

"你就看见偷棉花的,难道我们就没有英雄人物?"

"有,英雄人物很多。"

"那谁是英雄人物呢?"

"在座的都是'英雄人物'。"

会场哄堂大笑。连台上陪斗的人也憋不住笑了。

一伙自称"四野"(因为林彪在过第四野战军,太原一个造反派组织便以此为名,"四野"是其简称)的"英雄"们,脱下皮鞋,用掌铁钉子的鞋底向赵树理脸上打,问他是不是敌人。赵树理说:"你们把我当敌人,我可得把你们当同志;不然,我不真的成了敌人!"被打得支持不住了,他说:"你们就是把我消灭了,我也讲不出什么反党计划来。”

1970年6月23日,64岁的赵树理被关进山西省省级人民法院的一个单人房子里,实行军事管制。他胸痛加重,全身发烧,坐卧不得。他把上衣脱光,两手托着窗台,贪婪地望着天空……

9月6日下午,赵树理的女儿赵广建从插队的乡下赶来看爸爸。一进门,见父亲一手捂着胸,一手拿着笔,伏在床头抄录着什么。汗水从头上流下来。女儿喊了一声“爸”,就忍不住哭起来。赵树理听见女儿的声音,一时转不过身子来。强作镇静说:“哭什么,傻孩子,我这不是好好的吗!”广建给爸爸带来了一点生气和欢乐。她给父亲洗毛巾,洗袜子,问长问短。晚上,赵树理打起精神,同女儿谈自己的生平和遭遇:小时的家庭生活,读书,被捕,教书,当电影演员,写文谋生和当报纸编辑等等。说他没有叛过党,说他被敌人逮捕,都是当共产党嫌疑犯看待的。

“孩子,你睡着了?”

“没有,爸。”

赵树理把自己抄在一张纸片上的词递给女儿说:

“以后,想法子把这首词替我交给周扬同志。我对党对人民问心无愧。总有一天,党会明白我的。”词是抄录毛主席的《卜算子·咏梅》。

风雨送春归,
飞雪迎春到;
已是悬崖百丈冰,
犹有花枝俏。
俏也不争春,
只把春来报;
待到山花烂漫时,
她在丛中笑。

赵广建觉察到,今晚父亲有些异样:对自己的前途似乎不像往常那样充满信心。

9月19日上午,赵树理从监狱被揪出来,拉到湖滨会堂,接受一次规模更大的批斗。他已经虚弱得站不住了,两手架着桌边,胸部卡在抽屉上。头埋在两臂之间,勉强支撑着。大约过了半小时,忽然,他的手从桌边滑下来,身子倒在地上,批斗会不宣而散。赵树理被送回监狱。家属见病情危急,要求送医院治疗,但专案组不答应,反而让他"写出书面检查"。

9月22日下午,赵三湖去看爸爸,见爸爸倒在地上。三湖把他扶起来。他已经一个字也说不出来了,只是嘴唇不停地掀动。到下午5点,专案组才决定,把他送到工农兵医院。匆匆拍了几张"医疗"照片之后,赵树理就被抬进了太平间。

"正邪自古同冰炭"

对于一般作家,在批斗一段之后,就被斗争的激流冲到沙滩,不大为人注意了。但赵树理却被揪住不放,直至完全被这场罪恶的风暴所吞没。这是为什么?

赵树理说:"我是一个农村干部(担任县委副书记),就得对农业生产负责,不能叫老百姓没有口粮,牲口没有饲料。我是一个共产党员,就得对党负责,不能说假话,下级欺骗上级,地方欺骗中央。"

1956年8月23日,赵树理给长治地委写了一封信,说有人从沁水县嘉峰乡来,谈起该地区农业社发生的问题,严重得十分惊人。"不可终日"的事,可以"终年",甚至可以"多年"。试想,高级化了,进入社会主义社会了,反而使多数人缺粮、缺衣、缺钱、缺煤,如何能使群众热爱社会主义呢?劳动比起前几年来紧张得多,生活比起前几年来困难得多,如何能使群众感到生产的兴趣呢?

他希望及时解决的问题不但没有解决,到1958年更刮起了浮夸风。底下虚报产量,县上大放“卫星”。赵树理找不到任何出路,只好对着干了。

回到尉迟大队,队里跟他要钱放“卫星”。他说,我的存款不多,即使多也不能给你们。因为怕你们拿上钱瞎花。

他同县委书记李德全坐车来到潘庄公社,一块地头插着牌子:“每亩施肥一千担;亩产粮食二十万斤”。他掐算了一下说:“按所写的劳力和亩数,光从村里往这儿担粪就需要一年时间,还种不种了?二十万斤粮在地里要铺一尺多厚,那怎么长呢?——尽说瞎话!”说着就要拔牌子……

在沁水县参加一次三干会。会上一些大队干部虚报产量。赵树理拽拽他们的衣襟说:“低些啊,低些!”散会后,赵树理气愤地说:“完全是胡闹:对上负责,对群众不负责;奖旗、玻璃镜框得回来了,支书、队长坐稳了,可社员口粮没有了,牲口饲料也没有了。”

广大群众真心拥护赵树理;一些胡闹的人却说他“爱管闲事,真别!”

在县委常委会上,他列举了几项花费巨额而结果报废的工程,说这样劳民伤财,只顾瞎闹,不管群众死活,简直是国民党作风。有人就说他“极右”、“专挑错误毛病”。后来,一些会就不让他参加了。但赵树理只要知道开会,他就去。不过,不是坐在台上,是常常坐在门槛上。听到不对的地方就要插话。闹得他们没有办法。

一次,阳城团县委召开青年大会,邀请赵树理讲话。会议号召全县青年苦战一昼夜,写诗一万首,放一颗文学“卫星”。赵树理接着就说:“不对啊,我可要给你们泼凉水了。我是一个专业作家,一辈子还没有写好一本书,你们却要一昼夜写诗一万首,这是赌博,还是押宝?依我看,别说放‘卫星’,恐怕连个‘起火’也放不起来。”

1959年8月,赵树理在给中央某负责人的一封信中,分析了农村的情况,阐述了自己的意见:

“在这种情况下,我不但写不成小说,也找不到于国计民生有补的事。因此,我才把写小说的主意打消,来把我在农业方面(现阶段的)一些体会写成了意见书式的文章寄给你。在写这文章的时候,因为要避免批评领导的口气,曾换过四五次写法,最后这一次,虽然把这种口气去掉了,可是要说的话,也有好多说不进去了。即使如此,这文章仍与现行的领导方法是抵触的。我估计不便发表,请看看,给我提出些指正——说不定是我思想上有了毛病。不过即使是这样,我也应该说出来。”

不难看出,赵树理的思想、言论、行动与当时推行的、后来越来越严重的“左”的错误是多么水火不相容。他所抵制的,正是当时盛行的说假话、瞎指挥的浮夸风;他所主张的正是扩大生产者自主权的富民政策。这些建议,均被指控为“刘少奇反革命修正主义路线”。因此,赵树理不但是文艺领域要批判的黑线典型,而且是政治领域斗争的突出典型,因而被诬为“中国农村复辟资本主义的急先锋”,“极端反动的三反分子”,“不折不扣的大叛徒”等等。于是便对他实行了特殊的“革命大批判”,施展了放手的“革命行动”,直到置他于死地。

“质本洁来还洁去”

赵树理写了大量脍炙人口的文学作品。他的作品已经译成日、美、苏、法等多种文字,遍及全世界。赵树理被誉为描写中国农民的“铁笔圣手”,载入了日本、苏联、美国、法国和英国等许多国家出版的名人传记和百科全书,可谓闻名中外,誉满天下,但他却要“多管闲事”、“专挑领导的毛病”,甚至到了放弃写作,不顾生死的地步，这又是为什么？

1951年，赵树理在平顺川底体验生活，一心扑在农村工作上。社里没有会计，他就当会计。秋收分配时，他每天起早夹着算盘赶到场上，亲自给社员分粮、过称、打算盘、记账……为川底村亲手培养了第一个会计。自己花30块钱，从北京买来一套西式簿记，为川底村建账。

1958年8月，他回老家探亲，走到村边，看见田里有人劳动。他高兴地走去，跟农民边说话边干活，忘记了回家。中午在社员家边吃饭边了解群众的生产生活情况。下午又去察看庄稼。到晚上才忽然想到自己是回家探亲的。尉迟村要抽水浇地，没有锅驼机，赵树理就出钱给买了一部；潘庄乡修水库要花钱，他又捐款一千元……

赵树理把稿费几乎全部用于交党费、解决农民困难、支援农业生产了，而他自己的生活却十分俭朴。他的工资并不很高，却带头试搞作家职业制，两年不领工资，不报销车旅费。他的穿着，多年来就是一套普通装。他的住处，就是两间小平房，陈设十分简陋，没有沙发和立柜，只有一张方桌和几只木头板凳。他家的饭，没有离开过玉米面糊糊和小米粥。他抽烟，除待客外，总是七分钱一包的“绿叶”烟。一个青年进了赵树理家门，见炉台上烤着一圈玉米面窝头，以为自己走错了门坎，吃惊地问：“这是赵树理家吗?”赵树理规定自己的家庭生活水平，要保持和大多数农民差不多。

带头试行“职业作家”制后，赵树理去阳城体验生活。他一没坐汽车，二没穿干部服，一身农民打扮。背着行李卷儿，同一个青年步行来到阳城。天黑了，就住城外一个小店。登记店簿时，他如实地写上“姓名：赵树理；职业：作家”，想不到此举竟引起店主的怀疑。

“赵树理是著名作家，你敢冒充这个名字?”

“这个名字有什么了不起。”

"你叫赵树理？——我看你是招摇撞骗！"

"照这么说，谁还敢叫这个名字？"

"……"

小店就在城外。他们口角中间，早有人通知公安局。警察来看了看，就要捆人。陪同赵树理下乡的青年着了急，一边解释，一边打发人到县委会去。县委书记赶来，才把他们接回城里。店主惊诧地说：

"他跟农民一模一样，谁敢相信他就是赵树理呀！"

1968年，当那些手拿语录本臂戴红袖章的人造反夺权，为所欲为，似乎历史要由他们主宰的时候，我问赵树理：

"老师，您整天挨批斗，究竟有没有错误？"

"'金无足赤，人无完人'嘛！"

"那你有什么错误？"

"想来，主要是不该'卖烟叶'来（他写了小说《卖烟叶》）。当时社会上有人搞投机，我是想'灭机'来着，并不是要'诬蔑社会主义'。"

"有人说您是'叛徒'，是怎么回事？"

"说我有这样那样的缺点、错误都可以，说我的作品有错误也可以，说我反党、反社会主义，我不承认，我的言论和作品，不是反党反社会主义的，我人'黑'心不黑；说我是'叛徒'，到底'叛'在哪里？"

"上边对您是否已经有了结论？"

"不知道。即使有，恐怕也不是最后结论。他们没有权利。"

"那，谁才有权利给您做出最后结论呢？"

"不说全世界人民吧，起码也得由中国人民来做。某些人的决定，不能算历史的结论。"

"要做结论，那要等到何年何月！"

他呻吟片刻说："评说千秋功罪，等个三五百年，或一二百年又有何妨?”

我默然而木然了。老师胸怀世界,高瞻远瞩,颇具共产主义者献身人类、预测未来的远见卓识。然而,人的生命是有限的,怎能耐得千秋万代!然而,也正是他这种忠于人民、忠于共产主义事业的坚强党性,才代表了中华民族的伟大气质和未来,也正是这些,决定了他与“四人帮”不共戴天的命运。

“莫道浮云终蔽日,严冬过尽绽春蕾。”无须三五百年,也无须一二百年,粉碎“四人帮”不久,中国人民、中国共产党为赵树理做出了结论。1978 年 10 月 17 日,赵树理骨灰安放仪式在北京八宝山革命公墓礼堂举行。胡耀邦、胡乔木等送了花圈,周扬主持仪式,刘白羽致悼词。赵树理同志如能地下有知,也会含笑九泉像那铁骨丹心的梅花……

原载《党史文汇》1986 年第 4 期

赵树理在华北新华日报社的两年

董大中

在赵树理生平和创作的研究上,现在依然有许多空白。比如 1940 ~ 1942 年这一段,几本有关赵树理的传记著作,都只是根据赵树理的自述,简单地说几句,有些还存在明显的事实错误。实际上,这一段时间,在赵树理的一生历史中,是极其重要、闪烁着光彩的一页。史纪言在《赵树理同志生平纪略》一文中说:“据赵树理同志谈,从 1939 年到 1940 年这两年中,编过三个小报副刊,写过二三十万字。”(《汾水》1980 年第 1 期)赵树理编报,以在华北新华日报社时编《中国人》的时间最长;他写的二三十万字,也以在华北新华日报社时所写为多。搞清赵树理在华北新华日报社时的活动和主要作品，对研究赵树理的创作道路，对深入理解周扬所说赵树理“是一个在创作、思想、生活各方面都有准备的作者”（《论赵树理的创作》），都有很重要的意义。笔者对这一段也还没有完全搞清，本文只是根据现在所了解到的情况，略作缕析，供广大读者和赵树理研究者参考。

一

《中国人》是赵树理 1940 年前后“编过三个小报副刊”的最后一个小报，在此之前，他编过《黄河日报》（路东版）和《人民报》的副刊。要弄清赵树理是什么时候来到华北新华日报社的，必须从编《黄河日报》说起。

《黄河日报》原是“牺盟”长治中心区的报纸，在长治出版。1939 年夏，长治吃紧，驻在长治的第五行政专员公署决定撤离，由专员戎伍胜带一部分人去了阳城、沁水，继续出版《黄河日报》；第五专署秘书主任杨献珍带另一部分人去了壶关与龙镇之间的一个小村子里，编辑出版《黄河日报》路东版，又叫“太南版”。这两个名字，赵树理都用过，以致有人误认为两种报纸，如杨宗、韩玉峰等同志著的《赵树理的生平与创作》即持这种说法（见该书 26、27 页）。

赵树理去壶关编《黄河日报》路东版，也不是像好几种书上所说的，是“1939 年夏”，而是这年初冬。《黄河日报》（路东版）的党支部书记是何微（即何畏）。何微到报社是那年 9 月 18 日，那时报纸已经创刊，而赵树理尚未到达，11 月报社迁到芳岱村以后，赵树理才到，到后，他们二人（还有白浪）住在一起。笔者曾在一本油印刊物上看到一篇赵树理用“理”署名的文章，内容是叙述一个农村业余剧团的成长过程。赵树理在长治时，任第五专署民宣科长兼烽火剧团团长。由职务所决定，这年夏天他在农村搞剧运，是很自然的。因此，他不是跟杨献珍等人一起由长治去壶关，而是事后一个人去的。这样，编《山地》副刊，也是在他走马上任之后，并非在报纸创刊时就有了副刊。

赵树理所编的第二个小报，是《人民报》。现在好几种著作都把《人民报》说成一二九师的报纸，赵树理在那里写"教育战士"的作品，这是不对的。而这，显然是根据赵树理自己的一段话："那年冬天，阎锡山发动了十二月政变，和我们公开破裂了，那个小报再没有出的必要，领导上于结束小报时，把我和其他两个编辑调往一二九师的一个小报社（原名《晋豫日报》，后改名《人民报》）。"（《回忆历史，认识自己》）《人民报》是中共太南区党委的机关报，不是军队报纸。太南区党委系由原太南地委、晋豫地委合并而成，《人民报》也是由原《太南日报》（1939 年 11 月 15 日创刊，石印，双页）、《黄河日报》（路东版）和太南文化教育出版社合并成立的，社长张向一，代总编辑徐一贯。赵树理说《人民报》是由《晋豫日报》改的，当系误记。是有一个《晋豫日报》（又叫《豫晋日报》），但那是 1942 年春天创刊的，地点在阳城，开始时社长、总编辑都由徐一贯担任，后来调何微任社长，徐任总编辑。徐一贯说，赵树理是在《人民报》创刊之前来的，参加了《人民报》筹备工作。该报创刊于 1940 年 5 月 1 日，地点在平顺县北面石城附近的源头村。赵树理既然参加了该报的筹备工作，那他最迟在四月上、中旬（也就是《黄河日报》路东版停刊的时间）便来到平顺。据何微回忆，赵树理所办的《山地》副刊为《晨钟》所代替，是在 1940 年 2 月。那时，牺盟长治中心区又派一些人来《黄河日报》路东版工作，因他们未带组织介绍信，主编王春拒不接受，双方发生冲突，王春被扣，赵树理气得不干了，以后作了司务长。这一事件，经何微同志调解，原是出于误会，双方作了检查，算作了结。《晨钟》便是由新来的姚天珍主编的。赵树理在《黄河日报》（路东版）社一共待了不到五个月，而编《山地》副刊约有两个多月（1939 年 12 月、1940 年 1

月)。

编《人民报》副刊的时间更短。赵树理在编《人民报》副刊期间,接到了北方局的调令,要他到华北新华日报社工作。华北《新华日报》创刊于1939年1月1日,它是北方局的机关报。据查,《新华日报》华北分馆主办的《抗战生活》半月刊二卷五期上,就有了赵树理的杂文《“私人意见”》,署名“方定”。该期出版于1940年7月1日,以此推算,赵树理最迟应于这年6月10日前后到达,拙编《赵树理年谱》把赵树理到达华北新华日报社的时间定在6月,即据此而来。华山同志发表在《瞭望》1982年第11期上的《赵树理在华北新华日报》一文,很生动地描写了赵树理初到华北新华日报社时的情景。据华山给笔者的复信中说,赵树理初到时,他正在作“红五月”宣传画。如是,则赵树理到达的时间还应当提前。按,人民报社在平顺,华北新华日报社在武乡县安乐庄,两地之间隔着黎城(或潞城)、襄垣等好几个县,相距在三百里上下,又是山路,行走不便,步行最少需五天左右。推算下来,赵树理离开人民报社,当在5月中旬,而到达华北新华日报社,便在同月的20日前后了。

二

赵树理调到华北新华日报社,分在第八科。该科科长为王春,科员有杜展潮、金沙、章容等人。有的同志说该科是校对科,也有的说是编辑科,其主要任务是编《抗战生活》半月刊。《抗战生活》为一综合性刊物,创刊于1939年4月1日,张磐石主编,由长治太行文教出版社发行,仅出六期,同年6月15日休刊。1940年由华北新华日报社负责编辑,于5月1日复刊,改出铅印16开大本,编委会由何云(华北《新华日报》社社长兼总编辑)、张磐石、韩进、李伯钊、林火、杨献珍、孙泱、王玉堂、陈默君等人组成,其中多数人在别的单位,实际业务领导由张磐石负责。第八科仅有四五人,大都参加了《抗战生活》的编辑工作。赵树理到华北新华日报社以后,先做了几天校对,以后就把主要精力用在《抗战生活》的编辑上了,并在该刊上发表作品。二卷五期上有一篇,二卷六期上至少有三篇,《怎样利用鼓词》一篇仅三百多字,属补白性质,不像外稿。他自己说他担任《抗战生活》秘书。据悉,当时没有这么个职务,赵树理这样说,可能是指他包办了编辑部的事务性工作。

1940 年 7 月 20 日,中共中央北方局宣传部发出《关于出版敌占区报纸〈中国人〉的通知》,内称:"为了开展对敌占区的宣传工作,特决定自八月一日起,由新华日报华北分馆出版对敌占区宣传刊物——《中国人》周刊。"这个任务是急迫的,艰巨的,华北新华日报社社长何云把它交给他所器重的"通俗文学家"赵树理。

关于《中国人》的编辑情况,曾经有一种说法:该社主编为林火,编辑有王春、赵树理等。我过去也相信这种说法。但是,在向林火、华山等同志求教以后,才知道《中国人》原来只是赵树理一个人编。林火是《抗战生活》的常务编委之一,他到华北新华日报社较早,赵树理来后,他们又一直在一起工作,对情况是比较熟悉的。他在给笔者的信中说:"整个《中国人》报,当时只由老赵同志一人主编。当时华北新华日报通联部所属的八科(即编辑科)工作同志只有四五名,除老赵专编《中国人》外,其他同志几乎全力编辑《抗战生活》。"华山那时在华北新华日报社木刻工作室工作,负责给该社的出版物作插画,跟赵树理接触很多。他在给笔者的信中说:"我的印象,《中国人》报是老赵一人编辑,也没主编这个名义。当时华北版四个版,都由一人主编,也不叫做主编,直呼为一版编辑、二版编辑……四版叫副刊编辑。无非是让老赵负责编《中国人》报就是了。四个版都是他的手笔。王春和我也比较熟,常见面,说说话,可没有他编《中国人》报的印象。赵和王春谈得来,有的稿子是王春写的,这很可能,可也不会太多。我所见的《中国人》报原稿，都是赵的笔迹，很工整，他自己数字数，自己画版样，排出版面不多不少。有外稿也得经他改写，才能这般准确。他不善于拉稿，不会死皮赖脸找人写稿，也看不上学生腔的稿子，笔头又快，是个多面手，他说‘几乎拉不到外稿’，当是留有余地的说法。《中国人》报没有编委会，华北版编委会有时讨论《中国人》报，也是提意见性质。清样出来了，何云同志看看，就签发了，《抗战生活》也是何云签发的。因为当时党中央强调各根据地不能乱发言，何云要把这个关。如果说何云是主编，赵树理是副主编，倒是可以的。不过当时就没这个说法，都说是老赵编的，就是说唱独角戏吧。”那么，为什么有些同在华北新华日报社工作的同志对这一点不很了解，以致传出林火是主编，编辑有王春、赵树理等的说法来呢？这与当时的保密工作有关。从华山《赵树理在华北新华日报》一文可以知道，华北新华日报社是高度保密单位，驻地老百姓连这个单位的性质也不清楚，“报社内部都以代号称呼，或者直呼名字”，绝没有人把单位名称说出来的。邵红叶在给笔者的信中也说：“我同赵树理同志曾在太行山上一户老乡的小院里一起工作过一段时间。他负责编《中国人》报，我为华北新华日报向新华社总社编发电讯。当时是战时，我们都自觉地遵守纪律，‘不应该问的事情不要问’。《中国人》是向敌占区发行的，对此更加注意。因此，我们日常所做的具体工作，彼此都不过问，不了解。”

《中国人》周刊是否准时于 1940 年 8 月 1 日创刊，尚不清楚，笔者仅见到从第 9 期开始到第 38 期为止的 27 张(中间缺 3 张)。第 9 期出版于 1940 年 12 月 25 日。这时上距 8 月 1 日将近 5 个月，整 21 个星期，如果它是 8 月 1 日创刊的，那开头几期脱期现象比较严重。第 9 期以后，基本上能按期出版。第 38 期出版于 1941 年 8 月 27 日，即原定创刊一周年之后。我所见到的各期，为铅印，八开四版，即每版有现在 16 开杂志那么大。第一版为社论(或《老实话》)及要闻，第二、三版为新闻，也有言论。根据地新闻较多，也有外地如山东、北平、太原等处消息，还有“鬼子国”消息，如1941年7月9日二版载：“日本人民的生活/工人住鸡屋/农民空着腹”。第四版为副刊，开头无刊名，从第20期（1941年4月16日出版）起，才有了正式刊名——《大家看》。该报用小五号字，每期一个版约有六七篇稿件，一千三四百字，全张共二三十篇，五千多字。一个人一个星期编辑这么一张报，又是从编稿到校对全包下来，工作量是够大的。

赵树理在主编《中国人》时，继续参与《抗战生活》的编辑工作。林火在谈到“整个《中国人》报，当时只由老赵同志一人主编”之后接着说：“老赵也为《抗战生活》写稿，并同时参加编辑工作。”张磐石在托人回答我的提问中，更明确地说，他1940年“曾和赵树理同志编过《抗战生活》”，1941年他离开了太南，不了解。这从《抗战生活》本身也可以得到证明。第一，《抗战生活》第3卷笔者没有找到，且不说，仅从革新号第1期（1941年3月25日出版）起，几乎每期上都有赵树理的作品，特别是每期开头的《二三事》专栏，赵树理写得很多。这个专栏每次刊登三篇左右的短文，带有社评性质，主要撰稿人为林火、王春、赵树理，即基本上是由编辑执笔写的。赵树理除为《二三事》专栏写稿外，还在《生活修养》专栏发表过《谈兴趣》等文，本栏文章也很像编辑部同仁所写。第二，我在见到《中国人》之前，早已知道，赵树理编《中国人》，用笔名很多，又极不固定，常常是顺手从铅字架上摸出一二个字，只要看起来像个人名，便用上了，因此他把“胡起名”三个字的音，也作为一个笔名。这是赵树理自己说的。见到《中国人》之后，我注意寻找“胡起名”（音）这个名字，结果，没有在《中国人》上找到，却在《抗战生活》上找到了。在《抗战生活》革新第2卷2期的《信箱》栏，有一篇《文艺上的两个问题》，刊登“胡启明”和“李一林”的来信和编者的回答。凡是有一点编辑工作经验的人都能够看破，这是一出双簧，写信人不过是文章作者虚拟的一个人名而已，“胡启明”

也即是编者。当然,这个名字在我未能见到的《中国人》上,也可能出现过。

特别值得我们注意的,是赵树理在华北新华日报社时对大众化的极力提倡和宣传。赵树理在主编《黄河日报》(路东版)和《人民报》的副刊时,就以其通俗易懂、幽默生动的大众化风格,引起广大读者的喜爱。何云是支持大众化的,赵树理被调到华北新华日报社,被委以独立编辑《中国人》周刊的重任,跟这一点分不开。在当时,在华北新华日报社,赵树理是少数派,支持他搞大众化的,除了何云,还有王春。在报社以外,极力主张大众化的,是吕班,但也同样被人看不起,在 1941 年 9 月 9 日出版的一期《新华增刊》上,有人把吕班说的"让我们的观众(农民、战士)的水准提高以后,再注意提高我们自己"(这是针对这年 7 月 7 日边区临时参议会戏剧晚会上演出大型名剧《巡按》、《日出》而发的,吕班认为,这样的戏,"我们的观众"接受不了),称作"等待主义"。赵树理在文艺大众化、通俗化上,有一种锲而不舍的精神,虽是少数派,他也毫不气馁,身体力行而外,还大声疾呼。1941 年 8 月 25 日出版的《抗战生活》革新第 6 期上,有一个编后记,说:"编完这一期,《抗战生活》革新第一卷便完了……我们相信读者可以清楚看到的,在这革新第一卷里,我们初步地实现了我们小小的编辑计划。这个计划,倘用一句话说完,便是'学术化'、'多样化'、'系统化'、'通俗化'。……在'通俗化'方面,我们不过初步来一个尝试,这是我们工作中最薄弱的一环。也是我们今后最应努力的方向之一。"编后记又说:"革新第一卷,不过刚刚奠定了一个基础,我们当然并不以此自满,今后的方向,除了根据以上的目标,进一步地向前迈进以外;特别在'通俗化'方面,我们将作最大的努力,为了在这方面的进步,我们现已成立一个'通俗化研究会'……"这个编后记很重要,它不仅使我们知道了《抗战生活》从革新号起,就把"通俗化"作为一个"努力方向",孜孜以求,以后还要作"最大的努力",

而且“已成立一个‘通俗化研究会’”。前边说过，在当时，在华北新华日报社，提倡大众化、通俗化的赵树理是少数派，支持者寥寥。《抗战生活》能够把“通俗化”作为“努力方向”之一，又成立了专门的“研究会”，显然是赵树理及其支持者王春艰苦奋斗的结果。我们认为赵树理在主编《中国人》的同时继续参与《抗战生活》编辑工作，这也是一个重要根据。

《抗战生活》革新第6期编后记，注明写于8月23日。这个时候，正是晋冀鲁豫边区文艺界因7月7日临参会上演出《巡按》等大戏而展开激烈争论的时候。争论的焦点，是在根据地演这样的大戏，是不是适合抗战宣传的需要，是不是我们努力的方向。赵树理和王春等人没有直接参加这场争论，他们成立“通俗化研究会”，可说是间接地表明了他们的态度。

关于这个“研究会”的详细情况，我们不很清楚。只在《抗战生活》革新第2卷第1期（即为前引编后记的下一期，1941年9月25日出版，这时已改为月刊）、第2卷第2期（1941年10月25日出版）、第2卷第3、4期合刊（1941年12月15日出版）上，看到3篇有关通俗化问题的讨论文章，题目分别是：《通俗化“引论”》、《通俗化与“拖住”》、《说“八股”》。第2卷第3、4期是该刊最后一期，所以该刊的这次讨论也只有这3篇。这3篇文章都是用笔名发表的，分别为“吉提”、“陶伦惠”、“贾铭”。从这几个笔名的含义看，那些文章不是个人意见，而是经过“集体”“讨论”的。由于对这个“集体”所知甚少，现在不能用肯定的口气来叙述，只能根据文章内容等几种情况来分析。《说“八股”》署名“贾铭”，即“假名”之意。“贾铭”还有一篇文章，是《〈铁涵心史〉的故事》，介绍《铁涵心史》的成书经过。这位作者历史知识比较丰富，语言的诙谐味儿不浓，有可能是王春；《抗战生活》前边各期上，经常刊有王春写的历史故事，写同类文章的也只有他一个人。另两篇的风格略有不同，有些观点，赵树理在30年代和建国以后都曾谈过，还有些用语,在他的一些著作中亦曾出现(如“遵王法”,在《打倒汉奸》的原作里就有),我以为出于赵树理之手的可能性极大。如果这个推测得以成立,那对研究赵树理的创作思想的发展,很有意义。在这两篇文章之后不久,1942 年 1 月中旬,晋冀豫区党委和一二九师政治部联合召开 500 人的文化人座谈会,讨论文化工作的方向,赵树理作了发言,“以许多实际例子,证实大众化的迫切需要”(见 1942 年 2 月 20 日《新华日报》华北版)。参加“通俗化研究会”,写那样两篇文章,可以看作他这次发言的最好的思想准备,也是他大力提倡大众化的一个具体行动。正因为有这一系列活动,1943 年 5 月,他写出《小二黑结婚》,以其新颖独创的大众化风格震动文坛,就是很自然的了。

三

在华北新华日报社的这一段时间,在赵树理一生历史上之所以重要,不仅在于他是根据地文艺大众化、通俗化的积极鼓吹者,还在于他写了数量惊人的各种形式的大众化作品。笔者现在见到的可初步确认为赵树理这一时期的作品,约有一百余篇,估计为总数的一半,或者稍多。

中共中央北方局宣传部《关于出版敌占区报纸〈中国人〉的通知》中规定,《中国人》要“执行下列政治任务:(一)向敌占区人民宣传我党的政治主张,进行抗战教育。(二)向敌占区人民揭破敌寇汉奸的一切欺骗宣传。(三)介绍敌后抗日根据地,鼓舞敌占区人民的斗争情绪,动员敌占区人民参加抗战并发动敌占区人民的斗争”。这三点,就是赵树理这一时期作品的基本主题,他的绝大部分作品都是紧紧围绕着这三点而写的。那时,毛泽东同志《在延安文艺座谈会上的讲话》还没有发表,文艺的工农兵方向还没有明确地提出来,但是在晋冀鲁豫抗日根据地,党的领导早已指出,文艺必须在抗日运动中起重要作用。比如1939年冬天,李伯钊就在《关于文化工作》的报告中指出:“文化工作是党的工作中重要的一部分,我们对其重要性应有足够的认识。”赵树理不愧为我党文化战线上的一位忠诚战士,他用自己大量杰出的作品完成了党交给的任务。

赵树理这一时期作品的最根本的特色,是针对性强,无论敌占区人民所最关心的事情,还是革命队伍中刚刚暴露出来的问题,在他的作品中都有反映。以敌占区人民所最关心的事情来说,大自国家的前途、抗日战争的成败,小至对敌伪人员的态度、跟日本侵略者斗争的方法,赵树理都给予了生动而又巧妙的回答。如有些人对什么是汉奸等等认识不清,赵树理就用古今许多事例来讲这个问题,引导读者正确分辨。在相声《一串鬼话》中,他指出,一个中国人,不替国家、民族利益着想,而搞什么“中日亲善”、“治安肃正”,那就是“中日合作”生下的“东亚协同体”。在介绍《贰臣传》这本书的一篇文章里,他举了吴三桂、钱谦益、洪承畴等人作例子,说这些人“帮着杀自己的同胞,做满清的忠实走狗”,是真正的汉奸。接着他说,当汉奸,自己“上当、无耻,帮了敌人不说,还要被敌人所嘲笑”,这本《贰臣传》就是满清皇帝嘲笑那些汉奸的明证。他又通过鼓词《中途悟》和《王天台骂贼》等篇,表示了对汉奸的无比愤恨,要伪军们认清汉奸的真面目,抓住好时机,“掉转枪口往里打,叫他们个个‘脑袋红花开’”。这不啻给伪军指明了一条出路。

《中国人》是专门发往敌占区的报纸,教育敌占区的人民,不当汉奸,不作亡国奴,要采取积极的、消极的等各种办法跟敌人作斗争,是赵树理这些作品的一项重要内容。《活路》一文,引用一首旧歌谣,说明“不维持活不成”,“维持了也不得活”,只要大家下决心“宁死不投降”,胜利就有把握。他写《说“驯道”》,批驳汉奸要人们“忍耐”、“谦逊”、“诚恳”、“朴实”、“安分守己”的险恶用心。他编儿歌,要“小学生不学日本话”。他写小故事《“帮助”》、

《不堪造就》、《李克仁妙计留如意》，既表现了敌占区人民跟敌人斗争的精神，又教给人们斗争的方法。《“帮助”》中的几个小学生，通过对汉奸所教给的“帮助”一词的运用，巧妙地揭露了敌人，使敌人也哭笑不得。《李克仁妙计留如意》（“如意”是人名，李克仁之子，被敌人抓去当苦力。——引者），“留如意”是表，“妙计”破坏敌人的修路计划是里。在《说路》一文中，他进一步指出，路掌握在谁的手上，作用是根本不同的；对敌人的路，我们就是要破坏，等赶走了敌人，我们自己则要好好修路。他还在一些作品中，正面号召敌占区人民“一人身背一条枪，一齐参加抗日军”。在《乞巧歌》、《新正气歌》等篇里，他热情歌颂了中国青年和富有义气的爱国洪门人士。在《乞巧歌》里他说：“乞巧良机夜夜有，民族英雄处处吼，遍地时有乞巧人，豺虎安得不发抖？”对敌占区读者来说，这些作品会起到很大的鼓舞作用。

由于受日伪的反动宣传，敌占区人民对根据地人民的生活缺乏了解。宣传根据地，使敌占区人民看到光明，看到希望，从而更好地跟敌人作斗争，是赵树理这些作品的另一项重要内容。小故事《李大顺买盐》和《吸烟执照》，是直接写敌占区人民的悲惨处境的。小故事《探女》、有韵话《比一比看》、随笔《世道》，把敌占区人民的生活和根据地人民的生活作了对照。《民主歌》歌颂根据地政治清明，人民享受民主，生活安康。《避雨者》是一首七言古诗，写一个“须发斑”的孤苦老人被敌人抓丁的辛酸遭遇和到根据地以后受到的热情接待，最后一节是：“余慰此翁‘幸勿哀，此间无奸亦无敌，村村驻有八路军，抗日政府近在即，不论军队和政权，协助难民均甚力’。语罢复燃灶前薪，怜为此翁解衣湿。”诗的内容且不说，只就其表现技巧来看，它跟作者写于1930年的《打卦歌》十分相像，可说是《打卦歌》的姊妹篇。是赵树理成名之前许多优秀作品中的一篇。

在《中国人》周刊上，赵树理还发表了《“百团大战”干了些什么?》的社论,同时在报头上加了“把‘百团大战’三个阶段的胜利捷报宣扬开去,来唤醒敌占区广大同胞……”的口号。“百团大战”是抗日战争期间彭德怀同志指挥的一次重要战役,过去多年被当作错误路线的产物,予以批判。赵树理歌颂和描写“百团大战”,在现代作家中是绝无仅有的,给我们留下了一份珍贵的史料。

《抗战生活》与《中国人》不同,它主要是为团结、教育根据地的广大干部、战士和群众而创办的。赵树理发表在《抗战生活》上的一些文章,也有很强烈的针对性。如《谈兴趣》、《“私人意见”》等篇,就具体分析了革命队伍内部的一些不正确的思想情绪,提出了善意的批评。

赵树理这一时期的作品,固然有不少是急就章,显得简单、粗糙,但像《避雨者》、《乞巧歌》那样的优秀之作,为数也很可观。尤其是,他写了好几篇小说和大段鼓词,除《茂林根》已收入《赵树理文集》之外,都不为人们所知。小说中最重要的,是《再生录》。这是一篇章回小说,在《中国人》上连载多日,约有一万多字。它写了敌占区一个家庭从被敌人害得家破人亡到儿子走上抗日道路的经过,故事曲折,人物性格鲜明,语言也颇优美。人们都知道,根据地文学作品中最有名的章回小说是马烽、西戎同志的《吕梁英雄传》和柯蓝同志的《洋铁桶的故事》,但那都写于《讲话》发表之后。赵树理的这部《再生录》写于1941年春天,是根据地最早出现的一部较好的章回小说。他写的另外几篇小说,是《喜子》和《变了》。《变了》是一篇在塑造人物形象上有一定成就的小说。作品中的老旺老婆是老一辈妇女的典型,落后、守旧。这个形象,在后来的《传家宝》等篇中得到了深化和发展。大段鼓词,除《茂林根》外,就是《开河渠》。从现在所见到的《开河渠》残本来看,这是一个成功的创作。作者建国后写的小说《求雨》,便是《开河渠》的改作,人物、情节完全相同,只是把人物的名字变了,故事发生的背景也由抗战时期移到土改以后。

四

从形式上说，赵树理这一时期的作品丰富多彩，琳琅满目，打开《中国人》一看，就好像走进一座百花园，让人感到美不胜收。

赵树理说过："抗战时期，我们办了一个叫《中国人》的小报（有现在四分之一的报纸那么大），有个副刊叫《大家看》，我是主编，每周出版一次。……那小报办在一个山区里，有一定的目的性。稿件来源少，专靠别人写文章是不成的，别人写的也不一定能用，还要自己动手。一个小报只有四千多字，那时都是写短的，一篇一千字左右。报上也发表些小诗。有四五个题目一版就挤满了。长篇难发表，只写些小小说。"又说："我们在太行山时，办个刊物，各种各样的文章都发表在上面，我们把这些文章都变成'话'了。"（《生活·主题·人物·语言》，见《新文学论丛》1980年第2期）这是赵树理对他这一时期作品的特点的很好概括。那些作品，一是短，二是明白如话，非常好懂。只是他说"一篇一千字左右"，不完全符合实际情况，应该是五百字左右，能达到"一千字左右"的，仅仅是小说和一些比较重要的言论。

言论，是报纸的灵魂。赵树理编《中国人》，很注意言论的写作。他所写言论，有好几种形式。一是社论，不多，只在遇到重要事件时才写。《"百团大战"干了些什么？》这篇社论，就刊登在1940年12月25日出版的《中国人》第9期头版头条，同时配发了《百团大战第三阶段新胜利》的消息。二是《老实话》，几乎每期都有，开头放在一版社论位置，从第23期起（笔者未见到第22期），移到一版左下角，文章也短了。笔者所见26篇《老实话》，题目有《新年谈汪精卫》、《中国还能抗下去么？》、《众志成城》、《保全忠孝》、《救救孩子》、《"同心土变金"》、《不买仇货》、《两个世界》、《祖国的宽大》、《纪念"七七"》、《团结就是力量》等等。三是《鬼话正解》，这也几乎是每期都有，篇幅较短，一般在二三百字左右。《老实话》是以正面阐述抗日救国的道理为主，《鬼话正解》则是把日伪的一些言论加以批驳，使读者认清其灭我国土、毁我种族的本质。所“解”的“鬼话”有“经济提携”、“王道乐土”、“东亚和平”、“爱护村”、“同文同种”、“良民”、“禁烟总局”、“明朗化”等，开头在一版左下角，后来移到一、四版中缝。四是杂文，均在第四版，像《认清敌人》、《比一比看》、《抗战第五年》、《合作·吞并·公司》、《祖国的喜讯》、《“治安强化”的谜底》、《“和平”、“治安”和“监狱”》等都是。杂文的写作比较随便，有纯粹说理的，也有既说理、也讲故事的；有引出一个人物，用第一人称现身说法的，也有编成“有韵话”，使人念着顺口、听来入耳的。五是格言式的语录，三五句话，说明一个道理，比较深邃，引人深思。有时几段语录，合用一个《想想对不对》的题目，有时冠以《借古评今》或《惊心话》的题目，言简意赅。

赵树理说他在编三个小报时，写过许多小小说、小鼓词、小相声、小唱本、小快板，这在《中国人》上也是很多的。小，是由于篇幅的限制，但都很精彩。像鼓词《中途悟》，通过一个被鬼子抓差、又跑出来的车夫的谈话，描写一个伪军班长的觉醒过程。文中有这么一段：

前边的枪口都朝后，
又听班长开了言：
“八路军打起百团战，
鬼子们不敢到乡间，
鬼子要存军粮两个月，
就该咱们不得闲——
叫咱们昧着良心抢自己，
抢得来往他肚里填，

这种傻事咱不再干，
不落骂名传万年，
愿干的跟我到中国军队去，
不愿干缴过枪来回家园。”
只说得投的投来散的散，
丢下了冲锋、步枪、轻机关，
这班长把枪都收了，
带起队伍上了山。

《中国人》上有不少诗歌，每一首都有自己独特的形式，很少有相同的。新体诗有《收起吧！》、《警告亲日派》，快板有《不上当》、《新正气歌》、《参加抗日军》、《数来宝》等，童谣有《小学生不学日本话》、《布谷鸟》，民歌有《筑路谣》、《民夫谣》，唱词有《村政民选小调》，七言古诗有《避雨者》、《乞巧歌并序》，此外还有《三字经》和五字句的《不受骗歌》等。

在叙述文的形式上，有第三人称写法，有第一人称写法（日记、书信），还有在叙述中引出人物自述的，读后不使人有雷同之感。

最使我们感到兴趣的，是赵树理在写法上的几个创造。

一是“有韵话”。所谓“有韵话”，就是每句话大体都押韵脚，但它不是诗歌，而是散文化的。如《比一比看》：

想要知道谁是真正为国为民，最好看看他行的是什么政令。你若看了陕甘宁边区的施政纲领，敌寇汉奸的鬼话，哪里还能哄人？

这里的“民”、“令”、“领”、“人”，韵母基本相同，念起来顺口，且自然形成一种节奏。赵树理于 1936 年冬天写过一篇著名作品叫《打倒汉奸》，就属于这种形式，建国以后，他根据回忆重新写出，标为

“有韵小剧”。“有韵小剧”是“有韵话”的一种，这种“有韵话”可以写成剧本，也可以写成小说（《打倒汉奸》的原作即是小说，也可叫评书），还可以写成议论文，比如这里引用的《比一比看》，就是议论文。

二是“你索寓言”。《中国人》上曾经连续刊载过三篇寓言，开头有这么一段说明：“你索先生是伊索先生的本家，近著寓言一本，可作娱乐晚会之材料者颇多，特选数则敬投《中国人》周刊，尚希读者指正。”《伊索寓言》是世界名著，赵树理借过这个书名，以“伊”“你”读音相近，改“伊”为“你”，称作《你索寓言》，这本身就使人产生读下去的兴趣。

三是借用别人的题目来作文章，比如《李二嫂的炉边闲谈》。这篇也是“有韵话”，文字不长，颇有风趣，照录如下：

> 上月二十七日，罗斯福发表了炉边闲话，二十八日早晨七点钟，李二嫂的炉边闲话接着发表了，原文如下：
>
> 问：二嫂！锅里蒸的是馍？
>
> 答：馍？一年来谁见过馍？自从把粮食交给鬼子封锁，每月休想多领一颗！二和不能挨饿，我才给他蒸些糠窝窝！
>
> 问：大家都是这样过活？我也正想蒸些糠窝窝，你的驴要是闲着，借给我推一会磨！
>
> 答：自从鬼子来了，驴还会闲着？前天运粮回来，二和他爹坐的盘儿还没有暖热，就又给拉去驮货。如今的日子哪里还能过？我老婆活了四十多，谁知道老来还要加这一层鬼子公婆？去年百团大战，多亏八路军抄过他的龟窝！
>
> 问：二和还在学校上学？
>
> 答：维持会叫上，咱也没法推脱。能学些什么？一课一课，不是讲“新政府”，就是唱“防共歌”，骂人家八路军“杀人放火”。我常说：“二和！再休唱他那鬼歌！前年八路军不

是在咱家住过？你看人家对老百姓多么谦和？跟着鬼子血口喷人，都是罪过！”我看人家八路军满不错！只有鬼子才“杀人放火”，将来总要教八路军打得他没法逃躲！

全篇三问三答，内容丰富，语调轻松幽默，使读者忍俊不禁。

四是把消息写成快板或其他人们所喜闻乐见的形式。如《中国人》第16期第一版《神枪手刘二堂》一则消息，开头是“本报讯”，接着用冒号引出：“辽县老百姓，都学刘二堂。去年十月初，鬼子来扫荡，进到窑门口，遇见刘二堂；砰砰两子弹，一对敌兵亡。到了第二天，鬼子又逞强，进攻烟子岭，自寻苦头尝；二堂早等候，子弹装上膛；对准黑影子，一击中胸膛。收拾胜利品，步枪大衣裳。从此根据地，都知刘二堂。民兵大检阅，奖旗空中扬。上写‘神枪手，辽县刘二堂’。”这样的消息，人们自然爱看。

总之，赵树理这一时期的作品，主要是发表在《中国人》上的作品，虽然都很短小，却以它们那中国作风、中国气派，以它们那通俗生动、新颖风趣的特点，为普通老百姓所喜闻乐见。赵树理说他主编的《黄河日报》（路东版）“山地”副刊，“专往他们（按，指群众。——引者）所到的地方张贴，贴到哪里读者挤到哪里。”（《回忆历史，认识自己》）《中国人》是由秘密途径传送的，不能贸然贴到城门上，但也同样拥有广大的读者。他还在连续好多期的二、三版中缝上，用大字印道：“中国人爱中国，请来阅读本刊，读后讲给别人听，传给别人看，一传十，十传百，功德无量！”很有宣传鼓动作用。

五

赵树理在华北新华日报社，主编《中国人》周刊，参与编辑《抗战生活》半月刊，都在一年以上。《抗战生活》出至革新第2卷第

3、4 期合刊以后，即与《华北文艺》合并，改出新刊。《中国人》，笔者见到的最后一期，如前所述，是 1941 年 8 月 27 日出版的第 38 期，远在《抗战生活》停刊之前。究竟《中国人》出了多少期，尚不清楚。关于赵树理的行踪，我过去根据赵树理的自述材料和他填写的几份履历表，认为他于 1942 年离开了华北新华日报社。赵树理几次填表（均在建国以后）都是这么写的："1942 年，在太行区党委宣传部编写通俗读物。"至于是这年的什么时候到了太行区党委宣传部，却没有说。据此，我以为他离开华北新华日报社的时候，也就是《中国人》停刊的时候。拙编《赵树理年谱》即采取这种说法。经向华山同志请教，他说赵树理去太行区党委宣传部不属于调动，而是由于领导关系变了，移在那里继续编《中国人》周刊，一直到 1942 年 11 月前后。即赵树理在华北新华日报社的工作时间（包括在太行区党委宣传部的一段）共为两年半。因此，到目前为止，关于赵树理离开华北新华日报社的确切时间，仍无法肯定，本文标题所说的"两年"，不过是个概数而已。

1983 年 3 月

附记：本文的写作，得到林火、华山、何微、徐一贯、方德、邵红叶、浦一之等同志极为热情的帮助，有的作了详尽的回答，有的提供线索，有的还另外给别的同志写信询问情况。在此，一并表示感谢。

原载《新文学史料》1993 年第 3 期

存　目

著　作

赵树理　《赵树理全集》

北岳文艺出版社 1994 年

黄修己　《赵树理评传》

江苏人民出版社 1981 年

高捷等　《赵树理传》

山西人民出版社 1982 年

董大中编　《赵树理年谱》

山西人民出版社 1982 年

戴光中　《赵树理传》

北京十月文艺出版社 1987 年

论　文

赵树理　《回忆历史　认识自己》

《赵树理全集》(5),北岳文艺出版社 1994 年

康　濯　《忆赵树理同志》

《新文学史料》1979 年第 3 辑

苏本一　《义不容辞的责任——赵树理关心业余作者一例》

1979 年 4 月 3 日《工人日报》

杨献珍　《从太行文化人座谈会到赵树理的〈小二黑结婚〉出版》

《新文学史料》1982 年第 3 期

王中青　李文儒　《赵树理的最后五年》

《新文学史料》1983年第3期

董大中　《赵树理主编的〈中国人〉周刊》

《新闻战士》1983年第5期

唐再兴　《接受美学与赵树理的读者观》

《南通师专学报》1989年第2期

红　药　《汪曾祺谈赵树理和沈从文》

1990年10月18日《文学报》

李文儒　《赵树理与五四新文化之关系》

《文汇月刊》1991年第9期

董大中　《彭总为〈小二黑结婚〉题词的前前后后》

1992年4月4日《文艺报》

华　山　《就赵树理主编〈中国人〉的情况答董大中》

《赵树理研究文集》,中国文联出版公司1996年8月

韩冰野　《赵树理在华北〈新华日报〉社——给董大中的复信》

《赵树理研究文集》,中国文联出版公司1996年8月

董大中　《赵树理在成名之前》

《新文学史料》1999年第3期

陈徒手　《赵树理在检讨的日子里》

《炎黄春秋》2002年第10期

钱君匋

钱君匋(1906～1998),浙江桐乡人。1925年毕业于上海艺术师范学校。曾先后在浙江省立六中、浙江艺专担任音乐教师和图案教授。1927年至1934年在开明书店担任音乐、美术编辑并负责出版物装帧设计工作,同时在同济大学、复旦大学兼任美术、音乐教师。1934年起,兼任神州国光社美术编辑。1937年抗日战争爆发后,到长沙与张天翼等编辑《救亡日报》。次年春至广州与巴金、靳以等人创办文化生活出版社广州分社,发行《文丛》月刊和《烽火》半月刊。1938年,创办万叶书店,出版许多进步书刊。

新中国建立后,1952年,钱君匋以万叶书店为主,在上海组成新音乐出版社,任总编辑。1954年后,新音乐出版社与中国音乐家协会合营,该社迁入北京,成立音乐出版社,钱任出版社副总编辑。1956年,成立上海音乐出版社,他被借调回沪任副总编辑。1958年后,任上海文艺出版社编审。新时期以来,任上海文史馆馆员、中国音乐家协会会员、中国美术家协会会员、上海书法篆刻研究会会员、杭州西泠印社副社长、华东师范大学美术系教授等。

钱君匋为现代著名装帧设计家、艺术家、编辑家。他在青年时期，即以书籍装帧闻名于出版界。在开明书店曾为鲁迅、叶圣陶、茅盾、巴金等人著作设计封面。后又为商务印书馆出版的《小说月报》、《东方杂志》等设计、绘制封面。他设计的封面，朴雅醒目、风格独特。1981 年他设计的《晦庵书法》获国家书籍装帧优秀奖。其主要著作有《钱君匋书籍装帧艺术选》、《钱君匋论艺》及《民间刻纸集》等。

我在开明的七年

钱君匋

1925 年的秋季，我刚踏上社会工作，先是小学校的教师，其次是中学校的教师，接着又升了一级，在杭州城隍山元宝心的浙江艺术专门学校担任图案教授。到了那里，就和几位老同学如沈秉廉、邱望湘、陈啸空诸人又聚在一起了，由我发起，组织了“春蜂乐会”，我们经常创作抒情歌曲。正好这时《新女性》月刊在上海诞生，是由刚从商务印书馆辞职出来的原《妇女杂志》主编章锡琛创办的，我试着把我们创作的抒情歌曲，完全画成与西洋出版的五线谱一个样子，寄到《新女性》月刊，要求发表。章锡琛是一位思想解放的编者，一看觉得很合他的《新女性》月刊的方针，立即发表了第一首，接着每期都发表一首，连续不断发表了三年，直到《新女性》月刊停刊为止。由于投寄音乐稿件的关系，我和章锡琛经常书信往来，成了极熟的朋友。不久，新女性月刊社业务发达，需要大展宏图，便把这个月刊社扩大，改组为开明书店，章锡琛自任经理，其实是个独资老板，所以后来凡和他相熟的人，都戏称他为“章老板”。这时他需要人手帮忙，便邀请我到他的店里工作，我的职责是分管音乐美术的一头，就这样我就进入了草创的开明书店。记得当时先后进店的还有喜欢用紫色墨水写稿的赵景深，至今还健在台湾的索非，和现在四川的王蔼史，不久又添了王燕棠和郑××、陈云裳、吴似鸿、汪曼之五位。章老板总管一切业务，兼编《新女性》月刊，赵景深分管来稿的审阅，索非分管出版印刷，王蔼史分管校对，我除分管音乐美术外，还要设计书面，王燕棠稍后进店，代替了去南洋教书的王蔼史，陈云裳协助他，郑××协助索非。我们这几个人配合得很好，出版发行了很多受读者欢迎的好书。开明书店也从一粒小小的种子，发芽生长，一帆风顺地成为一家中型的进步书店，声誉远播，在知识分子中影响极大。现在是1985年了，算来已经过了整整60个年头，时间飞驰得真快。章老板是一位饱学之士，具有才略的长者，在五四以后的出版工作上作出了动人的业绩，其功是不可磨灭的。不幸的是他在十年浩劫中含冤长逝，我是不胜怀念着他的！

我在开明书店工作是最初的七年。开明的发祥地为上海宝山路宝山里60及64号，后来曾迁移到嘉兴路附近，范围扩大了许多，到“一·二八”反击日帝侵略军在上海发动的淞沪之战，开明的大本营被毁于战火，迁到兆丰路（今高阳路）安多里继续经营，那时夏丏尊担任编译所长已经多年了。在这段期间里，先后有顾均正、叶圣陶、范洗人、唐锡光、张沛霖、宋云彬、徐调孚、贾祖璋、傅彬然、丰子恺、章克标、章锡珊、章锡舟、吴仲盐、王伯祥、卢芷芬等人参加过编辑和其他工作。我因为在各个学校所教的功课愈来愈多，七年后便辞去了开明的工作，由沈振黄、莫志恒接替。开明到了这个时期，除了文艺读物、青年读物、英语读物之外，还出版了《二十五史》、《辞通》等书，业务蒸蒸日上，声誉不胫而走，后来便进入了印行“国定教科书”的行列，与商务印书馆、中华书局并驾齐驱。到了“八一三”日帝再度侵略中国，上海成为战场时，开明的大本营因为处在火线之中,再次被毁,几乎一蹶不起。开明同人虽然没有被困难压倒,但在那漫漫长夜里,出版业面临的重重障碍简直无法逾越,一直到解放,开明才和青年出版社合并成中国青年出版社。

我在开明书店主持音乐、美术方面的编辑工作,首先出版了丰子恺的《音乐入门》。这本书的发行量很大,影响极其广泛,有许多学校采作教本,新中国的部分音乐家都是从这本书才入了音乐之门的。其后又出版了丰子恺《音乐知识十八讲》、《孩子们的音乐》、《中文名歌五十曲》、《开明音乐教本》等等,黄涵秋的《口琴吹奏法》,我编的《中国名歌选》、《进行曲选》、《小学校音乐集》、《口琴名曲集》,我和沈秉廉合编的《名利网》、《广寒宫》等儿童歌剧,和邱望湘合编的《开明 B 标音乐教程》,以前在《新女性》月刊连续发表的抒情歌曲分编为《摘花》、《金梦》、《夜曲》三个集子,开明出版这许多音乐书籍,在当时是个破天荒的行动,开了一些风气。虽然当时商务、中华也出过几本音乐书籍,都是属于点缀性质,零零星星,不成气候。后来我在 1938 年创办万叶书店,受到开明《活叶文选》的启发,先从出版《小学活叶歌曲选》开始,陆续出版了一整套音乐方面的理论书籍,以及各种乐谱,逐渐发展成为今天的人民音乐出版社。追根溯源,还是开明书店首先播下种子,经过万叶书店的孕育,然后开花结果了。

开明书店在出版美术书籍方面,也是不遗余力的,首先是丰子恺的《子恺漫画》、《子恺画集》,陈抱一的《陈抱一画集》,陶元庆的《陶元庆画集》,丰子恺的《西洋美术史》、《现代画派十二讲》、《艺术概论》以及我的《西洋美术史讲话》等等,还有其他的品种,时间隔得太久了,一时没法想起来。我在开明除了编辑出版这些美术书籍之外,同时要为开明所出的书籍设计书面。我进开明最早设计的书面是汪静之的诗集《寂寞的国》,黎锦明的《尘影》、《破垒集》,索非的《苦趣》,丰子恺译黑田鹏信的《艺术概论》,谢六逸的

《文艺与性爱》，罗黑芷的《春日》，我自己的《小学校音乐集》、《中国名歌选》、《进行曲选》、《名利网》、《广寒宫》，周作人的散文集《两条血痕》、《谈龙集》，胡愈之的《东方寓言集》、《莫斯科印象记》，叶绍钧的长篇小说《倪焕之》、童话《英雄的石像》，黄石的《希腊神话》，沈雁冰的《雪人》、《欧洲大战与文学》，以及后来巴金的长篇小说《家》、《春》、《秋》、《死去的太阳》、《新生》，郁达夫的《达夫全集》等等，还有记不胜记的各种书面设计，约共数百种，我由此被作家、读者封为书面设计的所谓"专家"。除了为开明所出版的书设计外，凡当时著名的作家如鲁迅、茅盾、郭沫若、陈望道、郑振铎、赵景深、丁玲、胡也频、庐隐、冰心、戴望舒、叶灵凤等人，当他们的著作出版时，其书面设计无不来找我挥毫的。例如商务印书馆沈雁冰编的《小说月报》、叶圣陶编的《妇女杂志》、钱智修编的《东方杂志》、周予同编的《教育杂志》、杨贤江编的《学生杂志》五大月刊，以及冰心的《繁星》、《超人》，赵景深的《罗亭》等等，都是我为它们披上书籍的外衣的；现代书局、光华书局、亚东图书馆的部分书籍，也都委托我设计，所以有人还谑称我为书面设计的"托拉斯"了。我的书面设计，其思想算是极其解放的，甚至有采用裸体为题材的。我设计的书面总数，大约有一千数百幅，由于种种原因，能收集到的，仅三四百幅，大部分没有收得。这三四百幅，在十年浩劫中被劫走了，幸好没有被毁，又回到我的手中，在1980年、1981年、1983年，于北京、上海、长沙三地展出，让年青一代的书面设计者从中了解到20年代和30年代的书面设计的概况。

我在开明的七年时间里，熟悉了编辑出版的业务，在实际工作中锻炼了我，培育了我，使我成长为一员还算合格的编辑出版工作者。同时我在书籍装帧上立稳了脚，对音乐的编辑出版也有了一定的经验，这些事我是没齿不忘的。因为我在开明工作仅仅只有开头的七年，又不是领导群的一员，所知不多，不能随便谈论，所以只就我所经历的写了这篇短文，作为我对开明书店的怀念。

1985年1月24日，上海

选自《我与开明》，中国青年出版社1985年

学画买画失画还画献画

钱君匋

一　学　画

我生在一个赤贫的人家，高小毕业，即出任乡村小学教师，身兼校长、教师、工友三职，月薪银洋六元，其实是十元，当中四元为派我去的学务委员侵吞了。过了一年，父亲听我的老师钱作民先生的劝说，忍痛借债送我到上海艺术师范学校读书，从吴梦非、丰子恺老师学西方美术，从刘质平老师学西方音乐。后来靠音乐结识了开明书店创始人章锡琛先生，承他邀请我到开明书店担任音乐、美术编辑；靠美术——书籍装帧，我又从那时开始在上海出版界和新文学界站稳了脚。年方20的我，成为当时的大作家鲁迅、茅盾、郭沫若、巴金、陈望道、郑振铎、叶圣陶、胡愈之等人的朋友，在他们的扶植下，我的名字在新文学界和读者中不胫而走，成为他们所熟悉的人物而获得了一些虚名。

美术和音乐，我学的都是西方的。这两种艺术当然还有东方的，即我国自己的美术和音乐，我仅仅学得了西方的，不去钻研我国自己的，恐怕不够全面，悟到这一点，我就反过来学习中国绘画、书法和篆刻，以及中国音乐。在研究过程中，渐渐觉得我们中国的绘画和音乐并不比西方的差，甚而过之，为什么大家都热衷于西方

的呢？我就发奋致力于中国绘画、书法和篆刻。一个人的精力有限，不可能件件都抓在手中，在这种情况下，就放弃了音乐，专门研究中国的绘画、书法和篆刻，我要在东方艺术中作出较满意的成绩来。学习绘画如果只靠阅读珂罗版画册是不够的，还应从名师学习。在旧时代从名师必须付出巨额的经济代价，而我是贫家子弟，没有那么多钱去从师学业，只能徘徊在珂罗版画册之间。往后经济稍宽，也不拜师，却四出求同时代的书画家写些画些，一旦求得，再付出一些装裱费用，就可悬诸室内，时刻观摩。作为学习和借鉴，这比从一位名师所接触的面要广泛得多，受益亦多，因此从那时起，我陆续求得了孙增禄、徐菊庵、朱梦仙、陈焕卿等同里书画家的手迹，再扩大到外地的于右任、谭延闿、谭泽闿、马公愚以及张大千、李苦禅、潘天寿、沙孟海、张阆声等的手迹。从这些手迹中我在书法上学到了波磔抵送等方法，在绘画上学到了用笔用墨，渲染设色的技巧。从学习同时代许多书画家的手迹中，我得以在绘画、书法上大开眼界，大幅度提高了一步。看了手迹，懂得书法以何者为上，绘画以何者为贵，较之拜师受益更多。我无师刻苦钻研，篆刻也是同样学习，到了 70 年代，我退休以后，才把书画篆刻推出来与世人见面，但磨砺的时期却花了几十年。至此，我在书籍装帧之外，又树立了篆刻、书法、绘画这三方面的声誉和地位。

二　买　画

我在同时代书画家的手迹中，经过一段长时间锻炼之后，觉得还嫌不足，因之，又扩而大之，面向清代、明代书画家真迹，要觅到他们的名作，非花代价不可，我的实力已经稍稍充裕，才开始了买画的生涯。一出手就买到明代徐天池、陈白阳、文徵明、张宏等人的作品，接着又收得沈石田、陈老莲、仇十洲等人的作品，往后又收得龚半千以及清代石涛、新罗山人、王石谷、王麓台、金冬心、李方膺、郑板桥、伊秉绶、赵之谦、吴让之,近代吴昌硕、黄牧甫、任伯年、虚谷、齐白石等人的作品,扩展了学习、借鉴的面,提高了我在书法上、绘画上、篆刻上的技法。同时作为藏品,经过若干年节衣缩食不断收求,到 60 年代前期,已收到古人作品不下数千件。70 年代起,继续收得黄宾虹、朱屺瞻、刘海粟、谢稚柳、丰子恺等人的作品,其中于右任书法就有一百件,丰子恺漫画也是一百件,朱屺瞻山水、花卉超过一百件,吴昌硕刻印二百件,赵之谦刻印一百多件,黄牧甫刻印一百五十余件,华新罗一百件,齐白石和任伯年合为一百多件,逐渐形成了我买画藏画的阵容。我买画藏画的出发点是根据学习需要而选择的,和一般为藏画而藏画的收藏家完全异趣。

记得买华新罗的画时,因为手头没有那么多巨额现金,于是忍痛卖掉查士标、吴昌硕、徐悲鸿的作品多件来凑数,并与物主协商分期付款而得到同意,才能买下。这一次把我的历年积蓄差不多都花了,但是我不觉得惋惜,倒是变卖查士标、吴昌硕、徐悲鸿三家的作品,非常觉得可惜!至今还经常出现在我的梦里,颇有“鱼我所欲也,熊掌亦我所欲也”之慨,两者无法兼得,只好放弃其中之一!

买赵之谦刻印一百多方,我完全不顾五寸厚的大雪,和友人经北京赶到天津;在劝业场看到这批印后,使我欲罢不能,但物主索价过高,使人难于接受,不得不怏然而返;一直接触到这一年大除夕,才算谈妥代价而取得,那时我已经北京回到上海度春节。在谈判中我的心随着它的代价一上一落,紧张的状态不可言喻,深怕被人出高价夺去,等到拍板了,虽然这批印还没寄到,我已情不自禁,在家饮酒的兴致上升,酒量随之而升到五斤;印一到手,立即邀请同好一起来欣赏观摹,大家沉浸在我得印的喜悦之中。

齐白石的一幅四尺整张《红莲鸣蝉》,1949 年我经过北京,在琉璃厂一家画店中见到。这幅画悬挂在极显著的进门处,问价为一百元连框,我嫌价太高没有买。1950 年我又至北京,见此画仍旧挂在这家画店门前，我问价仍要一百元，不肯让一分一厘，我还是不肯下手。1951 年再去北京，见此画还是高悬着，仍旧要一百元，不能还价，我只好望望然而去之。直到 1954 年我再从那家画店经过，想想还是依他们的价吧，用一百元买了回来，重裱后挂在我上海客厅里。到了动乱初期被作为“四旧”抄走了，结果在其他画件大部分归还后，我屡向上海文物清理小组交涉收回这幅画，直到现在这个小组已经结束，还不见有归还的征兆，看来从此与买了几年才买得的画要永诀了。

有部金冬心的水墨花卉册，最初由中介人携来五开，索价为每开五十元，我爱不释手，就依价买下。过不多天，中介人又送来四开，经细看是同一册中的，我已买了头五开，中介人知道我的心理，一定会买，所以索价每开为一百元，我说同样大小的四开，为什么今天每开要一百元？他说物主所索的价钱，少一文不卖，我为了要凑成一部整的，只好忍痛买下，问他是不是还有第三次送来的，他说不会再有了。再过一段时间，我的一位远房族弟，邀我到他家去看画，其中有一开金冬心的水墨梅花，正是这部册页的最后一开。如果得到这一开，这部册页真正完整了。我问他要多少价钱可以割让，他这一开竟索价高达一百五十元，较中介人第二次的又多出了五十元，我这时为了使它完整，照数付出了一百五十元。当时把画让出来的人，就是这样欺诈买者，诸如此类买进的书画，不止一种，可见物主的狡猾了。

三　失　画

我对书画篆刻爱之若命，凡书画篆刻作品一到我的手中，总要请名裱家装裱一新，篆刻作品则用锦匣储存，使之完好无损，增加欣赏时的愉快和兴趣。我请友人刻过一方《曾经钱君匋珍获》的印，表达了我对收藏的书画要使它完整无损的意思。但是可诅咒的1966年9月2日不幸的时刻终于到来了，这天的黑夜，“红卫兵”数十人蜂拥而至，闯入我家，在客厅中画地为牢，强迫我困守在这方圆不到一米的圈子中，不准动弹；这伙不速之客发疯似的挖墙撬板，什么手段都使得出来，说是为了搜查秘藏的金银财宝，几小时过后，他们认为可疑的地方都挖撬遍了，结果徒劳手脚，白费辛苦！因为金银财宝早在8月24日被“勒令”全部交出，不再有剩余的，但这伙不速之客以为还有秘藏可以发掘。他们在失望之后，立刻分散到各层楼的房间中乱搜所藏的书画文物。因为没有专业知识，见了书画文物有如瞎子，一件也不知好坏，无奈，只好来求助于我，才从客厅里把我解放出来。接着就强迫我到藏书画文物的那间房里，胁迫我指出哪些是明、清的绝品，哪些是现代人的作品。我在威胁之下，为了这些文物不致失散，便一一指给他们看了，他们就胡乱搬到客厅集中，装入原来的皮箱，也不给任何凭证，只是七手八脚向卡车上装。其中有一人假装不明白，指着于右任、齐白石、吴湖帆三人的作品，问我这三人是什么样的人？我的回答是大书法家、大画家，此人却说他们是战犯、地主、汉奸，威胁我把这些作品当场撕掉或烧毁，我坚决拒绝，并说要撕要烧，你们动手吧。他们见我非常坚决，只好收起来带走，这时我不顾生死，大声疾呼，这些都是全人类的精神财富，谁也不能毁灭它，损坏它，带走是可以的，但必须保存好，如有破坏，就是天诛地灭死有余辜的人！结果他们来不及和我反驳，匆匆开车走了，只是说还没有抄完，明天再来。我的心到此已经碎了，突然晕厥过去。

隔了一年，他们才把这些抄走的书画文物交到上海博物馆，博物馆便把这些书画文物，列入他们的账册，收进仓库。70年代初我被迫退休，用“莫须有”的罪名迫我靠边，从此也“解放”了，看来似乎没有事了。此时我的房产、钱财、文物悉数被没收净尽，成为身无分文的一个“穷措大”。我对房产、钱财的失却，倒还不觉痛心，唯有文物没有了，一直放在心上，无论如何难于排解！怕只怕这些文物不幸毁于一旦。有些同情我的朋友,不时给我消息,也不敢据而打听,怕再受无谓的麻烦,日复一日,只是埋头在我的创作中,借此过饥饿的日子。

四　还　画

我煎熬在艰苦的岁月中,忽然乌云飞散了,说对被抄家的将落实政策,接着首先还到了存款和扣发的工资,又说还要发还文物。这个消息使我非常兴奋喜悦,待到真正发还的一天,我的兴奋比任何时刻来得强烈。携带了可以包装文物的破被单前去,居然由我的单位移交给上海博物馆的一批文物,首先还到了手。那时的心情真像母子重逢,喜悦得老泪纵横,其心情非文字所可形容!回到家里便迫不及待地刻了《与君一别十三年》和《君匋庚申重得》一朱一白两方印,准备盖在久别重逢的书画文物上。文物回家的那天晚上,在阖家高兴之余,我又痛饮了五斤花雕,为有生以来第一件快事。

但一检查,发现少了一幅四尺整张虚谷的《枇杷》,在发还清单上赫然此件已还。我惶然了,我已照单签收,少一件,发还的机构怕不会承认,我只好抱着试试看的心情前去交涉。总以为没有希望了,“银洋当面点清,离柜概不负责”嘛。幸好她们也在对账,在我名下正好多拿一件,双方的账完全吻合,那位负责的女同志非常通情达理,很爽快地补给了我。我真喜出望外,如获至宝,感谢她认真对待每一件事,待人温文,洞察失主的心情。

原来我收到的印章,都是若干方合储一锦匣,是硬嵌式,每方不能调换位置。还给我时这些储印章的锦匣大部分不见了,心中颇有感触,觉得上海博物馆对抄来的文物不当一回事,把藏印的锦匣几乎全部丢失。听说丢失锦匣还算幸运,据目击者告诉我,有大批印章堆成好几个大堆,竟用煤镐来铲的,有些印章被铲去一角,有些被铲成两段，那才更惨了！还据目击者说，有整间整间房子的文物，任其日晒虫蛀，霉烂成灰，可见这次遭殃的文物，其数量之大，是不可估计的。还有一些文物混在普通的书画中，成捆成堆廉价卖给外商，靠此发财的外商有的是！我的印章总算大部分回来了，失去锦匣真不算一回事。我收藏的吴昌硕刻印有200方，还来仅156方，还少44方，经再三催索，始终没有着落！

幸亏我硬着心肠，于右任、齐白石、吴湖帆作品，没有受威胁而或撕或烧。于右任的100件书法到这时也还了近半数，后来虽断断续续又还了一些，还离抄走之数甚远。我接到第一批发还的于右任书件时，在喜悦中写了一首七绝：

髯翁妙笔复归我，如对故人意缠绵。
犹记当年招饮日，毫风墨雨卷山川。

有一天通知我去领还弘一大师的五言联时，上海各报记者都在场，竞相要我发表一些感想。我说抄走本来是不应该的，现在还给我是为了弥补过去的不是。我失而复得，心情当然舒畅愉快，但事情要做得彻底，不要还了一些就算完事，应该都退出来，不留尾巴。我这番话后来上海各报都没有如实报导，只说我得到发还是如何喜悦，用这种冠冕的话掩盖了原意。事实上到现在为止，我被抄走的文物还有300件没有还到手，哪来的“喜悦”？

五　献　画

1985年我正好80岁，人生走到了最后阶段，不得不考虑身后的事。对重得文物的处理，和家人谈了我的想法，如果照平常的处理分给儿孙，我能监护的只不过三代而已，再延续下去，他们对这些文物所持的态度如何不得而知，也许吃尽卖光，而我千辛万苦收集珍护下来的文物，聚则不易，散则极快，不如把这些文物一古脑儿如数捐献给生我的故乡，由故乡建立机构来永远珍护，可不致分散，这不是一件很放心的事吗？数目虽然只有四千多件，说多不算多，说少倒也不算少了，在80年代的今天，要收集这么多文物已经不是一件容易的事。家人听了我的设想，经过认真思考之后，一齐表示同意捐献，于是把还得的书画印章和其他文物，以及历年来书画朋友所赠的作品，稀有的善本印谱等一件不漏，捐献给故乡。桐乡县政府特拨巨款，由上海同济大学建筑系设计为这些文物建筑一座君匋艺术院接藏了，经常把这些文物轮流公开陈列，任人研究参观。

我所藏的名迹，原是为了一己的学习而收藏的，是有的放矢，不像一般藏家只是为了收藏而收藏，漫无限制。我体会到青年时代求藏家发慈悲给我看名迹之不易，所以我这些文物主张对人公开。我在君匋艺术院开院的大会上曾经宣布过我的感想和希望：

"……在朋友们和荣誉的面前，感慨很多，讷于言词，无法表达！我是个很平凡的人，有一点微小的成就，全应归功于民族文化的熏陶，师长前辈的教诲，特别怀念弘一大师和丰子恺老师，还有很不出名却同样诲人不倦的孙增禄和徐菊庵先生，没有他们的指点，我也是与艺术无缘的，一生将过得更加平庸。

"我今天所有的一切，都是艺术的赐予。当然，用不着妄自菲薄，我也勤奋地笔耕过。我把一切还给艺术，因为生命有限，艺术无涯，第二母亲——艺术哺育了我，我也有义务，为艺术的发展尽一点人子的微力，完全是应该的，根本不值得赞扬，任何称颂，只会使我汗流浃背。我虽无知，但早已失去了自视过高的勇气，未来的岁月，仍然是个普通的小学生，向古人、向长者、贤者，后辈恭恭敬敬学习，求得一点进步，于愿足矣！记得在青年时代，初出茅庐的岁月，想观摩一件艺术品，认不得收藏家，店里有精品，也不昂贵，可怜衣食迫人，哪有收藏的可能？历史是反省旧我的明镜，又是创造新我的动力。所以我在60年间一直希望为青少年们做点有益的小事,就是不忘当初观摩名作之难。所以,我希望君匋艺术院开门办院,为专家服务,也为普通读者效劳,这样才能物尽其用,无愧前哲。如果把艺术院办成一把锁,一只保险箱,那就违背我们的初衷,收藏只是为了研究,为了造就新人,这一点恕求领导和朋友们给我以支持!

"中国的学术处于历史的新时期,生活本身逐渐教会我们清算封建意识和极左的民族虚无主义观点。新事物是不可战胜的,我们能为明天的文化事业跑个龙套,回顾一下艰辛悠长的历程,才知道龙套的分量,龙套很渺小,但是有人接力,所以又是不朽的!"

写到这里,我把学画、买画、失画、还画、献画约略叙述了一个轮廓,不知读者读了有何感想?献画,像我这样全部献出,国内还是首创。我认为这是抛砖引玉,今后希望有更多的藏家化一己为大公,把民族的文化遗产很好地公诸世人,保存在更稳妥的地方,流传千秋,为子孙后代造福!

原载1991年4月3日《文汇报》

书籍装帧艺术生活五十年[①]

钱君匋

前不久,绍兴重建的名胜越王殿上,有一块《山水灵秀》的大匾额,题字的人署名"桐乡钱君匋"。有人知道我常用"海宁钱君匋"的名义来作书画,就好奇地问我:"这两个钱君匋是不是一个人?"我点点头回答:"就是我这个钱君匋。"那为什么一忽儿桐乡,一忽儿海宁呢?因为我祖籍海宁,到了祖父一辈迁居到海宁的邻县桐乡的屠甸镇,和茅盾、丰子恺是同乡。1906年,我出生在屠甸一个穷困家庭里。从小就喜欢美术，常常拿香烟牌子来临摹学画，后来经小学老师钱作民的热情介绍，我有机会到丰子恺教书的上海艺术师范来读美术、音乐。在这里，我开始接触到革命新文化，同时迈出了学习和探索书籍装帧艺术的第一步。

《钱君匋装帧艺术》书影

那是 60 年前的事情了。我在上海艺术师范认识了陶元庆[②]同学——我国现代书籍装帧艺术的开拓者之一。他比我大十岁，绍兴人，是鲁迅的学生。我们同住在第二宿舍一号寝室，每天晚上聊天，陶元庆谈到了鲁迅的为人，新文化运动和各种书刊等。当时他一边读书，一边在《时报》工作，编《图画周刊》。他常拿一些进步书刊给我阅读，也辅导我画图案。记得有一次图案老师吴梦非布置作业，我画了一幅《波浪和鱼》。陶元庆见了，觉得不行，就启发我说，图案不同于自然画，要通过作者的艺术想像加以变化。于是我在这幅图案上，连续画了许多波浪，每个波浪中间画一个水珠。看上去，波浪与波浪之间的空地就形成一条鱼，水珠好似鱼的眼睛，果然得到了 90 分。当年，我和陶元庆以及现任浙江省文化局长的许钦文三个人结下了深厚的友情。陶元庆为鲁迅的著作设计过不少杰出的封面，早已脍炙人口，曾经得到鲁迅的高度评价。在陶元庆的影响下，我对书籍装帧也产生了浓厚的兴趣。他借给我许多参考书，其中有一种是《杉浦非水图案集》，还有一种是《伊木忠爱图案集》。杉浦和伊木两位在日本都是大家，他们的作品对我早期的书籍装帧很有影响。我渐渐懂得了日本的书籍装帧还是师法中国古典艺术，于是我索性向民族遗产学习。对敦煌艺术以及武梁祠石刻、孝堂山石刻，还有六朝的云岗石刻、龙门摩崖，乃至周秦的青铜器等，我都下过一番苦学的功夫。

18 岁我读完了艺术师范，学过了西洋音乐和绘画。鲁迅的同乡好友章锡琛创办开明书店的时候，曾经聘请我做美术音乐编辑。从此，我正式开始搞书籍装帧专业了。[③]那时候，伟大的五四运动带来了新文化的勃兴。我在全国出版中心的上海，荣幸地接触过许多新文化运动的旗手、老将，包括鲁迅、郭沫若、茅盾、叶圣陶、胡愈之、郑振铎、丰子恺、巴金、陈望道等。他们出版的集子，绝大部分由我设计装帧。我高兴地看到，在反帝反封建的斗争中，书籍装帧艺术作为一种轻武器，为抨击旧世界，迎接新社会出力助威，做出了一定的贡献。当年第一批由我装帧设计的新文学作品，一经发表就引起了全社会的关注。我记得这些作品有：湖畔诗人汪静之的诗集《寂寞的国》，小说家黎锦明的短篇小说集《破垒集》、《尘影》，茅盾的《欧洲大战与文学》、《雪人》，胡愈之的《东方寓言集》、《莫斯科印象记》，周作人的杂文集《两条血痕》等。鲁迅说："钱君匋的书籍装帧能够和陶元庆媲美。"这话当然是对青年作者的热情鼓励和扶植。我给茅盾的弱小民族短篇小说集《雪人》所设计的封面，也运用了新的技巧，有一点诗意。我着眼于"雪"，把雪花放大，加以夸张变形，再配上日光反射的色彩，形成了一个新颖的图案，而不是原著的简单图解。茅公觉得这个设计颇有别出心裁的地方，夸奖了一番。当时全国闻名的《东方杂志》、《小说月报》、《妇女杂志》、《教育杂志》和《学生杂志》这五大杂志，连续几年都委托我装帧设计。它们都是传播新文化新思想的期刊，因此我也采用富有民族特色的新手法来设计，受到了读者的好评。

书籍装帧并不是什么雕虫小技。它给一部作品装上了"扩音喇叭"，以形象、色彩等造型手段，向广大读者揭示作品的内容和精髓，扩大它的社会效果。优良的书籍装帧，可以提高读者的读书兴趣,起到“打击敌人,教育人民”的作用。书籍装帧不仅要求形式美观,而且要求能够烘托和表达作品的思想内容。但是书籍装帧,决不能搞成原作的模拟和图解,而应当是一门独立的艺术。就拿为巴金名著《新生》所作的封面装帧来说吧,又作了新的处理。这是一部中篇小说,书面的下端用黑色画了三级石头台阶,一枝小草从石头缝里顽强地生长出来,用小草象征新生,把石头台阶比作黑暗的势力。技法不用由浓到淡的照相式层次,而以无数细点来表现疏密浓淡。设色简洁,只有红、黑两种,红色作书名,象征血,黑色象征铁,铁与血交融,暗示敢于向旧世界挑战的英勇气概,留给读者一种宽广的联想。巴金看到了非常高兴,对我说,这样的装帧同作品的内容很协调,表达得恰到好处。我设计的书籍装帧,色彩总是从和谐、纯朴上考虑,或者反其道而采用现代化的强烈的对比。同时注意民族特色,但不主张复古,把时代气息放进去,体现中国今天特有的乡土风味,用单纯、明快的笔调来描写自己要描写的东西。因为我装帧的东西多了,朋友们打趣地说我是书籍装帧“托拉斯”,许多名家的作品集,差不多都是我经手装帧的。当年,丰子恺以画杨柳燕子而著名,人称“丰柳燕”;还有个擅长画牡丹的国画家张大壮,被叫做“张牡丹”;大家也给我题了一个“钱封面”的外号。

其实,前面已经谈到,现代书籍装帧艺术的兴起,是五四新文化运动的产物。许多文化革命的前辈,特别是鲁迅,对于书籍装帧历来注重和提倡。在鲁迅生前,我有幸和他认识了,并且在这方面得到他的鼓励和启示。1927 年 10 月间的一个午后,鲁迅穿着一件浅灰色的长衫,到开明书店来访问章锡琛,那样儿十分温文庄重,可敬可亲。他见到我装帧的《寂寞的国》和《破垒集》等书,就诚恳地对我说:“很好,有一些陶元庆的影响,但自己的风格也很显著,努力下去是不会错的。”④他这番话更坚定了我搞书籍装帧的信心,虽然几十年过去了,却一直留在心中。同年 11 月,陶元庆邀我一起登门拜访鲁迅。鲁迅一见我俩,马上请到楼上坐。闲谈中,话题转到书籍装帧上面,元庆说,是不是可以把中国古代的铜器和石刻上的纹样运用到装帧设计中去。鲁迅非常赞同,就给我们看了他所收藏的一些石刻画等,边看边谈论了他所收的石刻画的妙处,认为我们在装帧设计上可以借鉴。鲁迅这一课上得太精彩了,后来我作《古代的人》和《东方杂志》等书的装帧,就运用过这种画像的技法。鲁迅看到后很赞赏,要我为他的书设计装帧。例如鲁迅翻译的《艺术论》、《十月》和《死魂灵》等书,就是我装帧设计的。

仔细算起来,从 20 年代后期到今天,我已经从事书籍装帧艺术 58 年了。党和人民给了我很大的荣誉,多次给我颁发书籍装帧作品奖,多次举办个人作品展览。1963 年国家还专门出版过《君匋书籍装帧艺术选》。今年我 78 岁了,眼病越来越加重,搞书籍装帧已经很吃力了。在建设四化的征途上,我还要结合中国画和书法创作,总结书籍装帧艺术经验⑤,为发展国家出版事业,贡献自己的余年。

1983 年

注释:

① 转录自钱君匋《书衣集》一书(《编辑丛书》之一),山西人民出版社 1986 年出版。作者钱君匋(1906—1998)书籍装帧家、书画家、篆刻家。浙江桐乡人。1927 年任开明书店音乐美术编辑兼书籍装帧设计,长期在出版界工作。出版有《君匋书籍装帧艺术选》(1963 年)等书。

② 钱君匋早在 1929 年 9 月就写过《陶元庆论》一文,收入《书衣集》中。

③ 1956 年,钱君匋说,开明书店"对于装帧是十分讲究的。在开明书店以前,如此讲究装帧的,可以说还是不曾有过。开明书店所出的书,每一本都必须有一个适应这一本书的内容的独特的书面。因为书的装帧,对于读者的心情大有关系,优秀的装帧,能够概括、揭示书的内容,使人在未开卷前便有准备读书的心情与态度。……开明书店能够懂得装帧有这一些作用,又能注意到这一方面的重要性,所以所出的书对于装帧就特

别讲究，而不把这一环放松了。……从开明书店把这个风气一开，后来许多新兴的书店差不多可以说都仿效了。”（《回忆初期的开明书店》）后来，1985 年，钱君匋又说：“我的书面设计，其思想算是极其解放的。甚至有采用裸体为题材的。我设计的书面总数，大约有一千数百幅，由于种种原因，能收集到的，仅三四百幅，大部分没有收得。这三四百幅，在十年浩劫中被劫走了，幸好没有被毁，又回到我的手中，在 1980 年、1981 年、1983 年，于北京、上海、长沙三地展出，让年轻一代的书面设计者从中了解到 20 年代和 30 年代的书面设计的概况。”（《我在开明的七年》）

④ 在纪念鲁迅诞生 80 周年时，钱君匋撰文说：“那天，鲁迅先生来开明访问章锡琛。……当鲁迅先生访问完毕，辞出时又通过我们的办公室，章锡琛就为我们向他一一作了介绍。其时我正好是一个 20 岁的青年，见陌生人常现木讷之态。鲁迅先生转过身去，看见开明所出的新书，随手拿起几本来就问这些书的装帧是谁的作品，那时我才战战兢兢地指着《寂寞的国》和《尘影》、《春日》这几种说是我所作的。鲁迅先生看之又看，指着这几种装帧诚恳地说：‘不错，设计得很好，受了一些陶元庆的影响是不是？但颇有你自己的风格，努力下去，是不会错的。是不是还有其他的作品？给我看看。’我听了这番话，真是受宠若惊，不知如何回答才好。……这完全是鲁迅先生奖掖后进的话。我之所以把书籍装帧坚持到现在，鲁迅先生的这一番话是起了决定性作用的。”（《忆念鲁迅先生》）

⑤ 《钱君匋谈艺录》：“我的装帧艺术，说来惭愧，花在琢磨的时间，往往多于用笔描绘。推敲之间，希望在作品中融入诗情，还要在完美上力求创新。至若作成之际，初看还差强人意，满意不到几天，就连自己也觉得不够了，更何况拿出来给人去看，即使一般读者能说声好，专家们亦未必会含笑点头。因此还待要继续苦思冥索，想尽方法要前进，前进更前进，冀求达到顶点，只叹顶点总是可望而不可及。在这样一个追索的过程中，于是留下了各种风格不同的作品。”（收入章桂征主编《中国当代装帧艺术文集》一书第 21 页，吉林美术出版社 1998 年出版）

选自宋原放主编、吴道弘辑注《中国出版史料》现代部分第2卷，山东教育出版社、湖北教育出版社2001年

我所认识的钱君匋

柯文辉

浙江省桐乡县是江南鱼米之乡,地方工业比较发达,县城以干净、紧凑、宁静见长。五四运动以来,这个县出了几位文艺大家。茅盾生于乌镇,祖居完整,还有一幢房子,是他自己在30年代所建。另一座水乡小镇石门,有一所被日寇炮火所毁的缘缘堂,业已恢复成丰子恺当年初建时的模样,院子里保存着一扇被烧焦的门,记载着当年的一场大劫。与乌镇、石门互为犄角的小镇屠甸,是书画篆刻家钱君匋出生的地方,江南运河流过门前,进入杭州钱塘江。百年老屋钱宅,是钱先生的祖父半耕翁由海宁迁此地行医时所建,父亲希龄公、母亲程雪珍夫人,也在此屋过尽一生。这座老屋而今门窗陈旧,显示出屋主人是中产以下的清贫之家。茅盾、丰子恺、钱君匋三位的成就和影响并不一样,君匋先生要晚些踏入社会。桐乡人对于这三座故居,大有"只此一县"的自豪感。至于这三位先生为什么生于斯而必须跑到上海去造就成名,造就他们的上海为什么没有生出这三个平凡的儿子,值得历史和有关人员去思考,不是我这样的庸人可以饶舌的。

我曾随钱老游了这三座小镇。同时,也顺便请他谈谈学习书画篆刻的经历。

原来钱老自小除爱用泥巴捏玩具外,最爱好写字。寒暑假期,他每天都用大棕帚蘸清水在学校的矮墙上写。那些方砖古老平整,吸水力强。笔与砖的磨擦,给予人的感受与纸不同。他还每天写一张字,晚上读帖,拿所写的字与帖比较,找出帖中字的结体和运锋特色,第二天再在砖上背临,进步很快。

16岁初中毕业后,他即任小学教师,得钱作民先生赏识,介绍给他的好友丰子恺，遂得免试入上海艺术师范。书法教师是清道人入室弟子吕风子。吕素有江南才子之称，教书法课时兼讲篆刻，笔刀并重。钱老这时开始写《石门颂》、《西狭颂》，稍后写《龙门二十品》。当时，《龙门二十品》拓片要卖 20 元，可望而不可得，他便在星期天跑城隍庙和四马路的旧书店，边翻边学。后来他母亲寄了钱来给他买拓本，他感动得含着热泪买了一部。他特别喜欢其中的《始平公》、《杨大眼》两造像记，百摹不厌。缺点是以笔求刀味，带有画字的味道。吕先生见了，亲自示范纠偏，对他临刻的吴昌硕印章，也多次表彰。1925 年，吕师还带着他去上海山西路吴老家求教。

吴老仔细看过他的印拓，恳切地说："治印难处在虚不在实。你学我，路不宽。我也从汉印入手，把石鼓文的神气化入印中，逐渐有了自己的画目。我的印较为豪辣。赵之谦的印细腻工整。对不同味道的印，要同时学。"从吴老那里，他获得了很多启迪，对他后来的篆刻很有影响。

钱老从艺术师范毕业后，到台州的浙江省立第六中学任音乐教师，图画教师是同窗良友陶元庆。先生在教学之余，常写些抒情歌曲，后来转到杭州的浙江艺术专门学校，更致力于抒情歌曲的写作，投寄上海的《新女性》月刊发表。当《新女性》扩充为开明书店时，他受到注目，即时被书店聘为音乐、美术编辑，兼装帧设计。当时书店负责人章锡琛和主要审稿人夏丐尊，是弘一大师的好友，常指点钱老读书、写作。例假日，他经常去旧书店、古董店买些价钱便宜的书画碑帖，逐步买得谭泽闿等的书法数十件，稍后，任伯年、沈寐叟的小品也买了一些。可以说他这时已初步养成了收藏名家书画的兴趣。

有一回，丰子恺先生看到他写的信有错别字，文理也有不通顺的地方，便诚恳地对他说："如果没有一定的学识，爱好的艺术形式太多，会什么都弄不好。你家境贫苦，读书时跳了几级，底子差，要迎头赶上。”钱先生从此发愤读书，甚至把一本字典全部背熟了。苦学多年后，终于打下了坚实的文学基础。以后他多次和学生谈及此事，从不护短。

郁达夫先生与钱老同为浙江人，他喜欢钱老的行书，要去一帧，挂在客厅。后来茅盾、夏丏尊、赵景深等新文学家都向他索书。他得到了鼓舞，有求必应。这时，他从《淳化阁帖》写草书，兼练怀素、张旭，所书翔舞回环，婉丽清秀，后来才趋于刚健婀娜，逐渐为一些欣赏者所喜爱。“文化大革命”之初，他年届花甲，从友人处借得一册《流沙坠简》，常常翻阅，借以松弛一下神经。后来他剖析了木简的间架结构，总结出若干规律，并进行临写。几年下来，他的木简写出了自己的风度神采：清逸俊秀，横画时用笔横拖，运笔不与古人雷同。这一体目前逐渐引人注目，1987 年《书法》杂志上曾作了重点介绍。他写字求童趣，求松秀、冲逸，我以为这在一定程度上达到了目的。当然，艺无止境，学识、阅历、审美趣味决定作品的面目，他还可以向厚朴丑拙方面更上一层楼。比如为贵州梵净山写的摩崖“独峙武陵”，就透出了新机的幼芽。如果求书者少一些，社会活动及客人们少一些，让老人更好发挥优势，希望变成现实并不遥远。

钱老的草书功夫高于木简，秀而能遒润多骨，对晋唐宋明诸家花过大气力，有波澜，有跌宕，有恣肆处，个性明显，唯独创的程度不如汉简。他写字还有点刻意求工求美，还要解脱。从有法到无法而生万法，无态而生众美，绚烂之极，归于平淡，敢于从老年人的自我否定，走向更高的自我完成，是时代的期待。书法比篆刻、装帧的艺术生命要长得多，钱老今后的主攻之处，或即在此。

钱老的画，成就源于书法。他从小摹过《芥子园画传》，20 岁后学西画，直到“文化大革命”之前，在中国画上所花的精力，比印和书法少。“文化大革命”后，眼疾影响视力，十步之内看不清人脸，1980 年曾刻印自嘲“目中无人”。在这种情况下，篆刻有困难，作画时间倒反增加了。

他学画走的是近似齐白石的路，由吴昌硕、蒲华、赵之谦、虚谷、扬州八怪、石涛、八大，而上溯徐文长、陈道复，从印的构图、字的布白和运线上来提高绘画的表现力。他的格局、创造力、腕力、生活的观察积累，比白石少得多；但白石老人学画到青藤为止，宋元境地未能深进去。钱老鉴赏的幅度比齐老广，文学根基厚些。比较而言，齐诗在钱诗之上，以气胜。此外，齐老主攻绘事，钱老只以余力为之。近十年来，钱老的画进步很快，已经摆脱了图案、工艺、西画的束缚，生活情趣渐浓，即兴挥洒的成分多了。他也写长松、巨石、大幅花卉、古柏，但为数不多，更多的是抒情小品，常常以超逸的笔墨逐步发现自己，壮大自己。山茶、寿石、水仙、玉兰、万年青、紫藤……诸作，更有文人画风味。直到今日，画在他艺术总分中所占比例仍然小于书法，不过可和他的诗、曲、文、书籍装帧等平起平坐。他的画，长处在艳处不火不俗，清处不寒，偶有出格处，如老柏、荷花的廉悍逸宕，纵横排奡，也没有霸气。

钱老治印力追秦汉风范，吸收赵之谦、吴昌硕、黄牧甫三家之长，风格善变。边款以真、草、行、隶各体为之，最多达到五面，前人所无。出新处气酣韵厚。巨印细处不纤，匠心内敛，打破对称，以求构图匀称，留白内涵多。拟古有个人情绪入刀。才华、勤奋、见闻多等长处，有机结合，巧妙发挥，奠定了他在篆刻创作中的应得的地位。他出版有《长征印谱》、《君匋印选》、《钱君匋印存》、《钱刻鲁迅笔名印集》、《鲁迅印谱》、《钱君匋篆刻选》、《钱君匋刻长跋巨印选》、《茅盾印谱》等，可以从中窥见他的篆刻的神髓之所在。

钱老原名玉棠，后更名涵，亦作安，又更名瑭，亦作唐，学名锦堂，别署午斋、豫堂、敬堂、冰壶生。笔名白蕊先、程朔青、中鸾、引秋、青芃、牧风、晦青、宇文节等。名其居室曰：白川屋、海月庵、思源堂、丛翠堂、无倦苦斋，亦作无苦倦斋、新罗山馆、抱华精舍、梅阴精舍、绛雪楼、定香阁、冰壶轩、多娇室等。

摘自《钱君匋论艺》(代序言)西泠印社 1990 年

编辑出版家钱君匋

弘　征

1998 年 8 月 2 日,钱君匋先生以 92 岁高龄辞世。

生前与身后佳评如潮。1992 年上海书店曾出版过一本厚达 560 页的《钱君匋的艺术世界》,收入了邵洛羊等各方人士写的 132 篇文章,从不同的角度评介了这位现代中国书画篆刻大师、书籍装帧元老、音乐家、诗人、散文家、文物收藏鉴赏家……艺兼众美,同时又都取得了很高的成就。虽然有些文章谈到,但相对地似乎简略的倒是他的主业——一位在中国现代出版史上不可或缺的编辑出版家。

和许多老一辈先是有成就的学者或作家、艺术家而后才成为编辑出版家一样,钱君匋也是 1925 年从上海艺术师范毕业后,曾先后在浙江省立六中、浙江艺专担任过音乐教师和图案教授,写新诗,作歌曲,画西洋画,与陶元庆、邱望湘、陈啸空、沈秉廉等同是弘一法师的再传弟子,在西湖之畔高歌飞笔,才气纵横,矢志为新文艺建勋立业。钱君匋将自己创作的抒情歌曲画成与西洋出版的五线谱一个样子,寄给著名的《新女性》主编章锡琛,令章大为欣赏,特辟专栏每期一首;又为该刊设计了新颖别致的有"歌剧的序曲"效果的封面,深得这位伯乐的青睐。当 1927 年"章老板"决心在《新女性》的基础上创办后来在中国文化史上产生过深远影响的开明书店时,钱君匋便成为极理想的人选。初创的"开明"仅有章锡琛和赵景深(文学编辑)、索非(兼管出版印刷)、王霭史(校对)、钱君匋等五人。除了“章老板”年刚不惑，余皆二十出头一点的青年。钱君匋担任音乐美术编辑，兼所有出版物的装帧。很快，丰子恺的《子恺漫画》、《音乐入门》和他自己的《西洋美术史讲话》、《小学生歌曲集》等，连同其他许多新文学和社科类图书在读者中不胫而走。“凡‘开明’的出版物一上架，立即吸引了广大读者，他们摩肩接踵，争先恐后地来购读。那时，望平街上门庭若市的只有开明书店，‘商务’、‘中华’只有干睁着眼看着这家热气腾腾的小型书店扶摇直上。”（钱君匋：《忆章锡琛先生》）钱君匋所设计的封面如汪静之的《寂寞的国》、黎锦明的《尘影》、周作人的《两条血痕》、索非的《苦趣》、叶绍钧的《倪焕之》……像一首首无声诗深深打动了读者的心，使得竞争对手商务印书馆著名的五大刊物《小说月报》、《东方杂志》、《教育杂志》、《妇女杂志》、《学生杂志》都要来请他画封面，以跟上时代的新潮。鲁迅、茅盾、郭沫若、郁达夫、冰心、巴金等许多著名作家译著的书衣都纷纷请他设计，一时间，“钱封面”成了他的别名。1932 年起兼任神州国光社的美术编辑。次年任编辑部主任，正式接手原来由黄宾虹主编的大型《美术丛刊》，四集，每集 120 本，为其时中国美术出版物之最。一直到解放初期，钱君匋建议该社将它改成十大册洋装重印，仍然销路甚佳。

1937 年抗日战争爆发，钱君匋到长沙和张天翼、蒋牧良等编辑《救亡日报》。次年春至广州与巴金、靳以等人创办文化生活出版社广州分社，发行《文丛》月刊和《烽火》半月刊，因频遭敌机轰炸广州即将陷落，不得已于 6 月绕道香港重回上海“孤岛”。回“孤岛”后，钱君匋一面作楼适夷受南洋华侨资助主编的抗战画报《大路》（英文名《自由中国》）的美术编辑，同时与李楚材、顾晓初、陈恭则等朋友商量“要用出版这个工具为抗日救亡作些鼓动宣传”，创办了万叶书店。同人们紧锣密鼓，当年底，便出版了一本精选抗战第一年大后方和根据地作家作品的《第一年》。次年又出版了一本《第二年》。内中选入了张天翼的《华威先生》，姚雪垠的

《差半车麦秸》,丁玲的《重逢》和《冀中之夜》,巴金的《给死者》,林林的《八百勇士礼赞》,沈西苓的《在烽火中》,沙汀的《贺龙将军印象记》,任钧的《起来,黄帝的子孙们》,周扬的《从民族解放运动中来看新文艺的发展》,艾思奇的《抗敌文艺新动向》……两本书分别伪托并以美商美灵登出版公司和香港美商未名书店的名义刊行,在敌人的眼皮下出版抗战图书,通过五洲书报社等远销至全国各地和东南亚华人读者中,对鼓舞广大民众的抗日爱国热情起到了很好的作用。与此同时,又以"纯文艺"为招牌,化名宇文节与李楚材等创办了《文艺新潮》月刊(自一卷九期起地下党"文艺工作中心小组"成员锡金应邀参与主编),发表身在"孤岛"和内地及根据地作家陈望道、郑振铎、茅盾、巴金、王任叔、丰子恺、夏丏尊、王西彦、沈从文、戴望舒、金人等许多作家的新作,还出过几个专号,介绍解放区延安的文艺作品。创刊号特辟了鲁迅先生逝世二周年纪念特刊,许广平连续三期提供了一批首次发表的鲁迅书简。地下党员楼适夷当时处境艰危,每次取稿和送稿费都由钱君匋一人亲往。《文艺新潮》一共坚持了近三年被迫停刊。与之相呼应的《文艺新潮小丛书》则一直持续到抗战胜利。其中有瞿秋白译普希金的《茨冈》,楼适夷译高尔基的《老板》,茅盾译卡泰耶夫的《团的儿子》和叶君健、巴金、丰子恺、靳以、林珏(唐景阳)、王西彦、凤子、锡金、臧克家、李广田等一大批作家的著译,组成了一支在"孤岛"上演奏的抗日救亡交响曲,在"孤岛"文学史和出版史上都占有重要的地位。万叶书店为此曾遭到日本宪兵的搜查,钱君匋也被抓进过日本宪兵司令部。

万叶书店是钱君匋作为编辑出版家的重要阶段。从 1938 年在艰难困苦中创建到抗战胜利后成立了"万叶书店股份有限公司",除了出版过许多文艺图书外,已经在国内执出版音乐书籍的牛耳。既有大量的普及读物和中小学教材,又注意有完整的体系,如《乐理初步》、《曲式学》、《对位法》、《曲调作法》、《和声学》、《弦乐器演奏法》、《乐队指挥法》、《中国音乐史大纲》,等等,以及一大批西洋乐理、乐谱和大音乐家的传记,总数不下二百种之多。当代音乐大师贺绿汀曾经赞道:“只有钱君匋才有这样的才识和魄力,出版这样多的音乐专业书籍,这项工作功德无量。”(引自沈栖:《钱君匋与万叶书店》,原载《上海新闻出版》1991 年第 1、2 期合刊)

1952 年以万叶书店为主在上海组成了新音乐出版社,仍由钱君匋任总编辑。1954 年,中国音乐家协会与之合营,将社迁往北京,钱君匋被任命为副总编辑。1956 年,贺绿汀等音乐家倡议筹建上海音乐出版社,钱君匋又被“借调”回沪担任副总编辑。1958 年反右运动后并入上海文艺出版社,钱君匋挂名编审,至 1972 年被工宣队强令退休,他在出版界已经整整 46 个春秋了。

十一届三中全会后,他又主编了《赵之谦书画集》、《李叔同》(台湾版名《弘一法师文稿》)、《瓦当汇编》等高档次图书,应约为许多出版社设计书面,相继在北京、上海、长沙、香港和日本、新加坡举办“书画篆刻书籍装帧艺术展”和讲学,始终和编辑出版的职业有关联。

钱君匋作为编辑出版家所独具的个人特色当然首先是由于他的多才多艺。美术、音乐、中国书画、篆刻不用说了,他还是一位很为当代新潮诗人所惊异的早期现代派诗人。18 岁开始写新诗,1929 年就有新诗集《水晶座》出版,从亚东图书馆得稿酬三百大洋。赵景深、汪静之、叶圣陶、章克标、汪馥泉、姚方仁六篇序言都给予了极高的评价。闻一多在 40 年代编选的《现代诗抄》、新时期上海高教出版社出版的大学文科参考书《新诗选》、辛笛主编的《20 世纪中国新诗选》,以及新编的《现代派诗选》他都有诗入选。1985 年由学林出版社印行的线装《冰壶韵墨》则又可见其旧体诗词功力之深。他还是一位富有特色的散文家,30 年代便有散文集《素描》和《战地行脚》出版,80、90 年代又出版了《书衣集》和《春梦痕》。文化艺术评论除了早年的许多音乐、美术论著和1990年出版的《钱君匋论艺》等之外，我们还不可忽略他于30年代与刚从法国巴黎大学雕塑系毕业归来目空一切的象征派诗人李金发的一场笔战。针对李金发在《美育杂志》创刊号上以《中国宝贝》为题，肆意奚落国人所作的西洋画"不堪入目"，中国画是"在那里胡闹"，舞蹈"表演者十九是无盐"，音乐"未见过能上水平线的音乐家"，文艺出版界"空在时代中捣乱与虚度"等等的民族虚无主义，他连续在《一般》杂志上发表了《也来谈谈〈中国宝贝〉》和《对〈美育杂志〉李主干的回声的叱咤》两篇长文，给予了有力的回应。第一篇发表后李金发还撰文说要"互演几出，拉一个曲直"；待到第二篇一出来，李金发虽然手中握有刊物，亦自知理屈词穷，只能偃旗息鼓了。他似乎没有料到，在国内还有一位在文学、美术、音乐诸方面都有精深造诣和卓识而又文辞诙谐犀利的钱君匋。

70年来，钱君匋作为编辑出版家重要业绩之一的书籍装帧（包括整体设计和封面）共有一千八百余种，这在全国恐怕举不出第二人来。1963年，人民美术出版社出版了当时国内唯一的一本专集《君匋书籍装帧艺术选》。1992年，香港商务印书馆又出版了一本精美的《钱君匋装帧艺术》，卷首的拙文《有老声华蜚艺林》中曾经论及，他不是仅以美术家的才气来从事书籍装帧的。由于他是音乐家，从一开始就"要把音乐的旋律、和声、节奏、音色等，想尽方法和封面结合起来"，通过笔触将绘画的语言和音乐的语言融为一体；由于他是诗人，便常常将在诗创作中的比兴、含蓄、夸张、渲染等手法对设计进行意匠的处理，悉心地表现出诗的意境和情韵；由于他是书法、篆刻家，便将这种中国独特的线条艺术与图案设计互相融会，并吸收了古代碑版、石像和壁画的造型特点，以及将印章直接运用到设计中来。同时提到，他在开创书籍装帧的现代化与民族传统艺术相结合的过程中，最初是受到了鲁迅先生的鼓励和启发。他自1927年10月以一名刚二十出头的青年编辑受到鲁迅的奖掖，给他和陶元庆看所藏的汉石画像拓片，谈艺术的民族化和通信，在《鲁迅日记》中有记载的便有七次。他曾为鲁迅作过《艺术论》、《十月》、《死魂灵》、《死魂灵百图》四本书的封面。鲁迅在开明书店第一次见到他的封面设计时，就曾称赞他有其同学陶元庆的风味而又具有自家的面目，他日一定能成大家。

他于编辑业务技巧的精研并富于创造也令人钦佩。如早期"开明"出版的音乐书不能排五线谱版，都是钱君匋用美术家的巧手绘制照相的，虽然质量很高，但却非常费事，他便创造了一种用刻成各种音乐上的符号，以手工来打印的"净绘法"，这样印制出来的乐谱，既大方美观新颖，又利于演唱弹奏，完全达到了国际出版物的标准，使老牌的"商务"为之瞠目。1981 年他偶然向我谈起的一件"小事"令我感受甚深：过去的直排书有时遇到标点恰在一行之首十分刺眼，他便首创了在上一行使用两个半开点缩出一格加以避开，以保证版面的整体美观。至于他自己所责编的书，从装帧、版式到印装整体之精，都达到了当时条件所可能允许的最高程度。我们常见现在的许多书，编辑对开本、版式、字体、字号等完全不加注意，似乎这不是"大编辑"所应为的；有了电脑照排后的有些出版物又一味追求花哨，版面上叠床架屋，喧宾夺主，毫无美感可言。老一辈编辑家的精益求精和审美追求，值得我们认真学习。

杰出的编辑出版家以积累和传播优秀文化为己任，但不能像往昔奉敕修书的编纂官们只是终身埋首案头。学识是重要的，但更须精于擘划，所有成功的老一辈出版家张元济、陆费伯鸿、章锡琛、夏丏尊、张静庐、汪原放、王云五……莫不皆如此。百岁老人章克标在《开明时期的钱君匋》一文中说："那时……在音乐方面，他编有《中国名歌选》、《进行曲选》、《小学校音乐集》、《口琴名曲集》等。他又和沈秉廉合编《名利网》、《广寒宫》等儿童歌剧；和邱望湘合编《开明 B 标音乐教程》；又把在《新女性》月刊发表过的抒情歌曲分编为《摘花》、《金梦》和《夜曲》三个册子，均在开明出版，在当时颇得盛誉。”只是约略地列举了一部分钱君匋在“开明”独自或与别人合作创作或编选的书，没有涉及他所策划和组稿的如丰子恺的《开明音乐教本》、《西洋美术史》、《艺术概论》，缪天瑞的《世界儿歌集》，吴梦非的《和声学大纲》、《风琴弹奏法》和《陶元庆画集》、《陈抱一画集》等一大批既有价值又畅销的音乐、美术图书。为什么当年在上海想跻身出版业的人不少，有的店同人皆为作家、教授（如新月书店），有的本身就是富翁，资金雄厚（如邵洵美），终于未成气候，独有开明能迅速异军突起，这与章锡琛、赵景深、钱君匋和稍后加盟的夏丏尊、叶圣陶等老一辈编辑出版家的既富有学识而又精于擘划是分不开的。

1938 年 7 月 1 日在上海不很热闹的海宁路上一条偏僻的弄堂咸宁里挂出了一块万叶书店的招牌，开头仅有钱君匋等六人各筹一百元作为资本，数目之微真如俗话所说的当胡椒放汤都不辣。同人中又只有钱君匋一人有编辑出版经验，经理和总编辑两副担子自然都落在他肩头。如何尽快出书并且能立竿见影，便成了“万叶”能否生存而不致初生便夭折的关键问题。钱君匋决定先从成本低、编选印制快的《小学生活页歌曲选》入手，利用曾经和纸行、印刷厂、装订厂、销售店都有交情，纸张、印装费皆先欠账，解决了最初的资金投入。第一期出来销路极佳，半月内就全部被经销商批罄，紧接着一、二、三、四……一共出了三百多期，积累了可观的资本。又从同人多是有经验的中小学教师（包括他自己此前也一直在中学、大学兼课）的有利条件出发，相继出版了《小学音乐教学法》、《小学生画帖》、《国语副课本》、《算术副课本》、《常识副课本》、《中小学图画教学法》以及蜡笔、铅笔、钢笔、毛笔、水彩等画册，和丰子恺的《大树画册》、《劫余漫画》、《漫画鲁迅小说》，等等。由于编写得十分生动活泼、简明、实用，切合时需，深受教育界欢迎，不仅在“孤岛”及周边一带十分抢手，还远销到中原内地和香港及东南亚，有些书每学期开始都要销十万套以上。由此不仅站稳了脚跟,也有了实力来出版《文艺新潮小丛书》和张洪岛的《西洋音乐史》,杨荫浏的《中国音乐史》,马思聪的小提琴曲《故乡》、《塞外曲》、《龙灯》,贺绿汀的《晚会》,陆柏华的《渔舟唱晚》,丁善德的《钢琴曲集》,《车尔尼钢琴练习曲》,《霍曼小提琴练习曲》等数百种为"万叶"在文化界赢得声誉的图书。及至1947年,"万叶"已经在南昌路买下一幢三上三下的楼房,也有了自己的印刷厂了。

出版业绝不可能要求每一本书都是赚钱的。以盈补亏是所有经营活动的一条规律。出版作为一种文化事业尤其一要求名,二要求利,假如因利而败坏了名声,则必败无疑。这就是为什么我们今天回头来看当年"商务"、"中华"、"开明"、"生活"的书,找不出一本诲淫诲盗,宣扬伤风败俗,为人所不齿的滥污书刊;假如只是为了赚钱而放弃了对社会所承担的责任,必然早就垮台了。

当1956年钱君匋被"借调"回沪筹建上海音乐出版社时,当然早已经不是过去的同人社了。而他则一如既往,立即主持出版了一系列切合读者需要的音乐专业图书,如沈知白的《民族音乐论》,万人望的《口琴独奏曲集》,陈又新的《小提琴协奏曲第一集》,丁善德的《丁善德钢琴曲集》,黄自的《长恨歌》以及《中国民歌三百首》、《唱片歌曲集》、《苏联歌曲汇编》和一系列外国音乐大师李斯特、贝多芬、莫扎特、巴赫、德彪西、柴可夫斯基……的作品集,真是洋洋大观。至年底财务报表出来,在上海11家社中,上交利润仅次于上海人民美术出版社。然而,在1957年反右运动中,"只知道出书和上缴利润"都成了他的罪过,"右派"的帽子虽然由于上层人士的保护没有戴成,社则不久就被撤销并入上海文艺社了。钱君匋被安排在第五编辑室的钢琴间里写检查,反省自己"走资本主义道路的错误"时达半年。搞出版不正是既要出好书又要能创利吗?老编辑出版家只能越来越感到迷惑彷徨了。此后,他虽仍置身出版部门,但已成为一个只能打杂的"闲人",唯有在书画篆刻中去寻求寄托。“资产阶级”的荆冠愈来愈重。“文革”刚开始就被抄家、批斗，在出版社第一个被关进“牛棚”。

我曾经偶然问及钱翁：如果让他一直主持一家出版社，而大环境又非“左”道横行，他在编辑出版方面的业绩是否将更著，而在中国书画、篆刻方面的成就相对地会……君匋先生笑而未答。

也许各方面成就会更大？

这是一个谁也难于回答的难题。

原载《出版广角》1999 年第 5 期

一个圆满的句号

——记钱君匋先生的无私捐赠

吴光华

“夕阳无限好，只是近黄昏。”

80 年代初期，“病魔”就开始对钱君匋发出了警报。1982 年春，钱君匋参加了广东省博物馆举办的《朱屺瞻国画展》。钱君匋很高兴。此时的朱屺瞻早已今非昔比了。1981 年，朱屺瞻在北京举办了一次“九十画展”——这是继齐白石、黄宾虹之后，中国举办的第三个“九十画展”。

“九十画展”在社会上引起了轰动。李苦禅看完画展，盛赞朱屺瞻的画是“真正的中国画”，李可染对朱屺瞻的评价是“老笔纷披，墨沉淋漓”，有的圈外人竟以为他是突然冒出来的幸运的新星哩！

对于老朋友迟来的“名声大振”，钱君匋当然非常高兴。他祝贺老朋友的“幸运”，不遗余力地宣扬朱屺瞻的人品和画技。朱屺瞻的几次画展,他都参加了。这次广东省博物馆举办"朱屺瞻画展",他也热情地张罗着。也许是过于劳累吧,他从广州坐火车回上海时,感到头昏脑涨,疲乏无力。回到家里,头越发沉重了,脸色煞白,呼吸也急促起来……家里人赶快要了小汽车,当天夜里,将他送到了卢湾医院。医院很重视,请了几个著名大夫进行会诊。根据钱君匋的病情:高热,寒战,胸痛,气急,咳嗽以及咳出的痰带有铁锈颜色,确诊为大叶性肺炎。

大夫对症下药,病情很快缓解了。但是,一波未平一波又起,虽然大叶性肺炎有所缓解,但由于高热和寒战,引发了钱君匋另一种毛病:风湿性心脏病。于是,大夫又一次进行了及时和有效的抢救。

钱君匋在卢湾医院住了三个月。出院后,身体仍疲软,他毕竟是快80岁的人了……

不过,他的心里还是很平和的。他还想着他的书法和绘画。他的一首五绝诗,就是反映这次病后的心情的:

鸟语空山静,
傲霜菊吐英。
病余闲点笔,
野竹自纵横。

1983年6月1日,好几年没有见面的远房堂弟钱镜塘前来拜访了。当年,钱君匋去上海艺术师范读书时,钱镜塘在硖石的一家丝行当学徒。因为对书画情有独钟,他练就了一双鉴别古代书画真伪的慧眼。不久,他迁居上海,成了上海最著名的收藏书画的大家。共同的经历,共同的命运,共同的爱好,两个人是有共同的语言的。除了家长里短,他们谈论的一个主要话题,就是落实政策和退还的抄家物资问题。钱镜塘叙述了他们家由此而引发的"家庭战争”……

“我还没有死，儿子和女儿为了财产就闹得不可开交，万一我要有个三长两短……”

钱镜塘的叹息声，重重地砸在钱君匋的心上。是呀，为了争夺遗产而打得不可开交的，可不止钱镜塘一家啊！钱君匋的心头突然一颤：自己这份来之不易的家业，会不会步钱镜塘的后尘？

钱镜塘来访后的第三天——1983 年 6 月 3 日下午，钱镜塘的长孙来到了钱君匋的家，报告了钱镜塘于头天下午因脑溢血突发而长逝的噩耗。据钱镜塘的长孙介绍，因为钱镜塘的住房问题始终没有落实政策，钱镜塘想通过律师出面调解。他送给律师一张名贵的任伯年的画。律师收了钱镜塘这张画，却没有帮他解决问题。钱镜塘非常生气，脸涨得红红的，一出律师家的门便昏倒了。路边的好心人，立刻把他送进不远处的医院，当天晚上就去世了。

钱镜塘的溘然长逝，给钱君匋以极大的刺激。

如果说，从广州回来，由于大叶性肺炎和突发的心脏病是对他的第一个警告的话，那么，钱镜塘的溘然长逝，便是对他的第二个警告了！他意识到，自己已经快走到了人生的尽头。他已经不能不考虑自己的“后事”了！

他的“后事”的主要内容，就是要处理好他一生的心血——几千件文物将流向何方？

“文化大革命”结束后，他认真地总结和回顾了他的大半生。他的大半生是艺术赋予的。他之所以能成为艺术家，是和他的朋友们的帮助与支持分不开的。他忘不了钱作民、徐菊庵、孙增禄；他忘不了丰子恺、章锡琛、陶元庆；他忘不了吴昌硕、李叔同、鲁迅、于右任……几十年来，他历尽磨难，只有艺术——书法、绘画和篆刻，才是“熨平”他心灵创伤的灵丹妙药。艺术是属于人民的，他应该把艺术还给人民，让艺术继续为社会、为人民作出贡献。这是最好的选择，也是最难的选择。这种选择首先要得到家里人的赞成。钱君匋召开了家庭会议,征求老伴陈学鞶和三个儿子的意见。妻子和三个儿子的意见是一致的:他们同意钱君匋的想法,把珍贵的文物捐献给国家。其次,他们向国家捐献文物,不是无条件的。钱君匋家里共收藏了4000多件珍贵文物。他们的条件就是要给这4000多件文物找一个安置它们的"家"。人过留名,雁过留声。他不能做钱镜塘那样的"冤大头",个人的文物不能仅仅从私人的仓库里搬迁到公家的仓库里。文物,就应该发挥文物应有的作用。

鉴于这样的"条件",钱君匋开始物色文物的接收单位。最理想的地方当然是上海。他通过一个朋友向上海市的有关部门转达了他捐献文物的意向。有关部门当然非常高兴。但是,在谈到为文物安置一个"家"时,有关部门表示"为难"了。因为在上海,名声和地位在钱君匋以上者,人数不少。如果给钱君匋的文物安了"家",别人提出同样要求的,他们怎么办?这不是给自己找了个难题吗?钱君匋理解他们的难处。钱君匋把目光转向了杭州。杭州方面当然也非常高兴。但在谈判为文物安"家"时,杭州方面也表示了同样的"为难"。

就在这个时候,钱君匋又一次病倒了。这次是因为腿部的"痛风"引起的。幸亏医院花了大力气进行抢救,钱君匋才又一次转危为安。

痛风病的发作,使钱君匋感到了时间的紧迫。年岁不饶人啊!他已经没有太多的时间了。就在医院治病期间,他的学生计安康去看望他。钱君匋知道,计安康在桐乡县政府工作,便托他带信给桐乡县领导,郑重表示:他愿意把毕生收藏的珍贵文物全部捐献给国家……

桐乡县的领导在接到钱君匋的信件后十分重视。这是一个很有政治眼光,也很有文化底蕴的领导班子。第一,他们看到了这批文物的价值。他们曾派专门小组在钱君匋的家里考察了20多天,摸清了钱君匋收藏文物的底数。数量之多,质量之精,实在出乎他们的意料。第二,桐乡县是文化之邦。吴越文化的熏陶,使这块土地培育了像茅盾(沈雁冰)、丰子恺、金仲华、严独鹤、钱君匋等很多文化名人。也许,由于他们对文化建设的重视,在这块土地上还将出现新的茅盾,新的丰子恺、钱君匋。他们似乎隐隐感到了县北面乌镇的“茅盾故居”,西面石门镇丰子恺的“缘缘堂”和即将设在梧桐镇的“君匋艺术院”,将成为浙江省,乃至全中国独一无二的文化景观。第三,这个新的文化景观,将提高桐乡县的知名度,将推动桐乡县的精神文明建设,将推动桐乡的改革开放和经济建设,将为未来的“招商引资”带来巨大政治和经济效益……

基于上述想法,在桐乡县县长办公会议和后来的县委常委会议上,县委领导班子一致同意,接受钱君匋的捐赠,并在财政比较困难的条件下,拨120万元的巨资来建造“君匋艺术院”。

1985年5月,桐乡县副县长朱国勤、方艾,县政府办主任魏棣华,县文化局副局长鲍复兴等一行4人,到上海钱君匋的家中拜访,转达了县委县政府接受钱君匋捐赠的决定,对钱君匋的无私奉献精神表示了崇高的敬意。钱君匋很激动。他请家乡来的客人参观了他收藏的部分文物,如徐渭的巨幅《梅花芭蕉图》,陈洪绶的《三高图》,蓝瑛的《秋山流水图》,华喦《新罗山人》册页12套,金冬心的《梅花册》,任伯年的《公鸡图》,以及赵之谦、黄牧甫、吴昌硕的几百方珍贵印章。

1985年6月10日,钱君匋和陈学鞶,带着小儿子钱茂绪夫妇,在桐乡与桐乡县人民政府举行了“钱君匋先生向家乡捐献文物,桐乡县人民政府建造君匋艺术院协议书的签字仪式”。钱君匋和方士荣县长在协议文本上签上了具有历史意义的名字。

紧接着,便是建设“君匋艺术院”的三步曲了。第一步是选址。钱君匋是在县政府初选出来的几块地皮中,选定了庆丰桥堍——南边和西边都有九曲港小河环绕的那块桑地,作为君匋艺术院的院址。第二步,请同济大学园林建筑研究院的丁文魁教授,根据钱君匋的“既要有中国传统，又要有西方现代艺术”的建筑设计思想，设计了十几种建筑方案。然后，在这十几种方案中，确定了一个“建筑在绿化中，庭院在建筑中”的最佳方案。第三步，奠基和建造。1985 年 11 月 10 日，君匋艺术院举行了隆重的奠基礼。浙江省、杭州市、嘉兴和桐乡县的有关领导人以及上海、杭州的陆俨少、邵洛羊、吴青霞等著名书画家 100 余人参加了奠基仪式。

随后，根据设计方案，经过桐乡第一建筑工程公司一年半的精心施工，这个占地半公顷建筑面积达 1330 平米的君匋艺术院竣工了。

建成后的君匋艺术院，是一组高低错落、主宾有序、回廊曲水、绿茵庭院，既有现代化的气派，又有中国园林神韵的建筑。庭院里的大草坪一片翠绿，大门口有中顾委常委李一氓和艺术大师刘海粟分别书写的“君匋艺术院”五个大字。典雅的两层白色主楼，设展览厅、讲堂、办公室，后楼做库房，主楼前还有一泓碧波；主楼的东南角有一套风车式平面布置的“浮碧小屋”，明亮的造型别致的玻璃顶棚下，有一个 60 多平米宽敞的客厅，东南西北有四套精致而功能齐全的名为“诗书画印”的套房。整套建筑给人一种“明快而不单调，简洁而不粗糙”的艺术美。

四套精致的套房，由钱君匋和柯文辉各拟一联，由钱君匋亲笔书写。

吟心斋（诗）
梦如晨雾追风去，
诗似春江劈峡来。

墨弦馆（书）
笔底龙蛇舞，
墨池风雨歌。

蒙养居(画)

淡从朠出,

朴自华生。

霜枫榭(印)

石韵溅星白,

心花映日红。

……

1987年11月10日,经过两年的努力,君匋艺术院迎来了落成开院的大喜日子。来自北京、上海、杭州、江苏、安徽、香港等地的书画艺术家、社会名流和各级领导300余人参加了这一盛典。

国家文物局的代表,向钱君匋颁发了奖状:

> 钱君匋先生将毕生收藏书画印章等文物4083件捐献给国家。先生热心保护祖国文物,弘扬中华文化的精神,殊堪嘉佩。特发此状,以资颂扬。
>
> 国家文物事业管理局
>
> 1987年10月16日

在钱君匋捐献的4083件珍贵文物中,有历代沈周(石田)的《桃实图》,文征明的长卷《窗前鸣佩》,徐渭(文长)的巨幅《梅花芭蕉图》,陈洪绶(老莲)的《三高图》,蓝瑛的《秋山流水图》,张宏的《山水图》,龚贤的《水墨山水》,华喦《新罗山人》册页12套,金农(冬心)的《梅花册》,李方膺的《水墨花卉册》,赵之谦的四条花卉屏,郑燮(板桥)的《墨竹图》,任伯年的《公鸡图》,吴昌硕的《缶庐诗翰》(信札34封诗笺68件),以及200多方印章,于右任的墨宝约100件,朱屺瞻的绘画170多件,丰子恺的124件书画作品,赵之谦的105方印章,黄牧甫的156方印章,此外,还有潘天涛、刘海粟、张大千、徐悲鸿、齐白石、吴湖帆等人的绘画精品，以及钱君匋自己创作的“四绝”——几百幅精美的各个年代的封面设计图，篆刻书法和绘画作品600多件。

在隆重的庆贺大典上，已经81岁的钱君匋说了一段肺腑之言：

> ……我是一个很平凡的人，有一点微小的成就，全应归功于民族文化的熏陶、师长前辈的教诲……没有他们的指点，我会是个与艺术无缘的人，一生将过得更加平庸。我忘不了钱作民、徐菊庵、孙增禄，我忘不了丰子恺、章锡琛、陶元庆，我忘不了吴昌硕、李叔同、鲁迅、于右任……我今天所有的一切，和他们的教导帮助和支持是分不开的。当然，用不着妄自菲薄，我也勤奋地耕耘过。我把我的这一切还给艺术。因为生命是有限的，而艺术则是无限的。第二个母亲——艺术哺育了我。我有义务，为艺术的发展尽一点人子的微力，完全应该的，根本不值得赞扬。任何称颂，只会使我汗流浃背。
>
> ……

钱君匋最后说：

> 我希望开门办院。在我的青少年时代，为了看一张画，一条字，曾经背着书包，在有书画的人家，徘徊了好多趟，受过欢迎，也受过白眼。我欢迎专家和读者来艺术院研究和观赏这批文物。就是说，不要把艺术院办成一只保险箱。保管很重要，但不是目的。重视前人是为了造就后人。造就人才，才是办院的真正目的。

钱君匋的无私捐赠，为他历尽坎坷的人生，画上了一个圆满的句号。

原载《人物》2001 年第 2 期

存　目

著　作

钱君匋　《钱君匋书籍装帧艺术选》

人民美术出版社 1963 年

钱君匋　《书衣集》

山西人民出版社 1986 年

钱君匋　《钱君匋装帧艺术》

香港商务印书馆 1992 年

邵洛羊　《钱君匋的艺术世界》

上海书店 1992 年

吴光华　《钱君匋传》

北京美术摄影出版社 2001 年

论　文

钱君匋　《保持鲜明的民族特色(装帧琐谈)》

1979 年 3 月 21 日《人民日报》

钱君匋　《略谈万叶书店》

《出版史料》1986 年第 6 期

顾家干　《钱君匋的艺术成就》

1982 年 11 月 4 日《文学报》

方　明　《像鲁迅那样关心年轻人——记钱君匋先生》

《老人》1983 年第 2 集

沈　西　《钱君匋与万叶书店》

《上海新闻出版》1991 年 1、2 期

谢德铣　《怀念钱君匋先生》

《今古谈》1998 年第 4 期

金仲华

金仲华(1907～1968),浙江桐乡人。早年求学于浙江之江大学。青年时期曾主编过《妇女杂志》、《中学生》。1934年,《世界知识》创刊后曾任主编。1935年任生活书店编辑部主任。同年与邹韬奋等创办《大众生活》周刊。1936年任《永生》杂志主编。同年赴香港任《生活日报》编辑。8月,回上海,参加编辑《生活星期刊》。抗日战争爆发后,加入"保卫中国同盟",先后在上海、武汉等地,协助邹韬奋编辑《抗战》三日刊和《全民抗战》三日刊。1938年秋赴香港,主编《星岛日报》,并担任国际新闻社的领导工作。新中国成立后,历任《新闻日报》、《文汇报》社长、《中国建设》杂志主编等职。他还担任上海市副市长,中华全国新闻工作者协会副主席兼上海分会主席、上海国际研究所所长等职。

金仲华长期从事新闻出版工作,也是一位研究国际问题的专家。他撰写的许多国际评论文章,判断问题准确、分析透彻、文笔犀利,在读者中有广泛影响。

回忆金仲华在香港苦斗的年月

金立勤

我的父亲金仲华是从事新闻工作的,他对香港情有独钟,主要因为他30~40年代是在香港办报,从事他最热爱的事业,藉此实现他爱国、报国的愿望。

新中国成立后,他担任上海市副市长,但仍念念不忘重操旧业。1962年他给在香港出版已满14周年的《文汇报》寄去祝贺的文章中写道:"在香港办报,对我来说是有着许多很有意味的回忆的。从抗战前夕起,二十多年间,我曾经三次在港和新闻事业发生关系。时间有长有短,长的二三年,短的仅二三个月,但总是留下了深刻的印象。"

父亲第一次去港是1936年,尚未到而立之年,这是有生以来第一次离开自己的家乡——长江三角洲,与生活书店的胡愈之、柳湜和《立报》的恽逸群,一同去香港,协助兄长般的好友邹韬奋办《生活日报》。这报馆坐落在香港像弄堂一样的利源东街沿街的一幢三层楼房里,这里挤着报社的编辑部、营业部、排字房。每日清晨,父亲站在这鸽子笼般的阁楼上,看到报童热心叫卖和读者争相购买的情景,他深为感动。当时的香港人口不到50万,街面上一直是静悄悄的,想不到这小小的一张报纸,就把许许多多人的抗日救国热忱鼓舞起来了!这次办报的时间虽短,却是一次成功的探索。报纸热烈地宣传了党倡导的抗日民族统一战线,掀起了全国救亡运动的高潮。父亲在很多年后回忆这段往事,还是兴味盎然的。

给我印象最深的是父亲第二次去香港,这是1938年8月至1942年1月,整整三年多。当时国内战局极度猛烈,日本侵略军吞并了华北与华中，华南也受到威胁；爱国文化人士纷纷南来，与香港民众共同点燃了抗战救国烈焰。父亲带着《世界知识》编辑部两位成员抵达香港，坚持在港出版；继而经廖承志同志推荐，父亲担任《星岛日报》的总编辑；父亲还参加了宋庆龄领导的保卫中国同盟，担任执委会委员，负责华语通讯。此外父亲与在港的著名文化新闻界人士一起筹建中国青年新闻记者学会香港分会……我是父亲的大女儿，当时正好要进小学念一年级，父亲就把我从上海接到了香港。由于年幼，记忆还是朦朦胧胧的，只记得父亲非常忙，终日工作。每日清晨我去上学前都是蹑手蹑脚的，因为父亲刚睡下，报馆的工作要值夜班，签大样，到印出第一份报纸才回家休息。整个上午家里拉上厚厚的窗帘，谁接电话也轻声轻气的，想让父亲多睡一会儿。父亲下午又开始工作，只有我放学回来的晚饭前，才能和他在一起。我为他唱歌，他同我一起滚皮球……我们最最欢乐的时刻，就是家里来了父亲的朋友们。

当时我家住在湾仔峡道一套宽敞的房子里，每隔十天半月，父亲的朋友们总要来家聚会一次，有时是《世界知识》的乔冠华、郑森禹、胡仲持、张明养等，有时是《星岛日报》的邵宗汉、羊枣、郁风、张光宇、糜文焕，还有文艺界的夏衍和金山、王莹、叶浅予、戴爱莲等。我记得最清楚的是1941年3月，邹韬奋伯伯从重庆脱险来港后，家里的聚会更频繁、更活跃了。在这种具有欢乐氛围的聚会中，他们交换对时局的分析，讨论创办《华商报》和《大众生活》的复刊问题，更多的是共同分担报、刊的约稿。那时我们家客厅里高朋满座，谈笑风生。到傍晚，家宴就开始了。叔叔伯伯们都爱吃我祖母做的桐乡口味菜肴，有梅干菜烧肉、芙蓉蒸蛋、烩发菜，还有嵌宝鸭——把香菇、白果、火腿、虾米混合的糯米饭，塞进鸭肚里。众人品尝夸赞，父亲往往引以为荣。

这类聚会就是邹伯伯戏称的“马戏班”的约稿会。父亲的朋友们都是写稿的专家里手，像马戏班的演员们一样各怀绝招。聚会时他们先谈形势和宣传任务,然后定出各人所写的文章题目;会上指定交稿日期,到时保证完成。这种聚会焕发着战友间亲密无间的氛围,是他们肩负神圣使命的坚定信心和乐观精神的反映。他们在一起,像同心合力拉纤的纤夫们,迎着风浪,吼吼叫叫地迈过了险滩。

由宋庆龄担任主席的“保卫中国大同盟”的活动,在香港是家喻户晓的。父亲与邹伯伯一起负责《保卫中国同盟新闻通讯》中文版的编辑工作,协助宋庆龄宣传中国的抗战,争取外援,以药品和其他物资支援中国共产党领导的敌后广大游击区。父亲还积极参加了宋庆龄在香港开展的一项统一战线工作即“保盟”组织的“嘉年华会”,这是轰动香港的一次盛会。那是1941年11月,连着几个晚上,父亲带着我去海军球场参加嘉年华会。球场里灯火辉煌,人山人海,有各种制品的展卖,有各类演出和游艺。让我最感兴趣的是游乐设施:旋转木马、大风车、旋形转椅等等。多少年后,我看到宋庆龄基金研究会的材料,才了解这是“保盟”为支持抗战的一种筹款方式,与宋庆龄提出的“一碗饭运动”和各种义演一样,都是“保盟”的筹款活动。它们都激起了香港同胞极大的爱国热情。这些活动还通过香港得到世界各国的支援和捐助,有力地支持了中国人民的抗日战争。内地和香港同仇敌忾,心心相印,父亲的激动心情往往都融在《保盟新闻通讯》中。

父亲第三次赴港已是7年后的1948年底。当时解放全国的战斗取得节节胜利,父亲在上海得到党组织的通知,国民党黑名单上已有“金仲华”的名字。他匆匆到了香港。在那里除了主编国际新闻社出版的对外宣传刊物《远东通讯》外,还为《新生晚报》和《文汇报》撰稿。不久当地党组织安排他北上。父亲这次在港接触的全是文化界老朋友,全国解放在即,大家心情像久旱逢雨,期待而充满信心。父亲整天忙碌,却非常愉快。我不能忘记,父亲带着我,正是从香港来到新中国的北京的。

父亲三次赴港，我在后两次都随他同去，但那时自己年龄太小，记事不多。父亲在“文化大革命”中被迫害致死，于1978年平反昭雪。父亲的音容萦绕在我心间，我多么渴望更多地了解我的父亲。于是在40多年后，我又去了香港，我的目的全在追踪，很想知道父亲这样一位老报人能给香港留下什么痕迹呢？所幸当年的报纸在香港图书馆里已制作成缩微胶片，保存完好。于是我一头扎进香港文化中心旁的图书馆里，天天都去，虽然滞港时间有限，但我的收获很丰。令我激动不已的是能收集到父亲在港3年所写的大量文章。当年由于时局瞬息变化，《星岛日报》每天都要刊登一篇社论；父亲作为总编辑，进报馆后从1938年9月1日开始，隔一天写一篇社论，有时甚至天天写，直至1941年5月底辞职离馆为止。与此同时，他还为《世界知识》、《大众生活》、《时代批评》、《国讯》等杂志写文章。离开《星岛日报》后，父亲又在《华商报》发表系列国际问题专题《战争中的世界》和《战时新闻读法》系列。

以上文章大多是评论抗日战争和第二次世界大战战局、世界各方变化与国际斗争的内幕的。粗略统计，他3年里写了近700篇文章。这700篇文章还是父亲在参与各种社会活动的间隙时间写的。写文章一直是他倾心投入的事业。正如父亲在《星岛日报》1939年8月1日社论《在新闻战线上一年》中所写的：“这过去的一年，在中国新闻事业上正是最多变迁而也是最呈现光芒的一个阶段。我们欣幸能在这伟大的期间担起新闻工作的任务。”他继续写道：“有位新闻记者曾经说过这样的话：‘纸弹亦能摧敌。’这句话最能显示新闻事业在抗战中所表现的重要作用。”不难想像：父亲这样奋笔疾书，就是要用笔作刀枪，参加抗日救国的战斗。

我这次去港了解了父亲在主持《星岛日报》后期，与国民党势力斗争的始末。从1941年3月开始，《星岛日报》就遭到了国民党在港主办的《国民日报》的攻击。《星岛日报》奋起反击。双方笔战，连续了两个月。《星岛日报》始终坚持抗战、团结与进步的立场，争取读者，对《国民日报》的揭露不遗余力。以后因国民党对《星岛日报》的出资人胡文虎施加压力，金仲华等编辑部主要负责人不得已辞职，撤出报社。5 月 30 日，我父亲与邵宗汉、羊枣、郁风联合发表了《告别读者》的启事。

父亲为人谦和，他对办了 3 年的报纸——从筹备一个月就开办，到日销达 10 万份的《星岛日报》，是倾注了自己心血，深有感情的，如果不是原则分歧，他决不会毅然离开。

最近，我收到哥哥立诚从香港寄来的一本书《历史·话旧·怀念》，是香港中国新闻学院的纪念文集。这个学院是 1938 年至 1941 年间由香港青年记者学会主办的，曾造就了一批批新闻专业人才。现在这些学员大多年逾古稀，他们以崇敬的心情在文集中这样写道："学院院务，实际上由副院长金仲华同志主持……尽管仲华同志已经作了古人，然而他的风范和事业是永存的，中国新闻学院的师生永远忘不了他。"

我还听说，今天香港学者正编写香港社会文化史，也正寻觅当年文化人南下的踪迹。在三四十年代，包括我父亲在内的这批文化人，南下香港，以排山倒海之势掀起了文化高潮，是中国抗战文化的直接延伸，开创了香港文化的崭新篇章。香港人民深情地怀念着抗战时期在港艰辛耕耘的文化开拓者，包括我父亲那样的爱国知识分子。

原载《群言》1997 年第 11 期

金仲华的编辑生涯

金立勤

1997 年是商务印书馆的 100 周年纪念，我的父亲金仲华是在

20年代末应聘进入商务印书馆的。这是父亲的第一个工作单位，从这里他跨入了社会的大门，开始接触编辑工作，认识了一批志同道合的学者、编辑出版家，接受了进步、爱国的思想，并终身为之奋斗。父亲被“四人帮”迫害致死已有29个年头了，如果他还在世，肯定会对商务印书馆的百年纪念满怀深情，有许多话要讲。

1928年，父亲从浙江著名的之江大学——现为浙江大学毕业后，回到老家浙江桐乡待业时，每天翻阅上海报纸上的招聘广告，看到了商务印书馆公开招聘工作人员，而进入该馆的编译所。开头担任《妇女杂志》的助理编辑，两年后接任杂志的主编，不久又在《东方杂志》和《申报年鉴》担任编辑。1934年，在著名文化人士胡愈之、钱俊瑞、张仲实等创意下，一份专门分析、引导读者从世界形势发展的角度来审视国内局势的刊物《世界知识》创刊了。父亲从开始就参与策划，到积极撰稿，到主编这个杂志，从此就和国际问题研究结下了不解之缘。

抗日战争时期，他带着《世界知识》的工作人员，从沦陷后的上海到武汉，又从武汉迁到广州，后转至香港得遇机会注册出版，才立住了脚。抗战胜利后又回到上海，直至解放后《世界知识》迁址北京为止，他一直是该社的负责人。在港期间，他还经廖承志推荐，担任《星岛日报》的主编，在将近3年时间里，他把这份日报办成了向海外宣传抗战的强大阵地。与此同时，他又协助宋庆龄办《保卫中国同盟通讯》。1942年至1945年，日本侵占香港，他脱险回到桂林，打算继续出版《世界知识》，却因国民党当局拒绝发给登记证，刊物中断了几年，他就在《半月文萃》、《中学生》、《文化杂志》、《建设研究》等刊物上登载大量有关国际问题的评论文章，这可以说是《世界知识》的延续。他对国际问题不仅有兴趣，有研究，而且认为是一种责任，有一种使命感。他常说：“写国际问题文章，就是分析国际局势的发展动向，来帮助读者对变动中的世界加强认识。”他还说：“认识世界，人们能从动乱中看出规律，在黑暗中望到光明，抱着正确的世界观，向着人民的新世界奋勇前进。”

父亲为办这些刊物、报纸，付出了大量心血，尤其是《世界知识》，在他任职期间，从组稿、排版，到封面、插图的设计他都是亲自安排，而且每一期几乎都有他写的文章。他写文章力求材料翔实，说理透彻，深入浅出，通俗易懂。他非常重视资料的收集，不但天天听广播，还把每天报纸上有用的材料剪下来，贴成册，分门别类归档，归入他个人的“资料室”。他曾经工作过的香港、桂林、重庆、上海，都建立过自己的“资料室”。我记得他最后在上海复兴西路的寓所书房里放着两个深棕色的大立柜，每个立柜有 4 个大抽屉，里面的资料分别装在牛皮纸的大袋子里，查阅时很方便。他另在顶层壁柜和小房间里，还堆满了成捆的报纸和书刊。我在 60 年代的报纸上曾见到一篇文章中提及，当时图书馆积存解放前的报纸，还没有金仲华收藏的多。父亲对于新闻资料的发觉十分敏感，并随时随地都要认真地收集起来，这已成为他的职业习惯，故有人称他为“国际问题的活字典”。

正因为占有的材料详尽扎实，所以他的文章论据确凿，分析透彻，说服力强。早在 1939 年德、意、英、法签订“慕尼黑协定”，希特勒鼓吹与英法“百年偕好”，英法则认为协定换来欧洲和平之际，父亲在文章中分析了法西斯侵略者的野心，更揭露日本在远东加紧侵略，进攻我国华南，是为了牵制英法在欧洲的行动等迹象。他尖锐指出，“慕尼黑协定”是个骗局。

从 1939 年到 1941 年，第二次世界大战的战火不断蔓延，人们无不关心西线战局之时，他主编的《世界知识》开辟了“瞭望台”专栏，而他自己分析、评论的文章，也真的起到了西线战局瞭望台的作用。对一些国际重大事件和战局，他的见解和论断是颇有预见性的。前不久我听到父亲的朋友们谈起一个例子，那是 1945 年春，父亲和乔冠华叔叔讨论纳粹德国首都柏林何时可以攻克时，父亲根据丰富的资料和分析研究，推测盟军攻克柏林的时间不会迟于5月。他的预测果然兑现,盟军在5月2日攻克了柏林。

父亲写文章办刊物形成的一个特色是,力求通俗、大众化。因为他认为,首要的任务是唤起广大民众,帮助提高广大读者对于国际问题的认识。他办刊物的方针是图文并茂,生动活泼,连他自己的文章也往往是把时事评述和地图联系起来,故他成为我国政治时事地图的创始人。早在1935年,他在上海邹韬奋主编的《大众生活》半月刊上,就每期连载题为"图画的世界"一栏,副题是"时事在地图上"。这是由父亲设计、沈振黄绘图的一张16开折叠于刊物中的世界地图,上面有6幅圈起来的时事漫画,表明世界上正发生的时事热点,用粗箭头指向地图上时事发生的国家,地图下是他写的简要说明。第二年,他在《永生》杂志上设计了"非常时期的时事图解"栏目;还在《世界知识》上编排了连环卡通性质的国际时事漫画。以上都是用绘画、图解来丰富刊物的内容形式。

1945年,他在《世界知识》上,每期发表另一种形式的文章,即以时事对话的形式,设计了3个人物客甲、客乙和美记者,题目为《人物与外交》,"引子"是:"在南京玄武湖上,月明如画,许多游艇顺着微风慢慢飘荡着,客甲、客乙和同车到京的美记者,又聚会在一起游湖纳凉。3人谈论时局,话题从美国新任司徒雷登为驻华大使开始,引到一般外交问题。"这一篇几千字的文章,把新发生的时事问题,以对话的形式,简明地告诉读者,醒目、易懂,可读性强。这种风格很受读者欢迎,给刊物增色不少,因此他所办过的报刊的销售量,总是直线上升的,但他并不满足,总研究如何办得更好,使读者喜闻乐见。

父亲从进入商务印书馆始,结识了一些同仁、好友,后来到生活书店、开明书店办《世界知识》,在香港编《星岛日报》并协助宋庆龄办《保卫中国同盟通讯》,再后地下党派他进美国新闻处工作,直到解放后,他和同事们的友谊始终不变。刚进入商务印书馆任《妇女杂志》助理编辑不久,叶圣陶先生接任主编,叶老说和我父亲“一见如故，协作得很好”。1933 年，叶老介绍父亲进入开明书店，协助编辑《中学生》杂志，父亲在刊物中开辟《国际政治讲话》专栏。《中学生》杂志由叶老带至大后方桂林出版，父亲仍在《中学生》上发表文章，几乎每期两篇：一是卷头言，勉励中学生的简短小品文，用的笔名是孟如；另一篇是国际问题文章，除分析和展望第二次世界大战战局外，还介绍变动中的世界等一系列文章，如《高加索——石油之国》、《北太平洋——美苏战略的会合点》等，每篇都附有金端苓绘制的地图，很具知识性。这阶段和叶老交往更为密切。新中国建立后，父亲和叶老虽在南北两地工作，但友谊长存。父亲被“四人帮”迫害致死后，在纪念逝世 15 周年时，叶老写了《追念金仲华兄》一文，登在《人民日报》上，文中有绝句 4 首，第 2 首的下联是：“长忆高楼联席日，衡文校稿共铅丹。”叶老解释：“高楼是指东方图书馆的第 4 层楼，商务印书馆的《妇女杂志》就在那里。”叶老说和我父亲共事，“情谊宛如亲弟兄”。

父亲的另一位好友是胡愈之。当时胡愈老在商务印书馆任《东方杂志》主编，我父亲负责其中《妇女与家庭》栏目，但他们的友谊是从一同筹编《世界知识》开始，志同道合，亲密无间。解放后，他们虽不在一个城市工作，却多次同赴国外参加有关保卫世界和平的国际会议。父亲多次对我说，胡愈老是他最尊敬的、最亲密的朋友。1968 年，父亲含冤去世，消息被封锁。“四人帮”倒台后，胡愈老很不容易地找到了我，问明了情况，极力支持我上书中央，要求平反。父亲还有一位好友邹韬奋，是他 1935 年进入生活书店后认识的。那时，邹伯伯刚从海外回国，他的爱国热情和进步思想激励了我父亲，他们共同编《大众生活》、《生活日报》、《抗战三日刊》，从此携手并进，直到 1942 年香港沦陷，邹伯伯一家还从九龙来香港我们家里住了几天。邹伯伯于 1944 年不幸病故，父亲为失去了最亲密的兄长表率十分悲痛。60 年代，父亲在上海筹划拍摄电影《邹韬奋》，受到阻挠，张春桥阴阳怪气地说：“邹韬奋还要纪念吗?”父亲可能到去世也不理解这是为什么?! 父亲的这3位朋友,实际上都比他大10多岁;父亲刚踏入社会,就遇到这些知识渊博的良师益友,受到的引导和启迪,是他永远不能忘记的。

父亲在建国后,担任了上海市副市长,但他总关心着新闻出版事业,他常常自称是“新闻界的一员”。他多次和他的好友刘思慕谈:“希望有朝一日能‘归队’,重理旧业,集中精力在新闻出版和国际问题研究方面为党多做些工作。”

原载《新文化史料》1998年第3期

怀念金仲华

——《中国建设》的创始人之一

宋庆龄

在审判林彪、江青反革命集团十名主犯期间,我正在从事写作。我们耳闻目睹了法庭上出示的一桩桩铁证。那些无可争辩的事实和详尽的材料,证实了这一伙罪魁祸首是如何把我们的国家和事业推到了毁灭的边缘。在审判过程中,我们还了解到他们是如何诬陷、迫害一些最优秀的革命家和一大批好同志的。起诉书上列举的受害者姓名如此之多,以致一个外国作家称之为“姓名之林”。其实,岂止如此,这简直是血和泪的海洋。几乎每个中国人都因其中的一些名字回忆起他们的音容笑貌而悲痛万分。

在《中国建设》这本杂志上,我想仅就其中的一个受害者说几句话。这就是我们杂志社的第一任社长金仲华。他是我一直非常尊敬的人。在过去的爱国和进步事业中,他不遗余力地帮助了我和我的同志们。

“上海文化界救国会”是号召人民抗击日本帝国主义侵略，争取国内民主的一个组织。金仲华是这个组织的杰出成员之一。他还是一个不屈不挠的作家、编辑和社会活动家。1937 年抗战爆发之前，他领导着几个刊物。这些刊物揭露和批判了蒋介石政权所散布的投降主义和悲观主义论调及其对人民的恐怖统治，从而使许多爱国志士从中受到鼓舞。他对我们民族和人民大众事业的忠诚，从来没有动摇过。他在当时的《生活周刊》及其后身《永生》、《大众生活》和《世界知识》这几个刊物中，起了主导作用。他帮助启发了青年一代，使他们肩负起重任，为中国的前途和反对世界法西斯而斗争。

从 1939 年到 1941 年，他主编《星岛日报》，这是香港一家主要报纸。那时，我们“保卫中国同盟”总部临时设在香港。这是一个国际性组织。它帮助并宣传中国的反侵略战争，以药品和其他物资援助抗战的先锋队——中国共产党领导的人民军队和解放区。这些物资当时受到国民党反动派的严密封锁。金仲华是这个组织的执委会成员，负责华语通讯。他为此而呕心沥血，他在那时及其以后，曾为中国人民的解放事业争取到同情和支持，其中包括许多外国朋友的赞助。他精通英语。他的热忱、乐观以及充分的说服力，都能用英语表达出来。

在 1945 年至 1949 年的解放战争期间，金仲华曾在环境极其恶劣的上海工作。周恩来常常亲自关心他，对他的工作表示赞赏，并写信勉励他。在那艰险的岁月里，他不断帮助我们“中国福利基金会”（“保卫中国同盟”的后继组织，现在出版《中国建设》杂志的“中国福利会”的前身）。

解放以后，金仲华作为优秀的、经得起考验的进步知识分子被任命为上海市副市长，兼任《新闻日报》社长、总主笔。在新中国民间的国际交往中，他常被选为代表派往国外。《中国建设》杂志筹建之初，他就十分关心这一工作，1952 年担任杂志社的第一任社长。

1966年,也就是当十年动乱开始的时候,我们“中国福利会”在上海的工作实际上处于停顿状态:《儿童时代》杂志不再出版了,我也接不到一份中国福利会下属的国际和平妇幼保健院、儿童艺术剧院和其他单位的报告。这些单位的领导,当时正处于不断增长的压力之下或受到了攻击。我于是请当时任副市长的金仲华帮助。他像以往一样认真负责,走访了这些单位,鼓励他们继续工作。

后来,当我回到上海的时候,有人告诉我说,金仲华本人也遭到了“四人帮”及其爪牙的残酷迫害。他们不准他与外面的人接触。我想设法同他见一面,也没成功。在几个月时间里,他们接连不断地对他进行审讯、批斗。他到底犯了什么罪?我没有得到回答。几年以后,我才知道,他一生中所做的好事都被歪曲、颠倒,成了败坏他的名誉的“罪证”。他的所有同志都知道,几十年来,他一直确认中国革命的成功与毛主席的领导是分不开的。但是,他却被指控“反对毛主席”。为了中国的解放事业和建立世界人民的友谊,他曾和许多外国朋友接触过、一起工作过,就因为这,他被诬为“外国间谍”。他与周总理在各个时期的交往,也成了那些“审讯人员”辱骂他的另一个原因——因为他们想打倒周总理。在迫害金仲华的过程中,江青的恶意中伤起了直接作用。她的每一句话都被那些爪牙们奉为圣旨。张春桥也施展了阴险毒辣的伎俩。

金仲华秉性正直,他对世上的一切事物都抱着良好的愿望和乐观的态度。他从未料到会有那样恶毒的诽谤,他无法容忍那样残酷的折磨。“四人帮”在上海的爪牙威胁他,妄图使他承认那些“莫须有”的罪名。1968年4月3日,他在被迫交待“罪行”的时候含恨而死。直到他死后,他们仍不放过,还要继续“审查”他。

金仲华对其年迈母亲的热爱是令人钦敬的。他常常陪着母亲去看戏或听音乐会。他的老母总是像在老家一样朴素,穿戴得像个中国农村妇女。他总是把母亲安排在靠近舞台的前排座位上，他坐在母亲的后面，边看边为老人解说。有一次我看到陈毅元帅——解放上海的领导人和该市第一任市长——从自己的座位上站起来和金老夫人握手、交谈。

这就是金仲华，我们忠实、坚定的同志和同事、国际知名的记者和国际问题评论家、中国第一大城市的副市长。他在解放前曾受到国民党反动派的迫害。他把自己的一生都献给了进步事业。

当他被残害致死的时候，他母亲的痛苦是可想而知的。她比金仲华多活了几年，98 岁时才离开了人世。就在她去世后不久，召开了金仲华的追悼会。我国的高级领导人、一些著名作家和许多干部、群众都参加了追悼会或送了花圈。他的母亲若能见到为她的儿子恢复了名誉以及举行悼念活动，一定会得到极大的安慰。

金仲华只是当时的无数受害者之一。就在《中国建设》杂志社，也还有另外一些人受到了迫害。

我写了上面这些文字，作为对老同志的怀念，目的是使读者对我们所经历的“暴风骤雨”有一个更为深刻的了解。中国人民决心加强社会主义民主和社会主义法制，使这一类悲剧不再重演，安定团结地建设社会主义，为实现四个现代化而努力奋斗。

原载 1981 年 1 月 7 日《人民日报》

怀念金仲华同志

郑森禹

今年 4 月 3 日，是金仲华同志遭受林彪、“四人帮”迫害、含恨逝世 15 周年。回忆三十多年间同仲华同志相处的日子，真是百感交集。

我于1936年间同仲华同志相识。多年来,我与他相交至深,得到他很多的鼓励和教益,他堪称是我的良师益友。

1938年至1941年间,我们一起在香港,有一段时候还同住在一起,几乎朝夕相处,他总是夜以继日地不倦地工作。当时,他在香港进步文化领域中是一位受人尊敬的专家、学者。他主持和领导了不少新闻、文化单位的工作。他曾以很大的精力主编《星岛日报》,兼编《世界知识》。他也是团结新闻界人士的“中国青年记者学会香港分会”和培养年轻新闻工作者的“香港新闻学院”的主要创建人之一,并且是在国内外有很大影响的“国际新闻社”(简称“国新社”)重要领导成员。

《星岛日报》是当时华侨实业家胡文虎在南洋和香港地区办的“星字系”大报之一,仲华同志是在党的支持下于1938年秋起主编这个报纸的。那时香港环境很复杂,报馆内部又是各式各样的人都有,而混迹其间的国民党顽固派派去的人更是多方刁难。但仲华同志依靠党的领导,沉着应付,他团结进步力量,争取中间人士,坚守着这个宣传阵地。直到1941年国民党反动派强迫《星岛日报》改变面目,仲华同志才毅然撤离。可是,在将近三年间,《星岛日报》在仲华同志主持下所起的进步作用和影响,是反动派所磨灭不了的。

仲华同志同《世界知识》的关系特别深。这个刊物是由以胡愈之同志为首,包括金仲华在内的一些同志一起创办的,于1934年9月创刊。后来,仲华同志负责编辑这个刊物的时间最久。抗日战争时期更是患难与共,他把它从上海带到武汉,又从武汉转广州带到香港,于艰苦环境中极力维持出版,在国际问题方面不断介绍进步事物和传播党的观点。在香港的后期以及抗战胜利后和全国解放后,仲华同志虽然忙于其他工作,不再担任《世界知识》的具体编辑事务,但仍然积极出主意、写文章,大力帮助冯宾符、吴景崧、王德鹏等同志继续把这个刊物办好,并建立了专门出版国际问题书刊的“世界知识出版社”。《世界知识》杂志和“世界知识出版社”之所以能够日益成为有权威的国际问题刊物和出版机构，是同仲华曾经倾注许多心血分不开的。

仲华同志精通国际问题，长于写作，他于各个时期根据当时具体形势，在马列主义、毛泽东思想的指引下，写了大量分析世界大事和研究国际问题的文章。他的文风是：立论明确，材料翔实，深入浅出，通俗易懂；不夸夸其谈，不生硬晦涩。他博览中外书报刊物，亲自动手整理资料。在编辑工作方面，他经常参阅中外报刊，吸收它们的长处，改进编排和版面，力求生动活泼。他特别善于运用图文配合或图解的方式，表述国际时事的动态，有其独特的风格。他先后设计、主编的有关国际问题图册，别具一格，曾经得到广泛的好评。在这方面，经过他精心培养，成为绘制国际形势图解的专业人才，像金端苓（他的妹妹）和朱育莲同志那样，现在也还为数不多。

抗日战争胜利后，仲华同志回到上海。解放战争时期，他立场坚定，努力领会和贯彻党的政策，在新闻、文化领域内，在开展统一战线工作中，在团结民主人士和知识分子方面，都做出了贡献。

上海解放后，仲华同志在华东军政委员会工作，后来任上海市副市长，并兼任了不少新闻、文化及国际问题研究单位的领导职务。他又曾任中国保卫世界和平委员会副主席，并经常出国开会和访问。

我曾多次同仲华同志一起，参加有关保卫世界和平与亚非拉团结方面的国际会议。也像在国内一样，他对分配给他的工作，总是兢兢业业，积极完成任务。他在对外接触中，也是平易近人，国际友人乐于同他交往。在遇到斗争场合，他不亢不卑，坚持立场，灵活应付。他正直谦虚，和蔼可亲，善于团结人，包括解放以前和以后，都不仅在国内交游广阔，为开展革命统一战线做了许多工作，在国际上也是如此。可以说，仲华同志既是学者专家，又是社会活动家,也是能干的人民外交家。

我最后一次见到仲华同志是在1966年夏,那时我于参加在北京举行的亚非拉作家会议之后,与其他同志陪同外宾到上海,仲华同志参加了上海方面的接待工作。当时,“文化大革命”已经开始。我们相见的时候,仲华同志仍然像平时一样,胸怀坦然,怎么也不曾意识到后来会有那么多的“莫须有”的罪名加在他头上,怎么也不会想到这竟是我和他最后一次相见!

仲华同志一贯紧跟着党,忠于革命事业。党也很爱护仲华同志,并为周恩来同志和宋庆龄同志所器重和信任。仲华同志本来是一个革命乐观主义者,他身体也一直壮健,他不应那样早逝。可是,正因为他忠于党,忠于革命,才成为“四人帮”一伙迫害的对象。这伙人罗织莫须有的罪名是无所不用其极的。举个难以想像的例子:1954年冬,我和胡愈之、金仲华等同志一起在维也纳,曾游多瑙河,并在河畔合影。仲华同志被迫害时,那几张照片也被抄走了。由于仲华同志在相片背面写上了“摄于蓝色多瑙河畔”几个字,“造反派”竟拿到胡愈之同志那里去查问:这是什么意思?原来,这竟被疑作是“反革命活动”的隐语。这伙超级文盲,既不知道有条流贯欧洲许多国家的大河,也不知道奥地利音乐家施特劳斯的著名乐曲;不知也罢,却偏想从中妄生事端,其荒唐实有甚于“指鹿为马”,真是无知而又无耻到透顶。这说明在十年动乱中,是非黑白是被颠倒到何等程度!

现在,可以告慰于仲华同志者,十一届三中全会以后党中央拨乱反正,被颠倒了的是非已颠倒回来。党的十二大以来,全国各族人民都在为全面开创社会主义现代化建设新局面而团结奋斗。我们国家的政治形势和经济形势越来越好,文化事业也在欣欣向荣,我们伟大的祖国正在焕发出新的青春!

原载1983年4月5日《解放日报》

长相别　长相忆

——怀念金仲华同志

杜　宣

仲华同志逝世已经15周年了。这是个不短的时间，但是他的声音容貌，还经常清晰地出现在我耳际眼前。在与他长别的这15年中，我不断想起几十年来，当世界风云和祖国风云发生变幻的时候，我们多少次飘然而遇又骤然握别的情况。我们每次相遇，总是欢快的，哪怕是在兵马仓皇的流离道上；我们的相别，却从无惜别的情绪，因为我们都是为了同一个伟大目标，分手扬鞭。但是现在我们却生死殊途，无缘重聚了。每念及此，能不戚然！

金仲华同志，浙江省桐乡县人。1907年出生于一个清寒的小学教师家庭。1927年毕业于之江大学。在学校中受到革命思潮影响。自此以后，毕生为中国革命事业奋斗不懈。他是我国著名的国际问题专家，迄今已持续出版了半个世纪的权威杂志《世界知识》就是他同胡愈之同志等创办起来的。他是我国卓越的新闻工作者，历任好几家有影响的报刊、通讯社的社长和总编辑。他又是一位杰出的国际活动家，出席过不少国际会议，为国际反帝统一战线作出了贡献。

我少年时代就知道他的名字。那时我生活在江西省南部的一座小山城里，父亲订了份《东方杂志》，每期寄到后，我都从头到尾一篇篇看。我就是这样在每期《东方杂志》的“妇女与家庭”栏中时常看到金仲华的名字。

1931年我到上海入学，一年多后，又去日本。当时东京神田区，有个中华留日学生青年会，那儿的阅览室中，有国内的各种报纸和杂志，我经常去看看，以便了解国内的新情况。大约是1934年秋天，我忽然发现新创刊的《世界知识》杂志，打开一看，见到金仲华的名字。我好像是忽然得到了久已失去联系的故人消息一样，十分高兴。怀着这种心情，《世界知识》就好像和我多了一点什么关系。这时，墨索里尼大搞法西斯专政，希特勒又演“国会纵火案”丑剧，日本军阀在强占我东北后又在窥伺华北；德、意、日法西斯轴心正在形成，人们都迫切地需要知道，在这一股国际逆流中，世界将往哪里去？所以《世界知识》一出版，就受到了广大人民群众的欢迎。它内容丰富，版面新颖活泼，而且每期都配有金端苓等同志绘制的政治经济形势地图，这在我国是首创的。其次，选用的政治漫画也多，在当时这也是十分突出的。

这以后，钱亦石同志来东京，从他那儿我知道仲华同志不仅是《世界知识》的创办人和主编，他还和邹韬奋同志等从事抗日救亡运动的宣传鼓动和组织工作，从《生活》周刊被国民党封闭，邹韬奋同志等七君子被捕获释，直至抗日战争爆发这一段期间，仲华同志与韬奋同志始终在一起，主编过《永生》、《生活星期刊》等多种进步刊物。

我和仲华同志相识，是1941年，在太平洋事变后的桂林。他由香港撤退到桂林后，和茅盾同志同住在丽泽门外、丽君路上的一幢战时简易住宅中，茅盾同志住楼下，他住二楼，隔壁是邵荃麟和葛琴同志，对面是宋云彬同志。在他们那儿附近，有个叫“老君洞”的大岩洞，敌机来轰炸时，我们常到洞里去隐蔽。“老君洞”再下去就是美丽的“相思江”，这也是大家喜欢去的地方。去这两个地方，都要经过仲华他们的住所，所以朋友们常去串门。这就无形中成了个中心，当时有许多事，都是在那儿商量的。

这正是一个烽烟战鼓、动荡不定的年代。外有强寇，内有国贼，我们是两线作战，处境困难而又复杂。不久我因国民党特务追捕，去了昆明；仲华同志因日寇进攻桂林，撤去重庆。我们再次相遇却在香港。这正是日本帝国主义无条件投降后,蒋介石悍然发动内战,我人民解放军捷报频传的时候。当我们看到那篇由西北解放区发出来的《将革命进步到底》的社论时,我们的心情是何等愉快啊!

1949年4月,我参加刘晓同志率领的南下工作团,由北平专车南下。上火车后,忽然发现仲华同志也在我们的行列里,这种意外相逢,愉快之情,是难以言宣的。在途中,我们听到了渡江战役全胜、南京解放的捷报。当时铁路还未恢复,由北平到蚌埠,走了两天多。蚌埠以南铁路已破坏,我们改乘汽车到浦口。由于我军刚刚进入南京,还在清理战场,工作团便先开到伪总统府,然后分散宿营,和仲华同志便很少见面。上海解放后,大家都忙,除有时在会议上,匆匆一晤,坐下来谈谈的机会就少了。

1960年夏天,我和仲华、巴金、任干三同志相约上黄山,同住在紫云楼二号。到了山上,又遇上方令孺,我们一道到玉屏楼看云海,到北海看日出。我们每天一道洗温泉,又在池子里洗衣服。晚饭后,我们坐在门口竹椅上,看桃花峰的落日,谈谈历史上的兴亡旧事和地北天南的见闻。仲华同志爱摄影,还经常一个人出去拍摄山岳和云海的照片。

还有一件令人难忘的事。那是1964年,我由阿富汗回国途中,在卡拉奇机场换乘巴航,走进休息室,忽然遇到了仲华同志。在异国旅行,无意中遇到自己的好朋友,这当然喜出望外。当我走进候机室时,他先看到了我。仲华同志一向是很庄重、含蓄的,但这时他也控制不住了,从坐椅中跳起来,飞快地跑到我跟前,叫道:"怎么,你也来了?"我一看是他,当然也无比激动,不禁大叫了起来:"真巧啊,在这里碰到!"我们一交谈,知道将同乘一架巴航机回国,就更加高兴了。上了飞机,我们将座位换在一道。从卡拉奇起飞,横越印度大陆上空,沿着喜马拉雅山飞行。这座世界上最高的山峰,终年戴着"雪帽",在强烈的阳光下,现出一片绯红的颜色，给我们以童话般的美感。将近二十年过去了，现在回忆起来，仍不禁神往。

当年我经常外出。每次回来的时候，他总打个电话来，有时约我去他家吃饭，由他的老母亲烧几个家常菜，一边喝着酒一边谈着外面情况；也有时不吃饭，在他书房喝咖啡，常常一谈就到深夜。

他和韬奋的友谊很深，他多次谈起，在九一八事变后，韬奋在青年中的影响是巨大的，很多人就是由于读了他办的《生活》，走上革命道路的。仲华同志除了积极参加韬奋纪念馆的筹建工作外，又约我和瞿白音同志写《韬奋传》电影剧本。我和白音当然愿意把这工作做好，正准备收集资料时，仲华却带着懊丧的神情告诉我说，暂时不搞了，因为张春桥反对。

1966 年开始的那场政治风暴，"四人帮"大搞法西斯专政，残酷地迫害我们老一辈革命家和革命知识分子，仲华同志就是这样被他们迫害致死的。粉碎"四人帮"后，仲华同志的冤案得以平反昭雪，然而他的骨灰竟无法找到，放在他骨灰盒内的只是他的一支钢笔和一枚图章。"四人帮"销尸灭迹的恶行，怎不令人悲愤填膺！

仲华同志一生，为党为中国革命做了许多有益的工作，除了写文章、办报刊，还积极从事社会活动。在抗日战争后期和解放战争时期，他利用在美国新闻处工作的机会，将被国民党堵塞了的革命前辈的言论和新华社消息，向全世界发布。在白色恐怖的年月里，他协助宋庆龄同志处理许多有关"保卫中国同盟"以及国际活动的重要事务。周恩来总理把他看作是宋庆龄同志最信任而又最可靠的人。新中国成立前夕，党中央电邀宋庆龄同志北上参加政协会议，就是总理指定由仲华和宋庆龄同志联系的。

仲华同志为人谦虚谨慎，从不吹嘘自己。勤恳地对待工作，诚恳地对待同志。他知识渊博，兴趣广泛，永远是生气勃勃的。他真不愧是一代知识分子的典范。

“四人帮”已受到历史审判，仲华同志冤案早已昭雪。当这15周年忌日时，祖国正是一派阳春烟景，大块文章。魂兮有知，亦应引为慰藉吧！

原载1983年4月3日《文汇报》

金仲华的编辑生涯

——纪念金仲华同志逝世二十周年

张明养

1988年4月3日是金仲华同志含冤去世的二十周年纪念日。诚如许多悼念金仲华同志的文章所说，他是一个坚决跟着党走的社会活动家，是一个国际闻名的和平战士，一个杰出的国际问题专家，一个出色的新闻工作者和革命的出版工作者。我在他逝世十五周年时，曾写过一篇怀念文章，从国际问题研究方面来说明他是一位杰出的国际问题专家，现在我拟从编辑和新闻工作方面来怀念他的出色贡献。

一

1927年金仲华毕业于浙江之江大学后，就同编辑出版事业发生了关系。在旧社会有一句流行的口头语：毕业即失业。因为旧社会对于大学毕业生是不负责分配工作的，毕业生要自己去找工作，如果没有可靠的社会关系，很难找到工作。仲华在毕业后因没有这种有力的社会关系，只好回家自己设法找工作。他有一天从上海报纸上看到一则上海一家书店招聘编辑的广告，就前去应试。

考后没有几天,就收到录取通知书。他就满怀喜悦的心情前去参加编辑工作。这样仲华一踏入社会,就首先同编辑出版工作发生了关系。可是好景不常,他工作不久就发现这家书店并不是一个优良读物的出版机构,便离职回家了。

好像命运注定他与出版事业有不可分解的缘分。1928 年春,仲华又从报上看到商务印书馆的招聘广告,他前去应试,又被录取。商务印书馆在解放前是一家全国最大的出版社,历史悠久,以出版大中小学教科书为主,还出版许多重要刊物。仲华进入商务后,被分配在编译所的《妇女杂志》任助理编辑,后任编辑,一直到 1932 年"一·二八"事变商务印书馆被日本炮火所毁为止,为时四年余。我于 1930 年春考入商务印书馆,在《东方杂志》编辑部工作,我们就是在这时互相认识的,相交近四十年。

《妇女杂志》是商务印书馆在 1915 年创刊的,内容保守,在五四新文化运动中受到严厉的批评,1919 年 4 月罗家伦在《新潮》刊物发表《今日中国之杂志界》一文,批评《妇女杂志》"专说些叫女子当男子奴隶的话"。商务印书馆当局因此在 1921 年调任在《东方杂志》任编辑的章锡琛为《妇女杂志》主编,革新内容,提倡妇女解放和婚姻自由,大受读者欢迎。到 1925 年 1 月,《妇女杂志》出版了一辑《新性道德专号》,反对封建主义的旧道德,受到以胡适为首的《现代评论》派的攻击,引起双方论战。商务编译所所长王云五就以审查清样为名,干涉编辑工作,章锡琛终于被迫辞职,于 1926 年初另行创办了《新女性》杂志,后来又创办了开明书店。

《妇女杂志》的主编虽然换了人,但内容除了避免谈论敏感性的问题外,并没有太大的改变,因为接编的是杜亚泉和叶圣陶,1928 年金仲华又参加了编辑工作,所以《妇女杂志》仍宣传妇女解放思想。1930 年夏,叶圣陶调任《妇女杂志》主编,他同金仲华合作得很好,叶老在金仲华去世后有一诗悼念他,其中二句是:"长忆高楼联席日,衡文校稿共铅丹。"并作说明:这首诗中"所说的高楼指东方图书馆的第四层楼，商务印书馆的《妇女杂志》社就在那里，商务印书馆编译人员多，彼此不尽相识，我调到《妇女杂志》社工作，才与仲华相识。一见如故，协作得很好，情谊宛如亲兄弟。那是20年代末了的事”。（见《我与开明》一书中叶圣陶写的《追念仲华兄》一文）仲华钻研业务，勤于写作，在这四年时期内，写了不少关于妇女问题的论文和几本关于妇女问题的著作。

1932年“一·二八”事变后，商务印书馆被日本炮火摧毁，暂停营业，所有职工均被解雇。仲华经人介绍，转到苏联塔斯社工作，这是他从事新闻工作的开始，但为时不久，就被聘为开明书店《中学生》的编辑，仍同叶圣陶一起工作。但他同时仍担任《东方杂志》的“妇女与家庭”栏的编辑。《东方杂志》在“一·二八”事变后也同商务出版的其他几种刊物同时停刊，但到了1932年10月，随着商务印书馆的复业而重行复刊，由胡愈之担任主编。除保持原来的内容外，另添设“文艺栏”、“教育栏”和“妇女与家庭栏”，以代替停刊的原来《小说月报》、《教育杂志》和《妇女杂志》。“妇女与家庭栏”即由金仲华负责在社外编辑，一直负责编辑到1934年7月才辞去编辑职务，为期约二年之久。我当时在《东方杂志》主编胡愈之领导之下，具体负责编辑事务，仲华把每期“妇女与家庭栏”的稿子编好后按期送给我，由我翻阅一下后即行发排。他每期都亲自写稿，开始时有时每期写文二三篇之多。他宣传妇女解放，呼吁解决妇女一些迫切问题。

仲华在一踏入社会后，即从事编辑妇女刊物六七年之久，这一方面固然由于职业方面的原因，另一方面则由于五四运动以后，妇女问题也是亟待解决的重大社会问题，同革命运动密切相联。中国早期的一些马列主义者和进步人士都很关心妇女解放问题，蔡元培在上海创办过爱国女校，许多人办了妇女刊物，写文宣传妇女解放。如沈雁冰、陈望道、周建人、胡愈之、章锡琛等都很关心妇女解放问题，仲华也就在这种形势下从事多年编辑妇女刊物的工作。

仲华编辑《东方杂志》的“妇女与家庭栏”是在业余时间进行的，他当时的主要工作，是编辑开明书店出版的《中学生》杂志。《中学生》于1930年1月创刊，是以高中学生为主要对象、指导他们文化学习的月刊。《发刊辞》中说：“本志的使命是：替数十万‘彷徨于纷叉的歧路，饥渴于寥廓的荒原’的‘中学生诸君补校课的不足；供给多方的趣味与知识；指导前途；解答疑问；且作便利的发表机关’。”这杂志的第一任主编为夏丏尊，1931年初由叶圣陶任主编。《中学生》出版后受到广大中学生读者的欢迎，因为它不仅给青年读者以许多有益的知识，而且“指导前途”。胡绳在《我与〈中学生〉》一文（载《我与开明》一书中）中，曾给《中学生》以很高的评价：“全国解放以前，各个时期都有很多青年学生受过《中学生》的教益，《中学生》给了他们许多着着实实的有益的知识。那时《中学生》虽然不是直接鼓吹革命，宣传马克思主义，但是在促进青年思想进步，推动进步文化方面，确是起了积极的作用。”

叶圣陶大概是1933年介绍金仲华进开明书店，帮他编辑《中学生》的，他有意识地把实际的主编工作逐渐交给了他。叶老说到这段历史时，说得非常谦虚，说他同金仲华“后来在开明书店共事，《中学生》归他负专责，我辅助他做些编校工作”。金仲华参加《中学生》的编辑工作后，一方面继承并发扬原有的优良传统，一方面则设法扩充和革新刊物的内容。《中学生》过去以刊载中学各科有关的知识为主，偶有关于国际时事的文章。仲华负责编《中学生》后，认为有向青年介绍国际政治经济知识、扩大他们眼界的必要，就在刊物中辟一“国际政治讲话”专栏，约我每期写一篇文章，系统地介绍国际政治经济知识。开始写第一讲的时候，大概是在1933年的10月，写最后一讲的时候，已是1935年的2月，共写了十余讲；最后经过修改补充，于1935年编成《国际政治讲话》一书，列为《开明青年丛书》之一出版。这本书之所以能够写成出版，完全受仲华的鼓励和帮助。

二

仲华在早期工作中,着重于妇女刊物和青年读物的编辑,并从事这方面问题的研究和写作。但这之后,他的兴趣转向国际问题的研究和写作,并从事国际问题刊物的编辑。特别是自 1934 年 9 月《世界知识》出版以后,他的研究、写作和工作重点就完全转到国际问题方面了。

《世界知识》是在胡愈之同志的倡议和领导下,由我们几个关心国际问题研究的朋友共同创刊的,仲华是一个积极的参加者。这个刊物的重要任务是在当时错综复杂的险恶形势下,唤起国内广大人民认识到中国的革命斗争同世界人民的解放斗争密切相联,要团结起来,为争取建立一个新的世界而共同奋斗。胡愈之在亲自撰写的《创刊辞》中着重指出:中国是"世界的中国","我们的后面是坟墓,我们的前面是整个的世界。怎样走上这个世界的光明大道,这需要勇气,需要毅力——但尤其需要知识。"认识世界,就是为了要改造世界。

《世界知识》在创刊的头几年中,编辑部的人员很少,主要是依靠一个强大的特约撰稿人队伍。毕云程同志在回忆《世界知识》创刊时情况的文中说:"《世界知识》的编辑工作,由愈之安排得很好,编辑部只有愈之和我两个人,只工作半天。愈之主持撰述,我做一些编辑事务的具体工作。另外特约十多个对于国际问题有研究的朋友担任特约撰稿,每半月叙餐一次,就在叙餐时共同讨论国际形势,拟定论文题目,由各特约撰稿人分别担任撰写,由我担任集稿,随时以电话联系,从不脱期。"(见毕云程著《韬奋和生活书店》)文中所说的特约撰稿人,实际上是《世界知识》编辑委员会的委员,每半月叙餐一次,亦即编辑委员会每半月开会一次。

这种叙餐会有时人多一些,有时人少一些,但仲华和我等十来人总是叙餐会的常客,每次必到。我们在叙餐会上不仅讨论当时的国际形势和问题,也交换关于国内政治和外交问题的意见。在会上我们分头承担撰写的题目,到时由毕云程派人取去编排发稿。在《世界知识》创刊的初期,仲华和我几乎每期都写一篇专论(我当时在商务印书馆《东方杂志》任编辑,王云五老板不准馆内工作人员为其他出版社刊物写稿,故多用笔名张弼寓文)。仲华写作尤勤,比任何同志写得更多。他同生活书店的关系也更密切,1935年底,他就离开开明书店到生活书店任编辑部主任了,以后又担任了《世界知识》的主编。

关于仲华何时负责主编《世界知识》,各方说法不一。据钱小柏等所编的《韬奋与出版》附录所载,1936年2月,因负责编辑《世界知识》的张仲实改任生活书店总编辑,《世界知识》即由金仲华接编。但据张仲实说:"1936年3月……生活书店由徐伯昕任经理,我任总编辑。书店内工作繁忙,我亦开始主编《青年自学丛书》,无力兼顾,便由钱亦石同志接替我担任《世界知识》的主编,不久又交与钱俊瑞、金仲华同志先后主编。"(《〈世界知识〉创刊五十周年纪念集》第27页)鉴于1936年2月底韬奋主编的《大众生活》被查封后,由金仲华主编的《永生》即于3月7日出版(到同年7月又被国民党查封),以及金仲华于5月底到香港去参加《生活日报》(1936年6月7日创刊,7月31日停刊)的编辑工作,他实际负责主编《世界知识》,大概是在1936年底或1937年年初。至于名义上和实际上均成为《世界知识》的主编,则自1937年4月1日开始,因为这期的《世界知识》(4月1日出版)版权页上的编辑人由毕云程(《世界知识》创刊后一直由他担任名义上的编辑人)改为金仲华,发行人仍由毕云程担任。自此以后一直到全国解放前二年,《世界知识》都由金仲华负责主编。除在香港出版的一个短时期外,在仲华一生的编辑生涯中,《世界知识》的编辑工作占了很大的一部分,他在这方面是付出了很多心血的。

仲华自主编《世界知识》后,除继续和发扬胡愈之、张仲实、钱亦石和钱俊瑞主编时所奠下的优良传统外,还运用了他自己独立的编辑风格,把《世界知识》编得更有声有色,深受读者的欢迎,对革命宣传工作做出了显著的贡献。解放前的《世界知识》,我认为具有下列的几个特点。

首先,坚定的政治立场。《世界知识》自从创刊以来,即站在时代的前列,反映全世界爱好和平人民反对帝国主义侵略压迫的斗争形势,鼓舞中国人民争取民族独立和民主自由的斗争。这一坚定的政治立场在整个反动压迫的年代从没有动摇过。因为这刊物始终是在共产党的领导下进行工作的,在创刊初期,创刊人胡愈之、历届主编和主要的撰稿人都是党员或拥护党的进步作家;在香港出版时期,潘汉年和廖承志都直接参与领导,乔冠华还负责主编一个时期;抗战胜利后在上海复刊,更得到党的帮助和姚臻、陈虞孙等同志的直接领导。有时在政治形势极端恶劣的情况下,编者和作者虽然不免要用"伊索寓言"式的文字来表达不便直说的真话,但从没有动摇过刊物的政治立场。到了没有办法坚持下去的时候,也只有宁为玉碎,被迫封闭,绝不苟安瓦全。

其次,正确的编辑方针。胡愈之在《世界知识》的《创刊词》中说:"怎样走上这个世界的光明大道,这需要勇气,需要毅力,——但尤其需要知识。""祝福这小东西(指新创刊的《世界知识》——作者注)吧!它将帮助你认识世界!"《世界知识》的编辑方针就是以马列主义为指导,用辩证唯物主义和历史唯物主义的观点,分析错综复杂的国际政治经济形势,介绍各种有关的国际知识,指出努力的方向,鼓舞斗争的意志,增强革命的信心。帮助读者认识世界(当然也包括"世界的中国")的目的,也就是为了改造世界。这一编辑方针,始终体现在各时期的刊物中。

第三,内容丰富多彩,风格严肃认真。《世界知识》每期篇幅虽然不多,但内容丰富,栏目众多。每期开头是“瞭望台”,简明扼要地评述半月来或一周来(有一段时期曾出周刊)发生的重要国际大事。接着是由许多专家撰写的国际专文,这部分的分量较大,写法形式不一。有专论,有座谈会式或笔谈式的,有对话式的(如“国际新闻论”栏),有系统的讲话或讲座,如各专家分头写作的“太平洋问题讲话”、“中日问题讲话”、平心所写的“国际问题研究法”。我曾为《世界知识》写了几个有系统的讲座,如《世界知识读本》十二讲、《战争途上的世界》九篇、《战时国际法讲话》九篇。《世界知识》的后半部多为科技、文化、文艺作品和读者信箱等栏。有时还有连载作品,如胡仲持负责“风云志”一栏,有计划地介绍一些国家和民族的社会经济情况、政治制度,风俗人情。还有《亚洲弱小民族剪影》、韬奋的《萍踪忆语》、徐懋庸译的苏联小说《伊特勒共和国》。《世界知识》在上海复刊后,版面和风格大致和以前相同,但因改出周刊,内容更加丰富多彩。图片、漫画、地图和图解,比前登得更多。还组织一系列的专题文章,如《战后国际问题研究大纲》、《新生欧洲介绍》、《欧美政治制度浅说》、《给初学国际问题者的信》。此外还有《世界之声》(摘译世界舆论)、《世界点滴》、《书的世界》等栏。栏目繁多、内容丰富、格式各异,但编辑态度严谨,从不刊登庸俗和低级趣味的稿子,去迎合一些落后读者的心理,用不健康的精神粮食去腐蚀读者的心灵。

第四,善于运用形象艺术作为重要宣传手段。《世界知识》不但内容丰富多彩,形式生动活泼,文字深入浅出,而且还非常重视以形象艺术作为重要宣传手段。《世界知识》自创刊起,即经常而且也比较多地刊登与国际时事相配合的画片和讽刺画(漫画)。这些图片和漫画,有些是国内进步作者摄的或画的,有些则取自国外出版的进步报刊。在金仲华负责主编《世界知识》之后,除了继续大量刊用图片和漫画外,还着重绘制国际形势地图和时事图解,来帮助读者了解国际时事发生的地区和有关的周围情况,增加现实感。特别是有些国际争端和战争形势,如配以相关的国际时事地图,供读者一目了然,宣传效果更大。《世界知识》所设的“图表中的世界”和“时事图解”专栏,由金端苓(仲华之妹)制图,由仲华自己撰写文字说明,深受读者的欢迎。《世界知识》在上海恢复出版后,金仲华又培养朱育莲绘制地图技术,在刊物上发表大量的有关的形势地图,并最后编辑出版单行本《第二次大战后世界政治参考地图》和《世界现势图解》。金仲华在运用形象艺术来进行国际宣传方面,是有突出贡献的。

第五,团结了一批进步的国际问题研究者。在胡愈之创办《世界知识》时,就团结了一批国际问题研究者作为全力支持刊物的基本作家队伍,他们多是上海各有名报刊的记者和编辑,而且范围颇广,例如当时担任国民党中央政治学校新闻系主任的马星野和新生命书局总编辑樊仲云也包括在内。其中一部分骨干则每半月叙餐一次,形成实际上的编委会。在香港出版和在上海复刊时期,除了一些老作者外,还团结了一批新的作者,队伍不断地在扩大。1940 年底在香港的一些研究国际问题的学者,筹备组织了“国际政治经济研究会”,就把《世界知识》作为这个研究会的会刊。1941 年 1 月 1 日出版的《世界知识》第 12 卷第 1 期,版权页上的编辑者即为“国际政治经济研究会”。但是不久之后由于某种原因(现在已记不清什么原因),《世界知识》从第 12 卷第 3 期起,编辑者又不再用“国际政治经济研究会”的名义了。通过《世界知识》,团结了一大批进步的国际问题研究者,不仅有利于办好刊物本身,而且对于当时国际问题研究工作的开展,也起了很大的推动作用。

第六,艰苦的创业精神和高速的工作效率。在《世界知识》创刊时,编辑部只有胡愈之和毕云程二个人。后来迁到香港出版时期,除了主编之外,也只有徐小柏一人。抗战胜利后迁到上海复刊,因为自生活书店独立出来,出版发行都要自己管,全部班底也仅十人左右，十分精干。上海在解放前一个时期，《世界知识》不但备受政治上的迫害，而且在经济上也因当时极度的通货膨胀而陷于寅吃卯粮的困境。社里经济困难，工作人员待遇很低，条件是艰苦的，但大家革命热情和工作效率很高，刊物都能按时出版。在热情作者和广大读者的支持下，一直奋战到被查封。

《世界知识》这些特点和优良风格，是由先行者胡愈之、毕云程、张仲实、钱亦石、钱俊瑞与后继者冯宾符（在上海复刊时期）以及许多热情的“社外编辑”、作者和全体工作人员共同努力创造的，但仲华负责主编的时期最长，他的贡献当然最大。在仲华一生编辑生涯中，倾注在《世界知识》编辑工作的心血是大量的。他对《世界知识》具有很深的感情。解放后《世界知识》迁到北京出版，他留在上海负责更重要的工作，但他每次来京开会或出国路经北京停留时，总是要找冯宾符、吴景崧和我（我们先后负责主编《世界知识》）畅叙，他仍非常关心《世界知识》的情况，并且提出很有益的意见和改进工作的建议。

三

金仲华不仅是一位出色的编辑家，而且是一位杰出的新闻工作者。他在这方面有浓厚的兴趣，并且经历过丰富的实践。1932年夏，他由友人介绍，进入了苏联设在上海的塔斯社做翻译工作。其时苏联与中国的关系转好，即将复交，苏联塔斯社为宣传社会主义社会的建设情况，就在上海设立分社发播新闻稿，原稿是俄文和英文的，仲华就担任英译中的工作，这是他从事新闻事业工作的开始。但是这一段的生活过得并不很久，就因去参加开明书店的《中学生》工作而中断了。

1936 年 6 月，邹韬奋在香港创办《生活日报》，金仲华也参加编辑工作，负责主编国际版。《生活日报》在当时的形势下，是一家抗日救亡的报纸,它在《创刊词》中表明:“本报的两大目的是努力促进民族解放,积极推广大众文化,这也是从民众的立场,反映全国民众在现阶段内最迫切的要求。”它始终站在人民的立场,坚决反对日本帝国主义的侵略,反对国民党反动派反人民的内战,反对一切腐朽丑恶的政治势力和社会习俗,努力争取民族的解放,积极推广大众文化。《生活日报》从形式到内容,都同当时的报纸不同,创造出独自的风格。陶行知在《送生活日报》短诗中说:“大报不像大报,小报不像小报,问有什么好处?玩的不是老套。大报不像大报,小报不像小报,笔杆一致对外,不肯胡说乱道。”

仲华负责主编的国际新闻版所刊的新闻,多是将各外国通讯社的电稿重新编写过的,不是像有些报纸那样,将外国通讯社的电稿原封不动地刊出来。国际版上的短评都跟当天重要新闻相配合,还经常刊出《国际新闻漫谈》,结合重要新闻撰写评论性质的长文,叙述事件的来龙去脉,加以比较详细的分析。此外还有一整版“特载”专栏,刊载各国著名作家关于重要问题的论著、国际政治经济形势的分析,以及重要人物及其言论的介绍等等。此外还经常刊载画片和漫画,版面生动活泼,很受读者欢迎。

可惜这样一家独具风格的《生活日报》发行不到二个月,就由于种种原因(新闻检查,印刷条件落后,交通不便,不能迅速向全国发行),而宣布自动停刊,准备迁到上海筹备出版,但又由于国民党不予批准登记,终于未能实现。仲华的工作也就转到编辑《世界知识》上去。

1938 年秋,仲华主编的《世界知识》自汉口迁到广州、香港出版。当时华侨爱国富商胡文虎在香港创办《星岛日报》,于 8 月 1 日出版。前两任总编辑祝百英和冯列山都任职不久即行离去。仲华由中共驻香港负责人廖承志的推荐,于 1938 年底进入《星岛日报》任总编辑。《星岛日报》是胡文虎创办的“星系”报纸中规模较大的报纸,除日报外,还出版晨报和晚报。《星岛日报》的经理为董事长胡文虎的儿子胡好,正当壮年,颇想有所作为;而同时抗战刚及一年,国共合作形势尚称顺利,所以他对仲华前去工作,颇表欢迎,合作得较好。仲华进入报馆后,就先后聘请邵宗汉为主笔,羊枣(杨潮)为军事评论员,还介绍一些老报人和画家郁风等人进报馆工作。自此《星岛日报》内容面目一新,不但立论正确,而且版面新颖,生动活泼,大受读者欢迎,销路大增。

但是不久以后,国内政治形势日趋恶化,国共摩擦加剧,投降、倒退势力猖狂。《星岛日报》不仅受到日本帝国主义和汉奸的切齿痛恨,也遭到国民党反动派的嫉恨和刁难,必欲把金仲华等人排挤出《星岛日报》而后快。国民党反动派于1939年底至1940年初掀起的第一次反共高潮被击退后,又于1940年底再次掀起第二次反共高潮,1941年1月,制造了震惊世界的"皖南事件",屠杀新四军士兵数千人之多。为了蒙蔽读者,国民党反动派实行新闻封锁,只准刊登它所捏造的反动评论和报道,把《新华日报》揭露事实真相的报道和正义评论,扣压不准刊登。周恩来同志临时写了"为江南死难者志哀"的题词:"千古奇冤,江南一叶;同室操戈,相煎何急!"在重庆《新华日报》上刊出,将"皖南事件"的真相和国民党反动派的暴行巧妙地揭露无遗。在香港绝大多数的报纸都奉命刊登中央社的诬蔑新四军的电讯稿而不准刊登周总理的题词。惟独金仲华主编的《星岛日报》不理睬这些禁令,将总理的手迹制成锌版,于2月初赫然刊登于《星岛日报》国内新闻版上,使海内外的读者都知道了"皖南事件"的真相。

国民党反动派早想把金仲华等人排挤出《星岛日报》,现在看到有所借口,就施展种种阴谋活动,并通过最高领导层对报馆老板胡文虎先生不断施加压力,并提出派国民党中央宣传部部长程沧波去担任《星岛日报》总编辑,迫使金仲华离职。金仲华考虑到报馆当局的困难处境,于5月底辞去《星岛日报》职务,于6月1日在《星岛日报》报头旁边刊出《金仲华　邵宗汉启事》:"鄙人等自6

月 1 日起辞去本报总编辑及主笔职务,对于本报今后之言论及新闻记载,不再负责。特此声明,希诸公鉴。"这一简单启事并未说明他们辞职的原因。而同日在国内版刊出的金仲华、邵宗汉、羊枣和郁风四人署名的《告别读者》启事,则说明了他们辞职的原因。《启事》说:"由于国内政治逆流的影响,我们的工作,受到种种限制,使我们不能不向本报当局提出辞职。"《启事》还申述他们对当前时局的看法和编报的立场,最后表明他们今后虽将转换工作的岗位,但是"努力的目标,仍是坚定不移的:为中国民族的独立解放而继续奋斗"。《启事》写明的日期是 1941 年 5 月 31 日。

仲华主编《星岛日报》这一段的工作,是做得很出色的,不但显示出他编报的才能,而且表现出他政治上的成熟和应变能力。

仲华在香港时期,还参加过 1941 年 4 月出版的《华商报》的筹备出版工作和国际新闻社香港分社的领导工作。

1941 年 12 月 7 日 ~8 日日本帝国主义发动太平洋战争,不久占领了香港,仲华辗转逃亡到桂林,工作了一个短时期。

到 1944 年,国民党湘桂大撤退后,仲华自桂林到了重庆。由刘尊祺的介绍,进入美国新闻处任译报部主任。美国新闻处是美国的宣传机构,当时附设在美国驻各国的使馆内。其目的是通过发布新闻,展览图片,放映电影,设立图书馆等手段来宣传美国文化。当时在世界大战期间,美国为中国盟国,在美国新闻处工作的有不少是地下党员和进步人士。如中文部主任即为共产党员刘尊祺。新闻处译报部的主要工作是把中国报刊上刊登的有关的重要社论和新闻翻译成英文,供美国驻华机关的工作人员阅览。仲华在选译资料时,着重多选译《新华日报》和其他进步报刊上的言论和新闻,其中有些新闻和资料还被外国通讯社采用转发到全世界各地去。仲华虽在美国新闻处工作,却善于利用机会为党做了对外宣传工作。

1948 年底,仲华按照党的安排,到了香港,编过《文汇报》和新华社香港分社出版的英文杂志《远东通讯》。

1949年上海解放后，上海市军事管制委员会接管了《新闻报》，改组为《新闻日报》，由恽逸群任管理委员会主任，金仲华任社长兼总编辑。不久他又调任《文汇报》社长。当时金和恽均在华东区和上海市担任领导职务，白天很忙，但晚上一定到报馆办公，主持各种会议，写评论，看大样，直到清晨。这种认真负责的态度是非常难能可贵的。

仲华后来因任上海市副市长职务繁重，离开了报馆工作，但1952年周总理、宋庆龄、潘汉年同志仍一致推荐他为《中国建设》英文杂志编委会主席，直到1965年底。据陈翰笙同志回忆说："他每次从上海到北京来主持会议，我都亲聆他对外宣传的一些意见。他反对夸大事实，宣传真相，畅谈意义，使在座者无不钦佩。"（见1983年4月4日《世界经济导报》）

金仲华曾任全国新闻工作者协会的副主席。上海新闻工作者协会的主席，国际记者协会的领导成员。金仲华真不愧为值得我们大家敬慕的一位杰出的新闻工作者。

四

金仲华生于1907年，1968年4月含冤去世，终年仅61岁，实在去世得太早了。在这短促的一生中，除在晚年时期从事政治社会活动和人民外交工作外，他的大部分生涯是在奋笔疾书中度过的。他提倡妇女解放，宣传抗日救亡，反对法西斯统治，一贯拥护党并为党的崇高目标而奋斗终生，他是一位优秀的党外布尔什维克。他勤奋好学，刻苦钻研，亲自剪报，收集资料，分类整理，他是一位治学严谨的学者。他事业心强，富有创新精神，是一位新事业的开拓者。他为人正直，和蔼可亲，对人坦率，相交以诚。他是我的良师益友。这样一位好同志，实在离开我们太早了。我将永远怀念他。

1987年12月31日写毕于北京

原载《出版史料》1988年第3、4期

金仲华同志

——一个杰出的编辑出版家

钱小柏

金仲华同志是一个杰出的编辑出版家,抗战时我有幸在汉口、香港等地和他一起工作过四年,向他学习了不少编辑出版工作的技术和知识。

"马戏班"约稿

从事编辑出版工作,最要紧的是必须有稿源,才能有恃无恐,按时出版。金仲华同志曾编过许多期刊、报纸,一般都有一批特约作者的,即经常写稿的编辑委员们。韬奋生前戏称这些人的集团是一个"马戏班",认为他们像马戏班演员一样各有所长,人人都能够出场献技,各有巧妙不同。写出文章来,马上可以完成一期刊物的整个搭配。

这种用"马戏班"来约稿,最初是韬奋在编辑《生活周刊》、《大众生活》时开始实行的。当时《生活周刊》等刊物都规定在星期六出版,好让读者在每星期的休假日阅读。所以每星期三之前陆续发稿,最迟的稿件在星期四也一定要发出。刊物实际上是星期四晚上就一定要付印的,星期五早上印刷所就能陆续出版交货。这样星期五上午可以寄发外埠订户,下午可以分发本埠订户,星期六一早零售报贩可到印刷所取货,分送全市各报摊发卖,让读者都有准时出版,永不脱期的感觉。而这个星期六的上午,则正是这个刊物的"马戏班"定期集会之时。每位作者老朋友都会到一定的地点去拿到这期刊物,接着漫谈总结得失经验,并约定下一期各人写什么文章,哪一天交稿。这就是所谓"马戏班"的来源和做法。

在1934年9月16日《世界知识》创刊后,胡愈之也采用了这种"马戏班"约稿的办法。每期出版后也总约请大家聚会一次,除讨论上期文章外,并研究当前国际局势,有什么文章可写?谁写什么?什么时候将稿件送来或去拿等等。期期如此,成为定规。每期的基本文章约定以后,其他外边来稿,即可用以伸缩配合。这样,既可使每期文章各有内容,且又有适应局势的恰当的稿件,就不会有出版脱期等事情发生了。

这种办法后来就成为生活书店各种刊物采用的一种办法。用这种方法来向编委约稿,确是比较方便且有效而靠得住的。

本来,《生活周刊》、《大众生活》、《永生》等每周出版的周刊的作者只在韬奋家或编辑部碰头。1934年9月《世界知识》、《太白》等半月刊出版后,往往在酒楼、菜馆由编辑部约请聚会。而金仲华在香港编《世界知识》、《星岛日报》时,则依靠他善于烹调的母亲金老太太的协助,每半月即于家中宴请写稿的朋友们一次。届时"马戏班"的朋友们无不到来,倾谈当前国际时事,交流人事消息,完成约稿任务,总是尽欢而散。到期取稿,依时发排,刊物也就从不脱期了。

写稿争时间

一个定期刊物,发稿时间总是要争取的,虽可以略有先后,但基本上要定时。金仲华同志编过许多刊物和报纸,报纸上写社论和应时专稿，都要赶时间。而替期刊写文章，也一样要赶时间。如《世界知识》除专题文章外，每期要写的“瞭望台”，即第一篇世界现势综述，总是最后发的一篇稿件。又如他替《抗战三日刊》上写的《战局一览》，要对中日战局最新形势作分析研究，也是最后发的一篇稿件。另外他写的一些国内外时事评论文章，时间也同样紧张。所以金仲华的文章都是最迟写作，最迟发稿的。

那末，金仲华同志是什么时候写作？什么时候发稿的呢？他为了争取时间，“瞭望台”与“战局一览”等有时间性的文章总是在刊物出版前一天写的。这时其他的文章大体上都已发稿排好、甚至已校对好了，只等“瞭望台”和“战局一览”了。他一写好就马上专差送到排字房去发排，甚至由专差等着把校样带回校对后，立即签字付印。如果有新的消息，则在校对时作适当改动后再付印。一般长文他写好后也不一定马上发出，往往要留到最后把文章改到最符合当时情况才发排，所以他写的文章都极注意时效。

记得在香港时，中日战争十分激烈，加上第二次世界大战，希特勒一会儿扩张西欧、一会儿又东进苏联，时局非常激荡不安，情况变化莫测，而《世界知识》虽半月出版一次，却往往能与时局的实际情况基本一致，恰当地反映了世界局势。有时在出版时竟能和当天日报消息完全一样，因此港澳读者大为惊异，有的读者还写信到编辑部询问究竟，好像我们真有未卜先知的本领一样。

其实这也是不必惊奇的，因为当时金仲华一面在主编《世界知识》，同时还在《星岛日报》任总编辑，每天晚上各方面的中外文的通讯稿都集中在他的总编辑室的桌子上，要他来选择主次和轻重缓急，分给翻译人员去翻译出来。然后再分给各版面的编辑去加标题发排，编成版面。最后还要把报纸的每版大样送他看过，签了字才能付印出版。他在晚上发现有突发的重大消息时，就能把《世界知识》刚发出的“瞭望台”稿子抽回修改或重写，或抽换出一篇时间性不强的短文而重写一篇应时文章放在重要地位。这样，当然会和第二天日报上的最新消息一样了。因为当时《世界知识》也是在《星岛日报》排印的,要改排一些文字或略推迟一些印刷时间也和报纸一样,都是不成问题且很方便的。

当然,这也必然要求主持者头脑里有时间观念、分秒必争而对读者认真负责才能做到。如果没有真正为人民服务的精神,没有认真做好工作的态度,就决不会这样去做的。

新闻配地图

金仲华同志认为报刊上的新闻必须配上地图,这是他一向非常重视的主张。而这种地图却又不同于一般中小学教科书的插图,而是特制的,省略了不少无关的地名,加上了各种图纹、线条、符号或漫画,使图意更加鲜明突出的特殊地图。

他从1935年10月由开明书店进入生活书店任编辑主任后,1935年11月韬奋出版《大众生活》时,就和画家沈振黄合作刊出《图画的世界》,自己设计和撰写说明,沈振黄画图。他说:这是"把时事画在地图中,显明地报告给读者"。后来他编《永生》,又编了《非常时期的时事图解》,与《图画的世界》轮流在《永生》中隔期刊出,为刊物生色不少。

于1936年,他还编辑出版了一本包括64幅地图的《国际政治参考地图》,沈振黄绘图,图文各占一半。内容分:(一)概说,(二)列强形势之部,(三)国际斗争之部,(四)国际联盟等四个部分,为读者提供了能与新闻对照,便于了解国际政治局势及随查翻查参考的工具。因此,一出版就极受广大人民的欢迎。他说:"我的计划是要把时事和地图联系起来,增加一般人对于世界形势的了解。"从此,金仲华的政治经济地图声誉大振,全国报纸无不效法他的这种地图的配置,但总不及他的生动有力,题材新颖丰富。沈振黄在1937年抗战爆发后参加了钱亦石率领的张发奎第八集团军中的战地服务队，在行军中死于一次车祸。

金仲华在抗战初期又培养了他的妹妹金端苓成为画地图的专家。她于韬奋所编《抗战》三日刊上每期都画抗日战争形势图，还在金仲华所编《世界知识》中画国际形势的各种形形色色的地图，使读者看文识图，一目了然，风行各地，脍炙人口。

直到1944年，金仲华又以其妹金端苓在1942年11月开始于《广西日报》等发表的40幅地图，出版了一本木刻的《第二次世界大战参考地图》。金仲华说："端苓这几年跟着我学画地图，是从地图中间，渐渐积累了一些关于世界各国地理上与国际关系上的基本知识。她是从英美两国最流行的时事地图绘作者——英国的J.E. Horrabin和美国《纽约时报》E. Herlin的作品——研究得绘制时事地图的一切技巧。"因制版困难而试用木刻地图形式发表，成为战时我国新闻工作与出版事业上一个最新的特色。"这种工作的进步，确实有助于世界大战期间国内一般人对于时事知识的扩展。"金端苓同志技术精湛，现虽已离休，但有时仍为《世界经济导报》制图，不能不说是金仲华同志多年培养之功。

日寇投降后，金仲华在绘制地图方面还培养了朱育莲同志。1947年和1948年世界知识社出版了由金仲华设计说明、朱育莲绘图的《第二次大战后世界政治参考地图》及《世界现势图解》。可见金仲华同志对世界政治参考地图编辑的热衷。他在1948年6月《世界现势图解》的序文中说："我还计划编写一本通俗和简明的世界形势地图，给中学程度的青年朋友们阅读。为了把战后世界情势介绍给极大多数的青年们知道，我觉得有这个需要。"表明了他对编写这种地图的热情与爱好。金仲华同志利用了他的智慧，发展了这种地图的制作和运用。

善于利用资料

金仲华同志每天总要仔细阅读报纸一二种，一般选择比较靠得住的中文报纸和西文报纸各一份。如在上海就看《申报》和《字林西报》，抗战时期在香港就看《大公报》和《南华早报》。每天如果因为事情忙，白天没有时间细读，到晚上也是非读不可的。有时还在报纸上画上线条、符号，以供写作时参考。

对于其他报纸则从中选择需要的资料，剪下来粘贴起来分类保存，包括文字材料及地图、漫画等。日积月累，数量就越来越多。有的是即用的，有的是备用的，都做了一定的记号保存起来。这便是所谓“养兵千日，用在一朝”。

他对漫画的要求很严格，《世界知识》上用的都是些质量高的漫画。

地图资料也是金仲华所喜爱而要收集的。他从英、美、德、法等报刊上选取了图幅，教导沈振黄、金端苓、朱育莲等学习改制。如英国地理学家霍莱宾(Horrabin)的许多历史地图和时事参考地图，德国的政治地理学家拉度(Radu)的政治经济、劳工运动参考地图，美国《纽约时报》最流行的时事地图绘作者赫林(Herlin)的作品，还有英、美许多报纸、杂志上发表的地图，都是最好的地图漫画资料，他都要收集起来，以供参考应用。

关于这些积聚的剪报材料，当然都是有目的地剪下来的。除漫画、地图随时为《世界知识》选用外，也有一直留着不用的。其实文字材料往往要积聚了一个时期才加以应用，如1934年10月金仲华在生活书店出版的《国际新闻读法》(全书共分七节)和刊在1941年10月11日至12月初《大众生活》新22号至新30号的《战时新闻读法》(共分九节)，就是利用这一个专题的剪报资料整理、排比、分析而写成的。在当时，这两本书对青年读者读报和研究国际问题都是极有用处的。

关于金仲华同志的善于利用资料的事,还可以从 1936 年生活书店请茅盾编《中国的一日》谈起。《中国的一日》有 11 个编委,金仲华是其中之一。大家认为既然日期选了 5 月 21 日,书的前面应该有一篇鸟瞰这一天全国的政治、经济、军事、外交、教育等活动的文章,但没有人写。金仲华说:"我倒有一个取巧的办法:把 5 月 21 日这一天的全国报纸找来,将上面登载的政治、经济、军事等活动的消息和文章剪下来,编辑成篇,不就是全国鸟瞰吗?而且材料来自公开的报纸,国民党想要找岔子也没有缝。"大家抚掌称赞。后来就决定这样办:由生活书店广为搜罗这一天的报纸近百种,请由生活书店的总编辑张仲实来完成了《全国鸟瞰》专栏的编辑工作。可见金仲华同志不仅一向重视资料工作,善于通过剪报积累资料,而且是随时能活用剪报资料的人。

版面设计精

金仲华同志对刊物、报纸的版面设计是很重视的。发稿前对每篇文章的字数都有精密的算计。他曾告诉我:宁可把每篇字数算得松一些,使有宽裕的地位。排几页就是几页,决不能让它多出尾巴来,在这里塞一节,那里装一段,让读者东翻西找,留下恶劣印象。如有留空地位,可以填入适当大小的漫画、插图、题花、文字补白、统计小资料或广告等等;或把题目或文中小标题放松或缩小地位,均可随意伸缩,使篇幅恰到好处。

文章有长有短,可以排通栏长行,排直行、横行。文章题目可大可小,可横可直;可加题花眉饰,也可以用花边线条围绕装饰,或用手写毛笔字,务使大方好看。

对于图照、漫画排列,金仲华认为决不能挤在一页排在一起。如有几块,应分列在左右页两边,也不能都排在上半页或下半页,一定要上下左右互相对称，疏散开朗。因为图版好像房间里的窗子，窗子的地位必须开得适当，看上去舒适悦目才好。

在期刊的版样方面，金仲华最忌的是一篇文章没有登完，而把余下的五行、十行的尾巴转到不知哪里的一个角落里去。他说：“报纸上有前文未完而转到后页去是完全合理也是可以允许的。因为报纸版面较少，地位有限，不可能把全部重要新闻，包括较长的文章全部排在一个重要版面上。而有些新闻却又非常重要，非登在这个版面上不可，就只能在前一版上登了一部分，再将其余的转至另一版面去。但这种情况也只能偶一为之，少用为妙。杂志本是一篇篇文章排下去的，有的是版面，多一页少一页都不要紧，尽可伸缩自如，完全可以设法解决的。否则，如果随便排字房把那种讨厌的尾巴忽前忽后地向这里那里适当地位一塞了事，那还要什么编辑呢？编辑也太懒惰、太省事了。”

如遇这种情况，前面已说过的可用图版、补白等补足一页外，还可以用删掉一些文字，或简缩掉各页上某些段落最后占行的几个字或标点符号，以减行数。还可以抽减这篇文章或其最后一页的行间嵌条，如抽出原来的对开嵌条换上三开或四开嵌条，匀出了地位就可以把多余的尾巴排进去，问题就解决了。我们看金仲华所编的刊物如《世界知识》和《永生》等，还有生活书店历年出版的一切刊物都是用这些办法来解决这种问题的。应该说编辑只要肯动脑筋，排字工人不懒惰，去掉讨厌的尾巴是一无困难的。

金仲华在解放前，本来就是一个国际问题专家，蜚声国内外。1939 年 11 月生活书店内部刊物《店务通讯》73 号上柳湜同志曾写一篇《同人介绍》，说：“金仲华是《世界知识》主编、生活书店编委会副主席、香港《星岛日报》总编辑、漫画收藏家、地图专家、国际问题资料搜集家。……真的，他是属于多‘家’的人，写出来是太多‘家’了。我们朋友中，很少有他那样有计划地搜集资料、认真撰述的，这常常使我们感到惭愧。”我们如果把这和上面所写的金仲华的编辑出版工作印证一下,更可说明他是一个杰出的编辑出版专家。

解放后金仲华曾任全国人大代表及政协委员,上海市政协副主席,《新闻日报》、《文汇报》、《中国新闻社》、《中国建设》杂志社社长,华东军委会文化部副部长,上海市副市长,上海市人委文教办公室主任,市体委会主任,中华全国新闻工作者协会副会长,上海社科院国际问题研究所所长等职。

金仲华一生追求真理、追求进步,坚定不移地拥护共产党,在党的领导下为中国人民的革命事业贡献了毕生的精力,直至1968年惨遭"四人帮"迫害致死。

原载《出版史料》1988年第3、4期

金仲华期刊编辑生涯述评

金炳亮

金仲华同志离开我们已经24年了,然而他的思想与业绩,他的人格,依然散发着隽永的魅力,吸引后学如我辈者去探求。本文只选取他作为一个优秀现代期刊编辑家(他同时还是著名的国际问题专家、社会活动家和外交家)的编辑生涯进行评述,以纪念这位杰出的新闻出版工作者。

一

从30年代初到1949年的20年间,金仲华同志作为进步的、革命的新闻出版工作者,活跃在革命文化战线上。金仲华先后参与编辑和担任主编的期刊主要有:《妇女杂志》、《中学生》、《世界知识》、《大众生活》(上海)、《永生》(周刊)、《生活星期刊》、《抗战三日刊》、《星岛周报》等八种中文期刊及《远东通讯》、《上海新闻》和《中国建设》三种英文期刊。

1928年,金仲华考入商务印书馆,担任《妇女杂志》的助理编辑(后提升为主编),开始了他期刊编辑生涯的第一站。1932年,商务印书馆毁于战火。日本人撤退后始重建,《妇女杂志》撤并到胡愈之主编的《东方杂志》"妇女与家庭栏",仍由金仲华主编。同年夏天,由中共地下党介绍,金仲华进入苏联塔斯社上海分社,担任电讯翻译,开始对世界政治发生浓厚兴趣。年底,应邀担任开明书店《中学生》杂志编辑①。这样,在30年代初,金仲华就"已经是进步的爱国的出版工作者"②了。

1933年,胡愈之、金仲华、钱亦石、曹亮、张仲实、沈志远、毕云程、张明养、王纪元、章乃器、钱俊瑞等一群关心国际政治形势的志同道合的朋友在上海成立"苏联之友社"。同年冬天,他们决定创办《世界知识》。1934年9月,《世界知识》问世,金仲华是主要的发起人和撰稿人。1936年,他开始担任主编。"以后,从上海、武汉、重庆、香港,再回到上海,一直到全国解放为止,他在十分困难的环境下,不倦怠地主持这一刊物的编辑和出版工作"③。《世界知识》从创办到现在已半个多世纪过去了,它多次被迫停刊,又多次顽强地复刊,这过程中金仲华呕心沥血,贡献最大。金仲华主编《世界知识》时间最长,撰稿最多。《世界知识》的存在,与金仲华的工作是分不开的。

从《世界知识》创刊开始,金仲华就由小资产阶级的爱国主义者发展成为革命的文化战士了④。他响应中国共产党的抗日号召,积极参加抗日救亡运动,为全面抗战和参加国际反法西斯斗争做了大量的舆论工作。

1935年9月,金仲华担任生活书店编辑部主任,同时参加邹韬奋主编的《大众生活》的编辑工作。1936年3月7日,金仲华在上海创办《永生》周刊，担任主编兼发行人，表示要在迷茫中看到希望，在动荡中求得个人与民族的“永生”⑤。

1937年7月7日，抗日战争全面爆发。8月13日，日寇进攻上海，人心浮动，邹韬奋立即作出反应，创办《抗战三日刊》，于8月19日正式出版。金仲华作为编者和主要撰稿人，为此做了大量工作，从创办之日起，金仲华每期写稿一篇，论述时势⑥。9月1日，《世界知识》联合《妇女生活》、《中央公论》和《国民周刊》出版《战时联合旬刊》，表示要团结一致抗战到底。金仲华是《联合旬刊》的编辑之一⑦。

1938年初，金仲华抵达香港，立即将《世界知识》复刊，并继续担任主编。这时人才奇缺，“编辑部的繁重工作差不多全由他一个人承担，只有一个青年做他的助手，帮他搞校对、剪报和跑印刷所的工作，从选题、组稿、定稿、看清样，到‘瞭望台’专栏和重点文章的撰写以至资料图片的收集整理，封面图案的选择、设计，大都由他一个人承担”⑧。这种情况一直持续到他担任《星岛日报》总编辑，才将一部分编务交给刘思慕担任。

1938年底，金仲华应聘担任胡文虎星系报纸之一香港《星岛日报》的总编辑。在他主持下，《星岛日报》面貌一新，很快就受到港澳与海外读者的欢迎。但《星岛日报》编辑人员情况复杂（有胡文虎的亲信，也有国民党特务在里面），金仲华受到限制。同时，日报以登载消息、通讯为主，难以发挥金仲华分析时事的专长，这样，金仲华在征得《星岛日报》老板胡好（胡文虎之子）同意后，联合戴望舒、张光宇等创办《星岛周报》，于1939年5月14日正式出版。《星岛周报》“论其内容则应有尽有，论其定价则最平民化，故出版以来备受读者欢迎，销路逐期激增，竟不胫而走”⑨。

留港期间，金仲华频繁地活跃于香港新闻出版界。1939年他参与创办香港新闻界的统战组织——青年记者学会香港分会，在该会创办的香港新闻学院担任副院长。1941年邹韬奋到香港，他与夏衍、乔木(乔冠华)等协助韬奋创办香港版《大众生活》,并加入宋庆龄组织的中国保卫同盟执委会,负责出版委员会的工作。

1944 年,金仲华由地下党安排,担任重庆美国新闻处译报部主任。1945 年 9 月回上海,同年 12 月再将《世界知识》复刊。1948 年又在香港创办英文《远东通讯》,此后,金仲华以更多的精力投入到中国人民的解放事业中,直到 1949 年中华人民共和国成立。

二

金仲华从事期刊编辑工作二十多年,所主编和参与编辑的期刊影响了整整一代人的人生观。他是一个谦虚的人,很少谈到自己,对期刊编辑方面的成功经验也没去总结,他又过早地离开了人世,从这个意义上说,他留给我们的东西真是太少了。也正因为如此,我们就更有必要去认真加以思考和总结。

第一,金仲华把期刊作为政治斗争的有力武器,期刊在政治斗争的风云中应运而生。

1934 年,是世界政治形势极为复杂的一年,日本帝国主义侵占华北,大小独裁者希特勒、墨索里尼粉墨登台,蒋介石为首的国民党反动派步法西斯的后尘,采取"攘外必先安内"的民族投降主义政策。中国共产党领导的革命转入低潮。形势错综复杂,读者既难以看清形势,也看不见未来的希望。正是在这种情况下,胡愈之、金仲华等决定创办《世界知识》,利用期刊这一讲坛,与法西斯主义作斗争,拨开读者心中的疑云。

1936 年,国内形势又发生大变化,日本帝国主义咄咄进逼,而蒋介石为首的国民党政府仍采取不抵抗政策,对中国共产党则继续围剿;资产阶级醉生梦死,小市民迷蒙度日,广大人民看不见前途的希望之光。金仲华遂创办《永生》周刊,明确指出:"在目前动荡不安的时代，被压迫的个人和民族求‘生’的道路，只有这样显明的两条：个人的生命应该放在健全的集团中，使它在集团的抗争中延续下去；民族的生命应该在对于侵略压迫的不断斗争中，使它不致被消灭而能发展下去，获得最后的解放。”⑩

抗日战争全面爆发后，金仲华协助邹韬奋创办《抗战三日刊》，号召人民奋起抗战。1938 年，金仲华到香港，利用香港的有利位置，恢复《世界知识》，创办《星岛周报》，大搞统一战线与抗日宣传，与其他进步文化人一道，在把香港变作向澳门同胞及西方国家进行抗日宣传的桥头堡中，发挥了重要的作用。

金仲华以期刊为讲坛，把期刊作为政治斗争的有力武器，一方面与国民党的反动宣传作针锋相对的斗争，一方面及时把进步思想灌输给读者，为读者指明正确的方向。这是他的期刊深受读者欢迎的最主要的原因。

第二，金仲华编辑期刊，讲究编撰结合，走学者化的道路。

金仲华编辑的期刊，早期以青少年和妇女问题为主，中后期以国际问题为主，在这两个方面，金仲华都经历了由爱好者到撰稿人，由撰稿人到编辑，由编辑到专家的过程。在从事编辑过程中，强烈的事业心促使他对期刊反映的主要问题进行深入研究，并以研究心得发表于杂志。1933 年，他出版《妇女问题》一书，成为 30 年代“妇女问题研究热”可数的开拓者之一。1934 年他参与创办《世界知识》后，又把大量精力投入到研究国际政治当中，一有机会，他就抓紧时间学习和锻炼。1942 年 10 月，金仲华出版国际问题专著《世界战争中的印度》，以后陆续出版有关国际问题的其他著译（如《现代十国论》和《战地间谍的故事》等）。其他发表在各报刊的专论国际问题的文章则不计其数。

编撰一身的学者身份，不但使金仲华自己的文章成为“重头戏”而深受读者喜爱，还使他团结到大量的作者，大家共同切磋，分工写作，成效很大。据钱俊瑞回忆，“《世界知识》每期的主要内容都由一些党员和党外进步作家座谈决定，然后分工担任或约请专家撰写”[11]。

第三，金仲华编辑的期刊图文并茂，雅俗共赏。

金仲华本人及经常给他主编或编辑的期刊撰稿的，大都是一些专家学者。学者办刊，注意在“雅”字上下功夫，要做到雅俗共赏并不容易。金仲华在这方面是作了一些努力的，他自己的文章，就算阐述理论，分析时事，也写得鞭辟入里，通俗易懂，饶有趣味。在期刊的技术处理方面，他力求设置较多的栏目，并配上地图、漫画或新闻照片，使得版面生动活泼。徐伯昕在谈到金仲华主编《世界知识》时说：“他孜孜不倦，潜心钻研，在《世界知识》的大众化和形象化方面有独特的创造，我们现在从报刊上看到的一些国内画家制作的国际政治漫画的世界形势地图，就不禁要想起仲华同志在这方面的才华。”[12]张明养也说：“他非常重视图片和国际漫画的选登，竭力做到图文并茂。他还首倡绘制国际形势图解，配合文章，或以图解来说明某一国际事件发生的经过和发展趋向，深受读者的欢迎。”[13]

手绘形势图，并将它在报刊上穿插发表，大量运用，是金仲华的创造。为什么要用形势图这种表现方式呢？金仲华解释道：“在研究国际问题的时候，缺少一个清楚的地理背景，你会把许多事实弄模糊的。同时，一般应用的地图书，疆界和地名虽然完全，却不能把国际的情势表示出来，看起来又是索然无味的。我的计划是要把时事与地图联系起来，增加一般人对于世界情势的了解。”[14]这样，从1935年主编《永生》周刊开始，金仲华就策划绘制起形势图来，《永生》专辟了“每周漫画”和“时事图解”两个专栏，金仲华策划并撰写文字说明（有时也绘图），对日本掠夺华北资源，控制华北、粤汉铁路接轨反映出英日矛盾等重大事件作了简洁明了的图说。1936年，金仲华在上海出版《世界政治参考地图》，连印几版，深受读者欢迎。到金仲华在香港编辑《世界知识》和《星岛周报》时，他对漫画和形势图的运用已相当娴熟了。有关时事分析的文章大都配有漫画和形势图，《世界知识》还多以漫画作封面，甚至“世界大事志”这样的专栏，也以漫画的形式一一标出[15]。1944年，金仲华在桂林出版《第二次战后世界政治参考地图》，“出版以来，初版五千册，于十天内售罄”[16]，可见读者的欢迎程度。

照片、时事漫画和形势图的作用有二：一是把复杂的问题简洁化、图画化；二是在版面上穿插运用，使版面更富有跳跃感，图文并茂，赏心悦目，读者更乐于接受。

金仲华为此还亲自培养了几位绘画专家，先后有沈振黄、金端苓（金仲华的胞妹）和朱育莲[17]。形势图这一表现形式由此逐渐推广普及。

第四，人员精干，精诚团结，合作编刊。

金仲华参与编辑和主编的刊物人员都很精干。有两个时期他既当主编，还兼发行人或督印，集编、印、发于一身。一是在邹韬奋被捕后接办《生活周刊》，另一是《世界知识》在香港复刊。当时的情况，编辑人员虽时有变动，但每一时期，编辑、发行人员都很精干，都能独当一面，像《世界知识》这样刊期很短（半个月）的期刊能持久而正常地出版，在解放前并不多见，这与人员的精明能干是分不开的。

金仲华编刊，注意团结各界人士，精诚合作。编辑人员虽少，编外人员却不受限制。金仲华中后期编的刊物都是讲国际政治与时事的，他就联合一批对国际形势兴趣浓厚的进步作家，经常聚会，畅所欲言，这些人中有夏衍、张友渔、刘思慕、乔木（乔冠华）、王纪元、郑森禹、宋斐如等。另外，胡愈之、邹韬奋、胡仲持、张仲实、张明养、钱俊瑞等新闻出版工作者作为同行同道也经常聚会。往往一次聚会，一顿晚餐，就分工把一期的刊物稿件约齐，到时交来稍加整理，配上插图，就可发排。

在这里，我要着重提到金仲华与邹韬奋的友谊。金仲华比邹韬奋小 12 岁，当金仲华 20 岁刚出校门时，邹韬奋已因编辑《大众生活》和创办生活书店而名满天下了。1934 年 9 月，金仲华参与创办的《世界知识》出版，由生活印刷所印刷，生活书店发行，金仲华开始与邹韬奋交往，并立即为韬奋出众的才华、忘我工作的精神和高尚的人格所折服，从此他们在工作上彼此合作，私人友谊也日增月长。1935 年，金仲华被韬奋聘任为生活书店编辑部主任，同时参与《大众生活》的编辑工作。1936 年邹韬奋因“七君子事件”被捕，金仲华接办《生活周刊》。1937 年抗日战争全面爆发，金仲华协助韬奋在上海创办《抗战三日刊》，并且是最重要的撰稿人。1941 年邹韬奋筹资在香港创办《生活日报》和《生活周刊》，金仲华是七位编委之一，同时他还与韬奋一起参加保卫中国同盟出版委员会的工作。这个阶段，“仲华同志是韬奋同志不分昼夜艰苦奋斗的得力助手。从此他与韬奋同志结成最亲密的战斗友谊。在抗日战争中，从国内到海外，很大一部分时间，他和韬奋同志是形影不离的。韬奋‘热爱人民，真诚地为人民服务’的工作中，也有仲华同志的心血在里面。……可以肯定地说，邹韬奋同志的道路，也就是金仲华同志经历的道路”[18]。这是胡愈之老对金仲华与邹韬奋友谊的客观评价。他们的友谊，是编辑团结合作编刊的典范。

三

金仲华的期刊编辑生涯所表现出来的优良作风，在今天仍具有普遍意义。

第一，舆论导向与读者心理。

“读者是上帝”，但这个上帝却并不是万能的，它心理复杂，甚至有一些不健康的低级趣味。编辑的责任在于正确地引导读者，而不是放任自流，或一味迎合，这就是我们今天谈得较多的舆论导向。金仲华与同人办刊，不管是《世界知识》、《永生》，还是《抗战三日刊》、《星岛周报》,总是根据不同时期的政治形势、读者的心理状况和承受能力,作出正确的判断和引导。《世界知识》刚创刊时,发表大量文章分析法西斯上台的前后情况,日本侵略者的狼子野心等,拨开读者心中的疑团。"从此中国人民有了一个开向世界的窗户,从这个窗子里窥见世界变幻的风云,看到大大小小事件的来龙去脉。"⑲《抗战三日刊》创办之前,国民党采取不抵抗政策,并散布亡国论等投降主义观点,扰乱了读者的心,使一般读者在日本侵略者的咄咄进逼中心慌意乱,缺乏抗战必胜的信心;《抗战三日刊》紧紧抓住抗战必胜这个主题进行宣传,大量报道中国军队抵抗日寇的消息和抗战言论。在香港,内地文化人进入之前,香港小报流行,读者不问政治,趣味低下,被讥为"文化沙漠"。金仲华等到达香港后,立即肩负起"拓荒者"的责任,他将《世界知识》在香港复刊,创办《星岛周报》,向港澳及海外读者宣传抗战,鼓舞士力。

读者是需要引导,也是欢迎编辑的正确引导的,我们从《世界知识》、《永生》、《抗战三日刊》、《星岛周报》等刊物所受的欢迎程度可以得到有力的证明。

第二,学者办刊与雅俗共赏。

编辑学者化是我们今天经常谈论的一个话题,可见颇成问题。在金仲华编刊的时代,做了编辑,自然而然成为某一方面(一般与刊物意旨有关)的专家学者,而早已成了专家学者的也自觉自愿地为它撰稿,并不觉得有失什么身份(如《中学生》这样的普及性刊物,也有大量一流学者为之撰稿,而《世界知识》的撰稿人大都是当时的国际问题专家)。又可见,这个问题在当时并不成问题。

学者编刊,往往"雅"有余而"俗"不足,以致读者觉得面孔太冷而不愿接受。金仲华编刊,一开始就以服务大众为宗旨,对刊物的大众化、形象化非常注意,力图把刊物办得生动活泼。增设栏目,大量运用照片、漫画和形势图等都表明这一点。一般的时势分析均写成漫谈形式,娓娓道来,和蔼可亲,就算长篇大论的政论体,也因条分缕析、文理生动而为读者欢迎,真正做到了雅俗共赏。

第三,编与撰的关系问题。

因是学者办刊,写作自然不成问题,编撰系于一身,在自己所办的刊物大量发表文章在当时是极普遍的现象。又因为编辑者对本刊物的宗旨、读者对象等了然于胸,下笔之际,有所侧重,文章往往是高质量的。这种情况俯拾皆是。以金仲华而言,他在《中学生》、《世界知识》、《永生》、《抗战三日刊》、《星岛周报》等刊物的某一时期,几乎每期都有文章,并时有佳作。编撰一身正是金仲华期刊编辑生涯的特色之一。这一点对我们今天的期刊编辑也是颇有启发的。

注释:

① 金仲华早年的生活经历甚少文献记载,本文主要采用他的胞妹金端苓女士写的回忆文章《仲华哥战斗的一生》(载《解放日报》1988 年 4 月 5 日),以及沈忠于《卓越的新闻出版家金仲华》(载《浙江出版史料》第 6 辑)。

②③④⑱ 胡愈之:《忆金仲华同志及其他》,载《我的回忆》,江苏人民出版社,1990 年。

⑤⑩ 金仲华:《求"生"的道路》(创刊词),《永生》周刊创刊号。

⑥ 第 1 期发表《国际间一致反对侵略者》,从第 2 期开始,连续两个多月在首篇位置,以《战局一览——抗战的最近形势》为总题发表系列文章。

⑦ 其他编辑是沈兹九、王志莘、杜佐周、张志让、张仲实、郑振铎、钱亦石、谢六逸、王纪元。其中至少有五位是金仲华在研究妇女问题和国际问题上的同道朋友。

⑧ 颜秋辑:《著名的新闻活动家金仲华》,载暨南大学新闻系、广州业余大学中文系编《中国新闻事业史研究资料》。

⑨ 胡好:《本报一年来的概述》,《星岛日报》1939 年 8 月 1 日。

⑪ 钱俊瑞:《回顾与前瞻》,载《世界知识》1984 年第 16 期。

⑫ 徐伯昕:《〈世界知识〉与生活书店》,《世界知识》1984 年第 9 期。

⑬ 张明养:《怀念三位老编辑金仲华、冯宾符、吴景崧》,《世界知识》1984 年

第 13 期。

⑭ 金仲华:《序〈第二次大战后世界政治形势图〉》,《世界知识》15 卷 9 号,1947 年 3 月 8 日出版。

⑮ 见《星岛周报》第 11 期“世界大事志”。

⑯ 见《世界知识》15 卷 22 号“书刊广告”。

⑰ 金端苓、刘火子:《仲华哥战斗的一生》,《解放日报》1988 年 4 月 5 日。

⑲ 姜椿芳:《目睹五十年世界大变》,《世界知识》1984 年第 12 期。

原载《编辑之友》1994 年第 1 期

金仲华:新中国对外传播事业的开拓者

王 凡

中国人民敬仰和爱戴的伟大女性、孙中山夫人宋庆龄,生前曾给她的老朋友爱泼斯坦写过一封信,信中说她当时正生病住在医院,医生不让她动笔,可她总是惦记着一件事,就是要写一篇文章,来纪念在“文革”中已故的、她的朋友金仲华。

不久后的 1981 年 2 月,一篇署名文章在《中国建设》杂志上发表,题为《怀念金仲华——中国建设创始人之一》。这是宋庆龄生前写的最后一篇悼念文章。

在文章中,宋庆龄以饱蘸深情的笔写道:金仲华,“是我一直非常尊敬的人。在过去的爱国和进步事业中,他不遗余力地帮助了我和我的同志们。……金仲华秉性正直,他对世上的一切事物都抱着良好的愿望和乐观的态度。他从未料到有那样恶毒的诽谤,他无法容忍那样残酷的折磨。……1968 年 4 月 3 日,他在被迫交代‘罪行’的时候含恨而死。”

今天,重读宋庆龄这些深切的怀念文字,不由让人把追忆的目光集聚于 50 年前,共和国成立之初那万象更新、令人热情澎湃的日日夜夜。

孙夫人最信任和最可靠的人

就在共和国诞生不久的日子里，周恩来考虑到为了让国外了解新中国的真实情况，需要创办一个对外宣传的刊物。一天傍晚，周恩来亲自到北京方巾巷宋庆龄住处同她共进晚餐，并向她提出了办刊的建议。

周恩来说："我近来经常想，中国革命胜利了。现正在轰轰烈烈地进行建设，但国外对中国了解不多，我们是否能办个英文杂志，把中国建设的实情介绍给外国朋友，以增进世界人民的友谊呢。"商议中，宋庆龄非常赞赏周总理的主张，也认为办个英文刊物，让世界了解中国，很有必要。

就这样，在两位中国世纪伟人的不谋而合之中，一本在新中国具有开创意义，影响重大的对外传播刊物开始孕育而生了。

在与周总理晤谈后，宋庆龄便开始为这本英文刊物的诞生积极奔走筹划。在考虑办刊的负责人选时，宋庆龄首先想到了她最为信任的金仲华。她前往上海时，将此事告诉了担任《新闻日报》社长兼总编、中国人民保卫世界和平委员会副主席的金仲华，并同他商议，希望他能予以帮助。对于宋庆龄的要求，金仲华依然如从前一样，没有二话地答应下来。

宋庆龄之所以将这本周总理寄予厚望，在新中国成立后向世界反映她的崭新风貌和形象的重要刊物托付给了金仲华，自然是有其原因的。

金仲华 1907 年出生在浙江桐乡县一个教师家庭。19 岁时以优异成绩毕业于杭州之江大学文学院，打下了厚实的中英文底子。1928 年，金仲华应聘到商务印书馆，在叶圣陶主编的《妇女杂志》当助理编辑，他的才华很快得到叶圣陶的赏识。1934 年，商务印书馆创办了《世界知识》杂志，金仲华任编辑和主要撰稿人。这其间，他撰写了大量国际问题文章，同时还创造性地用国际形势地图和时事图解来配合文章，阅读时一目了然，深得读者喜爱。

正是20世纪30年代中期，金仲华在主编《妇女生活》、《世界知识》、《永生》和《大众生活》等进步、救亡报刊中，与时刻关切着这些报刊的宋庆龄建立了来往，并日渐熟识。

1938年，宋庆龄等在香港发起成立“保卫中国同盟”，金仲华即担任了“保盟”的执行委员。当《保卫中国同盟新闻通讯》中文刊物创刊之际，金仲华与邹韬奋共同担负起编辑的责任。从那时起，金仲华即开始了对外宣传工作的生涯，并直接与宋庆龄密切合作，成为她得力的助手。

金仲华通过《保盟通讯》和他主编的《星岛日报》、《文汇报》等报刊，向国外读者和海外华侨介绍中国国内的真实情况，世界各地有许多华人和外国人第一次从这些报刊上了解到延安抗日根据地以及延安抗大、鲁艺、国际和平医院等情况；第一次知道了著名的黄桥之战、百团大战；第一次知道了国民党发动“皖南事变”的真相……

这些出自金仲华手笔、内容翔实、文字生动的大量报道，唤起了许多海外爱国华侨、国际友好人士对中国人民抗战的声援，他们捐赠了大量物资、药品和钱款，由保卫中国同盟设法送往各解放区和抗日根据地。

宋庆龄对金仲华的工作才能和无私品德非常器重和赞赏，说：“他为此而呕心沥血。他在那时及其以后，曾为中国人民的解放事业争取到同情和支持，其中包括许多外国朋友的赞助。”

在长期的合作中，金仲华日益成为宋庆龄最得力的助手和可信赖的同志。金仲华中英文功底俱佳，文笔流畅，表达自如，所以常常能将宋庆龄习惯用英文撰写的原稿，翻译成具有宋庆龄特有风格、文风，文辞优美的文章，深为宋庆龄满意，以至宋庆龄常请金仲华为她翻译或修饰文章。现在流传下来的不少宋庆龄的重要文章，都是经金仲华之手从英文翻译而成的。

1945 年毛泽东率团赴重庆谈判期间，宋庆龄前往桂园与毛泽东、周恩来亲切会晤，以及后来在她两路口新村的寓所设宴招待毛泽东、周恩来等人，宋庆龄都要金仲华陪同在侧。

新中国成立在即，毛泽东、周恩来联名致电宋庆龄，邀请她北上参加新政治协商会议，共商建设新中国大计。周恩来特地亲做指示："电文望由梦醒译成英文并附信，派孙夫人最信任而又最可靠的人如金仲华送去，并当面致意。"周恩来的指示，也从一个侧面印证了宋庆龄对金仲华的信任度和密切关系。

《上海新闻》与《密勒氏评论报》

建国之初，置身上海的金仲华，就考虑到了对外的宣传工作。1950 年 6 月，新中国第一份英文日报《上海新闻》，就是在金仲华的亲自主持下于上海正式创刊的，金仲华出任社长。

在当时的环境条件下，要在国内独立办好一份英文日报，人才和经验都很不足，任务非常艰巨。金仲华不为所难，虽然他当时还肩负着上海文化出版界的多项领导职务，但仍在这份英文日报的编辑方针和行政管理方面花费了许多精力和心血，积极探求摸索，使这张新创刊的英文日报逐步走上正轨，为刚刚诞生的人民共和国在国际社会树立良好形象发挥了作用。

后来，由于一些客观原因，《上海新闻》于 1952 年底停办，业务人员全部转到了北京外文出版社，继续为国家的对外宣传发挥着作用。《上海新闻》虽然出报的时间不长，却是金仲华运用各种宣传手段进行对外传播的有益探索和尝试。几年后的 1957 年，一个新的英文周报《北京周报》在北京诞生；1981 年，英文《中国日报》创刊。中国的对外传播事业，正是由于金仲华等前辈的辛勤开拓，才得以一步步地蓬勃发展壮大。

解放初期的上海,一份由美国人威廉·鲍威尔办的进步英文刊《密勒氏评论报》,仍在继续出版并对外发行。这其间是与金仲华和中国人民政府的关照、支持分不开的。

《密勒氏评论报》最初由美国人密勒于1917年在上海创办,后由美国人鲍威尔接办,1941年太平洋战争爆发后曾一度停刊。抗战胜利后,老鲍威尔之子小鲍威尔(威廉·鲍威尔)继承父业,将《密勒氏评论报》在上海复刊。

小鲍威尔倾向进步,同情中国人民的解放事业,抗战期间在美国驻华大使馆新闻处工作时,即与金仲华相识。解放战争时期,《密勒氏评论报》倾向鲜明,大量报道了国统区人民反对内战的合法斗争,揭露国民党政府的腐败现象,同时对亚洲和国际形势的分析报道也比较客观、公正,因此,受到国内懂英语的青年学生的欢迎。国民党的宣传部门把它看作眼中钉,但又奈何不得,只能暗中派人破坏。

当上海的掌权交替之后,作为领导主管上海文化工作的金仲华认为,利用外国进步人士的宣传力量、发行渠道,直接对外宣传新中国,会起到独特的宣传作用,是件很好的事。所以,当小鲍威尔在新形势下办刊遇到具体困难时,金仲华总是尽力帮助解决。

从1951年6月起,金仲华派人先后帮助小鲍威尔解决了刊物的登记、印刷、发行以及财政方面的诸多问题。金仲华和助手经常去看望小鲍威尔,有时到延安东路他的编辑部,有时到北苏州路河滨大楼他的寓所,及时了解小鲍威尔的办刊情况和具体问题。正是由于金仲华等的大力支持和帮助,《密勒氏评论报》才得以顺利出版,并在美国发行,使美国人民了解了中国所发生的真实变化。

但这个进步刊物于1953年5月被迫停刊,原因是该报站在正义的立场,公开揭露美国在侵朝战争中所采取的野蛮、灭绝人性的细菌战。美当局害怕阴谋被揭穿，下令美国海关禁止该刊进口，使得杂志无法发行，被迫停刊。

小鲍威尔夫妇回国后，也受到了反动势力的迫害，无法工作，只得靠做些小买卖维持生活。接着，美国政府又指控他“叛国”，要对他实行监禁。1956 年，金仲华在上海主持了新闻界座谈会，抗议美国当局颠倒黑白，迫害进步人士的罪行，有力地声援了小鲍威尔。没想到的是，当 20 世纪 90 年代，小鲍威尔再度访华，想与老朋友金仲华再叙友情时得知，金仲华已含冤离开人世。

为《中国建设》倾注心力

《中国建设》创刊时，曾组成了一个阵容强大，集各界名流的编委会，委员有教授钱端升、新中国的卫生部长李德全、著名实业家刘鸿生、金陵女子大学校长吴贻芳和基督教领袖吴耀宗，而金仲华和陈翰笙分别为编委会的正副主任。

1952 年元月，由宋庆龄亲自确定刊名的英文双月刊《中国建设》创刊号，终于正式出版了。当第一本样刊送到宋庆龄手上时，她非常高兴，立即写信给金仲华，对他和陈翰笙以及所有工作人员为杂志出刊所作的努力，表示“最深的感谢”。创刊号上，还发表了宋庆龄亲自撰写的《福利工作和世界和平》一文。

作为《中国建设》第一任社长的金仲华，虽然身在上海，还肩任着上海《新闻日报》和英文《上海新闻》的总编辑，后又任上海市的副市长，各项工作千头万绪，非常忙碌，但他对宋庆龄交付的《中国建设》杂志的责任，始终放在重要位置，为它的创建和成长付出了大量心血。

正如他在致宋庆龄的信中所说：“《中国建设》的政治影响，无疑远远不止中国福利会的一个机构，尤其它是与你的伟大名字联系在一起的，世界各地的许多人都会把这本期刊看作是新中国的代表。”

出于这样的认识,金仲华总是时刻思考着如何把这本新兴的对外传播刊物办好。他一面直接关注和指导《中国建设》在上海的出版、发行工作,一面利用频繁到北京开会的机会,经常来《中国建设》编辑部讨论、处理工作。

特别是在每年春天全国人大、政协在京开会的较长时间里,金仲华都利用会余之际,召开《中国建设》的编委会,认真研究杂志的编辑方针和各项业务。他还特别热心于帮助杂志的编辑记者,经常鼓励他们深入采访各种社会活动,积极组织专家学者撰写稿件。

金仲华在主持《中国建设》工作的过程中,经常写信给宋庆龄,向她汇报和请示。每期的清样都送宋庆龄审阅,征求她的意见。宋庆龄非常重视和关心《中国建设》的出版,经常在百忙之中写信给金仲华,发表她的看法,有时还作具体指示。仅从金仲华收藏的信件中看,在《中国建设》创刊的第一年,宋庆龄写给金仲华的信件就有 17 封之多。这些珍贵信件,至今仍完好保存着,成为新中国对外宣传事业开创时期的宝贵历史资料。

“要使广大国外读者喜闻乐见”

作为一位拥有丰富对外传播经验的专家,金仲华还经常为《中国建设》等外宣刊物撰写文章。从当时的杂志看,金仲华所写文章,大都反映了新中国的发展,同时又是为外国读者所关心的重大题材。

例如,1952 年,他发表了一篇题为《为工业化准备条件》的文章,从正面阐述了举世瞩目的“三反”、“五反”运动的内容和意义,论说合情合理,深入浅出,有力地驳斥了西方舆论的各种歪曲。1957 年的整风反右运动,是对外宣传十分棘手的题目,但又切实需要反映。金仲华以一篇《一场大辩论》为题,站在历史的高度,平易近人地加以表述,起了一定的释疑解惑作用。

金仲华还非常善于用通俗易懂的文字,向不了解中国国情,甚至有误解的外国读者介绍中国基本知识。如他亲笔写的《人民政协怎样帮助政府工作》、《全世界最大规模的选举》、《节约就是为了更好地建设》等文章,就是非常好的范例。

金仲华还结合对外宣传工作实际,提出了许多饱含自己丰富经验的真知灼见。他经常说:“最好的宣传是使人看不出是在宣传。新闻宣传工作是一种艺术,它通过事实讲话,而不是跟人家针锋相对开辩论会,也不是板起面孔宣传。对资本主义国家的读者进行宣传,更要如此。”

他还说过:“写文章,最重要的是让人读得下去。”“写文章像做人,也要平易近人。”“要根据不同地区,不同环境,不同对象的具体情况来决定新闻报道的方式,要有高超的报道技巧——要稳,要灵活,要避免主观。”“稿件不能穿着干部服、穿着军装出去。不能教训人,不能强加于人,更不能张牙舞爪,要使广大国外读者喜闻乐见。”这些经验之谈,对于今天的对外传媒工作来说,仍是非常宝贵和适用的。

当时的金仲华,还是一位出色的国际民间文化交流使者,他频繁出访世界各国,回来后即经常以轻松随意的笔调,在《中国建设》等杂志上发表出访见闻随感。这类文章颇为贴近国外读者,又有思想深度,成为当时外宣杂志的特色之一。

1958 年,在当时的政治形势下,《中国建设》杂志编辑部曾提出拟多刊些政治斗争的内容,宋庆龄复信说:“我完全同意和支持,但必须表现我们自己的风格。”周恩来知道此事又指示说:“《中国建设》报道中国目前经济文化方面的情况,就已经具有了政治的内容了,不要‘政治化’过多,改变它原有的风格。”陈毅也肯定了《中国建设》报道真实的传统,他说:“事实胜于雄辩,惟真理可以说服人。《中国建设》为世界各国朋友介绍真实情况,这是对世界和平的贡献。”

特别是1958年,毛泽东在武汉阅读了《中国建设》杂志后,说:“《中国建设》用事实说话,对外宣传就应该这样做。”对金仲华和《中国建设》坚持的“真实报道”的方向特色,给予了充分肯定。

如今,《中国建设》已经走过了半个世纪,并于1990年更名为《今日中国》,它已从单一的英文版发展成为拥有中、英、法、西、阿拉伯等多语种多文版的,在世界范围颇有影响的国家外宣刊物。在庆祝这本对外刊物诞生50周年之际,江泽民主席特别发来贺信,以庆贺它50年来所创造的辉煌业绩。称其今天的成果,是可以告慰宋庆龄、金仲华等创业人的。

台湾《中央日报》说,中共意在“勾魂”

1952年,是新中国对外传播事业大发展的一年。年初,《中国建设》英文版刚刚创刊,9月,一家以港澳台侨和海外华人为主要传播对象的国家新闻机构——中国新闻社又宣告成立,出任该社第一任社长的还是金仲华。

说起金仲华出任中新社社长,还有一段小插曲。那是在一次外事活动中,当时的国家侨委副主任廖承志在金仲华陪同下会见一批外国客人。幽默的廖公向客人介绍说:“现在中国有两个通讯社:一个是新华通讯社,一个是中国新闻社。”

在座的外国客人们听了都很惊奇,因为当时中新社成立的消息还未对外公布。廖公接着又对客人们介绍说,这位中国新闻社的社长金仲华先生现在就坐在我们中间。

然而在此前,金仲华并未得到自己将担任社长的正式委任通知。但有着丰富对外宣传经验的金仲华很清楚,在这样的外交场合,如果含糊其辞,就会引起一些敏感的记者怀疑、猜测,于是他干脆毫不迟疑地站起身来,面带笑容地向大家点头致意说:“是,我是中国新闻社的社长。”全场顿时对他报以热烈掌声。

中新社创办初期，社长金仲华给予过许多指示。关于报道的内容和风格方面，他提出，一种是我们需要华侨知道的，一种是华侨希望了解的。报道时要多讲事实，要有故事性，要多一点人物的活动，有时可以用第一人称，要能引人入胜。

金仲华主张对外宣传的面要开拓得更宽一些，城市报道要多于农村，除报道先进人物外，要多报道普通人的生活，如历史掌故、江浙小吃、三教九流、遗老遗少、战犯改造生活等等。报道形式要讲求短、软、宽。

中国新闻社上海分社按照金仲华的意见，请著名越剧演员范瑞娟写了她的新婚生活的文章。香港报纸刊载时把题目改为《我的丈夫，我的蜜月》，后来上海的报纸也转载了。

这一下引起了轩然大波，张春桥首先发难，向中央告状，说中新社“宣传资产阶级思想”，使中新社受到很大的政治压力。后来，还是毛泽东讲了话，他说：“我们的宣传不能天天《上甘岭》，也不能天天《我的丈夫，我的蜜月》。”这才使风波得到了平息。

现在看来，《我的丈夫，我的蜜月》一文很讲究外宣技巧，用第一人称，用生活化的题材，引人入胜的形式，蕴含了新中国家庭幸福生活的主题，是一篇好文章。后来，当中新社负责人将这件事告诉金仲华时，他意味深长地笑了。

1961 年 10 月，中新社还根据金仲华的指示精神，组织和报道过一次别开生面的座谈会，应邀而来的是末代皇帝溥仪和四位辛亥革命老人，这几个人往一起一坐，就将收到意想不到的对外宣传效果。四位辛亥革命老人之一的熊秉坤，是辛亥革命打响第一枪的人；而鹿钟麟，则是当年亲自押解溥仪出紫禁城的；温楚珩当年和九位战友带两个连光复了汉口；邱文彬率炮队在昆山打炮，一炮打翻了湖广总督的签押房，吓得他落荒而逃。

几位历史人物不期而遇，坐在政协第四会议室的沙发上的对话,至今令人难忘。

鹿钟麟见到溥仪说:“奇遇!奇遇!想不到今天在这里见到你。你不是人民的敌人了,已经是新生的溥仪了。”

溥仪随即掏出小本子对他说:“签个名吧,给我留作纪念。我现在是中华人民共和国的公民了。”

鹿钟麟问溥仪:“那年我押你出皇宫,下车时问你,愿做民国的普通公民还是愿做皇帝呢?你当时说愿做民国的公民。”

溥仪老实承认说:“我当时嘴里说愿意做普通公民,但心里想的可不是那么回事。”

那一年,熊秉坤已是 77 岁的老人了,他伸出五个手指头对溥仪说:“辛亥革命 50 周年了,你还年轻,希望你能为社会主义多做些事。”他提议:“咱们照个相吧,实在太难得了。”

在场的中新社摄影记者张茂新连按快门,拍下了这一历史性的传奇特写镜头,文字记者立即写成新闻特写,记叙了这个生动场面。这一组报道在海外引起了很大反响,后来,中新社还陆续发表了一些战犯改造的生活化报道,江浙风味小吃的介绍等报道,台湾《中央日报》社论说,中共意在“勾魂”。

中国新闻社经过几年的创建发展,逐渐在宣传报道上形成了自己独特的风格,与海外媒体建立了广泛联系,并培养出了一大批擅长对外报道的人才,中新社的稿件在侨报、港报广受欢迎,也深为海外读者喜爱。这些成就的取得,是与第一任社长金仲华的正确引导和把握分不开的。

每一回溯新中国对外传播事业走过的历程,点数辉煌的业绩,金仲华宵衣旰食精力充沛的身影音容,就会浮现在人们眼前。历史和人民,永远不会忘记他。

原载《人物》2003 年第 4 期

存　目

金立勤　《回忆父亲金仲华》

1987年4月3日《联合时报》

胡愈之　《金仲华同志及其他》

1978年8月14日《文汇报》

思　慕　《深深的怀念——回忆金仲华同志二三事》

1978年8月15日《解放日报》

巴　金　《怀念金仲华同志》

1978年8月20日《文汇报》

白　彦　《怀念金仲华同志》

1980年4月1日《文汇报》

徐铸成　《竞争与互助——回忆金仲华与“孤岛”报纸》

《新闻大学》1982年第5期

叶圣陶　《追忆仲华兄》

1983年4月4日《人民日报》

王知伊　《追念金仲华同志两事》

1983年4月7日《新民晚报》

张明养　《怀念三位老编辑——金仲华、冯宾符、吴景崧》

《世界知识》1984年第13期

柳　湜　《金仲华先生》

《人物》1985年第5期

嘉　尧　《国际问题专家金仲华》

《编辑记者一百人》，学林出版社1985年

徐淡庐　《怀念金仲华》

《红岩春秋》1994年第1期

陈　挥　《金仲华和邹韬奋》

《编辑学刊》1996 年第 5 期

王建辉　《编辑岗位上的文化战士金仲华》

《老出版人肖像》,江苏教育出版社 2003 年

赵家璧

赵家璧(1908～1997),上海市松江人。1925年秋入上海光华大学附中学习,参与校刊《晨曦》的编辑工作。1928年入光华大学攻读英国文学。1932年毕业后,先后任良友图书印刷公司编辑主任,先后结识鲁迅、茅盾等著名作家,开始从事左翼文艺运动。曾主编《一角丛书》,共出80余种。编辑《良友文学丛书》45种、《良友文库》等。1935年发起主编总结我国新文学运动第一个十年(1917～1927)成就的《中国新文学大系》(10卷)。在抗日战争时期,主持恢复良友复兴图书公司,出版了郑振铎编印的《中国版画史图录》(20卷)。1943年,在桂林再度恢复良友公司。1945年在重庆复业,出版了茅盾等人的作品。1946年,在老舍的帮助下,合办晨光出版公司,自任经理兼总编辑,主编《晨光文学丛书》40余种,《晨光世界文学丛书》24种。新中国成立后,历任上海美术出版社、上海文艺出版社副总编辑,中国出版工作者协会第一届理事、第二届副主席,上海市政协第二届至第六届委员，第七届常委，他是“韬奋出版奖”的获得者。其主要编辑理论著作有《编辑生涯忆鲁迅》、《编辑忆旧》、《编辑故旧录——编辑忆旧续编》、《回顾与展望》、《书比人长寿》等。

赵家璧先生从事编辑工作60余年，编辑出版了许多有重大影响的系列丛书。尤其他主编的总结五四以来十年间新文学成就的巨大工程——《中国新文学大系》，为中国现代出版史树立起一座丰碑，影响遍及海内外。

编辑生涯自述

赵家璧

赵家璧，生于1908年10月27日上海市松江县。在松江第一高小读书时，由语文老师推荐，最初阅读《新青年》、《新潮》等刊物，对课本之外还有一个广大的知识世界有了朦胧的认识。1923年，松江人赵祖康、钱江春等在沪创办《弥洒》月刊后，即与同班同学夏侠等在老师指导下，编了一个油印校刊《茸报》，发表对校政设施的批评意见，不久被校长勒令停刊。

1925年，在上海圣约翰大学附中读书。“五卅”惨案发生，爱国学生爆发反帝爱国斗争，6月3日大中学生三百余人全体离校，由学生家长张寿镛、王省三等自办私立光华大学暨附中，秋季开学后转入光华附中。当时有附中学生自治会组织，下设编辑部，规定出版校刊，取名《晨曦》。赵参加四人组成的编辑部，最初任书记，继任中文部主任，高二时任总编辑。校刊原按教会学校惯例，分中英两部，赵取消英文部分，扩充中文篇幅，每期十二三万字，由本校师生撰稿。为了改用道林纸印刷，提高刊物封面印刷质量，向社会公开发行，因学生会经费有限，赵兼任广告主任，课余外出向厂商及同学的工商业家属兜揽广告，使校刊收支平衡，先后共出六期。

解放初期,上海文艺出版社编印的《全国现代文学期刊目录》也把该刊列入。赵在中学时代就爱好英美文学,他在校刊上连续发表的介绍王尔德的《道林格莱肖像画》一文,自投《小说月报》,被录用刊于该报第 18 卷第 10 期《近代名著百种述略》栏目内。此外,他还向《学生杂志》、《申报·艺术界》等报刊投寄文章,也为大学部所办《光华周报》写稿。

1928 年春,由大中学毕业班合编的《光华年鉴》编委会,选赵担任印刷主任,由他承担年刊的印刷出版任务。经广东籍同学的介绍,与成立不久的广东企业家伍联德创办的良友图书印刷公司谈成协议,保证半年内出书。就这样,他和良友发生了关系,与伍联德交上了朋友。

1928 年秋,赵曾以创办专供大专学生阅读的刊物《中国学生》的出版计划送交伍联德。伍研究后当即同意,亲自驾车到校,请赵出任主编。1929 年 1 月,图文各半的《中国学生》月刊创刊,第一期由明耀五与赵二人合编,第二期起,由赵独任主编,这样半工半读地编了三年。1931 年,九一八事变爆发后,国内外形势突变,赵向伍提出停办月刊,另编一套配合时事,包括文艺创作的廉价小丛书《一角丛书》。经过实践,说明只有跟上时代,选择符合群众需要,而又出于名家之手的作品,才能受到读者的欢迎。于是赵对出版工作第一要记住读者,第二要记住作者的关键有了初步的认识。《一角丛书》的出版,正碰上九一八事变的发生,出师不利,销路呆滞。后来得到胡愈之的《东北问题的国际观》和罗隆基的《沈阳事件》两本名著,顷刻获得了生命。这套小丛书的设想,赵是从美国当时出版售价一律美金五分的《小蓝书》(Little Blue Book)得到启发后创刊的。这是一套综合性廉价小册子,因售价低廉,携带方便,内容多样,作者队伍整齐,选题适合群众迫切需要而获得好评,共出 80 种,实销五六十万册。内分国内外政治经济、介绍苏联、名人传记、文艺创作、社会科学、自然科学等;作者中有当时"文委"、

“社联”、“左联”、“剧联”作家林伯修、何思敬、周扬、夏衍、阿英、郑伯奇、丁玲、林克多、赵铭彝、钱亦石、欧阳山、袁殊、沈起予等。

《一角丛书》的初步成功，使赵家璧编辑系列化大丛书的想法得到了鼓舞。《良友文学丛书》以软布面精装、米色道林纸印正文，每种新书出版先发售作者编号签名本，不论篇幅厚薄，售价一律九角，因而在出版形式上独树一帜，在当时一般文艺书都是纸面平装本的书市上，显得与众不同。更引人注目的是丛书作者名单，如鲁迅、茅盾、老舍、巴金、丁玲、叶圣陶、施蛰存、沈从文、张天翼、郑振铎、丰子恺、凌叔华、沈起予、周作人、徐志摩、朱光潜、谢冰莹、俞平伯、王统照、杜衡、陈铨等，中国现代文学史上的有代表性的作家，差不多都为这套丛书写过书，而他们之中又包括当时的各个地区、各种流派的作家，这是这套丛书的一大特色。先后出版了四十余种。这套丛书的编辑和装帧设计，赵也是得之于当时美国出版的一套畅销文库《近代丛书》(Modern Library)的启发。那套书也是软布面精装，每种售价一律美金九角，共出一百余种，包括古典的和现代的世界文学名著。《近代丛书》在30年代后期又加出一种Modern Library Giant，赵也另外编辑了厚约一千余页的布面精装的《良友文学丛书》特大本。抗战前出了四种：鲁迅的、巴金的、张天翼的和沈从文的。后两种实际上是作者的中短篇自选集，均厚八百多页。原来曾约郁达夫也选一本，战争爆发，这些计划都中断了。

如果说上述一小一大的两套丛书，是从美国的出版物中择优引进的，那么至今常受人称道的十卷本《中国新文学大系》(1917~1927)的编辑思想，来源于日本人内山完造所开的内山书店。鲁迅先生接见赵都在内山书店，内山也和赵相识了，经常把日本各大出版社的图书目录和广告宣传品送给赵，赵拿回家去，就仔细翻阅，其中书名都用汉字极易了解，他就依靠这些作“他山之石”，探索新选题。当时日本出版社出版了各种内容和开本的文库、大系、丛书、集成等成套系列书，赵翻阅之际，结合自己的思想和当前出版界读书界的现状，当时上海几家大书店正大量翻印了几套古典文学大丛书，他就从文化积累工作出发，试图编辑一套与《良友文学丛书》同样开本的名为《五四以来的现代文学名著百种》，后来考虑到牵涉原书出版者版权问题不得不放弃了。以后与阿英、郑伯奇、郑振铎、施蛰存等先后交换意见，逐渐形成出十卷本名为《新文学大系》的分类整理五四以来新文学成就的设想，分请十位名家来编选，兼写导言等，并请蔡元培写总序。但真正在赵的头脑里，自觉的计划渐趋成熟，心中真正有了个底是在和茅盾先生几次通信和交谈以后。所以《大系》的真正主编者应当说是茅盾先生。茅盾在1934年4月号《文学》书评栏内评论王哲甫的《中国新文学运动史》时，茅盾就有一个和赵类似的想法（见《文学》3卷4期，1934年4月）。当赵去找他请教时，他感到两人想法走到一处去了。茅盾在他回忆录（18）中在说到他于1935年参加《大系·小说一集》时，除称赞这部大书说“总之，称得上‘声势浩大’”四个大字之外。接着，他又说：

> 赵家璧是良友图书公司的编辑，同时又是一个思想进步的文学青年，他“进入”良友之后，给原来只出画报的良友图书公司注入了新的血液，在他的主持下，成立了文学出版部，出版了大量的进步文艺书籍，而且特别注意书籍的纸张、印刷、装帧的精美，在上海出版界中独创一格，很得作家和读者的欢迎。出版《新文学大系》就是赵家璧想出来的。大约1934年10月间，赵家璧给我写来一信，告诉我他有一个编一套名叫《新文学大系》的如此如此的庞大计划，希望得到我的支持，并请我担任关于小说部分的编选人。……我那时刚写过一篇评论新文学运动史的文章，感慨于没有人来编一本合用的新文学史，见到赵家璧的信，自然十分兴奋，当即复信表

示支持，并提出了一些建议。

茅盾在回忆录中还介绍了他的一段《编选感想》，说明他为什么把这套大系称为"第一辑"。将初期十年的新文学的史料作一次总结，这在今日的出版界是一桩可喜的事，至少有些散逸的史料赖此得以更好地保存下来。我所以说"第一辑"是寄希望于"第二辑"、"第三辑"的继续出版，虽然在当时的政治形势下，还看不到新文学运动第二阶段的结束，出版第二辑更见渺茫。然而我相信，历史虽有暂时的停顿甚至倒退，但终将向前走去。茅盾的这个续出第二辑的计划，赵自己无力完成。直到建国后的1984年，党中央拨乱反正，解放思想的政策下达后，才由上海文艺出版社，继重印《大系》(1917～1927)后，由该社社长兼总编辑丁景唐主持编辑，完成了20卷本的《大系》第二辑(1927～1937)的历史任务，由周扬、巴金、夏衍、于伶、师陀、艾青等撰写导言，并聘赵家璧为顾问。听说将来还准备续编第三辑(1938～1949)30卷。这样，就能把30年代的一个庞大的出版理想，全部实现了。

赵家璧从中学时代就爱好英美文学，1929年升入大学后选读英国文学系，徐志摩所开的课程他都选读，师生间感情甚深。赵参加良友任编辑后，对英美文学兴趣甚浓。徐志摩不但自己爱书，并主张为学必须博览群书，多跑书店，因此经常带了学生去南京路外滩的几家西人所开的大西书铺找书、翻书。赵家璧在开架的英文书海中，除了满足他文学上的需求外，从他从事的出版工作出发，他企图从英美的大出版社所出版的装帧精美、内容丰富的成套书中，求得一些启发。最使他羡慕的是国外各个著名作家的成套全集本，当时在上海新书业中尚不多见。徐志摩1931年11月19日因飞机失事逝世后，赵就有为诗人编辑一部《徐志摩全集》八卷本的设想。1935年底，《大系》大功告成，开始出书，店主给他一个月假期去北京旅游。赵在京遇到许多五四时代的文艺界老人，赵就提出拟编《徐志摩全集》的计划，得到冰心、郑振铎、沈从文的热情支持。返沪后，征求茅盾的意见，也认为值得出，为现代作家编全集开个头。赵在陆小曼帮助供稿下，很快编成八卷本。最后由于胡适从中破坏，陆小曼把该稿移交给王云五。赵的一个编辑梦破灭了。这个理想，经过半个世纪的曲折经过，才于1983年由香港商务印书馆改为五大卷在港出版。香港商务还托人转请赵家璧为此书写篇序，并去信给赵说："王云五时商务没有做完的事情，希望由我们去做完它。"赵欣然同意，并写了篇五千字长序，赵在序文开头处说："这对我来说，真是喜出望外，是我晚年生活中一件值得高兴的事！"

1936年《新文学大系》十卷本出齐后，赵又在蔡元培先生的建议下，计划替五四以来的翻译工作也进行一次整理总结，可以短篇小说为范围，再编十卷《世界短篇小说大系》，仍由蔡元培写总序。经过努力，约定黎烈文（法）、耿济之（俄）、傅东华（英）、郭沫若（德）、郑伯奇（日）、郁达夫（北欧）、戴望舒（南欧）、曹靖华（苏联）、巴金和鲁彦（新兴国）以及赵家璧（美）十人分别担任各卷编选并撰写导言。当时集稿已近半数，计划开本装帧、印刷用纸完全和《新文学大系》相同，故称之为姊妹篇。1937年7月号《良友画报》封底已刊出发售预约广告，一个月后，"八一三"战争爆发，这个编辑计划，被扼死于母胎之中。近年来赵家璧曾在回忆文章中多次呼吁，能有翻译家人士来实现这一计划，但至今音讯全无，他颇感遗憾。

赵家璧在30年代另一个编辑计划——出版《小说年选》，幸而动手较早，在1936年出了一卷，但此后就无以为继了。这一构思也是从英美日本每届圣诞节前，抛出这一年的小说年选、独幕剧年选或文学年鉴而创办（形成）的。他的编辑方法有一个特点，不是一个人、一个团体或一个刊物主编，而由他向各地区各流派或各大文艺刊物，邀请20位著名作家或编辑分别自选一年来自己认为最佳作品(短篇小说),汇编而成。抗战爆发前出版了一大厚卷《二十人所选最佳短篇集》,标明 1937 年,计划此后每年出一卷,也由于抗战爆发,仅出此一卷,所以是最先的也是最后的一卷了。大约这个选集还有些参考史料价值,1982 年,经萧乾、严文井两同志推荐,由花城出版社按原书重排横排本出版。一本书经半个世纪又得人重印,对编辑者是莫大的安慰了。

赵家璧从 1932 年起,又编辑过一套《良友文库》,50 开本布面精装袖珍本,包含短篇集、剧本、传记、散文杂感、文艺理论等,共出 16 种,作者中有艾芜、王任叔、丰子恺、刘半农、蹇先艾、万迪鹤、梵澄、穆时英、刘铁云等,封面另加封套,用新五号字,售价较廉,自成体系。1935 年 5 月,接受张天翼同志的建议,并在张天翼的协助之下,为当时"左联"青年作家 12 人,专编《中篇创作新集》一套,都是未发表的新作,篇幅都在 170 页左右,统一开本,统一封面设计,统一售价(3 角),几乎一次出齐。原计划 12 种,因两位作者交稿较迟,共出 10 种。作者中有周文、舒群、罗烽、草明、荒煤、白尘、欧阳山等,其中有些是处女作,有的以后就被认为是成名之作。

赵家璧在编辑上述各种系列文艺书外,也编辑过《万有画库》40 余种,36 开本,全部摄影图片,售价一律 3 角,这是利用良友所藏国外画册翻印改编的,与良友出版画报画册的传统,具有一定的关系;而且这一品种,和赵家璧后半生在晨光出版公司编辑大量宣传新中国、宣传苏联的摄影画库,因而在建国初期,被调入上海人民美术出版社工作是有一定关系的。在编辑出版美术书方面,还应当提一下,他在 1936 年曾请鲁迅编、序过影响很广的《苏联版画集》。也是在鲁迅影响之下,编辑过 4 卷本《麦绥莱勒作木刻连环画》丛刊。还有最早介绍苏联的大型插图本《苏联大观》(韩起编译),那还是 1933 年的事,该书由胡愈之作序,蔡元培、柳亚子、甘乃光题字。

回头再谈出版《苏联大观》的 1933 年,那是赵刚刚正式参加良友的开始。那年,国民党反动派那双白色恐怖的手,开始伸入良友公司。那年11月13日,继艺华影片公司被捣毁后就有暴徒用铁锤击破门市部大玻璃窗。鲁迅《准风月谈》后记中曾有详细的评述。鲁迅在抄录"铲共同志会"发给上海各书店的恐吓信中一段话"如有不遵,我们必以较对付艺华及良友公司更激烈更彻底的手段对付你们,决不宽假"之后,他说:

> 一个"志士",纵使"对于文化事业,热心异人",但若会在不知何时,飞来一个锤子,打破值银数百两的大玻璃;"如有不遵",更会在不知何时,飞来一顶红帽子,送掉他比大玻璃更值钱的脑袋,那他当然是也许要灰心的。然则书店和报馆之有些为难,也就可想而知了。……

击毁大玻璃窗后,文化特务头子(名义上是上海市教育局局长)潘公展还亲笔写信给良友经理,召见谈话,施加压力,要把赵解雇。幸经伍联德、余汉生两先生主持正义,不为所屈,并请甘乃光先生转请南京粤籍国民党左派人士,出来说了几句公道话,潘公展见风转舵,不了了之。良友公司此后虽也经历了风风雨雨,但直到抗战,编辑方针未受重大影响,因此上述各套丛书,终于与读者都能见面了。

"八一三"抗战爆发,良友地处战区,损失惨重,先迁江西路某大楼暂维营业,旋即向租界临时法院申请宣告破产,赵家璧失业了。1937年在上海光华实验中学任副校长,兼任英语教职。1938年被美商英文《大美晚报》聘去,主编《大美画报》约半年。1939年1月改组后的良友复兴图书公司在沪成立,每月花300大洋请一美国人出面,《良友画报》复刊,挂了美商招牌可以不受日方书报检查,自由出版,宣传抗日,经常发表延安来稿,刊载八路军新四军照片。赵改任副经理兼总编辑，除将《良友文学丛书》的一部分改出白报纸普及本外，接受郑振铎所编的五函二十卷《中国版画史图录》的出版工作，同时编辑《耿译俄国文学名著丛书》，由老翻译家耿济之担任翻译，计划出版十部，后仅出陀思妥耶夫斯基著《卡拉马助夫兄弟们》和高尔基的《家事》两部。

1941 年 12 月 26 日，太平洋战争发生，挂了美商招牌的《良友画报》连同良友复兴图书公司，被认为宣传抗日共产有罪，与商务、中华、世界、大东、开明、生活、光明等同时被日寇查封，不久，同被启封。当时股东内部有个别别有用心的商人，提出与日方合作的计划，因《良友画报》畅销南洋群岛，正好宣传所谓"东南亚共荣圈"。赵家璧竭力反对，其他股东与职工也不同意，赵托人去向上海生活书店王泰来打听他们的行动。当时上海进步的中小书店都去桂林设店营业，因桂林政治控制较宽，交通方便，上海与良友有密切合作的科学印刷厂也已迁桂开张。赵家璧便与张沅恒密商，乔扮商人，不携片纸或书型，几乎空手逃往桂林。到达桂林后，得到张瑞芝的大力资助，另招新股，筹得现金，于 1943 年 2 月 1 日在桂林租得懋业大楼三楼复业。画报因战时印刷纸张条件限制，无法复刊；当即用土纸将部分《良友文学丛书》重排出版土纸本。赵又创刊《双鹅丛书》，出版了金仲华序，邬侣梅译《日本还能维持多久?》，萨空了译（时在监狱中）美国法斯脱作《公民 · 汤 · 潘恩》，赵自己译了美国斯坦贝克反法西斯新作《月亮下去了》等；并为《良友文学丛书》新出了王西彦的《村野恋人》和端木蕻良的《大江》两部长篇，后者还请张光宇作了插图，用木刻制版后印。又出了一本沈从文作《从文自传》，是从《从文习作选》中抽出单独出版的。《双鹅丛书》中还重印了马国亮的《偷闲小品》和其他几种，被日寇查封的良友，又在战时文化城里竖立起来了。

1944 年 6 月，湘桂战争发生，桂林全城，奉命疏散，当时赵家璧全家老小已全部自沪迁桂。于是合家逃难，扶老携幼，历尽艰辛。到年底才逃到重庆。幸经张华联同学的帮助,无条件租到了民生路英年大楼二楼三间屋,又向银行借到了一笔贷款,良友复兴图书公司于 1945 年 3 月 1 日恢复营业。当时张沅恒已脱离良友去昆明经商,因为他是画报编辑,画报复刊绝望,他也无意于留在出版岗位上。当时,国难深重,物价昂贵,一家生活,极难维持;张沅恒曾屡次苦劝赵弃学(编辑出版)就商。赵考虑再三,认为良友的进步出版事业,自 30 年代白色恐怖时期开始,历尽坎坷,复兴良友,逃离上海,都得来不易。现在抗战已进行了快到最后阶段,良友在作者和读者中已建有一定的信誉,从少年时代就爱上编辑工作,鲁迅先生的教导,茅盾先生的帮助都使他不忍舍弃这一事业。故当即婉谢了张沅恒的劝告,并让他离开良友,这样身边仅留下一位共患难同生死的老同事王九成先生,他是从 30 年代起一直在良友工作,专门负责业务的。于是就在重庆这一战时首都,再从零做起,把从桂林带来的纸型,在渝用土纸重印《良友文学丛书》,因为桂林撤退时,所有存书存纸,都在金城江一场大火中付之一炬了。

到重庆时,巴金已先赵而到,他和吴朗西主办的文化生活出版社重庆分社早已立住脚跟。当赵彷徨歧途,在选择今后的前途时,老友巴金给了赵最大的安慰,帮赵下定继续走编辑出版这条道路的决心。巴金不但精神上给了赵极大的支持,当他听到赵要在重庆把《良友文学丛书》继续出版新书,以求恢复业务时,他立刻答应给赵一部新的长篇,那就是后来出版的《寒夜》。巴金在后记中说:

> 1944 年冬天桂林沦陷的时候,我住在重庆民国路文化生活出版社楼下一间小得不可再小的屋子里……有一天,赵家璧兄突然来到文化生活社找我,他是空手来的。他在桂林创办的事业已经被敌人的炮火打光了。他抢救出来的一小部分东西也已在金城江的大火中化为灰烬。那损失使他痛苦,但

他并不灰心。他决意要在重庆建立一个新的据点。我答应给他帮忙。我了解他，因为我在桂林也有着同样的损失。

于是在一个寒冷的冬夜里，我开始写了长篇小说《寒夜》。……

赵这个编辑，在十分困难的处境下，得到的作家给赵雪中送炭的温暖友情，岂止是一部书稿而已，这是一股伟大的精神上的力量；而且不止巴金一人。赵当时工作在重庆，家住北碚，而老舍的全家大小也住在北碚。赵又从这一位作家那里得到了同样的精神上的支持。不久就把刚写成的《四世同堂》第一、二部《偷生》、《惶惑》各上下四册交赵编入《良友文学丛书》中。此外，茅盾也把他的杂文集《时间的纪录》给了赵。编辑得到了作家的支持，又如获得了生命。在重庆的最后一年，正值良友图书公司成立 20 周年，为了庆祝这个可纪念的日子，赵仿照开明书店出版《十年》的方法，请十位名作家各写一篇散文，编成《我的良友——纪念良友创业二十周年散文集》，作者有巴金、冰心、艾芜、老舍、沙汀、茅盾、郭沫若、洪深、曾虚白、靳以十人。这本纪念文集，现在已成为赵在抗战八年期间最后编成的一部书了。因为在重庆后期计划的《新文学大系·第三辑·抗战八年》，以后都没有实现，仅仅成为赵的一个空想而已。

在北碚时期赵与老舍交往甚密，老舍对赵不但友情很深，对他当编辑出版的经验和能力，也具有一种信心。1945 年年底赵自渝返沪，良友股东内部意见分歧，主要是反对良友内迁的个别商人股东，要争夺这一具有光荣历史的出版阵地。赵与郑振铎商谈后，郑主张对良友这个事业，不应放弃，否则宁可玉碎，不能瓦全；郑劝赵急流勇退，如赵有意，可参加上海出版公司工作。正当赵进退两难之际，1946 年 2 月 21 日老舍与曹禺应美国国务院邀请经沪去美讲学，赵曾宴请老舍、曹禺、巴金、郑振铎、叶圣陶等于愚园路寓所，赵当时在良友的处境困难，郑振铎、巴金二人都知道，并十分同情，老舍此时也听到了一些。

老舍过去一直有过一个理想，要办一个出版社，第一要保障作家应得利益，第二要出版有益于人民的书。老舍当时听邀请他去美的美国大使馆文化参赞费正清夫人威尔玛说，他的《骆驼祥子》在美被译成英文后，已成畅销书，老舍到美后，出版商可以付原作者以一定的稿酬。因此就约赵详谈，劝他放弃良友，与老舍合作，另办一个出版社，除出版其他文学名作，专编一套《老舍全集》20卷，即以《四世同堂》3 部 6 卷开始，并要赵自己也想法去凑几个钱，由赵任经理兼总编辑，老舍不管业务，但以“以诚相见”4 个字向赵提出作为互守的信条。这样就在 1947 年 6 月在沪成立了晨光出版公司。按《良友文学丛书》体例，另编《晨光文学丛书》，即以重庆时期老舍和巴金 2 人支持赵的 4 部长篇小说：老舍的《偷生》和《惶惑》、巴金的《寒夜》和《第四病室》为第一批新书，立刻得到读者和作者的欢迎。这套丛书除先后出版老舍全部著作外，又出版了钱钟书的《围城》、师陀的《结婚》、李广田的《引力》、萧乾的《珍珠米》、田涛的《流亡图》等。先后 40 余种。又经郑振铎、冯亦代介绍，出版《美国文学丛书》（出版时改称《晨光世界文学丛书》18 种 20 卷），都是现代美国作家，从爱伦坡到海明威各家的代表作，尽收在内，首次为我国读者，提供了一幅开阔的美国文学全景图。译者中有楚图南、毕树棠、朱葆光、马彦祥、冯亦代、罗稷南、焦菊隐、吴岩、徐迟、荒芜、张骏祥、洪深等。全书封面装帧由美术家庞薰琴设计，典雅优美，别树一格。书分平装本、精装本两种。此书出版时，正迎合上海的解放。赵家璧的文学编辑生活，此时正好告一段落。

1949 年 5 月，文学编辑赵家璧就得到党的重视，被选为出席首届全国文代会华东区代表。大会期间，参观了第一届全国美展，在江丰、古元、彦涵、李桦、可扬协助下，由晨光出版了《新中国版画集》和解放区画家作的《木刻连环画丛书》。在此以前，还出版了《中国版画集》，萧乾编的《英国版画集》和《日本人民版画集》，开本装帧都和良友版《苏联版画集》一样。赵这样做，是有一个编选一套《世界各国版画大全》的庞大理想，当然仅做成了一半。

1950 年北京举行第一届全国出版会议，赵家璧也被邀参加。他当时就要求将晨光出版公司加入公私合营出版机构；因时机尚未成熟，组织上指示晨光可在摄影画册方面大力发展，做出一点自己的出版特色，缩小文学书的范围（当时中小书店都竞出文学读物）。赵家璧就创刊晨光画库，两年中编了一百余种。这类形象化普及读物，有系统地介绍新中国和苏联的各种新建设，极受读者欢迎，销售总数高达百万册。又请阿英编《工厂文艺习作丛书》，先后出版 25 种，都是京津一带青年工人作家（所写），作者中有钱小惠、何苦、王昌定、鲍昌、阿凤等，有理论，有小说，有美术作品等。

1953 年 5 月，晨光出版公司批准结束，进行社会主义改造。赵家璧被安排在上海人民美术出版社，任副总编辑，并创设一个摄影画册编辑室，兼任室主任。当时除继续编辑各种画库外，赵计划编辑大型文艺家画册，选题中有鲁迅、齐白石、梅兰芳、徐悲鸿等；另外利用国外已有材料，编了一套中型《外国名作家画传》，出版了五种：满涛编《契诃夫画传》、以群编《高尔基画传》、郑君里编《史坦尼斯拉夫斯基传》、柯蓝编《尼·奥斯特洛夫斯基画传》。

1950 年，赵曾被聘为上海光华大学文学院副教授。

1959 年，转任上海文艺出版社副总编，分管外国文学编辑室，直至 1966 年 5 月。

1972 年 4 月，在上海市新闻出版五七干校退休。5 月起参加上海市政协编译组，参加集体翻译国际问题书籍，到 1974 年，共译了七十多万字，内有斯诺作《漫长的革命》、《国际事务概览》和《第二次世界大战史》等。

“四人帮”被粉碎，特别是党的十一届三中全会，拨乱反正、解放思想，党的知识分子政策和双百方针得到落实后，作为一个老编辑，赵感到自己又年轻起来。1980 年上海出版工作者协会和中国出版工作者协会先后成立后，都被吸收为会员，并分别担任两会副主席。赵感到党还是把他作为出版战线上的一个老兵看的，虽然已年逾古稀，还可以为新中国的出版事业，作出应有的贡献。

赵现在虽已退居二线，甚至可说三线，(但)赵要把他作为一个文学编辑者的回忆史料，一篇一篇写下来。如果这些回忆录对现代中国文学史、出版史研究者，有一点参考价值，赵也算对国家的“四化”事业尽了自己的责任了。

1981 年，北京人民文学出版社为赵出版了《编辑生涯忆鲁迅》；1984 年，北京三联为赵出版了《编辑忆旧》；今年山西人民出版社将出版赵的《回顾与展望》，香港三联将出版赵的另一本回忆录《书比人长寿》。今后计划在有生之年，再继续写下去。

古人云“生不立传”，赵这篇是向组织交代的自传，仅供参考。

1986.5.23.

选自上海鲁迅纪念馆、上海文艺出版社编
《赵家璧纪念集》，上海文艺出版社1998年

我是怎样爱上文艺编辑工作的

赵家璧

1922 年我进松江县立第一高小，国文老师王者五见我喜爱看书，就把教员办公室书橱里几包多年来尘封未动的《新青年》、《新潮》，一本一本地借给我带回家去。这使我第一次接触到定期刊物

这一出版形式，并从中吸取了许多新思想；更为我打开了知识宝库的大门，发现课本之外还有一个极大天地。接着我便常去离家不远的松江县立图书馆，借阅新文艺小说和《小说月报》、《学生杂志》等。正巧这两年暑假，由共产党员侯绍裘担任校长的景贤女中，假松江图书馆大礼堂办了两期暑期学术演讲会①，应邀来松演讲者有恽代英、陈望道、邵力子、杨贤江、沈雁冰等，我和几位小朋友都去听了。当时说不上听懂多少，至多只能说是一知半解，但对最后两位演讲者印象甚深，因为我已从《学生杂志》和《小说月报》的版权页上，知道他们分别是两种杂志的编辑。1923 年，上海创办了《弥洒》，这本曾被鲁迅认为五四时期具有一定代表性的文艺月刊，三位创办人中，赵祖康、钱江春都是松江人，胡山源正在景贤女中教书。这一刊物在小同学中广泛传阅，掀起了一阵热烈讨论的浪潮，这一则因为它是我们松江人编的，二则赵祖康的堂弟就在我们班里。事过后，我就和同级好友夏侠（松江叶榭人，天资聪慧，可惜升入交大附中后因厌世自杀）商议，我们自己不也可以编个刊物吗？这种天真幼稚的想法，在王老师的同意下，在毕业前几月，居然用油印机编印了几十本分送级友。至于刊名叫什么，内容如何，完全记不起来了；但《弥洒》的出版，确实给了我想长大了当个文艺编辑的第一个启示。

1925 年“五卅惨案”在上海发生时，我已考入上海圣约翰大学附中读一年级。6 月 3 日，美国校长卜芳济在全体爱国学生面前，竟不让升半旗为死难烈士致哀，强把国旗夺下，踩在脚底，一场反帝爱国的学潮爆发了。暑假后，离校师生 500 余人在学生家长张寿镛、王省三的支援下，独立自主地建立起由我们中国人自办的光华大学暨附中，我就转入附属中学读高中一年级。全校师生弥漫着一股奋发图强救中华的爱国反帝热情。附中有学生自治会的组

---

① 见茅盾：《我走过的道路》，人民文学出版社，1981 年版，第 232 页。

织，下设编辑部，出版附中校刊《晨曦》，我被推为四个编辑之一。1927年我升入高中三，第二卷起由我主编。我便大刀阔斧地把从教会学校带来校刊都是中西合璧的英文部分砍掉了。编排方法、封面设计和用纸都来了个大革新。虽是综合性刊物，重点放在文艺上。每期12万字，由校内师生执笔，用白道林纸印180页，加套色封面。每期印1000册，向校外公开发行。印刷成本除自治会经费外，不足之数，分别向同学家长所办工商企业兜揽广告，以资弥补。这三年，我利用课余时间写了一些文章，除发表于校刊者外，也投向《小说月报》、《学生杂志》和《申报·艺术界》等。校刊的清样，我自己上浙江路华丰印刷所校读；书出版后，我们几个同学一起踏车去本市分销处送货。眼看手写的文稿，一旦排成铅字，顿时变了样；再印在白纸上，加上一个漂亮的封面，订成本本，送到众人手中，就被赋予了一种独立的生命，在社会上起着它自己的作用。这个奇妙的过程，大大地吸引了我这个中学生；感到我的一股劲，从此有了使处了。直到今天，我的书柜里还保藏着两卷合订本《晨曦》，想不到它已成为我漫长的编辑生涯的起脚点，更增加我对这一纪念物的爱抚和珍惜。解放后，上海文艺出版社把它编入《中国现代文学期刊目录》①，这是我所没有想到的。

我从附中毕业是1928年夏。这年春，我代表附中毕业生参加大学毕业生组成的《光华年刊》编委会，让我当印刷主任。通过一位广东籍同学的介绍，第一次去北四川路良友图书印刷公司委托代印，一谈就谈拢了。这家别具一格，专营画报、画册和电影歌曲的新型出版机构，华侨投资，实力雄厚，备有新式印刷机，颇具规模，经营作风也正派。中国出版史上被称为第一本大型画报——《良友画报》，远销全球华侨社会，是他们的一面旗帜。创办人兼

---

① 见《中国现代文学史资料丛书甲种》，上海文艺出版社，第8页。

总经理伍联德，广东台山人，岭南大学读过书，曾在商务印书馆编辑儿童读物，为人热情豪爽，胸襟开阔，是一位具有爱国心、正义感的新型企业家。年刊印刷任务被接受后，我经常往“良友”跑，和伍联德一见如故，有很多共同的语言。年刊印成前夕，我向他告别，大家都有不胜依依之感。言谈间，我随便问他：“你们出了各种画报，如体育的、妇女的、电影的等等，为什么不出一种专给大学生看的呢？”他想了一下，就说：“你写个书面计划来吧！”9 月中大学开学。有一天，他忽然驾车来校找我，说计划很好，邀我半工半读，立刻去担任编辑。这样的好运气，我连做梦也没有想到；但自问究竟不过是个大学一年生，决不敢独自去冒这个险。随后由伍另聘明耀五任主编，我任助编，1929 年 1 月，《中国学生》月刊创刊了，可惜内容与我原计划的不同，销路呆滞。第 2 期起，明耀五辞职，去汉口教书，伍联德推我上台，就这样一直编到大学毕业前一年——1931 年。

这个刊物我是沿着良友所出画报的传统方法编，有一定的知识性，偏重于趣味，思想性很薄弱。那时，日帝魔掌已深入东北宝地，蒋介石提倡不抵抗主义，高喊“先安内，后攘外”，中华民族处于内忧外患交相煎逼的苦难深渊。1930 年秋，学校里国民党特务学生挑起的一场学潮，我亲身挨到的拳打脚踢，大大地冲击了我那种不问政治的“清高”思想。1931 年初，“左联”五烈士在龙华英勇牺牲；秋天，国民党反动政府颁布了《出版法施行细则二十五条》；反革命文化“围剿”随着在上海开始。四马路上的进步书店，正如鲁迅所说“封闭的封闭，关门的关门，暗暗改换店主‘重复旧业’的也有”，而“良友”独处北四川路，却像世外桃源，什么风浪也刮不到它。我虽在大学里读英国文学系，自己喜欢研究美国现代文学，搞些翻译，写些研究文章，但平日接触到的国内外形势和阅读到的革命书刊，给了我更深刻的教育。例假日去四马路看看开明、北新和其他进步新书业的文艺出版物，开始感到当编辑就得当个有理想的编辑,出书就得出推动时代前进而有益于人民的书;回头看我过去三年走过的道路,不免自惭形秽。再环顾新书业所遭受的迫害,使我对自己的前途提出了严肃的要求。再隔一年就要毕业,作为一个青年编辑,在这样一个大动乱的时代里,难道不能有所作为吗?“良友”过去也出版过二三十种文艺书,未受读书界的重视。我就暗自盘算:能否在这里另辟一条出文艺书的路子呢?如果得到伍联德的同意,就把《中国学生》停办,专编文艺书。伍支持我开始稳扎稳打,从小做起。于是售价一角的《一角丛书》从1931年9月初开始出版。

这套综合性的小丛书,主观上争取多出文艺方面的。当时我认识的成名作家仅有同乡施蛰存,他第一个出来支持我。徐志摩正在教我英国诗和小说;陈梦家、何家槐等青年作家就是在徐志摩家认识的。小丛书出了几种,反应平平。不到一个月,“九一八”事变突然爆发,接着1932年1月28日,日本帝国主义进攻上海,国内风云瞬息万变。我意识到组稿工作再打不开,便无法满足大时代激荡下万千读者的迫切要求。正在我彷徨苦闷的时刻,创造社老将、“左联”重要成员郑伯奇来到“良友”编辑部,他开始为《良友画报》写国际述评,随后主编《电影画报》和《新小说》。他的到来,真似天上降下了一颗大星星,照亮了我前进的道路,也使我懂得了革命的道理。关于这些,我已写过专文,不再细说了①。暑假毕业后,伍联德把我留下,接受了我的要求,《中国学生》停刊,给我一个出版部主任名义,专管画报以外的编辑工作。当时《良友画报》销4万份,是全国销路较大的刊物之一,总编辑先是梁得所,后由马国亮继任,另有助编三四人。其他画报和刊物都由一人负责。我从此时起,在伍联德的放手信任下,也单枪匹马地去闯个新天地了。

---

① 《回忆郑伯奇同志在“良友”》,《新文学史料》第5辑,第232~244页。

巴金同志《为上海文艺出版社成立三十年而作》的文章中说得完全对："我过去搞出版工作，编丛书，就依靠两种人：作者和读者。"①但对那时的我而言，前者比后者更重要，因为我是否能在这个公司里留得下去，实现我的理想，就靠我能否找到受读者欢迎的作者，所以"作者是我的衣食父母"这句话，对我来说，更是千真万确的。那时，来了郑伯奇，我的胆子更大，我的编辑思路更活跃了。组稿局面既已打开，作者队伍迅速扩大。在五年多时间里，我能够编辑出版不少好书，第一要感谢支持过"良友"事业的许许多多作家同志们。

最早为《一角丛书》写稿的"左联"作家，有丁玲、阿英、周起应（周扬）、沈端先（夏衍）等，这套丛书共出 80 种。1933 年初，新创《良友文学丛书》，事前，由郑伯奇陪我去谒见鲁迅。鲁迅听我说愿意把文艺编辑作为自己终生事业时，他老人家亲切地鼓励我："这是一种非常需要而且很有意义的工作，我自己也是搞这一行的，其中也大有学问啊！"过了不久，《良友文学丛书》就以鲁迅的两本译作开了头，接着茅盾、巴金、老舍、郑振铎、叶圣陶、沈从文、张天翼等著名作家的手稿源源不断地到了我的手中。1934 年《中国新文学大系》编辑过程中，由于鲁迅接纳了我的请求，收回成命，继续编选，才不致功亏一篑。这些往事，我都已写入《编辑生涯忆鲁迅》②中。最近我把此书赠送给叶圣陶老先生，他给我复信中说的几句话，作了实事求是的评语。叶圣老说："鲁翁毕生致力于编辑极勤，主旨唯在益人，其于'良友'，即已尽力不少，信可感念。"

就在这一段时期里，我又编辑了《良友文库》、《中篇创作新集》、《苏联童话丛书》、《万有画库》、《世界短篇小说大系》和《志摩全集》等成套书；最后两套，因故未能与读者见面。此外单行本

---

① 《解放日报》，1982 年 7 月 1 日。

② 《编辑生涯忆鲁迅》，人民文学出版社，1981 年版。

也出了不少。我从实践中逐渐认识到，编辑工作不仅是"为他人作嫁衣裳"而已，有些书也可以说是一种从无到有的创造性劳动。如果出了好成果，不但能推动革命，传布文化，保存下去，世代相传，也能为国家民族的文化事业做些积累的工作。

30 年代因组稿关系认识的作家，在以后的岁月中，不少人与我建立了友谊。特别有几位著名作家如郑振铎、老舍、巴金等，在我此后数十年历经磨难的编辑出版生涯中，分别给予我终身难忘的鼓励和种种帮助。就靠这种雪中送炭的温暖的友情，才使我一直站在文艺编辑这个光荣的岗位上，没有退却，没有掉队。编辑和作者，为了一个共同的理想，结成了志同道合的朋友。

最近，《新文学史料》总第 14 期刊出郑伯奇遗作《左联回忆散记》，有一段话提到我。他说：

> "一·二八"事变以后，我应聘去作良友图书公司的编辑，我化名郑君平，不久身份就暴露了。好在这家书店以前是不问政治的，特务虽然来侦询过几次，我都躲避开了，店方也还应付过去。那时候，赵家璧同志刚从大学毕业，富于事业心，对新事物很敏感，对人也很热情。我们彼此有了相互了解，便着手商订《良友文学丛书》和《中国新文学大系》的编辑计划。在组织稿件方面，他奔走出力最多，因为有些作家，我是不便出面，也不愿意去见的。不可否认，这些丛书的内容并不令人十分满意，作者的名单也比较复杂，但在当时的情况下，这样的计划颇受读者欢迎，书店由此得到鼓励。

遗文末段所提的批评，完全符合当年的史实。因为如果不那样做，"良友"作为一个主要出版进步文艺书刊的据点，在白色恐怖的恶劣环境中，是不可能存在下去而不遭破坏的。今天回顾，从另一角度来看,组织不同流派作家的作品出版,对今天研究现代文学史的工作者,倒也有一定的好处,至少可以了解当年文艺界的全貌,也保存了一些有用的甚至是有益的资料。当时“良友”组稿的面是广的,但也并非广大无边。

回想30年代许多著名作家乐意把自己的心血之作交“良友”出版,还有一条至今为作家朋友们所津津乐道的,那就是“良友”书籍装帧好。我们的文艺书极大部分是布面或纸面精装,有的外加封套封腰,许多书用米色道林纸印,这就深得作者的欢心。张天翼的《畸人集》,共有800页,布面精装一厚册,包封正面印上作者近影,底面介绍作者另外两部新作。当年天翼拿到样书时,逢人便夸说这部书:“我的书第一次穿上西装,看多美啊!”可惜他所藏样书,“十年浩劫”中丢了。去年我去青岛开会遇见沈承宽同志,她说,天翼非常想念这个本子。她知道我手头还有,便托我照个书影给她。据说,病中的天翼见到这幅照片,还是高兴得合不拢嘴。这类装帧,鲁迅生前曾戏称它“良友式”;主其事者是“左联”成员汪汉雯,他经张天翼介绍,来“良友”负责文艺书的美术装帧设计,是我唯一的助手。

1937年“八一三”抗战爆发,“良友”所在北四川路陷入战区,公司经理(伍联德早已辞职)把能赚大钱的《良友画报》迁往香港,向香港政府登记出版。留在上海的职工全部被解雇,我也失业了。从童年时代就作为自己追求的理想——当一个文艺编辑,经过约15年的个人奋斗,终于得到了实现;这时又告中断了。但我并没有灰心丧气,我要把这个辛苦经营、略有建树的据点重新建立起来,那就是在1939年在上海成立的良友复兴图书公司,我仍然负责文艺编辑。因篇幅关系,不属于本文范围之内了。

编辑是一门学问。解放后不久,罗竹风就提出:编辑是杂家,在我国古已有之。最近郭绍虞说:“学有二,有个人专攻之学,有社会通力之学。”①后者就指编辑学吧。《书林》编辑部约我为“治学篇”栏写稿，此文怕不合规格，因为我仅把它写成又一节《编辑忆旧》而已。

1982 年 7 月

原载《书林》1983 年第 1 期

话说《中国新文学大系》

赵家璧

30 年代我在良友图书公司担任文艺编辑的五年期间（1932～1937），曾编过几部成套书，其中规模较大、影响较广的首推《中国新文学大系》，当时曾附有副题《第一个十年：1917～1927》。现在这套《中国新文学大系》（以下简称《大系》）十卷本，不但早由上海文艺出版社影印精装重版发行，而且最近该社正在总编辑丁景唐领导下，积极进行续编 20 卷 1927～1937 的工作。全书分理论、小说、散文、杂文、报告文学、诗、戏剧、电影八个部门，已邀请周扬、巴金、吴组缃、聂绀弩、芦

《中国新文学大系》书影

① 郭绍虞为《萝轩变古笺谱》所作序，《上海文学》1981 年第 9 期。

焚(师陀)、艾青、于伶、夏衍撰写各卷序言,也附《史料·索引》。这部续编包括的时期,正是当时我们称之谓"第二个十年"的。

我在这几年里,陆续写了不少篇有关编辑出版的回忆史料,但对编辑《大系》从头至尾的整个过程,至今才动笔。谈起忆旧,倒是从写回忆《大系》一篇短文开始的。这要追溯到1957年春天。

一

当时在我的一个书柜里,塞满了解放前著名作家写给我的数百封书信,已编成未发排的原稿,已打出的清样,和其他各种各样的文献资料。那一年,旧知识分子的头脑,正被一股暖人的春风吹得有些飘飘然。《人民日报》文艺版编辑姜德明,和我素不相识,他大约从年轻时就喜读"良友"版、"晨光"版的文艺书,特别想起那十巨册的《大系》吧,忽然写信来要我谈谈有关《大系》的回忆文章,并为我出了一个非常吸引我的题目:《编辑忆旧》。我打开书柜,找了几封信,几件资料,率然写了两篇:一篇关于《大系》,另一篇关于因抗战爆发而没有完成的姊妹篇《世界短篇小说大系》。1957年3月20日前后陆续见报时,上海文艺界正在举行"宣传工作会议"。不久,反右斗争扩大化的狂风暴雨自天而降,真似雹碎春红,霜凋夏绿,我虽侥幸没有跌入万丈深渊,从此再也不敢怀古忆旧了。

"十年浩劫"一开始,我被所在单位红卫兵最早责令靠边,贴我的头几张大字报中,就有把《编辑忆旧》说成是我"一贯颂古非今,妄图复辟"的大毒草。随后,把我一书柜的书信文稿和文献资料全部抄走,至今不知去向。"四人帮"被粉碎后的1978年,《新文学史料》创刊前,编辑部同志来沪向我组稿,我开始婉言谢绝,迫不得已,把《人民日报》上那两份剪报交了出去,聊以塞责。并且郑重声明,我一字未改,仅加了一个人名以明责任。那篇文章一开头，我已申明："解放后，很多人建议把《大系》重印。我认为原版重印，似无必要。"所以不怕再有人抓我辫子，我已把《大系》根本否定了。如今回顾，我那种生怕再惹是非的心情恰如惊弓之鸟，可笑亦复可怜（该文分刊于本刊1978～1979年第1、3两辑）。

严冬过尽，阳光普照，文艺园地，春意盎然。1978年末，上海文艺出版社负责同志来舍正式征求我重印《大系》的意见，我不必作什么违心之论，再说重印"似无必要"等话了。而且1962年，香港一家出版社已擅自翻印过一版，上海文艺出版社的这个决定我完全拥护。我在1979年的《读书》第2期上，迫不及待地向全国读者透露了这个好消息。

1980年6月底，上海《文汇报·笔会》编辑部从出版社打听到《大系》有重印的消息，来信约我"写篇文章谈谈当年编辑这部书的轶事"，我就欣然命笔。可是文章迟迟不见报，向有关方面一打听，才知《大系》虽得重印，又经历过了一段曲折，我的千字短文也被拖到1981年3月22日才发表。《大系》十卷影印本，也终于在1982年全部出齐，公开发行。印刷周期虽长了一点，装帧、用纸和印刷质量都是上乘的。

我在1957年的《编辑忆旧》里，第一部分谈了《大系》的编辑过程，寥寥千字，极为简略。又曾于1977年为《山东师院学报》写过一篇专谈鲁迅如何编选《大系·小说二集》的回忆文章，后经两次修订，始终仅涉及《大系》中一卷书。朋友们鼓励我可把编《大系》的全过程写下来，我也认为时机已经成熟，而茅盾《回忆录》第17、18两章在本刊的发表，其中涉及茅盾编选《大系·小说一集》的经过，更对我起了促进的作用。

我又想到当年曾编印《大系样本》一册，作为广告宣传之用，内载总序作者写的提要和十位编选者所写十篇《编选感想》的手迹，除鲁迅的以外，其余九篇均未正式发表。这些文献资料，对研究现代文学史，或进一步研究《大系》的读者，有参考价值。因为其中有的是编选者在开始酝酿期间的原始思想记录，说明他将如何进行编选，现在就可与成书对照比较；有的表达了对出版《大系》的看法和希望；也有些从中反映了当时文坛上的某些论争。我现在边回忆边撰写时，把它们分别插入有关章节，以存其真。

本文先说说我开始怎样想的；再说几位前辈作家怎样帮我做的；十卷书经历了怎样的周折才能顺利出书，最后介绍出版后的各种社会反应。附带说说抗战末期组织第三辑续编的经过，并附一份茅盾选的小说选目。

二

我在去年第3期本刊所写《回忆我编的第一部成套书——一角丛书》里已说过，我喜爱成套的文学书，早在大学读书时代已心向往之，把将来也编成几套文学丛书作为自己一生的奋斗目标。1933年2月起，创刊的《良友文学丛书》，以鲁迅两部译本开头。接着出版巴金、老舍、丁玲、张天翼、施蛰存等的创作小说。6月，以楼适夷译苏联邱孟选珂作的《阳光底下的房子》，和董纯才译苏联伊林作《白纸黑字》两书为首，创刊《苏联童话集》丛书，这套书仅出了几种，没有很好发展；而那时《一角丛书》已出足80种而结束。是年11月13日，良友公司门市部的大玻璃窗，被国民党反动派所派遣的暴徒用大铁锤击破了。

1934年，是国民党反动派为了配合他们军事上的第五次“围剿”，在政治上加强法西斯统治，加紧进行文化“围剿”的一年。2月查禁新文艺书籍149种，涉及25家书店；禁止76种刊物的出版，包括“左联”机关刊物《萌芽》、《北斗》等在内。5月成立图书杂志审查会。上海进步出版业遭到从未有过的压迫和限制。

是年2月19日，蒋介石在南昌成立以推行封建道德为准则的“新生活运动促进会”，以后又规定孔诞日全国举行祭孔纪念；随着提倡读经，湖南、广东等省编制《中小学经训读本》，并举行以经书为题的中学毕业会考。一时尊孔读经的逆流在各地泛滥起来。曾在五四运动时期反对白话鼓吹文言的汪懋祖，正在国民党教育部当官，6 月 21 日，在《申报》发表《中小学文言运动》，鲁迅为此写《此生或彼生》痛加驳斥，茅盾也在《文学》上写文章讽刺他。以"左联"为核心的进步文化界，对国民党的复古逆流进行反击，在报纸上展开了一场文言白话的论争。这些尊孔读经，主张打倒白话恢复文言等等的逆流，实际上都是对五四文学革命的一种反动，也是国民党文化"围剿"的一个组成部分。

同时，在这一年开展的大众语运动讨论中，在反击"文言复兴"的理论文章里，也暴露了少数新文学工作者否定五四文学革命，否定白话文成就的过"左"言论。有的认为五四以后的白话文是"在语文上也只将'之乎者也'换了'的那呢吗'的变相八股"①，是一种"全不能为一般的大众所能懂的，充满了欧化气与八股气的'买办文学'"②，因而提出要向"死了的文言作战，同时，也得向'洋八股的白话文'进攻"③。鲁迅对这种论调，认为是起了"自己缴自己械"④的作用。茅盾也指出当时"文化复古运动也在一些新名词的掩护下进行"⑤。

这一时期，鲁迅指出："别有一支讨伐白话的主力军，是林语堂先生。……他一闪而将宋明语录，摆在幽默的旗子下。"⑥当时以提倡小品文为名，政治倾向性非常明显的《人间世》半月刊，由林

---

①②③ 宣浩平编：《大众语文论战》第 111 页，第 136 页、第 103 页，上海启智书店，1934 年。

④ 鲁迅：《答曹聚仁先生》，《鲁迅全集》，第 6 卷第 78 页，人民文学出版社，1981 年。

⑤ 茅盾：《回忆录第十七》，本刊，1982 年第 4 期，第 19 页。

⑥ 鲁迅：《玩笑只当它玩笑·下》，《鲁迅全集》第 5 卷，第 525 页，人民文学出版社，1981 年。

语堂主编，正在这年4月创刊，提倡“以自我为中心，以闲适为格调”。林语堂把他明目张胆地反对白话文学，轻描淡写地说成是“我恶白话之文而喜文言之白，故提倡语录体”①。

反映在上海图书出版界的，是这一年，大量古书成批翻印，报上经常刊出满幅广告。这些出版物对整理国故确实起一定的作用，但这么多大书店，集中一个时期翻印这么多古书，也不免为弥漫社会的复古之风助长了声势。

那时，我常去内山书店，有时为了去看望鲁迅先生，有时专诚去浏览新到的日本文艺书。我虽不通日文，但从书名和内容的汉字部分，也还能粗知大概。内山老板见我喜欢书，经常送我一些日本出版商印发的图书目录和成套书的宣传品。我回家后，灯下枕边细细翻阅，颇有启发。我看到日本的成套书中有专出新作品的，也有整理编选旧作的，名目繁多，有称丛书、大系、集成或文库之类，范围很广，涉及文学、艺术等各个部门。其中有一套整理编选近代现代文学创作的大套丛书，都不是新创作，而是已有定评的旧作的汇编，引起了我很大的兴趣。我就想，已创刊的《良友文学丛书》，符合出版水平的来稿不多，要经过一个长期积累的过程，才能出成数十种或上百种。我为什么不来一个整理编选工作呢？五四新文学运动以来，现代文学史上已有定评的文艺作品，屈指计算，为数也不少，这些书都是纸面平装本，分散在各处出，极难觅齐，如果我能把它择优编选，统一规格，印成一套装帧美观，设计新颖的精装本，可取名为“五四以来文学名著百种”之类，那不是克期可成的工程吗？但这个想法立刻被自己的第二个思想所否定了。一百种成名之作，如鲁迅的《呐喊》、郭沫若的《女神》和胡适的《尝试集》等，不是由各个不同的书店所出，版权页上都写明“版权所有，翻印必究”八个大字吗？我有什么办法去冲破这条出版法呢？但

---

① 林语堂：《论语录体之用》，载《论语》，第26期，1933年10月。

企图整理编选五四以来文学创作的这个编辑构思,一直萦绕在我的心头。

另外,我想到我已经在编的几种成套书,都是先有一个编辑意图,定了一个名,划了一个范围,然后坐等来稿(当然也争取出门组稿)。作家写什么,我们出什么,也可以说你争取到什么出什么。这些书,良友不出,别的书店也会出;编辑处于完全被动的地位。我当时又想,编辑是否可以自己多动些脑筋,发挥一些主观能动性,在编辑工作上变被动为主动,因而有所创造呢?编辑一般来稿是从有到有,把作家的创作成果,通过编辑劳动,变手写原稿为铅印书本,送到读者手中。但编辑是否也可以自己先有一个设想,要编成怎样一套书,然后主动组织许多作家来为这套书编选或写作;整套书完成后,不但具有它自己独特的面貌,而且自成体系,如果不是为了适应编辑的这个特殊要求,作家本人不会想到要自己去编写这样一本书。这种编辑方法是否可以称为从无到有的创造性劳动呢?时间已隔了半个多世纪,今天回顾,我编辑《大系》的最初阶段,似乎具有这样的一种设想,或称出于对编辑出版工作的热爱,促使自己要干一番新事业,编出一套好书来。真是初生之犊不畏虎,年少气盛,不自量力,后来在前辈作家的指引和帮助下,这一理想竟然在不长的时间内得到了实现,这是我始料所不及的。遗憾的是另一套姊妹篇没有能够如愿完成。①

三

为了了解我要编选的作品,我曾多次分别去当时上海有名的几所大图书馆,对五四以来出版的现代文艺书和文艺期刊进行广泛的搜索,查卡片,闯书库,翻阅旧期刊。经过实践,逐渐发现五四

---

① 见《想起蔡元培先生的一个遗愿》,载于《读书》第8期,1979年11月。

时期长篇小说很少，短篇小说、散文、诗、戏剧和理论，大部分已收入个人的集子或合集，另一部分散见在当时的文艺期刊或报纸副刊中。我便有了这样一个新想法，如果能改用编选各个单篇合成一集，那就不存在侵害他人版权的法律问题了。我们可以分编成五四以来小说集、散文集、诗歌集等等。我又想，这样一项大工程，我一定要去物色每一方面的权威人士来担任，由他择优拔萃，再由他在书前写一篇较长的序言，论述该一部门的发展历史，对被选入的作家和作品进行评价。每个文艺团体有一篇短史，每个重要作家附一段小传；再把这一部门未入选作品编一详目附于书后，说明出处，好让读者去自己查阅，藉此可了解这一部门十多年来的收获。当我从翻阅大量原始资料的实践过程中，逐渐形成上述比较具体可行的编辑构思时，我与郑伯奇常常商量讨论，慢慢地心中有了个底。伯奇是我的良师益友，在我的编辑工作中，他是我的好参谋，我能作出的任何一点微小的成就，都与郑伯奇同志的指导帮助分不开的。

那一年，阿英已有两本著作编在《一角丛书》中出版——《创作与生活》和《灰色之家》。他经常来良友公司找郑伯奇谈工作，那时他们两人和夏衍已参加了明星影片公司，据于伶的回忆，经瞿秋白指示，由阿英、夏衍与郑伯奇三人，用三个假名，秘密受聘为该公司剧本顾问，由夏衍负责组成电影小组。① 阿英为人坦率豪爽，和善可亲，有事找他，他都热诚相待。对良友的文艺出版工作关怀备至，对我这个青年编辑更奖掖有加。当我把拟编一套五四以来文学作品丛书的初步想法与他商谈时，他表示绝对赞成，并鼓励我说，这样一套书，在当前的政治斗争中具有现实意义，也还有久远的历史价值和学术价值，要我加紧进行。他自己搜集新文艺作品

① 于伶：《先驱者战斗的一生——缅怀郑伯奇同志》，《党的生活》，1980 年 2 月，上海人民出版社。

数量之丰富,文艺界中人都知道的。我想按我的设想,如果每集书后都要附史料,如作家传记、文学团体资料、作品书目和有关资料等,这些材料还得靠我们自己去搜集,然后供应给编选者。阿英当时就表示,将来良友如有需要,他愿意无条件供应。这番话,不但给了我精神上的鼓舞,更是一种物质上的力量在推我向前。他的话不留在口头上,而立即见之于行动。隔了几天,他约我到他家里去参观他的藏书。

阿英家住静安寺赵家桥路一幢中式里弄房屋,进门是间大客堂,也是藏书室,四壁全是封闭式的白木书箱;中间放了一张黑木方桌是供全家人吃饭用的。他的工作室在楼上。那时他和父亲同居,孩子已生下好几个。阿英是地下党员,他的住所是保密的。那天他对我热情招待,把藏有新文艺书籍和期刊的木箱都打开了,我才发现上海各大图书馆所没有的书,他大部分都有,而且以初版本居多,有的还是作者签名赠送本。大量文学期刊几乎是整套的。我在翻阅这么多珍贵文献时,想到当时左翼作家生活困难,他历年节衣缩食,搜购到这么多五四以来新文艺书刊,他对这些旧书是寄予深厚的感情的。同时对五四新文化运动已在做整理研究工作,他已用张若英笔名编了《中国新文学运动史资料》(以下简称《运动史资料》),刚刚由光明书店出版。我向他告别时,他签名赠我一册。我手中拿着阿英的赠书,从赵家桥回家途中,我第一次感到,我为编这套大书所首要解决的资料来源问题,已找到了一个大宝库。因为向图书馆借书有种种限制,现在有了阿英藏书作靠山,让我看到了希望,我可以起步了!

阿英在向我介绍他的《运动史资料》时,还要我去看看最近出版的刘半农编的《初期白话诗稿》,他说,他的序文里提到它。这是一部用宣纸按原稿手迹影印的线装本,古雅可爱。编者把从1917到1919年间担任刊物编辑时"为着好玩,并没有什么目的,更没有想到过:若干年后可以变成古董",而搜集到的李大钊、沈尹默、沈兼士、周作人、胡适、陈衡哲、陈独秀、鲁迅 8 家 26 首白话诗手迹原稿影印成册,“用以纪念白话诗十五周年”。当时出版这样一部诗集,已引起文艺界的注意,而刘半农的那篇序言,更成为大家谈论的话题。因为序中说到当他把这部诗稿送给陈衡哲看,“向她谈起要印这一部诗稿时,她说:那已是三代以上的事,我们都是三代以上的人了。”①陈衡哲的两句话,包含着深刻的讽刺意味:为什么当年轰轰烈烈、席卷全国的五四新文学运动,如今人们都已把它看得如此遥远了呢?为什么如刘半农自己所说“当初努力于文艺革新的人,一挤挤成了三代以上的古人”了呢?②阿英在他的《运动史资料》序里,在引用陈衡哲两句话以后,接着就感叹地说:“其实,不仅回想起来,使人起寥远之想,就是在不到 20 年的现在,想搜集当时的文献,也真是大非易事。”③这里,阿英已提出了一个抢救文献、整理文献、出版文献的问题。他编选《运动史资料》,就说明他早已注意及此,而且在自己开始做了。

我从刘半农编的《初期白话诗稿》一书中,得出我要把我的那个理想用分集编选方法来实现是有例可援的,刘半农的《初期白话诗稿》,不就是我理想中那本五四以来诗集的雏形吗?而读完《运动史资料》后,我对这套理想中的大书的内容又有了补充。我从最初想编的“五四以来文学名著百种”仅限于作品,改为请专家编选各集后,也仅限于作品,而把史料附在各集之后。经过与阿英的几次接触,并读了他的新著,计划似乎有必要加以补充调整。如果没有五四新文学运动的理论建设,怎么可能产生如此丰富的各类文学作品呢?

---

①② 刘半农的《初期白话诗稿序目》,以后编入《半农杂文二集》,第 353 页,良友版,1935 年。

③ 张若英(阿英)编:《中国新文学运动史资料》,第 2 页,光明书局,1934 年。

我当时还有一个好参谋，那就是在主编《现代》杂志的施蛰存，他既是我的松江同乡，又对编辑一道，具有独自的见解。《一角丛书》创刊期间，最早提携帮助我的就是他，我在工作中每遇困难，经常去请教他。这时候，酝酿中的这个编辑计划，日夜困扰着我，使我坐立不安，夜不成眠。我感到要找个老编辑、老朋友谈谈心，求他帮助我出谋划策。施蛰存和阿英早就相熟。有一天，我便去找了施蛰存。他对文坛情况非常熟悉；对编辑成套书同我一样感兴趣；对欧美日本的出版物，我们经常一起谈论，都感到有许多值得我们学习的地方。我把我最初的打算，以后改出编集的计划，同阿英谈话后的一些新想法都对他谈了。他认为这样一套大书，单单选作品是不够的，前面应有理论文章的结集，而每集后面各加史料，不如另出一集史料，这本史料集就可请阿英担任。这是一个很好的主意。对于这样一套包括理论、作品、史料的大丛书，我设想不用丛书之名，而学习日本出版成套书中所用的“大系”二字。这两个字我认为颇具新意：既表示选稿范围，出版规模，动员人力之“大”，而整套书的内容规划，又是一个有“系统”的整体，是按一个具体的编辑意图有意识地进行组稿而完成的，与一般把许多单行本杂凑在一起的丛书文库等有显著的区别。施蛰存经常跑内山等日本书店，熟悉“大系”为名的日本成套书，他立刻赞成我的这个想法。回良友后，与郑伯奇商议，他是日本留学生，对此书名更表赞同，他说：“这在我国出版界，还未被人用过的呢。”以后我与经理商议后，就决定命名为《中国新文学大系》。

上述的酝酿时期，大约在 1934 年的三四月至七八月间，《大系》的基本轮廓有了，编辑这样一套《大系》的必要性已肯定了，但如何分卷，请那些人来担任编选，都未着落。8 月间，从北平来了一位文艺编辑界的老前辈，五四运动的参加者，文学研究会的主要发起人郑振铎，《大系》工作又前进了一步。

四

郑振铎当时正在北平与靳以、巴金等合编《文学季刊》,同时在燕京大学执教。我是通过巴金认识郑振铎的。我约他为《良友文学丛书》写稿,他就把《欧行杂记》交我,我把其中一章先发表在十月号《良友画报》上,篇名《回头过去——欧行杂记之一》,此书随即出版。这部文稿是在他8月间来沪时面交给我的,这以前,我还未和他见过面。我记得那年他来上海,在北四川路海宁路口有五层楼高的虹口大旅社楼上大礼堂内,参加他亲戚的一次婚宴。这家旅社与良友公司近在咫尺,我们事先约定,就在那里见面。我上午去那里,大礼堂里四壁张挂了许多红绸喜幛,中间陈设着供桌,上面挂着双喜大金字,热闹的婚礼要到下午才举行。我和郑振铎就在一个僻静的角落里初次交谈。随后几天,他约我去静安寺庙弄住所详谈,除《欧行杂记》事外,我主要向他请教关于《大系》的编辑计划和编选者的人选。

我们虽属初交,但一见如故。他和阿英一样喜欢搜集旧书古籍,谈到五四初期的版本已极难找到,同声感叹。他听到良友计划出版《大系》,而且已得到郑伯奇、阿英等支持,他表示如有所需,他也愿全力以赴,促使这个编辑计划的早日实现。当我们谈到刘半农在《初期白话诗稿》一书序中,刘所说五四时代的战士们已被挤成三代以上古人那句话时,他就动了感情(后来我们知道他为人富于感情,对是非善恶,反应强烈,绝不含糊妥协)。他面红耳赤地对我申述了他的见解。他说:“所谓‘三代以上的古人’的人物,精神表现衰老状态者还是最忠实的;也还有更不堪的‘退化’甚至‘反叛’的人物,他们不仅和旧的统治阶级、旧的人物妥协,而还挤入他们之中,公然宣传着和最初白话文运动相反对的主张的;只有少数人还维持斗士的风姿,没有被旧势力所牵引。”(这段话,以后还写入了他的导言。)说到这里,他还指名道姓地为我点出三种走不同道路的知名人士。接着他还向我指出到现在还有人写文章反对白话文,因而继续在展开论争。他对最近掀起的一股读经、祀孔的逆流极表愤慨,认为这样做,无异在走回头路,把过去的革命运动视为多此一举,因而对编辑《大系》这件事,看做非常及时,极有意义。

我同郑振铎商谈时,我原来的设想是《大系》分三部分,理论、作品和史料,理论和史料各编一卷。关于理论集,郑伯奇、阿英和我都认为请郑振铎编最适宜。当我把《大系》的编辑意图和组稿打算向他说明后,我就提出请他担任理论集的编选。他考虑一会后,认为理论部分应当分为《建设理论集》和《文学论争集》两册。前者选新文学运动最初发难时期的重要理论,以及稍后一个时期比较倾向于建设方面的理论文章。后者着重于当时新旧两派对文学改革上引起的论争,以及后期文学研究会和创造社之间的论争等。没有论争就不可能推动文学革命的前进,它与《建设理论集》有联系,但也有区别。他主张分开编,并且表示愿意担任后者的编选工作。他说:有了这样一本集子,"至少有许多话今天省得我们重说,也可以使主张复古运动的人省得重说一遍"。

郑振铎当时常住北平,难得来上海,我对《大系》的设想已进入具体化阶段,急需前辈作家的具体帮助,我把曾经担任《小说月报》的老编辑郑振铎看作我的又一位老师;我还记得中学时代写的第一篇文章,就发表在他编的《小说月报》上。这次是初次向他当面请教;他北归后,又不断地书信往来(这些信也都丢了),认真坦率地给我指导,使我深受感动。他后来写的一段《编选感想》,就表达了上述的思想,他说:

将十几年前的旧账打开来一看,觉得有无限的感慨。以前许多生龙活虎般的文学战士们,现在多半是沉默无声,想不

> 到我们的文士们会变老得那么快,然而更可怪的是,旧问题却依旧存在(例如"文""白"之争之类),不过旧派的人却由防御战而突然改取攻势了。这本书的出版可以省得许多"旧事重提",或不为无益的事罢。

理论分编两集,论争集已有了编选者,那么,另一本《建设理论集》找谁编呢?我乘机恳求郑振铎作个推荐。他笑而不答,沉思了好一阵,才轻声地对我说:"这本集子请胡适来编,你看好不好?"在此之前,我心中也想到过《大系》第一本理论集,如能找到胡适这样的人来编,那会多好。但我不敢向郑伯奇、阿英提,他们肯定不会赞成。胡适当时是北京大学校长,文化界炙手可热的权威人士,政治上在逐渐右倾,左翼作家对他很有意见。但当时大多数人局限于认识水平,总是把五四新文学运动与他联系起来看,把他看做是一个有重要影响的人物。所以当郑振铎提出胡适之名时,我又惊又喜,惊的是胡适就是郑振铎对我所说挤成三代以上古人中的五四战士,现在已一步步挤上高位成为一位风云人物了;喜的是,如能找他来编选一集,对一般读者既有号召力,对审查会也许能起掩护的作用;这个审查会从5月挂牌,什么书刊都要经它这一关,我们的出版物已深感压力。这样一套规模大、投资多的《大系》,完全找左翼作家编,不来一点平衡,肯定无法出版。我先不表态。我说,胡适远在北平,大名鼎鼎,高高在上,他的书和文章都是在商务、新月之类书店出版。良友最近专出进步文艺书,已被特务暴徒击破了大玻璃,而我又是一个无名的文学青年。他在光华大学教中国哲学史时,我听过他的课,但和他素不往来,如果徐志摩活着,我还可以通过他去找胡适。我自己凭空写封信去约他编选《建设理论集》,他肯定会置之不理。郑振铎考虑了一下,站起身来对我说:"我回北平后,替你去找他吧,他看到这样一个不平凡的编辑计划,可能会感到兴趣的。"我心中真是说不尽的感激,但在我接受他的善意建议之前,我又吐露了对此举的种种顾虑。振铎理直气壮地高声说:“对历史上作出过贡献的人,应当肯定他那一部分,这并不排斥我们对他今天的政治观点持不同意见。”他接着说:“今天能担任此书编选者除胡适外,只有找陈独秀,但他是无法找到的;比较之下,胡适还是唯一适合的。”这次郑振铎的南下,为《大系》的理论部分打下了基础。不久,通过郑振铎的介绍,胡适居然接受了我们的邀约,与我开始通信了。

我和阿英之间的频繁接触中,我早已有意请他为《大系》担任一集的编选者,当我初读他的《运动史资料》时,还有请他来编理论集的想法。以后施蛰存向我建议可请阿英主编史料集,我曾和郑伯奇二人商议,他也认为可以。所以与郑振铎的一夕话,解决了两本理论集的分工和人选以后,我就接着征求他对阿英编史料集的意见,振铎认为史料集的编者非阿英莫属。他们两人对学术研究上的兴趣颇为接近,但阿英收集的以现代文艺书居多,这正是振铎所欠缺的。振铎听我说起曾去阿英家参观过他的满屋藏书,阿英并已向我表示愿意支援《大系》的资料供应工作,振铎极为兴奋。他说:“你有了阿英的支援,就事半功倍了。”后来郑振铎在《文学论争集》导言中也说:“最后应该谢谢阿英先生,本集里有许多材料都是他供给我的。没有他的帮助,这一集也许要编不成。”《史料·索引》集的编选者,经过一段时期,最后决定请阿英担任了。他写的《编选感想》,表达了他在《运动史资料》序文中说起过,而那天在他家里一边看书一边和我交换意见时的见解:

> 十六年来中国新文学的发展。其激急和繁复,是历代文学中所不曾有过的。所以参加了初期活动的干部,现在提起往事,都已不免于有“三代以上”之感。刚刚成长的文学青年,那是更不必说了。在这样的情形之下,即使暂时不能产生较优秀的新文学史,资料索引一类书籍的印行,在任何一方

面，也都是有着必要的。良友图书公司发刊《中国新文学大系》，其意义可说是高于翻印一切的古籍，在中国文化史上这是一件大事。

五

现在我要说到茅盾了。我最早和他往来大约也在1934年。他对良友文学出版事业的热心支持，不下于鲁迅。30年代，他写给我的信约有五六十封，可惜十年浩劫期间，被弄得不知下落，因此，他逝世已近二年，我至今还没有写过一篇悼念和纪念他的文章，实属遗憾。最近在本刊上读到他所写的《回忆录》中对我说的一些溢美之辞，更感到有责任，把他当年对我这个文学青年爱护和培养的往事，一件件写下来。如果那批书简在手边，我有多少话可说啊！他对我最大的帮助，是在《大系》最初落实期间给我提的许多宝贵意见。

茅盾给《良友文学丛书》的第一部作品是散文集《话匣子》，出版于1934年底。在是年秋天的一段时间里，我把《大系》的编辑计划送请他审阅，恳请他担任小说集的编选者，还请他为我们编辑工作上的棘手问题，作出决定。现在茅盾来信既荡然无存（仅有一封是1977年写给我的，还有三封是发表于孔另境编《现代作家书简》中）。最近本刊发表的茅盾《回忆录》里，有两次提到当时他编选《小说一集》的经过，这帮助我想起了许多往事，也第一次知道他当时对此事的反应和对《大系》的评价。

原来茅盾在1934年4月号的《文学》书评栏里，说到，当他读到1933年出版王哲甫著《中国新文学运动史》时，他就产生了一种想法，这是研究新文学运动的第一本著作，作者用意虽好，结果失败了。他认为在当时的社会政治条件下，希望立刻写出这样一本书，未免过早。因此他“只希望有一部搜罗得很完备，编得很有系统的记载'史料'的书,这本书可以是'编年体',按年月先后著录重要'理论文章'及'作品',记载文学团体成立、解散,以及杂志的发刊等等,'理论'文可以摘录要点或抄录全文,'作品'可以来一个'提要'。如果不用'编年体',也可以用'纪事本末体',把十五年来文坛上讨论过的重要问题详细记述它的发端论争,以及结束。另外再加两个附录,一是重要'作品'的各方面的批评及其影响,二是文学社团的小史。倘使这样的书出来,对于研究现代文学史的人固然得用,对于一般想要明了过去到现在的文坛情形的青年也很有益"①。正当茅盾抱有这样一个愿望时,我把编辑《大系》的总体设计去请教他,他特别感到高兴。他不但答复了我提出的问题,还为小说集、散文集如何分工,找哪几位编选者最适合,给了我明确的指示;他自己也愉快地接受了担任关于文学研究会成员的小说集的编选工作。这一连串问题,决不是一次通信或一次见面马上解决的。我仅能凭现存的仅有的文献和我的记忆,分别叙述如下。

《大系》主要是为五四以来的新文学运动进行整理总结工作的,但选稿的起讫年限应当先有一个统一的规定。阿英主张从"五四"到"五卅",这在他那本《运动史资料》序文中就是这样说的。他说:"从'五四'到'五卅',在时间上,大约是九年的光景,这一个时期,可说是文学革命期。"②郑振铎不同意这个分期法。我把这个问题请教茅盾时,他亲笔复了我一封信,说:

> "五四"是1919年,"五卅"是1925年,前后六年,这六年虽然在新文学史上好像热闹得很,其实作品并不多。弟以为不如定自"五四"到"北伐",即1919年~1927年,如此则把现

---

① 见《文学》第3卷第4期,1934年4月,生活书店,上海。

② 张若英编:《中国新文学运动史》,序记,第1页,光明书局,1934年4月。

> 代中国文学分为两个时期，即“五四”到“北伐”，“北伐”到现在。……本来“五四”到“五卅”不过表示了“里程碑”，事实上，第一本的“建设的文学理论”，就有许多重要文章是发表在“五四”以前。从1917到1927，十年断代是并没有毛病的。①

由于茅盾为我们作出了这个决定，大家也都无异议，所以《大系》用了个副题《第一个十年：1917～1927》；有的编选者，就称这个十年为“伟大的十年！”茅盾为《小说一集》写的《编选感想》，也包括了这个看法在内，他说：

> 新文学发展的过程是长长的一条路，这条路的起点以及许多早起者所留下的足迹，有重大的历史价值。现在良友公司印行“中国新文学大系”第一辑，将最初十年内的“新文学”的史料作一次总结。这在今日的出版界算得是一桩可喜的事。至少有些散逸的史料赖此得以更好地保存下来。

这段感想，一则指定了《大系》的选稿范围限于新文学运动最初的十年，二则称《大系》为第一辑，那就希望今后还应编出第二辑、第三辑，这对我们寄予深切的期望，鼓励我们将来继续编下去。

我向茅盾请教的第二个问题，便是小说部分应出几册，如何分工，请谁编选最合适。茅盾在《回忆录》中记得非常清楚。他的回忆文章中说：“我又说，这十年中的文学作品，短篇小说分量最多，可考虑按文学团体分编三集，文学研究会和创造社各编一集，这两个团体以外的以《语丝》、未名社等为中心又编一集，这样各有其

① 此信我摘录写入1957年3月19日的《编辑忆旧》，刊于《人民日报》第8版，原信已于“文革”期间丢失。

特点。”[①]这个意见,我和郑伯奇、阿英、施蛰存和郑振铎等商谈时,他们的看法大致相同,而文学研究会的一集,应由茅盾来编选,更是众望所归。经他答应我的请求后,就要求我提供编选材料,他在《回忆录》中说:“因为文学研究会名下的作品登在《小说月报》和《文学周报》上的,我手头有,而散见于各分会办的刊物上或其他非文学研究会办的报刊上的,我没有。”[②]后来我们尽力设法满足了他的要求。他是交齐选稿和导言的第一人,所以《小说一集》最先出书。

创造社作家作品另立一集,那也是大家所一致同意的。至于此外的文学团体,为数多,成员较少,分处南北,情况比较复杂。但在五四时期,其中不少作家是有很大贡献的,他们编的文学刊物,影响全国文坛,如北京有新潮社、沉钟社、莽原社、未名社和《语丝》、《晨报副刊》、《京报副刊》、《现代评论》等刊物,上海有弥洒社、浅草社等,还有其他不属任何团体的作家。但这一集,请谁来编选最合适呢?我们考虑过很多人,都感到不恰当,结果都瞩望于鲁迅,他不但与其中的几个团体有密切关系,实际上是他领导的,而且他个人在新文学运动方面的贡献更是超过任何人,《大系》编选者要组成一个强大的阵营就缺不了鲁迅。但考虑到要他去编选这样一支杂牌军,他是否会同意呢?郑伯奇、郑振铎都竭力主张请鲁迅编选这个集子,我征求茅盾的意见,他也认为由鲁迅担任最为适合。当时我已和鲁迅见过几次面,《良友文学丛书》创刊时,他就以两部译作支持我,出版麦绥莱勒作《木刻连环图画故事》集时,他大力赞助,并为其中的《一个人的受难》写了序。想到要把这样一本杂牌小说集请鲁迅来编,我还没有这个勇气。我在听到茅盾也赞成请鲁迅来编选这本两个大团体之外的小说集时,我乘机托茅盾代我向鲁迅商议恳求,因为他们两人之间友情深厚,经常

---

①② 茅盾《回忆录第十八》,本刊,1983年第1期,第9页。

来往,可以无所不谈的。不料遭到茅盾的婉言谢绝。他说:“你和鲁迅先生也很熟,他对你印象尚好,你自己去找他,我相信他会考虑的。”到11月间,我还是拉了郑伯奇伴我一起去内山书店看望鲁迅。这以前,我曾把编辑计划告诉过他,他赞成出版这样一部《大系》;我提及将来拟请蔡元培写个总序,鲁迅极表赞同。那天我和伯奇同去,我大胆提出请他担任编选那部小说集的要求后,他仅略略表示谦让,当场就答应了。我当时内心的喜悦真是难以用言语形容的。鲁迅宽大的胸怀,对有益的编辑计划的热诚支持,对我这个文学青年的培养爱护,我都已写入我的《编辑生涯忆鲁迅》一书中了。我现在想起,当时茅盾虽当面婉言谢绝代邀,事后很可能已预为道及,所以那天的会谈,给我意外顺利的感觉。茅公提携后进,往往不令人知,这种高风亮节,更令人难忘。《大系》有了鲁迅参加,顿时增添了光彩。以后发生了与审查会有关的重大周折,鲁迅来信表示退出,幸经伯奇伴我于1935年元旦假期再次去内山书店晋谒,终于蒙他顾全大局,收回成命。这段曲折的故事,我早已另写专文①,不再在此赘述了。

我向茅盾请教的第三个问题是关于散文集的,我们准备出二集,内容如何分工,找哪位编选者最合适,我想听听茅盾的意见。散文编选者的人选,我和伯奇、振铎、阿英、蛰存个别交换意见时,都想到了郁达夫;另一位就有不同看法,我拟请北平的周作人,有人反对,有人赞成。茅盾认为《大系》既请了胡适担任《建设理论集》,散文集请周作人编选一集也无不可。他说,我也是历史唯物主义的态度嘛。关于如何分工,我说是否以地区分,周作人久居北方,他选北方的散文家,郁达夫一直在南方各地跑,是否选南方的散文家。茅盾说,小说以团体分,合情合理,散文的分工较难,将来

---

① 《编选〈中国新文学大系·小说二集〉》,见《编辑生涯忆鲁迅》,第54~73页,人民文学出版社,1981年。

由郁、周两位自己去商议吧。对于分工问题好像没有彻底解决，但茅盾深知郁、周之间，相互尊重，分工似未解决，而实已解决矣。

收入《现代作家书简》中，有两封茅盾的信，正好与《大系》有关，弥足珍贵。其中给郑振铎的一封，写于1934年年底，信末仅署十日，没有月份，可能是12月。信中说：

> 闻圣陶说，王统照只有一本单篇集《号声》，出版最早，现早绝版。弟现因编良友那《新文学大系》里的小说集，拟找得这本书，不知兄在北平能借到一本否？上海方面圣陶本来有的，可是“一·二八”之役丢了。
>
> 兄对于弟所担任之《小说集》有何意见？望见告。此集所收，大体是“文学研究会”中人，但有些散见于《小说月报》及《文学周报》上的作品也将收进，兄意以为如何？
>
> 兄在1926年以前所作，拟选二篇，一为最初期，一为1926年所作者；此为弟之计划，尚未定为何篇，现在也请你告诉我，你以为当选那二篇？

从此信中可以看到茅盾很早就已动手，在编选期间，经常和文学研究会老朋友们共同商量，并征求被选者本人的意见。关于这方面的茅盾遗札，将来肯定还会陆续发现，容待今后补充。

创造社部分的小说集，我心目中有三位前辈作家可供选择：郭沫若、郁达夫、郑伯奇。经过酝酿，郁达夫已肯定为一集散文的编选者。至于远在日本的郭沫若，我认为《大系》编选阵营中不能没有他，他是创造社的主要代表人物，以后经我和伯奇几次商谈，决定请郭老担任诗集，他又是五四时代的第一位最有贡献的诗人。于是请伯奇去信日本，很快得到了满意的答复，仅说，身在异域，所需材料全无，这方面要良友负责供应。我当即去信表示感谢，并答应将尽一切努力供应选材。这样,有关创造社的那本小说集,当然请郑伯奇担任。

郁达夫这时已和我相识,麦绥莱勒作的《木刻连环图画故事》中,《我的忏悔》一书就是由他写序的。当时他已移居杭州,我很早去信约他编选《大系》中的一本散文集,他欣然接受,不久把《编选感想》也寄来了。因为时间较早,还未提及两部散文如何分工合作等具体问题,所以他的那篇感想,写成一篇短短的优美的散文,颇有特色,却在无意之间,引起了一点小风波。感想说:

> 照灯笼的人,顶多只能看清他前后左右的一圈,但在光天化日之下,上高处去举目远望,却看得出四周的山川形势,草木田畴。中国的新文学运动,已经有将近二十多年的历史了;自大的批评家们,虽在叹息着中国没有伟大的作品,可是过去的成绩,也未始完全是毫无用处的废物的空堆。现在是接迹于过去,未来是孕育在现在的胞里的,《中国新文学大系》的发行主旨,大约是在这里吧。

郁达夫和郑伯奇是创造社的两位老将,同时留学日本,对初期新文学运动都作出过巨大贡献,两人关系,情同手足,但遇到原则分歧时,大家照样要争辩一番。1934 年 3 月,郑伯奇在《春光》杂志创刊号上发表《伟大的作品底要求》一文,写作的动机完全是善意的,他要求作家拿出勇气来,写反映我们这个伟大时代的作品,并以外国作家已写出《怒吼吧,中国!》和《鸦片战争》为例,绝无针对什么人的意气在内。后来《春光》在 5 月号上,利用此文为题,开展了《中国目前为什么没有伟大的作品产生?》的讨论,征求许多人写文章。随后有人乘机射来了冷箭,以致众说纷纭,成为一场引人注目的论争。我当时看出伯奇为了这次论争是由他一篇文章引起的而深感痛苦。郁达夫的《编选感想》寄我后,我当然给同坐在一间办公室的郑伯奇先看，他久久不语，我知道郁达夫的话，已刺伤了他的自尊心。

各位编选者的《编选感想》手稿陆续来齐，我催伯奇为他编选的小说集也写一段，过几天，他把手稿交给了我。这里，我要插入一段话，说说伯奇为人谦虚大方的美德。原来，小说既按各文学团体分为三集，排列先后，理应文学研究会在前，次为创造社，其他各团体殿后，因此，先拟称为小说甲集、乙集、丙集。当鲁迅答应编选丙集之后，伯奇就向我建议，把鲁迅的集子列在他的前面。我赞成他的这一想法，同时，也把甲集、乙集、丙集，改称为一集、二集、三集。鲁迅为《小说二集》所写的感想早已发表，下面是郑伯奇为《小说三集》写的感想。

> 中国新文学运动已经到了决算期了，把以前的成果整理一番，结合新文学的发展是很有帮助的。良友计划刊行的《新文学大系》，只就这一点说，已是有意义的工作了。况且十多年来许多被遗忘的作品因此而获得保存，在目前不也是很重要的吗？
>
> 不久以前，自己发表了一点关于伟大作品的感想，曾引起许多不同的意见。其实讨论问题也应该在前人作品中先做一番回顾反省的工夫，不然便会流为空谈。现在参加这书的编选，为自己个人，是一个再教育的机会。

我读完他的原稿，深感他那种实事求是，要求在编选工作中接受教育的真诚态度是极为宝贵的，但这究竟离开了发表编选感想的原有范围，我婉言劝说伯奇把第二段删了，他坚持已意。这种在两位好朋友之间无意中引起的茶杯里的小风波，现在作为《大系》史话的小插曲写在这里，既足以见到伯奇耿直可亲，有话直说的长者作风，也给今天的中青年读者提供一点背景材料，否则对郁、郑两段

《编选感想》中所说针锋相对的话，会莫明其妙了。

六

我理想中的《大系》工程，几个月间，先后经郑伯奇、阿英、施蛰存、郑振铎、茅盾等前辈作家的指导帮助，粗略的面目已经在我心中出现，编选者的人选也已初步确定。我在工作进行期间，当然随时向总经理伍联德汇报的。茅盾《回忆录·十八》中说，"赵家璧是良友图书公司的股东"，这与事实不符，良友图书公司的股东极大部分是广东人。我仅因委印学校年刊认识伍联德，随即半工半读，被聘编一个学生读物。1932 年秋离开大学，伍联德委托我专办一个文艺书籍出版部，放手让我去开辟一个新阵地，出了不少进步的书。到 1933 年门市部一扇价值数百元的大玻璃窗被暴徒击破后，鲁迅曾把这些反面材料编入《准风月谈》后记中，并针对此事发表感想说："'一个志士'，纵使'对文化事业，热心异人'，但若会在不知何时，飞来一个锤子，打破值银数百两的大玻璃，'如有不遵'，更会在不知何时，飞来一顶红帽子，送掉他比大玻璃更值钱的脑袋，那他当然也许要灰心的。"①但是良友总经理伍联德和继任经理余汉生都是有正义感的、有事业心的爱国商人，他们并不因此而灰心丧气，也没有把我解雇。我这个青年编辑，在他们的充分信任下，才有实现《大系》这样一个需要庞大投资并冒一定风险的出版计划的可能。我在写这篇史料时，不应当忘记他们两位。伍联德已于 1972 年在香港逝世，余汉生留居美国，高龄 80，正在那里安度晚年。在旧社会，一个编辑想要出版一些好书，主要的命运就掌握在书店老板手中，这是无可讳言的。

我在编辑计划略有头绪之后，就同管理印刷、纸张、成本会计

---

① 《鲁迅全集》，第 5 卷第 399 页。人民文学出版社，1981 年。

的同事进行出版业务方面的估价工作。预计布面精装,23 开本,印进口米色毛道林,每集 50 万字,包括略高的稿酬、编辑费和规模较大的广告费用(印送样本等),定价每册 2 元,10 卷一套 20 元。估计能销 2000 部可不亏本,再版即有盈余。在经济上有此预算后,我就和总经理进一步商量,准备立刻与编选者签订合同,1935 年 2、3 月刊登广告,全书计划在 1935 年 12 月出齐。伍联德看到我的编辑计划和组稿名单,赞赏了一番,对 2000 册的销路前途也较乐观,但他心中有两大顾虑。

一则怕我的约稿对象落空,预约广告刊出了,到期拿不到文稿,便将失信于预约读者。30 年代,书店出大部头书,为了借用读者的订书款供作造货成本的一部分,把发行折扣转给读者本身享受,所以预约款仅收书价的七成。实际上,这个做法跳过了中间商,出版社和读者直接来往,两得其利。但出版社在这种经营上,先要自己在读者心目中已建立了一个经济上靠得住的形象,否则读者就怕受骗上当。萧乾曾用《话说预约》为题,怀念过去的预约办法①,我是有此同感的。

伍联德的担心是有根据的。1931 年春,孙师毅曾为良友公司主编过一套《中国现代史丛书》,说明先出第 1 期共 8 卷。施复亮写经济史,孙师毅写政治史,张心征写交通史,李达写实业史,周予同写教育史,郑振铎写文学史,孙绍尧写法制史,李朴园、梁得所、甘乃光等写美术史。预约广告刊于是年 9 月号《良友画报》封底,每册 4 元,全套预约 22 元 4 角,预告年底全部出齐。这套丛书,作者阵营整齐,声势浩大,是要解决"中国往何处去"这个重大问题的学术著作。可惜主编者急于求成,大部文稿都未落实,有的如郑振铎的文学史,据我所知,当时根本没有动手,就过早地大事宣传,发售预约,接着"九一八"事变发生,结果近乎落空。到第二年,才

---

① 《出版工作》1981 年 5 月,中国出版工作者协会编。

陆续出版了《现代中国经济史》和《教育史》、《交通史》三种，孙师毅也很快离开了良友。这部大丛书，是良友试出文字方面成套书的第一回，却失信于读者，使伍联德颇为苦恼。这个前车之鉴，无怪他对《大系》以预约发行，开始顾虑重重，是完全可以理解的。经我拿出事实进行说服，他终于放心了。

另外一件事是国民党的图书杂志审查会。良友大玻璃窗被暴徒击破后，已逐渐成为经常被国民党反动派注意的书店之一。伍联德看到我所约请的作家中，有鲁迅、茅盾、郑伯奇等著名左翼作家。他就怕广告刊出，发售预约后，将来审查会通不过，又将功亏一篑。而这套书的编选者名单非常引人注目，因此要我与审查会先打个交道，把计划和名单先送去让他们过目，免得将来被动。我认为店主有此顾虑是合情合理的，我既要实现我的理想，我就得对审查会打个招呼。审查会于 1934 年 5 月正式成立前，早已规定原稿送审制。良友的文艺书已发生过几次麻烦，我已去设在南市区一座园林建筑名为“也是园”内的审查会打过几次交道。这类事，其他新书业都由店主或经理去的，编辑一般不上前线。良友经理是广东人，他们俩都推说不善讲普通话或上海话，把这件苦差也推给了我（也因为出问题的都是我负责的文艺书）。我就抱着“不入虎穴，焉得虎子”的精神，再去闯一次鬼门关。

我大约在 12 月初去审查会，接见我的是一般职员，平时去打交道都是为了一部文稿，这次我送去的却是一份编辑计划书和编选者名单，他大为惊异。我说，为了郑重起见，请他先转送审查会主管项德言看看。我并不认识这个项德言，但同业中都知道他的大名。正是他操纵着每本书刊的生杀大权。他答应我送主管人阅后再通知我们，这是一句官话，我便告辞了。过了几天，却出现了奇迹。

穆时英是我大学时代同学，低我两班。他曾在《小说月报》、《现代》等文艺刊物上发表过作品，略有名声，良友也出过他的书。

但那时,他在生活上已逐渐堕落,出入歌场舞榭,娶了一个年纪比他大得多的职业舞女为妻;文坛上早已盛传他当了审查官,我还将信将疑。事实上,他已投入项德言的怀抱,在审查会里当了一名不大不小的官,与项德言来往极密。我去审查会送计划书以后,大约隔了三四天,穆时英突来良友看我,说我送去的“大系”计划书和编选者名单,项德言已看过,他答应帮忙,但约我去项的家里面谈一次。我说:“这是公事,怎么上他家去谈呢?而且我既不认识他,也不知他住那里。”穆说:“这你不用担心,我把地址给你,明天下午三时,我在他家等候。”我与经理商量后,猜到审查会头头想在《大系》上做文章,经理答应我见机行事,只要他能保证让我们顺利出版,花些钱把这个头头买下来也是值得的。

第二天,我按址在旧县城内“也是园”附近的一座旧式里弄里找到了这个门牌,敲门进去,穆时英第一个出来,外地口音很重的项德言迎上前来寒暄一番,一忽儿,穆已不见了。项先对《良友文学丛书》的装帧设计等吹捧一番,接着提到,听说良友稿酬比较优厚(其实当时良友和其他书店一样,一般付百分之十五的版税,但交稿时即可预支一部分),他最近有本短篇小说稿(他曾写过一些东西,否则也不会当上这个审查官),希望编入《良友文学丛书》,印得漂亮些。稿酬方面,因有急用,拟一次把版权卖掉。我就请他把文稿让我带回,同经理商量,再作答复。他就把一叠薄薄的仅有数万字的文稿给我,我接过来放入皮包中。

然后,他谈到我送去的编辑计划。他说:“整理五四以来十年的旧作问题不大,将来可尽量帮忙;但十位编选者中,有两个人要更换,否则送审时会通不过的:一个是郭沫若,另一个是鲁迅。”我一方面对他答应帮忙表示感谢,但对于他提出要换两位编选者的问题,恳求他加以照顾。他又诉说了一些他们自己是奉命执行,权力有限等等的“苦衷”;最后笑嘻嘻地对我说:“鲁迅的名字,根据具体情况,可以商量,但郭沫若的名字绝对不行。”我问他这是为什么？他说："郭沫若写过指名道姓骂蒋委员长的文章，所以上面明文规定，我也无能为力！"

正在此时，我听到穆时英正在楼上和一个女人大声吵闹的声音，也还有一个女人从中劝架。我问项发生了什么事？项说："穆时英娶了这个舞女，活该倒霉。天天吵架，我们也无法劝说，现在已吵到我们的家里来了。"可见项、穆之间，关系非同寻常。

次日，我向经理汇报了经过，大家大笑起来，这出活把戏，被我们完全猜中了。但这个项德言不但要利，还要名。我怎么可以把他的作品编入《良友文学丛书》呢？后来他通过穆要求我们把他的"大作"印出来，署名鲛人，书名《三百八十个》，不入丛书也可以，但要出精装。他这样做，我猜还有他的用意：即使他被人知道敲了书店一笔竹杠，他也可有恃无恐地说，他拿的是一笔合法的稿酬。这几万字小说，经穆时英从中奔走，终于被敲去了五百元大洋。我们提出的条件是鲁迅的名字不动，将来《大系》全部文稿，必须予以照顾，不能有意挑剔。这个诺言，此后总算是遵守了的。

项为了书稿校样和出版事宜，曾用鲛人笔名和我通过两封信，他用的是国民党图书杂志审查会的公用笺和公用信封。"文革"期间，我所属单位造反派，把潘公展、项德言、潘孑农三人的来信，都作为我在30年代与国民党有反革命勾结的罪证，从我那批被抄去的六七百封信中（我习惯于把重要来信收集保藏，潘公展的几封信都是介绍稿件的，潘孑农的信，都是说他的译本《怒吼吧，中国！》的），特意抽出，存在我的档案袋里。1979年上海复查工作结束，领导上把这近十封信退还给我，至今我还保存着作为纪念。而茅盾、郑振铎、郁达夫、阿英等大批书简，全部失落，言之痛心。

七

由于审查会的坚决反对，诗集的编选者不得不另请他人。经过我们几个人的商谈,特别是请教了茅盾和郑振铎,改请在北平清华大学的朱自清担任。当时我和朱自清还未建立友谊,我在1935年6月间才在北平和他初次见面的。他和郑振铎都在北平执教,这件事,我又函托郑振铎代邀,幸而得到了这位诗人的应允,我立即去信道谢,并送去了约稿合同。这次临阵换将的故事,很少人知道。现在已成历史,补上一笔。为此,伯奇和我分别写信去日本向郭沫若郑重道歉,说明实情后,蒙他鉴谅。最令人遗憾的是1936年审查会因"《新生》事件"关门大吉后,我继续编《世界短篇小说大系》时,远在日本的郭沫若又答应担任《德国集》的编选,又因1937年"八一三"抗战发生而计划告吹了。

朱自清在《诗集》中有一篇《选诗杂记》,提到了约稿的经过,他说:"这回《新文学大系》的《诗选》会轮到我,实在出乎意外,郑振铎兄大约因为我曾教过文学研究的功课吧,却让赵家璧先生非将这件事放在我手里不可,甚至说找个人多多帮些忙也成。我想帮忙更是缠夹,还是硬着头皮自己动起手来试试看。"①诗集编选人选经此波折,耽误了一个月时间。其他各位《编选感想》都到手了,预约样本也即将编印,诗集编选人既换了朱自清,我便请他从速写段编选的感想。他说:"《大系》样本里需要一点编选感想,又要照片,时间很匆促,便草草将《感想》写出……"②这一段至今不大为人所读到的《编选感想》,对研究新诗运动的人颇有史料价值,他提出了选诗的准则。他自己说:"动手的时候并不忘记自己说过的话(按:指《编选感想》),假如不曾做到相当地步,那是力不从心,无可奈何的。"③《编选感想》是这样说的:

> 新文学运动起于民六,新诗运动也起于这一年,民八到十二,诗风最盛。这时候的诗与其说是抒情的,不如说是说理

---

①②③ 《中国新文学大系导论集》,第360页,良友版,1940年。

> 的；人生哲学、社会哲学都在诗里表现着，形式是自由的，所谓“自然的音节”。民十五《晨报·诗刊》出现以后，风气渐渐转变一直到近年，诗是走上精致的抒情的路上去了。从一方面说，这当然是进步，但做诗的读诗的却一天少一天，比起当年的狂热，真有天渊之别了。
>
> 我们现在编选第一期的诗，大家由于历史的兴趣，我们要看看我们启蒙期诗人努力的痕迹。他们怎样从旧镣铐里解放出来，怎样学习新语言，怎样寻找新世界。虽然他们的诗理胜于情的多，但是到底只有从这类作品里，还能够看出些那时代的颜色，那时代的悲和喜，幻灭和希望。
>
> 为了表现时代起见，我们只能选录那些多多少少有点儿新东西的诗。

朱自清编选的《诗集》，没有按我们要求导言写两万字的规定，而在较短的《导言》外，另写《编选凡例》、《选诗杂记》、《诗话》和《编选用诗集和期刊》四篇附录，具有他自己的特色。在前几年发表的《朱自清日记》中，有一段写于 1935 年 7 月 22 日的日记，写的正是他编选《诗集》时期的事。日记中说：“下午进城，访周岂明，借得新诗集甚多。彼曾询以关于选辑《新文学大系·散文一集》之意见。待新诗材料搜全后，即开始选辑，约须一年。但苦无多余时间，故拟先就主观评选十七八家，或易成功，但进行此计划或须变更。”①他这天日记中所说的编选方法，后来也写入《选诗杂记》中。他说：“清华大学图书馆收的新诗集真不少，我全借了出来。……但是看见周岂明先生的时候，他说，他选散文，不能遍读各刊物；他想那么办非得一年，至少一年。……我决定用我那破讲义（按：指

---

① 《朱自清日记》，见《中国现代文艺资料丛刊》第 3 期，第 98 页，上海文艺出版社，1979 年。

他开课时用的讲义)作底子,扩大范围,凭主观选出若干集子来看,期刊却只用《诗》月刊和《晨报·诗刊》这么着大刀阔斧一来,诗集方选成了;要不然的话,咳,等着瞧吧!”①从上述文献中,可见当时在北方两位编选者也是互相讨论,如何完成《大系》的编选工作,既要保持质量,又要适应出版社的要求,争取在一定时间内交稿。我去北平初次看望这两位前辈作家时,《大系》已开始出书了。

关于两卷散文集,我前面已说过,郁达夫是很早约定的,另一位周作人,经我和茅盾交换意见后,虽然朋友中也有不同意见者,我就去信北平郑振铎,一方面征求他的意见,一方面请他像对胡适一样,由他代我约请。不久,就得到振铎复信,我就把约稿合同两纸请他代送周作人,另外我写了一封恳切的信,感谢他参加《大系》的编选工作。现在还有周作人当年写给我关于《大系》编选的两封信。其中一封说:

> 从郑先生转来合同,今仍将一份寄奉,乞察收。大系规定至民十五年止、未免于编选稍为难,鄙意恐亦未能十分严格耳,有许多材料不能找到,将来尚须请尊处帮助。②

此信署的日期是1月6日(1935年)。关于选材下限不宜定为1927年,郁达夫也有同样的意见。郁达夫说:“原定体例,是只选自1917年至1927年之间的作品。但被选的诸家,大抵还是现在正在写作的现代作家(除两位已故者外),思想与文章,同科学实验不同,截去了尾巴,有时候前半截要分析不清的。对这问题,我和周先生所抱的,是同一个意见,所以明知有背体例,但1927年以

① 《中国新文学大系导论集》,第361页,良友版,1940年。
② 孔另境编《现代作家书简》第60页,生活书店,1936年。

后的作品，也择优选了一点，以便考证。”①对此我当即去信同意了。

迄今留下的周作人给我的另一封信，写于1935年1月15夜，内容这样：

> 快信敬悉。散文分选前，西谛亦有以性质区分之说，但事实上甚不容易。达夫来信拟以人分，庶几可行，已复信商定人选矣。因此恐须耽搁时间，拟于二十左右寄呈一部分选稿，以此虑不能有多少成绩耳。人选未完全决定，选稿只能部分的开始，前示所要序文等未能应命，因须全部选定后始可作序文，现在则无从着笔也。②

事情真有凑巧。关于郁达夫和周作人在散文集选材工作上如何分工的问题，郁达夫虽在《散文二集》的导言里，有一段小题为《关于这一次的选集》的文字，叙述甚详。但当时两位编选者之间，如何按人分选的经过，我没有第一手资料。感谢《大地》杂志于1981年第4期上发表了周艾文收集周作人送他保藏的郁达夫写给周作人的四封信，其中写于1935年1月21日的一封，讨论内容正是《大系》两卷散文如何分工的问题。此信对我真是意外的收获。信中说：

> 一月十三日的信拜读了，以人名决定界限，最直接了当，我们以后，只须想出人数，各补各的不足好了。赵家璧又有信来，新提意见却并不妙，所以又去信复他，告以已决定的标准了。在这信中，再加上几个名字罢，以后你有所见请通知我，

---

① 《大系·散文二集》，第13页，良友版，1936年。

② 孔另境编《现代作家书简》第60页，生活书店，1936年。

我有所见,当通知你。……

在此信中,郁达夫开列由周作人选的名单为“郁、志摩、庆言(按:即刘大白)、平伯、沫若、半农”,后列了一批应加的名单。原属郁达夫选的是:“周、冰心、鲁迅、朱自清、叶绍钧、林语堂”,后加列了十位作家的名字。郁达夫给周作人信的末一节,还说“若有第三批人想出,可以互相通知”。从此信中,可以想像这两位散文编选者在以“人名决定界限”,是经过郑重考虑反复函商,才作出最后决定的。

这使我回想起,当时我们对散文集的分工,曾有过几种建议,以团体分,以时期分或以南北地区分等种种方法,最后,还是茅盾建议的由两位编选者自己商定。后来他们协商决定以作家分,我们也同意了。周作人在《散文一集》导言中曾说:“对于新文学的散文……要分时期分派别的讲,我觉得还无从说起。……我与郁达夫分编两本散文集,我可以说明我的是不讲历史、不管主义党派,只管主观偏见而编的。”他的这种选稿标准也表现在他应我们要求写的《编选感想》里,他说:

这回郑西谛先生介绍我编选一种散文,在我实在是意外的事,因为我与正统文学早已没关系的了。但是我终于担任下来了。对于小说、戏剧、诗等,我不能懂,文章好坏似乎知道一点,不妨试一下子。选择的标准是文章好意思好,或是(我以为)能代表作者的作风的,不问长短都要。我并不是一定喜欢所谓小品文,小品文这名字我也很不赞成,我觉得文就是文,没有大品小品之分。文人很多,我和郁达夫先生是分人而选的,正在接洽中,我要分到若干人目下还不能十分确定。

这段短文中所指“大品小品”,是针对当时左翼作家反对提倡小品文而发的议论，这与郁达夫的《编选感想》中牵涉到另一场论争，都说明1934年时文坛上的几次论争，也反映到《编选感想》里来了。

戏剧集请洪深编选得到普遍的同意，认为他是最孚众望的，当时他在复旦大学任教。我们规定每集导论2万字，只有他一人写了6万字，收入剧本18个。他在《编选感想》中说：

> 我想写两篇序文，一篇是泛论中国的戏剧运动，一篇在说明这个集子里每个剧本被选的理由，指出各人的作用和成绩。在纵的方面可分为三期：一、最早以新姿态出现，作者的动机胜过于他的技巧；二、技巧相当地追上一段；三、更新的内容——在一九二七年开始。在横的方面又可分为三类：一、理论；二、剧本的创作；三、舞台上工作。

他在实际写作过程中，把所有的内容都写在一篇导论里了。

胡适由郑振铎从中介绍后，就由我直接和他联系。开始他还迟迟没有动手，当时他架子之大，是尽人皆知的。1935年6月8日，我去北平期间，特去米粮库胡同第一次拜访他。那时，茅盾编选的《小说一集》已出版，我送他一册样书，并敦促他早日把导言写出。不久就把文稿交齐了，10月中出书。他最先交来的《编选感想》是这样写的：

> 我的工作是很简单的，因为新文学的建设理论本来是很简单的。简单说来，新文学运动只有两个主要的理论：（一），要做活的文学，（二），要做"人的"文学。前者是语言工具的问题，后者是内容的问题。凡"白话文学"、"国语文学"、"吸收方言文学的成分"、"欧化的程度"，这些讨论都属于"活的文学"的问题。"人的文学"这个口号是周作人先生提出来

的估量文学内容的标准。

这篇短文和周作人的《编选感想》放在一起看,说明他们两人的文艺思想,同《大系》其他编选者相比,唱的是另一个调。

我当时托郑振铎去约胡适编选《建设理论集》,朋友们有两种不同的猜测。有的认为胡适这样的人,不会参加良友出版的《大系》的编选队伍。有的人认为,这样一套大书,让他来编第一卷,"正中下怀",不会拒绝。结果是被后者猜中了。他不但在导论中自吹自擂,还在《逼上梁山》一文中,把五四运动的发生归结为他自己在国外时一次偶然的游戏。他在导言中还说:"所以我是欢迎这一部大结集的,《新文学大系》的主编者赵家璧先生要我担任《建设理论集》的编纂,我当然不能推辞。"似乎有舍我其谁之意。解放后,通过学习,我对五四革命运动的重大意义有了比较正确的认识,对胡适的那套说法有了不同的看法。因此当我听到有人批评《大系》的第一卷不宜由胡适来编选,并在这第一卷里,没有选入好几位革命作家的重要文章时,衷心有愧。1977 年 9 月,我为《山东师范学院学报》写第一篇回忆史料时①心有余悸,在文章中对这件事作了自我检讨。后来一位同志劝我:"这大可不必,你既有时代的局限,又受当时政治环境的压迫;你又能找到什么更合适的人呢?"因此,我在这里,一切按实事求是的态度,把历史如实地摊在读者面前,也用不到我自己来说什么多余的话了。

八

十位编选者确定以后,我去谒见蔡元培,那大约是在岁尾年

① 《从一段鲁迅佚文所想到的——回忆鲁迅编选〈中国新文学大系·小说二集〉》,刊于《山东师院学报》,1979 年第 5 期。

初，时间快进入1935年了。在此之前，我已请求过他二次，1932年，为《全国大学图鉴》，1933年为《苏联大观》题字。① 这一次要求大不相同，除了请他为《大系》写一篇万言总序，放在第一卷《建设理论集》之前以外，我还要请他写二三百字总序提要编入样本中。那天，我心中有些战战兢兢，怕他老人家因年事已高，院务繁忙，设辞见拒。

当我把《大系》规划和编选者名单送给他看时，他仔细地翻阅了一下，他认为像这样一部有系统的大结集，早应当有人做了，现在良友公司来编辑、出版，很好！我们的话题，引起了他老人家的回忆。他为我叙述了他个人在当时所参与的几次大事的经过，他告诉我，他是怎样进北京大学的，怎样为了请思想较进步的教授而受到外界的责难，胡适和林琴南怎样在北大发生笔战等。他像又回到五四运动初期，风云疾卷的大时代大动荡的日子里，在他慈祥的眉宇之间流露出一层满意的笑容。他还问起我，现在写小说、写诗的作家中，有哪些人是有成就的？他很谦逊地说，因为院务忙，与新文学刊物和作品久焉失掉接触了。正像一位老母亲，对他首先提倡的白话文学，对当时提出的赛先生（科学）和德先生（民主），像爱抚自己的儿女一样，怀有深厚的感情。他赞许这一出版计划以后，一口答应两件事：先写一段短短的总序提要，再抽空写一篇长序。

蔡元培的《总序节要》很快寄我，文如下：

> 欧洲近代文化，都从复兴时代演出，而这时代所复兴的，为希腊罗马的文化，是人们所公认的。我国周季文化，可与希腊罗马比拟，也经过一种烦琐哲学时期，与欧洲中古时期相捋，非有一种复兴运动，不能振废起衰，五四时代的新文学运

---

① 这两本插图本图书，都是良友的出版物。

动，就是复兴的开始。

希腊、罗马的文化，虽包括哲学、科学、文学与艺术，而要以文学为最著，故欧洲的"复兴"以文艺为主要品。我国固有的文化，如诸子的散文，策士的纵横，风雅颂的诗，楚人的辞赋，都偏于文学方面，故"复兴"时期也以文学为主要品。

欧洲的"复兴"，在艺术上，由神相而渐变为人相。我国的"复兴"，在文学上，由鬼话而渐变为人话。

欧洲的"复兴"，为方言文学发生的主因，我国的"复兴"以白话文学为要务。

欧洲的"复兴"，由十三世纪发起，历三世纪之久，由意大利而渐布于法、德、英等国，由文学而人道主义，科学方法，以达于艺术的最高点。我国的"复兴"自五四运动以来不过十五年，新文学的成绩，当然不敢自诩为成熟，其影响于科学精神民治思想（即新青年所表揭的赛先生与德先生）及表现个性的艺术，均尚在进行中。但是吾国历史，现代环境，督促吾人，不得不有奔轶绝尘的猛进。吾人自期，应以十年的工作抵意大利的百年。所以对于第一个十年先作一个总检查，使吾人有以鉴既往而策将来，决不是无聊的消遣！

这短短数百字的节要，已把他日后写的万字总序的精神都包括在内了。是年夏，蔡元培去青岛避暑，一大包总序原稿由邮局递来。附寄的一封信里，还谦虚地表示，因天气太热，所以交稿略迟，希望不会因他的文章而影响书的出版期。我记得总序的到手还在胡适的导言之前。

蔡元培总序的最后几句话，较《总序节要》的末一句话又有了发挥。他说："所以对于第一个十年先作一总审查，使吾人有以鉴既往而策将来，希望第二个十年与第三个十年时，有中国的拉斐尔与中国的莎士比亚等应运而生啊！"就是翻印《大系》的那家香港出版社于 1968 年又搞了一套《中国新文学大系·续编 1928—1938》,也是十卷本。在他们的《总序》的最后一段话里,居然把上述蔡元培为 1935 年良友版《大系·总序》里所表示的重要期望,接了过去,自称为是蔡序《大系》的继承者,在海外汉学界中造成了混乱。法国汉学家保尔·巴迪,对这部所谓"续编",还有微辞①;国内学者更不会轻易承认这种自命的继承。我作为《大系》的主编者,有责任作此申明。

为了配合 1935 年 3 月开始发售预约,征求订户,让读者对这套大书心中有个概貌,由我编了一本《大系样本》,厚四十余页,书前印了我写的《编辑中国新文学大系缘起》,先说明整理选辑第一个十年间理论和各类文艺作品的重要意义,如不趁早做,"后世研究初期新文学运动史的人,也许会无从捉摸的"。其次介绍十大分卷的内容;至于为什么每集书前都有长篇导言,而且还有万言总序,目的是为了"使这部《大系》不单是旧材料的整理,而且成为历史上的评述工作"。最后谈了我的希望:"这次我们集合十多人的力量,费了一年余的时间,来实现这一个伟大的计划,希望能从这部《大系》的刊行里,使大家有机会去检查已往的成绩,再来开辟

---

① 法国汉学家保尔·巴迪(Paul Bady)曾于 1978 年巴黎"亚洲协会"出版的《亚洲杂志》上,发表《中国和日本出版的关于中国现代文学史资料》的论文。其中说到:"20 年代与 30 年代的文学作品是比较丰富的……不应忘记这个繁荣时代引起了一种状况,这就是在那时,批评文学出现了飞跃的发展。1935 年上海出版了革命文学的批评的最初小结,这就是《中国新文学大系》以显著形式的出现(上海良友图书公司出版)。在赵家璧的主编下,这十卷书包含着 1917 ~ 1927 年间理论与各种形式的文学作品,当代的伟大名家共同协作,并在不同的书卷中撰写导言。1962 年,这个《大系》由文学研究社全部再印,当时这个出版社又作了以后十年(1928 ~ 1938)的续编,但这个《中国新文学大系续编》并不表现得更多更远。"(见法文本《亚洲杂志》1978 年卷,第 329 页)

未来的天地。”接着用两个版面，印了蔡元培手迹《总序节要》，十位编选者的《编选感想》，各占一页，用手迹制锌版，上加近影一幅，下加该集内容简介。此外是书影，预约办法和预约单等。这个样本，我自己没有留存，遍找各地图书馆，都未如愿，因为这种属于广告之类的宣传品，图书馆和个人都不会长久保存的。

《大系样本》中，我还请文艺界的知名人士为《大系》出版说几句话，也用手迹制版，合编两页。其中作为史料值得一提的，有三四篇短文等。住在北平的冰心说：“这是自有新文学以来最有系统、最巨大的整理工作。近代文学作品之产生，十年来不但如笋的生长，且如菌的生长，没有这种分部整理评述的工作，在青年读者是很迷茫紊乱的。”叶圣陶说：“良友邀约能手，给前期新文学结一回账，是很有意义的事。”林语堂说：“民国六年到十六年的中国文学开了一个新纪元，其勇往直前的精神有足多者，在将来新文学史上，此期总算初放时期，整理起来，甚觉有趣。当时文学未成为政治之附庸，文学派别亦非政党之派别，此彼时与此时之差别，其是非待后人论之。”

林语堂写的后面几句话，与周作人的《编写感想》有异曲同工之妙。而林语堂主编的小品文半月刊《人间世》当时正由良友公司出版（创刊于 1934 年 4 月，1935 年底停刊）。在这个刊物上经常发表文章的有林语堂、周作人、刘半农等，他们赞扬晚明小品，大谈袁中郎，说什么“宇宙之大，苍蝇之微”，都要谈，就是不谈现实社会和现实生活中的许多迫切问题。创刊号卷首刊有周作人肖像一大幅和周作人的《五秩自寿诗》。鲁迅和左翼作家对《人间世》颇表不满，在《申报·自由谈》和《太白》等报刊上进行批评。我是在林语堂来良友开始编《人间世》时才认识他的。当时文艺界朋友对良友公司会出版《人间世》这样一个刊物颇感不解。过去许多人曾向我提过这个问题，现在这些事都成了历史，我可以乘机把这件史料也带上几句。

对出版画报、画册感兴趣的伍联德,因为两年来在出版文艺书方面也看到有些起色,于是在1934年1月,新创刊两种附有插图的文字刊物:由上海音乐学院肖友梅、黄自、易韦斋编的《音乐杂志》;由白鹅画社美术家陈秋草、方雪鸪编的《美术杂志》(这两个期刊,都出了几期就停了)。4月起,林语堂、徐讦、陶亢德来良友编小品文半月刊《人间世》,徐、陶二人负责编辑工作,林不来办公。这三个刊物实行的是编辑独立,稿费、编辑费由主编包销,订立定期合同。伍联德怎么会认识林语堂的呢?原来伍有一位广东同乡简又文,他曾在冯玉祥的西北军里做过文官,当时任南京国民党的立法委员,曾在林语堂编的《论语》上写稿,这个幽默刊物是邵洵美办的时代图书公司所出版,由林与陶亢德二人合编。1934年初,林语堂想另创一个小品文刊物,简又文把它介绍给伍联德,他答应下来了。简又文用大华烈士笔名写的幽默小品,常在《论语》、《人间世》上发表,并在良友出版过一本《西北东南风》;他也研究太平天国史料。此后曾自编杂文刊物《逸经》,革命烈士瞿秋白的《多余的话》全文,就是由他从国民党反动派手里弄到后,分期连载于《逸经》上的。

伍联德既有简又文这样的同乡,也有甘乃光这样把创造社老将郑伯奇介绍进良友的同乡。我当时也请甘乃光对《大系》出版写几句,他说:“当翻印古书的风气正在复活,连明人小品也视同瑰宝拿出来翻印的今日,良友公司把当代新文学体系,整理出来,整个的献给读者,可算是一种繁重而切合时代需要的劳作。”我听说甘乃光曾向伍联德谈过,他不喜欢良友公司出版《人间世》这样违背时代潮流的刊物。一年多后,《人间世》的停刊、销路跌当然是主要原因,但伍联德对这个刊物逐渐失去兴趣,甘乃光的进言起到一定的作用。

九

《大系》1935 年 3 月开始在各报刊登发售预约广告，年底出齐。初版全部布脊精装，由汪汉雯负责装帧设计，宣传广告也由他负责。十卷约五百万言，初版二千部，很快订出。5 月 15 日出《小说一集》，开了第一炮，反应很好。7 月出两种，8 月出三种，10 月出三种，眼看最后一种《史料·索引》年内可出齐，却发生了一件意外事故。

阿英编的《史料·索引》篇幅多，工作量大，他是分批交稿的。阿英的老父突然在静安寺赵家桥家里被国民党反动派特务拘捕，因阿英正好外出，幸未落入敌手，而老父被作为人质。阿英既无法回家，他的稿件和材料都在家中，我们只好等待了。这就影响了良友公司对预约者的信用问题，而我们又不能向读者说清事实。当时我的心情，焦虑忧急，束手无策。不久事情幸告解决。有一天，阿英突然来良友编辑部，我和伯奇看到他出现在我们眼前，真是惊喜交集。知道他已平安无事，我们也就放心了，便催他加速了结他的史料集。1936 年 2 月，《史料·索引》终于由装订组送来了样书。这样，酝酿于 1934 年的一个理想，至此终于全部实现了。

在全书没有出齐时，因预约户超过初版印数，又把精装本再版两千部。1935 年 9 月，为适应学生读者，加印白报纸纸面精装普及本二千本，售价每套减为十元，预约仅七元。同时我又编了一本《大系三版本样本》。这个厚 60 页的样本中，除分别介绍十个集子的内容外，又加了《舆论界之好评摘录》，把当时《申报》、《大公报》等全国各地七种报刊的评语，摘编四页，把《文学》的评语，列在最前面。还用 25 页篇幅，把九卷的全部目录（除《史料·索引》）编入，供预约者参考。这一样本，和第一次样本一样，我早已不留，连当时曾有过普及版样本这回事，也早已忘记得一干二净。今春我准备写此文时，上海书店毕青同志从大堆旧书中为我找到一册，对我来说，真是如获至宝。这些样本，当时仅供作宣传广告用；时隔半个世纪，今天，也已成为珍贵的史料了。

当时我所以把《文学》上的评语列在最前面，因为《文学》是傅东华编的权威性刊物，茅盾和这个刊物关系密切，他曾用各种笔名为它写书评，别人写的书评，他也都过目。这篇书评把生活书店出版郑振铎主编的《世界文库》，同《大系》相提并论，题为《最近两大工程》。评语中有一段话值得录下："《大系》固然一方面要造成一部最大的'选集'，但另一方面却有保存'文献'的用意。《新文学大系》虽是一种选集的形式，可是它的计划要每一册都有一篇长序（二万字左右的长序），那就兼有文学史的性质了。这个用意是很对的。不过是因为分人编选的缘故，各人看法不同，自亦难免，所以倘使有人要把《新文学大系》当作新文学史看，那他一定不会满意，然而倘使从这部巨大的'选集'中窥见'新文学运动'的第一个十年的文坛全貌，那么倒反因为是分人编选的缘故，无形中成了无所不有，或许他一定能够满意。《新文学大系》的编辑计划也是近年来少有的伟大企图，全书十册……开头还有蔡元培先生一篇颇长的总序。倘使拿戏班子来作比喻，我们不妨说《大系》的'角色'是配搭得匀称的。"①我认为这段评语，在当时是有一定代表性的。

茅盾写给我的信，发表在《现代作家书简》中的，还有一封也与《大系》有关，信是1935年9月2日写的：

> 顷见本月二日《社会日报》之"十字街头"一栏有"四马路来"一篇，内谓良友出版之《新文学大系》第二集由茅盾负责编，然"茅盾忘记年代"，因"当然不能没有自己和丁玲的作品"，而"一九二五年以前，实在自己和丁玲的作品决没有被

① 姚琪：《最近两大工程》，载于《文学》第5卷第1期，1935年7月。

选的可能，于是不得不变通办法，将一九二五年以后的作品都选进去了”。此一段话不合事实：一、茅盾所编为小说一集，非二集；二、一集中并没有自己和丁玲的作品。此虽细事，但事实不容错乱，弟以为贵处拟可用公司名义去一更正信，若兄以为小报消息本来不尽不实者居多，拟置之不理，弟亦赞成也。

今天重读此信，这也属于社会反应之列。当时上海出版的小报，各有背景，造谣生事，挑拨离间，经常向革命的或进步的作家脸上抹黑，有时故意造成混乱。我收到这封信以后，曾去信茅盾，认为还是“置之不理”为妙。但这封来信，却证明这位小报记者根本未看原书，妄加评论。而专选文学研究会诸作家的《小说一集》，虽然收了 29 家 58 篇小说，独独不选编者自己的任何一篇作品。这位前辈作家虚怀若谷，多么令人钦佩；而那位小报记者的攻击，却扑了一个空。

十

1937 年“八一三”抗战爆发，良友图书公司因地处战区，损失惨重，随即宣告破产。1939 年 1 月，改组为良友复兴图书公司，编辑部由我负责。1941 年 12 月 8 日日寇偷袭珍珠港，太平洋战争发生，随后，日寇入侵英法租界，“孤岛”时代的上海，从此结束。18 天后，良友与商务、中华、世界、大东、开明、生活、光明八家，同遭日寇查封。此后，先迁桂林，后搬重庆。到 1945 年春，眼看日帝失败只是时间问题，我便在心中筹划着如何胜利返沪后，在重建良友文艺出版事业方面打开一个新局面，既要继承 30 年代的旧传统，又要有些新的发展。于是经常同中华全国文艺界抗敌协会的几位负责人和主要作家，商议胜利后的出版计划。当时文协主持人老舍，和我同住北碚，例假日我从重庆回北碚探亲，常去那座原属林语堂所有的小洋楼里看望老舍。我说，我回去后，将继续编辑出版成套书，30 年代拟出的《志摩全集》中途被商务拿去，至今未出，一直耿耿于怀，我将来仍要出版几位重要作家的文集或全集。老舍就答应让良友出《老舍全集》，《四世同堂》就是在这个默契下先把原稿交我的。

我那时想得最多的是《大系》的续篇如何编。想想蔡元培的总序和茅盾的《编选感想》中，前者认为既编了第一个十年的，那么将来还可续编第二个、第三个十年的；后者称《大系》为第一辑，那就希望我们续出第二、第三辑。我国的全面抗战开始于 1937 年，那么第二辑从 1927 年第一次国内革命战争失败起到 1937 年全民抗战爆发为止，正好称为第二个十年。这十年是革命文学蓬勃发展的重要时期，这一阶段的史料整理工作，只能待诸来日，在重庆是无从作什么准备工作的。但日寇末日，即将来临，如果把抗战时期全国文学界的理论和作品，按《大系》体例编为第三辑，出套《抗战八年文学大系》，先把组稿工作做好，再乘留渝期间，把这几年中各地出版的资料先搜集到手，以便供应编选者，那么，胜利回沪，即可编辑出版。我当时和“文协”秘书梅林商谈，“文协”掌握大量资料，包括解放区、国民党统治区和日寇占领区三个部分。这些资料，大部分都是当地土纸印刷，质量差，印数少，如不在战时立即着手搜集，过几年就无从寻找了。我先把史料集的编辑工作，也就是资料的搜集工作，请梅林担任，他答应了。由于决定《大系》第一辑命运的第一个关键性人物是阿英，我凭了这个经验，约定梅林以后，我才敢迈出第二步。这里，我要向梅林同志表示歉意：1957 年我为《人民日报》写《编辑忆旧》时，因为他与胡风事件有牵连而蒙上了不白之冤，我的文章中不得不把他的名字删去了，到 1979 年本刊转载此文时，才补了上去。

我得到梅林的支持后，开始在重庆与老舍、巴金二位商量，请他们在如何把抗战时期的《大系》续篇编好出出主意。重庆时期，与我来往最密切的作家就是他们两位。老舍答应担任报告文学集的编选，这是《大系》第一辑中所没有的。巴金不愿担任这类工作，但当原来请定担任诗集编选的闻一多，因教务繁忙来信辞去时，幸赖巴金的帮助，代我邀约李广田担任。当时李广田和闻一多、朱自清都在昆明西南联大执教，一起从事进步文艺活动。同老舍商量时，他主张小说集还是请茅盾担任，理论集可请郭沫若。我认为这两位前辈作家如能来参加编选，那就增强了我们的阵营。但我对郭沫若，30 年代当他寓居日本时，良友公司曾两次邀请过他担任《大系》和《世界短篇小说大系》内两部书的编选，都蒙他复函同意，而两次都告吹，我实在无颜再去找他来担任《大系》第三辑的编选。老舍就说："我与郭老见面机会多，我来替你去请他吧！"过了两周，我回北碚探亲度假，去看望老舍时，他高兴地告诉我："郭老已同意，你自己去天官府联系吧。"我去看望郭沫若时，先向他表示了万分的歉意，他说，他了解当时的情况，他也能体谅我和伯奇的处境。当我请他担任理论集编选时，他说："如果你们真有意思要编抗战时期的《大系》，我来试一试吧！"郭沫若答应编第一卷，给了我极大的勇气，我决心要把"抗战时期"的同"第一个十年"的一样编好。

散文集请叶圣陶编选是我去请求他时，他就一口答应的。那天，他还对《大系》说了几句赞扬的话。去年 11 月，我在北京时，曾和丁景唐同志一起去东四八条看望叶圣老，想请他编选《大系》"第二个十年"的散文集，他因年老体弱，推荐吴组缃担任。我和他谈起重庆时期的旧事，他还清楚地记得。戏剧集仍请洪深担任，他在北碚复旦大学执教，我回北碚探亲的例假日，渡河去复旦找到了洪深，他不但答应编选，而且提出戏剧集应扩充为二卷，因为抗战时期，重庆、桂林、昆明、延安、上海等地，有大量的优秀多幕剧出版或上演，这和"第一个十年"时期大不相同，那时独幕剧较多，现在情况有了很大变化。我同意他的意见，把戏剧集分列两卷。这样,《大系》的第三辑,副题为《抗战八年·1937—1945》,包括理论集、小说集、报告文学集、散文集、诗集、史料集各一卷,戏剧集二卷,共八大册。

茅盾当时住在唐家沱,有时也来重庆,他对《大系》是有感情的,他在30年代就寄希望于良友能把它继续编下去,是他称"第一个十年"为第一辑的。所以当我专程去唐家沱告诉他,我们准备在重庆把《大系》第三辑,抗战八年的八卷本进行组稿工作时,他是所有约请的编选人中,反应最强烈,情绪最兴奋的。我为此事,在重庆和唐家沱几次请教过茅盾,对其他各卷编选者也征求了他的意见,他像1934年时一样,替这第三辑计划作了种种设想。他也关心到像这一套战时制定的编辑计划,将来抗战结束,国内政治局面如何,还不能预料:良友迁回上海,是否会一帆风顺(我曾把良友复兴图书公司的内部纠纷告诉过他)地按计划进行呢?他说,到了那时,各位编选者也会东西南北分散四方,各奔前程的;这和30年代大家集中在上海比较稳定的时期,不能相比。所以他要我稳步前进,不能把前途看得太乐观。因此,他认为签个约稿合同可以,预付编辑费之类没有必要(30年代我们这样做过)。他说,朋友们还是对你这个编辑有信任,几个预支稿费是起不了约束作用的。茅盾的这一预见,事后证明非常英明。抗战胜利,我于1945年除夕回到上海。1946年,良友复兴图书公司因股东内部纠纷,无形停业,这个计划根本流产了。老舍也在这年与曹禺去了美国。

我接受了茅盾的劝告后,我就约请在渝的编选者在重庆曾家岩附近的一家酒馆里吃了一顿饭,同时把约稿合同分别签订了。我回到上海时,皮包里就有郭沫若、茅盾、老舍、叶圣陶、洪深、李广田、梅林亲笔签署的七份约稿合同。此外有一包从书刊上撕下的一叠稿件,那就是茅盾在我离渝前交给我的《小说集》选稿,还有他亲笔写的一张选目单。我记得那些原始资料是我从梅林那里借来送给茅盾审阅后,由我按茅盾的选目,再去找了原书来(当时在渝尚可买到)，一篇一篇撕下集中保存的。预计一旦《大系》第三辑计划实现，最先送到读者手中的，又将是茅盾所选的《小说集》。茅盾对《大系》第三辑出版计划的热情支持，这份选目就是最好的证明。他在其他编选者均未动手时，已第一个把小说集选目初稿送给了我，内分 5 类，入选 35 篇。这些资料，解放后我一直保存着。

1975 年我为《人民日报》写的回忆文章中，我说到过这件事。姜德明是位有心人，事后曾来信要我把这份选目寄给他看看，据姜德明在 1981 年 6 月 10 日写的文章中说："后来，我请赵先生将原目寄来一阅，随手记在笔记本里，原件早已归还赵先生。茅公逝世后，我忽然想到这份选目，但却记不得记在何处了。我以为这份材料最好由赵先生出来说明才好，因即写信询问此事，并请他动笔，信发出后到今天未见回信，也许他在'十年浩劫'中早已丢失了原件。"①姜德明同志的来信，猜中了原件丢失的原因，也引起我对这份选目的重视。编选者已离开了我们，但抗战时期短篇小说的选编工作将来肯定有人会做，那么茅盾的选目，其参考价值之大是不言而喻的。我便写信问专门研究茅盾作品的翟同泰同志，他写过《茅盾同志答客问》。我还记得大约在 1962 年左右，翟同泰曾访问过我，记下了茅盾与我交往的资料，也曾把这张选目抄去。后来姜德明自己找到了他的笔记本，而翟同泰寄我的记录更为详尽，因为他把每篇小说的出处都录下了(有两篇缺漏)。

我这篇"说来话长"的文章已写得太长太噜苏了，但从史料角度看，正如姜德明文中所说，由我来第一次向读者公开这份茅盾选目，也许还不算是浪费篇幅的。那么，我就用这份选目作结束(见

① 姜德明：《茅盾拟编抗战八年短篇小说选草目》，刊于《文教资料简报》1981 年第 6 期南京师院。

附录)，用以表示我对茅盾同志的感谢和哀思。因为在30年代和40年代，他是《大系》第一辑和第三辑的积极支持者，都是第一个交稿的编选者；一直到他80年代逝世前不久，在他生命的最后一段时间里，还为《大系》说了不少美好的语言。他真是所有编选者中，对我帮助最大，对《大系》出力最多，为期最长，感情最深的前辈作家。现在，所有十位编选者和一位总序作者都已先后成了古人，而当时仅25岁的我，也已成为75岁的老人了。

他们所完成的十卷本《大系》的辉煌巨著，虽历经沧桑，既已按原样大量影印；上海文艺出版社还在继续编印"第二个十年"的《大系》(1927—1937)，此后还要编印《大系》(1937—1949)。这些续篇，都是我们当年所殷切盼望着有人来做下去的。时隔50年，这些新文学运动的宝贵遗产，在党的领导下，正在有组织地分期分批地做好整理、编选和写序工作，这将在国内外发生一定的影响，而且肯定会远远超出30年代《大系》的质量。这是最足以告慰于九泉之下的蔡元培、茅盾等前辈作家的。我在这里，真诚祝愿上海文艺出版社早日胜利完成此项光荣任务！

1983年10月20日

原载《新文学史料》1984年第1期

忆父亲

赵修义

西风乍起，冬日来临。爸爸的生日又到了。

去年，爸爸生日前，大哥从大连来电说，不久有机会南来，我们遂相约，待他来沪时，再一起给老人家做寿。生日那天，正好弟弟出差，我到虹口陪爸爸。那天，风和日丽，他坐上轮椅，我推着他在山阴路、四川路看过街景后，来到内山书店旧址旁的一家西餐馆进餐。老人家手拄拐杖，一步步登上二楼，自己拿起菜单，点了他平时喜欢的鱼和蘑菇汤，还不忘甜点。我们边吃边聊，不时就把菜点打发了。我望着他喜悦的神情，旺盛的食欲，心里也很宽慰。心想，尽管妈妈去世后，他沉默寡言，加上因前列腺病装了输尿管，身体大不如前，但是没有什么大毛病，胃口也还不错，有希望继续颐养天年，达到他至少活90岁的目标。不料，生日过后不久，姐姐来电话说，爸爸近日食欲大减，精神也不好。回家一看，果然有点病态。就劝他到医院看看。那几天我正忙着准备出访。出访前一天，突然收到弟媳来电，说姐姐陪爸爸去医院，到天黑还没有回来。过一阵，弟弟又来电话说，爸爸查出肺部有积水，须留在医院作进一步检查。我不通医道，不过凭常识也知道这是不祥之兆，心中郁郁。

带着这种沉重的心情，第二天我登上了赴香港的飞机，转道去台湾。从高雄入境，辗转到台北，费时多日。一路上，一直惦记着老人家的病情，可是一直没有换上台币，又不好意思让台湾朋友支付电话费，无法同家人通话。到台北换好台币，买好话卡，就赶紧打电话。台北通讯发达，可惜酒店大堂里只有两部可通大陆的话机，排队多时，才接通。家人知我在外，讲多了也无济于事，简单地说还在检查，你按时回来就是了。但已暗示医生估计，恐预后不善。

回到上海，已是岁末。小年夜我同弟弟一起到医院陪爸爸做了第二次CT，又做了核磁共振。年三十得知已经确诊为晚期肺癌，且已转移至骨质。医生表示，一定用最好的药，尽力减轻病痛，延长生命。整个春节期间，他不思进食，勉强喝一点橘子水维持营养。节后，药物慢慢地起作用了，医生又给他插了胃管，补充营养，倒又好起来了。2月下旬，从大连赶来的大哥，见病情稳定，学校又有事催他，就回去了。我们的心情也日渐宽松。也许是我们过于乐观,期望有奇迹出现。本来商定为他准备的衣服也没有去办,好像生怕准备了反不吉利。

3月初,爸爸每天还能起床坐一两个小时。9日那天我拿着刊登爸爸文章的《文汇报》,去医院探望。他看了颔首称是,对我说:"我没有病,我没有病。"我还安慰他,好好养病,等全好了,我们回家去。想不到这竟是我同他的最后一次谈话。11日下午,医生给他抽积水,懂医道的姐姐在旁看护。见他抽完积水,安静地睡下,没有什么不舒服,坐了一会儿,就回家给我打电话,说积水抽过了,爸爸已经睡了。每次抽过积水如果没有异常,人会舒服一些。我听了,也就放心了。不料,刚过半小时,医院就来电话说,老人家心力衰竭,正在抢救,要家属赶快到场。我丢下饭碗,搭上出租,奔向病房,只见门口放着急救用的小推车,医生护士出出进进,气氛十分紧张。跨进病室一看,爸爸半躺着,瞪大眼睛,大口地喘气,喃喃地说:"难过、难过。"大剂量的急救针下去,没有见效。医院把专家从家里招来,但已回天乏力。院方告诉我们,赵老恐怕很难过今晚这一关了。我们只好忍着悲痛准备后事了。突然想起,衣服还没有准备好。就匆匆奔到静安寺。待我大汗淋淋回到病室,爸爸已经昏睡在床,再也没有知觉了。痛苦的表情也渐渐消失。我们全家围在他的身旁。随着时间的流逝,监护器上的图像,越来越乱,脉搏越来越慢。午夜过后,爸爸那颗跳动了89年的心脏终于停止了搏动。我们永远失去了至爱的父亲。

这时,已经夜幕重重,外面下着蒙蒙细雨,早春三月,寒风习习,我心里一片冰凉。无数的往事一幕幕涌上心头。情景有的清晰,有的模糊。我突然感到在不同的时期、不同的情景下,爸爸的性格,往往从不同的侧面展现在我们的面前。随着我们自己的阅历的增进,环境的变迁,对爸爸的理解也不尽相同。爸爸的一生好像一本熟悉而又未必读懂的书。如今这本书已经翻过了最后的一页。作为他的后代,我们理应好好回首往事,理出一点头绪,在心中保存一个永恒的纪念，并从中获取一些有益的启示。

翻开儿时的相册，迎面看到的是爸爸两手牵着我和姐姐在中山公园游玩的照片。但是当时的情景在头脑里已经没有什么印象了。四岁那年我得了一场麻疹又被误诊，病得不轻。留在记忆中的只有病后的情景。那时爸爸已经离开上海去了大后方。哥哥不久也已经随爸爸的同事到内地去上学了。妈妈、奶奶、姐姐留在上海。只记得，体弱多病的妈妈常常在念佛，为爸爸祈求平安。后来奶奶得了急性盲肠炎、外婆又突然去世，家里的气氛很沉闷。外面挂着膏药旗，街上到处是扛着大枪的日本兵，妈妈还关照我们在外面玩的时候不可以讲“萝卜头”。每天晚上都要拉上厚厚的窗帘，不能透出光线，免得违反灯火管制的规定，招来麻烦。记忆中几乎没有什么欢乐的情景。有一天，妈妈笑眯眯地对我们说，爸爸已经安排好，把我们一家带到桂林去。你们可以见到爸爸了。我和姐姐高兴得跳了起来。接着大家就准备动身。妈妈带我去福煦坊向爸爸的师母陆小曼告别，又到松江区看望了曾祖母和叔公。后来就由一位远亲和他的朋友带领着，兴高采烈地离开上海。

没想到经过杭州以后在越过封锁线时，鬼子兵强行搜查，受了不少惊吓。沿路走了很长时间，用的都是原始的交通工具。吃的住的条件比上海差得多，但是一想到马上可以见到爸爸了，心中充满了喜悦。到达桂林以后，在漓江边上安居。为了满足好奇心，我随家人，走过漓江上的堤坝到爸爸的办公室区玩耍。只见里面堆满了书籍和纸张。这时我才对爸爸所做的事情有一点了解。刚刚住下的日子，还算太平。假日里，爸爸还带我们到象鼻山等处游玩。没多久，湘桂战争爆发。爸爸就安排妈妈带着我们老老小小逃离桂林。先逃到柳州，再逃到贵阳。在地无三尺平，天无三日晴的贵阳，我开始穿着钉鞋，每天踏着泥泞的小路上学。学校的生活，有不少乐趣。但家里生活拮据，大家又整天担心着邻近战火的爸爸和哥哥。有几天，传来的消息说，金城江大火。爸爸和哥哥又正在从桂林来贵阳的途中。妈妈心急如焚。一天晚上，爸爸和哥哥突然回来了。他俩满脸乌黑，衣衫不整，简直认不出来了。顾不上洗涮，就讲起一路的情况。原来，爸爸带着出版社的家当，一路逃到金城江。正好遭遇大火，所有的纸张全部被烧光了。他们奋力从大火中把打好的纸型抢了出来。总算保存了最宝贵的一点家当。也保存了作家们辛勤劳作的果实。那时金城江已经是一片混乱。好不容易爬上了一列火车到达独山。哥哥是在车顶上过来的。车厢里也没有窗户，过隧道时满是烟灰。到独山以后，搭上一辆货车，才赶到这里。还有一位同事，没有搭上汽车，正在步行来贵阳……

我在一旁听着，想起我和家人从柳州坐火车经过金城江到独山的经历。那时，火车上还有点秩序。不过，关不上窗户的火车，每一次经过隧道时，大量的黑烟涌入车厢，我们就大叫“老虎来了”，一边用准备好的湿毛巾掩在脸上，心中充满着惊恐。列车停靠金城江车站时，窗外的一个大兵将一个大木箱从窗口塞进来，将正在梳头的姐姐压在底下，我在一旁吓得大哭。想到这些情景，心中十分敬佩爸爸的勇敢。从那一时节起，爸爸在我的心目中，不但是一个关爱我们的慈父，而且是一个敢作敢为的人，一个对自己的事业执著的人，尽管我们对他的事业当时还没有多少了解。

到重庆以后，我们一家在爸爸的大学同学王家域的家里寄住了一个月。接着就安排我们老的小的跟着妈妈到嘉陵江边的小镇北碚居住。他自己留在重庆工作。每个星期坐烧木炭的公共汽车回来一次。有时回来，就带我们出去访友。印象最深的是到老舍先生的家里去拜访。当时老舍先生在北碚的国立编译馆工作，住在离小镇不远的郊外。穿过农田，进入院门，跨进房间的时候，迎面看到的是一幅齐白石的国画。上面一群小鸡从笼中奔出，栩栩如生，欢蹦活跳。我看得出神，把什么都忘了。这一深刻的印象，我至今难忘。还有一次，家里来了许多客人，除了住在北碚的老舍先生和其他一些我不认识的人之外，还有嘉陵江对岸复旦大学的靳以、马宗融等，有爸爸在上海时的老朋友，也有新的朋友。手艺高超的妈妈，拿出看家本领做了许多好菜。四川号称"天府之国"，好的鱼却少见。那天妈妈特地设法买了一条大鱼。我看到非常高兴，直嚷嚷："吃鱼了，吃鱼了。"妈妈对我说：今天来的都是爸爸的好朋友。都是一些大作家，还有大学教授。鱼是请客人的，你要乖一点。等客人吃好了，我们再吃。我给你留一点，好吗？后来我就呆在后面的小房间里，有时好奇地张望一下，看看这些教授、作家到底是什么样子的。印象最深的是一位留着大胡子的，后来知道是马宗融先生。

这些孩提时代的印象，记忆犹新。但是对爸爸的事业的了解还是很少的。平时爸爸很忙，假日还常常拿清样看稿。加上我还年幼无知，难得同我正正经经地谈话。即使抗战胜利回到上海以后，我们天天同爸爸住在一起，也是如此。只有一次例外。那是在50年代初，有几个星期日，爸爸把原先藏在一个壁橱里的文件，拿出来，要我帮他一起整理。一边整理，一边聊天。这一大堆文件主要是来往的信件。我第一次看到鲁迅先生用精美的十竹斋稿笺写的信，就是在那些日子，爸爸一边整理，一边还给我讲一些往事。在翻到一封潘公展的信时，我问到，他怎么会给你写信？爸爸就把30年代良友出了一批左翼作家的文学作品以后，国民党的图书审查机关如何找他训话，威胁恐吓，他又如何应付的情节讲给我听。我把平时想问，又不大敢问的事，一一询问。这时我才知道，珍珠港事变之后，为什么他要只身离开我们去内地。原来，珍珠港事变之后日军开进了租界，爸爸当时以美商的名义主持的良友复兴图书公司，被迫关闭。日寇威迫他出来给他们办刊物。处境十分危险。他就匆匆化名出逃。乘轮船经汉口，转道去桂林。在汉口下船时，差一点被查出。恰好检查的人中有一个是大学时同学。爸爸对他说，上海不易谋生，来此地做生意。此人当时已是汉奸，念及旧情没有深究，就放爸爸过关了。从此开始，他颠沛流离，生活和工作的条件都十分的艰难，但一直坚持自己的出版事业，为发展民族文化，为宣传抗战，尽心出力。记得在抗战胜利后离开四川的时候，到重庆上船前，我第一次走进爸爸在重庆的办公处，只见地方狭小，光线晦暗。所有的书几乎都是用黄草纸印的。（书名多数已记不清了。有一本，封面上画有一只时钟，是茅盾的小说，印象比较深。）唯有一套庆祝抗战胜利，记录日本投降仪式的小型图片是用铜版纸印的，制版考究，照片清晰，印刷精美。我见了爱不释手。爸爸见我喜欢就给了我一套。现在，爸爸的存书中，还保留着这套小小的图片。一片匠心，跃然纸上，令人感叹。

我带着这一套图片，同家人一起随在交大读书的堂叔登上交通大学返沪的轮船，经过一个月慢吞吞的航行，回到上海。同一天，爸爸结束了重庆的事务，也乘飞机回到了久别的上海。在原来的住处愚园路呆了几个月后，在哈尔滨路重新安家。一段时间里，爸爸忙忙碌碌，但心情不佳。我们从妈妈那里听说，因为股东们意见不合，只得结束良友的业务。爸爸无法再从事他心爱的出版事业了。经马国亮先生介绍，爸爸进了《前线日报》，在经理部任职，以解决一家的生计。天天管的是纸张、印刷、经费等事务。虽然生计有了着落，但这终究不是他的事业。过了一些时间，爸爸又开始筹备新的出版社了。有一天，爸爸拿回来一张执照，上面写着“晨光图书出版有限公司”。我看了，不知道有限公司是什么，还缠着问个不停。他告诉我，他又要办出版社了，这一次是同老舍先生合办，不再求那些股东了。就这样，哈尔滨路 258 号那幢一开间、两层的小楼底下的房间，就成了晨光最初的办公室。一个写字台，一个小书架，就是全部的设备。开始也没有什么助手，哥哥假日给爸爸当帮手。不久《四世同堂》的头两部《偷生》、《惶惑》就出版了。新书就堆在家里。那时我十分新奇和兴奋。还对小学的同学吹牛说，我爸爸是编书、出书的，那些小说可好看了，是大作家老舍写的。有一位同学问我借，说是家里大人要看。我就自说自话地从书架上拿了一套四本新书给他。后来哥哥发现书少了，就盘问我。我照实说了。着实挨了一顿训。哥哥告诉我，这些书是爸爸新办的出版社的第一本书。好不容易出来，要销出去的。销出去了，社会上有了影响，出版社才能发展。第一次印得也不多，你怎么能随随便便把新书给同学？儿时犯的错事，至今仍觉得有愧。

过后不久，晨光就出了许多有影响的好书，家里的书架上放满了整套整套的新书。事业发展了，晨光也离开了哈尔滨路，在四川中路上有了颇为像样的办公处。爸爸也准备从《前线日报》退出，专心办出版社了。可是，好景不长。国民党的统治已近崩溃，物价飞涨，社会上一片混乱。每天马路上，飞行堡垒开来开去。接着又是一批批的大兵开进城里。我上学的十七区中心小学也被军队征用，只得搬到一个仓库里上课。在兵荒马乱之中，买书、读书的人自然不多。爸爸和他的同仁苦苦支撑。有时不得不让发行人员到马路上摆地摊售书。这一段时期，有一件事情给我留下了深刻的印象。那是在1949年的年初，有一天晚上，家里来了几个我从未见过的客人，匆匆来，又匆匆离去，显得相当神秘，我觉得非常奇怪。问大人，这些人来做什么，也不给我回答。说是大人的事，小孩子不要多问。直到解放后，才知道原来是爸爸利用在《前线日报》的关系，搞到了通行证，护送郑振铎先生离开上海转道去解放区。

上海解放后，不久爸爸就受到邀请北上参加第一次全国文代会。回来以后十分兴奋。给我们讲开会时见到毛主席和周总理等领导人的情景，还讲了路途上和梅兰芳等文艺界人士相处的一些逸闻。还说起，周总理托人带话要爸爸写信请老舍先生回来。我们帮他整理带回来的物品时，看到的是一大堆的书。有整套的解放区文艺丛书，也有许多理论书。整理好上架之后，爸爸就忙起来了。那年,我正好考上初中,闲在家里。就问爸爸,我可以到你出版社去做点什么吗?开始爸爸说,你会做什么呢?还是在家读点书吧。后来,他对我说,最近上海要办一个图书展,迎接开国大典。我出了一些书,要在那里设一个柜台,你去帮着看看柜台。我非常高兴,每天到大新公司楼上的大厅里去上班。有机会仔细地看那些爸爸新出的书。印象最深的是一套解放区的木刻连环画册,有蔡若虹的《小二黑结婚》等,还有一套彩印的木刻图片,有古元的《延安整风》,是毛主席在讲演,还有陈烟桥的《人桥》。当时从解放区来的几位漫画家米谷、吴耘等经常在那里,我同他们交了朋友,吴耘还给我画一些画取乐。

此后的一段时期,爸爸的社会活动就多起来了。家里客人也很多。上海第一次文代会在解放剧场举行时,好几位作家在会后来我家。有巴金、靳以、胡风、王辛笛等。我拿了一本哥哥给我的精致的纪念册请他们签名。1950 年爸爸到北京参加出版工作会议,会后又到东北去参观学习。那次带回来的一本精装的东北新华书店出版的《毛泽东选集》,至今还在我的书架上。老舍先生从美国回来以后,爸爸和妈妈还特地到北京去拜访。那次带回来的毛毯,爸爸一直用到最后一次进医院。除了工作之外,这一段时期爸爸特别用功读书。晚上和星期天都读那些从北京带回来的书。1950 年,爸爸在光华大学兼任文艺理论课,一边学习,一边备课。一句一句地写讲稿。表姐给他誊抄。讲课的收益不多,一学期全部酬金,买了一台缝纫机给妈妈。其实爸爸之所以去讲课,只是为了自己学习,学习过去不熟悉的新理论。有一段时期,每逢星期天,他还在收音机里听俄语广播讲座,叫我同他一起学。他还告诉我,章伯伯请了一位俄国人教,直接读原版的文学作品,几个月就能看书了。你也要好好学(爸爸的这位大学同学章显华先生,在“文革”期间培养了一位精通几国外语的青年人,在“四人帮”倒台之后,一度成为上海的一大新闻)。当时爸爸虽然没有参与思想改造等运动，但是面对一个全新的环境，他确实同许多从旧时代过来的知识分子一样经历着思想的变化。他在努力地学习，力求适应新的时代。记得抗美援朝时期，我们学校里运动搞得轰轰烈烈，看到家里有许多美国杂志，像福布斯、时代周刊等等，就向爸爸提出，要不要处理掉。开始他还有些犹豫，后来就同意了。当时我们很年轻，不懂历史，头脑简单，对爸爸的犹豫还有些不理解。后来回想，爸爸这样做也是很不容易的。他在大学里读的是英美文学系，对美国文学尤其喜爱。年轻时曾专门研究福格纳等美国作家（党的十一届三中全会后，重新开展对美国文学的研究，有些论者把爸爸所作的《新传统》称为中国最早评介福格纳的著作）。他在出版方面的许多创新，也是从美国出版物中得到借鉴的。抗战胜利后，他同郑振铎、冯亦代先生一起主持了《美国文学丛书》的出版工作，大量接触并研究、传播美国文化，同费正清等美国学者有过交往。在政治上划清界限是做得到的，但若要同这些过去熟悉的东西诀别，在感情上一定是难以割舍的。后来他一直保留着许多原版的图书，还托哥哥在大连买回了一套哈佛丛书。

在图书的出版上，爸爸也作了一些新的探索，以适应新的时代。印象最深的，是摄影画册的编辑出版。这些画册，大都是像连环画一样的小开本，每册一个主题，分别介绍新中国的建设成就和苏联以及东欧人民民主国家的情况，每20册结成一函。爸爸经常到新华社和塔斯社上海分社去收集图稿，以尽快的速度编辑出版。匈牙利歌舞团来上海访问演出时，在上海总共停留三四天，就在这短短的日子里，他就把一本演出和访问的图册印成了。歌舞团离开上海的前夕，爸爸赶到锦江饭店，把图册送给客人。他们十分高兴。爸爸回来对我说，他们还以为是国家的出版社出的，对中国政府表示感谢，叫我难以回答。这些图册印刷精美，而且相当及时，很受欢迎。当时没有电视，新闻电影也不是容易看到的。迅速及时地反映社会生活变化的图册，有其特有的吸引力。记得有一次我去爸爸的办公处,见到许多读者来信,其中还有志愿军战士从朝鲜前线寄来的。爸爸编辑生涯中,摄影图册早就编过,但是主业一直是文学作品。从这时起似乎转到摄影上来了。后来他被安排到上海人民美术出版社工作,又当选中国摄影家协会的理事,大概就是这个缘故。不过,他自己的心还是在文学上。因此,晚年无论是写回忆录,还是讲自己从事出版事业的经历均很少提及这些事。

爸爸编辑生涯的最大的变化,发生在1954年。那年春天晨光结束了业务,并入公私合营的新美术出版社。5月1日劳动节那天,爸爸到上海人民美术出版社上班。爸爸在给我们全家宣布此事时,非常高兴。他说,从明天起我就是国家出版社的干部了,出版社是公私合营了,同事分别被安排到公私合营的新美术出版社和新华书店。对我是特殊的安排,不是作为资本家安排在公私合营的单位,而是以知识分子的身份,单独安排到国家的出版社。担任副总编和编辑室主任,享受十三级干部待遇。上海的出版界里只有我一个。喜悦之情,溢于言表。对此我们十分理解。自"五反"以后,他的资本家成分已经定下来了,常常要到工商联开会。但是,事实上爸爸同商界是没有什么共同语言的,他从事出版从来是把它当作一种文化事业来办的。当然他作为一个出版社的负责人也要经营,但他的气质和他的追求都不在盈利。记得在重庆时,良友公司内部为经营方针,有过争议。有一位非常要好的合作人,见图书出版实在艰难,起意拿出版社的资金去做投机生意。一直性情温和的爸爸,大发脾气,同那位大学的同窗扭打起来,把衣服都撕破了。后来两人的友情日渐淡漠。本来我们两家经常来往,我的舅妈还帮他们领过几年小孩,此后就再也没有往来了。尽管爸爸一直告诫我们,填表的时候家庭成分要填资产阶级,不要隐瞒他开过私人出版社的事实。但是在内心,他一直把自己视为一个文化人,一个编辑。期望在新的时代,有机会继续为文化事业奉献自己的才智和经验。现在他的愿望可以实现了,当然是很高兴的。

所以，在进入“人美”之后，他工作十分努力。记得那时为了编辑治理淮河的图片册，他还专程到治淮工地去过，还经常到北京的新华社和有关部门去组稿。1955 年我上北京读书后，他每次出差来北京同我见面时，都会兴致勃勃地告诉我许多正在谋划中的编辑计划。当然文学还是他自己的爱好，每次来京都要背一大堆文学书回去，还要去拜访文学界的老朋友。我也随他一起拜访过老舍和卞之琳先生。

1957 年那场急风暴雨，爸爸在上海，我在北大，少通音讯。只记得鸣放初期，我在家信中提及学校的情况后，他来信告诫我，年少无知，不要太冲动。那年夏天，我到大连哥哥处度假，也没有机会同他交流。至今也不知道当时他的想法和处境。只记得，后来他来信提到，他不再当人大代表了，改任市政协委员。妈妈从居民委员会成立时就当选的主任也不做了。经过了那场阶级斗争，我自然也完全懂得这是必定会发生的事情。1958 年夏末，我随系里的同学到大兴县劳动锻炼去了。开始家里的来信说，城市也在搞人民公社，大炼钢铁，妈妈把外祖父传下来的“一品锅”捐出去了。弟弟急得哭了。此后就少有来信。在初冬，我突然收到一封厚厚的信。打开一看，字迹陌生，心中一惊。读后才知道，爸爸病了，而且病得不轻。信是由妈妈口授，舅舅代笔的。假期一到，我就匆匆南下。先到南京，向回过家的姐姐打听情况。原来爸爸患了抑郁症。经常怀疑有人要害他。假期里，我陪着爸爸，同他谈心。才了解，单位里新来的领导，经常在公开场合讽刺挖苦，示意要把他打入另册。连同事叫他一声同志都不行。加上，1958 年在化工部工作的堂叔，突然被诬为 1954 年发现的一条对苏联专家不满的涂鸦的当事人，并被判处十五年徒刑。他难以承受这样的打击，我们想让他散散心，度过这一关。但是收效甚微。假期一过，我又匆匆回到大兴县农村去了。

1959 年春天刚到，又收到家信，说爸爸病情加剧，住院了。当时的气氛，我也无法请假回家。除了心中着急之外，没有什么办法出力。幸好过了一两个月，爸爸来信了。他告诉我，粟宗华院长和另一位姓史的大夫，给他治好了病。并且详细地讲了治病的经过。他将到外地去休息一段时间。1959 年暑假，我回到上海，看看情况确实好多了。那年的秋冬之交，那个对他极尽打击之能事的领导在反右倾运动中跳楼自尽。组织上考虑到种种情况，决定将爸爸调往人民文学出版社上海分社工作。1960 年的春天，还让他参加市政协组织的参观团到北京等地访问。等到这一年的夏天，爸爸到北京参加第三次全国文代会的时候，他已经康复。但是这场大病对他精神和健康的损伤是明显的。在文代会期间，我们相见时，已经听不到以往那种雄心勃勃的打算了。

在人民文学出版社上海分社期间，他主要的工作是审读翻译的书稿。当过外国文学名著丛书的编委。他对文化界的事情，还是很关心。我假日回家，常常谈起一些情况。不过本来就相当谨慎的爸爸，现在就更少发表自己的看法了。看得出，他对许多事情没有把握，也无意卷到是是非非之中。唯一的例外是，1963 年到 1964 年他在中央社会主义学院学习期间，受领导部门的委托去见了大学的老同学储安平。回来以后，也只是简单地提到此事。有些情况我还是在 80 年代读到戴晴的文章才略知一二。那时爸爸最大的安慰，是第三代相继出世。大孙女东东一直生活在上海，与老人相伴，直到“文革”动乱开始。

动乱中，总算万幸，爸爸在妈妈的支持和精心照料下熬过来了。大家最担心的他的旧病没有大的发作。到“文革”后期落实政策的时候，爸爸总算被解放了。但是工宣队令他回家休养。这时我也刚刚从牛棚出来。我们作过一次多年未有的长谈。大家都不愿提及刚刚过去的灾难中的痛苦经历。谈的是以后的日子。爸爸对我说，奶奶活了 85 岁，我现在只有 60 多岁，身体很好，至少还有 20 多年，天天呆在家里，无所事事，这日子怎么过？我说，学校里有些老先生,不能教书了,就在做翻译。你英语很好,翻译过不少书,还可以重操旧业,现在也有需要,等等会有机会的。过后不久,他就告诉我,寿进文先生约他参加刚刚恢复的政协的翻译组。可以有事情做了,他的情绪好多了。从此以后,他就埋头翻译,还从当时有限的收入中,拿出钱来,买了大型的韦氏英文词典和其他的工具书。短短的时间里,斯诺的《漫长的革命》,汤因比的《年鉴》,《赫鲁晓夫回忆录》、《七姐妹》等书相继问世。总计有好几十万字。这些译书按当时的惯例都没有署名,也没有注明各位译者所承担的工作。爸爸到底译了哪一些部分,已经无法弄清了,但是他为此花费了很多心血。有一年,我突然昏厥后,身体虚弱,在老家住了一段时间,见他每天要伏案六七个小时。我们还经常讨论翻译中遇到的问题,印象最深的是,斯诺的《漫长的革命》一书的最后,引用了毛泽东送别斯诺时讲的一句话,说自己是一个打着雨伞的云游僧,到底意思是什么,怎么译才恰当,我们讨论过多次,考虑到当时的环境,最后还是硬译了事。

"四人帮"倒台之后,尤其是党的三中全会之后,环境大大地好转了。拨乱反正和思想解放使他重新焕发了青春。有一次,他检查身体后高兴地对我讲,医生说,我的头脑检查下来,像四五十岁的人一样。我还可以做很多事情。于是他到瑞金医院去动了手术,治好了干校劳动时得的脚疾。行动也敏捷多了。最主要的是他的心灵深处渐渐摆脱了多年的禁锢,对自己在30年代所作的工作又有了自信。同时,长期埋藏在心底里的情怀,也脱缰而出。他心中升起了强烈的创作欲望。爸爸的一生大量的时间是在做"为他人作嫁衣"的务实的编辑工作,内心的丰富的感情世界,没有机会抒发为文字。其实他青年时代的理想和志趣是文学的创作和译介。最近读到他在徐志摩先生去世时写的悼念文章,深感他的心灵是同诗人一样,喜欢自由地在思想和感情的世界里驰骋。但是,对故旧的怀念,对帮助过支持过他的前辈和友人的感激,又使他有一种把史实准确地保留下来的愿望,所以选择了书写回忆录的办法。为此他倾注了全部的精力,笔耕不止。这些年里,我们交谈的主题,就是他在写的那些文章。每次文章写成或发表,我都一一拜读,他总会给我讲当时的情景和写作中想到的问题。可以说,真正对他有比较真切的理解,就是在这一过程中。回想起来,有两个印象最为深刻:一是他对史实的忠实。每一篇文章,他都要查找许多资料,发出许多信件,核实情况。凡是在世的当事人,总要设法联系上。每次外出,他都要拄着拐杖去拜访老朋友,有时还委托一些年轻的学者帮他查找核实。比如,他得知徐梵澄先生从印度回来之后,想了许多办法与他通了信件,还去北京拜访。凭借这些第一手的材料,才写成了《鲁迅·尼采·梵澄》一文。现在在他的遗物中,存有许多信件,就是明证。二是他对先辈、友人特别是作家们的深厚情谊。

爸爸是一个十分珍重情谊的人。晚年他常常对我说:我年轻时能作出一些事情,都是靠了先辈和朋友,遇到了许多好人,鲁迅先生的教诲不用说。遇到伍联德这位老板,也是一大幸事,他把一个编辑室交给我这个初出茅庐的年轻人,让我自由地组稿、出书,不要我赚钱,只要出好书。稿酬也可以让我自己决定。文化特务来找麻烦,他帮我顶住。否则,像出左翼作家的书,给囚禁中的丁玲高额稿酬,都是想做也做不到的。这也是爸爸在党的三中全会后想尽办法推动重印《良友画报》的一个缘由。对于给他启蒙、引见鲁迅的郑伯奇先生,爸爸也是非常敬重。记得在1960年文代会期间,我去他的住处,见到伯奇先生后,他就给我讲过,伯奇先生对他的一生影响非凡,是一位可敬的前辈。"文革"结束后,爸爸一直关心着《郑伯奇文集》的出版。后来,文集的编辑和出版过程中遇到了一些干扰。爸爸十分着急。写了许多信,自己出面同出版社打交道。围绕这件事的信件,他全部妥善保存,到北京还专门找家属商议,直到按理想办成为止。对于徐志摩,这位大学时代把他引入文学的堂奥的恩师，爸爸的感情尤其深厚。他的回忆录中，有许多篇是写徐志摩和陆小曼的，也是最动感情的，而他最后编校的书，就是《徐志摩全集》。那时他的健康已经大不如前，但是他坚持着要完成，一字一句地校对英文的诗篇，搞得十分紧张，经常失眠，终于难以支撑了。郭小丹先生最先发现他的精神异常，马上打电话给我。我赶回老家，听妈妈讲了他的近况，很担心他旧病复发，我和姐姐一起陪他去医院，他又不得不服用镇静药物，结果大大地损伤了本来健全的头脑和体力。略有好转后，爸爸还是坚持要把书编完，在大学时代的老同学徐承烈先生的通力合作下，他终于了却了从志摩先生去世之时起就立下的心愿。

此后，他已经感到力不从心，渐渐搁笔。然而心中情感的波澜并未止息，常常面对书橱神游于往事之中，看到报刊上有关故人的文字和消息，常常感叹不止，有的时候，对我说看到故旧凋零，心中不是味道，想写又写不动，也不是滋味。尽管如此，他还是关心着他所经历过的文坛往事，案头、沙发边的茶几上，总是摆着《鲁迅研究资料》、《新文学史料》等刊物。至于对鲁迅先生的崇敬和怀念更是始终不渝，居室里挂着鲁迅的照片，鲁迅的墓地是他经常去瞻仰的地方。有一段时间，墓地周围常常有人跳舞，秩序混乱。他就写文章呼吁给鲁迅一个安静。有几年，我同姐姐考虑到，我们都住在西区，不便照顾，曾动员他搬家。爸爸态度十分坚决，说我不会搬的，再好房子也不去，我就要在这里住到终老。其实对他来说住在鲁迅故居的旁边，鲁迅公园的附近，比什么都要紧。所以，即使在精力衰退，难以持续地阅读的最后几年，只要天晴，又有精力，总要坐上轮椅，到鲁迅公园，在纪念馆门前闭目沉思。

说到爸爸的晚年，不能不提到他同罗竹风同志的友情。罗老是爸爸的老领导，在“左”的路线盛行的时期，给了爸爸许多关照。爸爸常常对我们讲，罗老是恩人，你们不能忘记。党的三中全会以后，他们过从甚笃，经常一起谈论出版界的事情，发动对出版和编辑理论的研究，是他们共同的愿望。听爸爸说，山西出的一套编辑研究丛书，他们一起做了很多工作，并都投了书稿。罗老德高望重，又平易近人。每年年初一早上，罗老都会来我家。两位老人，敞开心怀，促膝谈心，这是爸爸最高兴的时候。有一年，爸爸身体不好，情绪不佳，罗老热情地鼓励他说，你是国宝，好好养身体，有很多事等你做。爸爸对罗老，也十分关心，得知罗老生病就嘱咐我们到家中探望；罗老住院时，爸爸每次去华东医院就诊，都要到病房去看望。罗老病故，爸爸十分悲痛，派了我们夫妻两人和弟弟一起代表他前去吊唁，以表达他的敬意。

爸爸生命的最后几年，精力的衰退十分明显，阅读的能力也因精力不济而日渐消退了，只能常常与电视作伴。一生与书打交道的爸爸，常常叹息："无聊、无聊。"他不能不考虑身后的事情。然而，除了关照我们到无锡去看看他在十年前购置的安葬着祖母的墓地之外，首先想到的就是如何安置他所编的书籍。1994 年母亲去世后，他就对我说，我编的那些书，好不容易才收集起来，总要找一个好的地方安顿，你们这一代，还知道它的价值，第三代就难说了，还是交给国家好，这件事就交给你去办。我问，你看交给什么地方好，现在有几个可以选择的地方，一个是北京图书馆，一个是正在筹建的现代文学馆，一个是上海的图书馆，比如上图，母校的图书馆，或者故乡的松江图书馆。他想了一会儿说，最好还是北京图书馆。我同他们有交情，以前《良友画报》送给了北图，保存得非常好，后来影印时用的就是那个本子。《徐志摩全集》的纸型也是靠北图保存下来的。至于现代文学馆，我出的书虽然大量的是文学，也有别的，我又不是什么大作家，恐怕不太合适。我说，那好，我到北京去的时候，同馆方商量商量。年底我去北京开会前，回家对他说，我马上要去北京了，北图的事情，你看要不要办。他说，好的。我问，怎么同他们谈，你有什么要求。他说，只有一个要求，希望集中保存，不要分散了。其他什么也不要，不要什么代价，什么奖金，我是送给他们的，同以前的《良友画报》一样。我到北京后晋见了馆长任继愈先生，他找了一些部门负责人一起商量。任先生对家父的赠书表示欢迎，说家璧先生所编的图书在中国现代文化史上很有价值，我们收藏一部分，但是不全。以前他把《良友画报》送给馆里，这次又想把自己所编的图书全部交给我馆，请转达我的谢意。但是商议具体事项时，负责馆藏的同志表示，要集中保存十分困难，没有先例。以前遇到过许多，都无法集中，只能分类编目收藏。他们提出，用三个办法来弥补：一是全部图书加盖一个印章，标明系家璧先生所赠；二是在馆刊上发表赠书的目录，以便查阅；三是集中陈列一段时间，然后再收入库中。回来以后，我把这些情况一一向家父说明。他先说，也好，印章上面刻“松江赵家璧所编图书”，后来就沉默不语了。看得出他是相当犹豫的。他还是希望能集中保存。后来每次我有机会去北京，问他有什么事要办，他都沉默不语。所以，我们在把他所编的图书目录整理打印寄出之后，就再也不催促此事了。

他的心情我们是了解的，也是十分理解的。他希望的是，把中国出版史上这一段史料比较完整地保留下来。这些图书不但在编辑出版的过程中，经历了许多的周折，凝聚着他大量的心血，而且收集拢来，也十分不易。抗日战争胜利以前的书是经历了颠沛流离，好不容易才保留下来的，还有许多是在落实政策后，用心再次收集起来的。“文革”后期，归还了八千多册的藏书。家里住房很小，都堆在走廊的地上。当时，我回家，帮他整理，把所有他自己编辑的书集中在一个小阁楼里，其他的只能堆在地上。旧书店的一些朋友常常来家访书。爸爸就与他们相约，一方面应允出让许多珍贵的藏书，作为交换条件请他们帮助收集他以前出版的图书。正是靠了这些朋友的细心寻访，才使他自己所编的书较为完整地收集起来，也使他晚年撰写回忆录，有一个可靠的根据，得以把这一段历史中一些鲜为人知的史料保存下来。但是回忆录所记述的情况还是有限的，主要是集中在30年代文学作品的出版以及相关的人和事。40年代在桂林、重庆，抗战胜利后在上海，还有解放以后编辑出版的许多书籍，由于种种原因都未及提及。这些书不仅同样凝聚着他的心血，体现着他的毕生的追求，也与近现代中国文化史的进程息息相关。对于研究出版史和这一段历史时期的社会史，包括了解从旧社会过来的中国知识分子如何努力赶上新的时代潮流，投身于新中国的建设事业，都有一定的意义。如果能集中地保存这些书籍，无疑是这些书籍的最好的归宿。这种心愿一直保留在他的心中。

去年秋冬，他的体质更加虚弱了，话也越来越少了。可是，这些书到底怎么办，一直悬挂在他的心头。有一天，家父突然打电话给光华大学校友会的一位老朋友，要他设法同华东师大联系，询问能不能接受这批书。我得知后赶到家里，问他，是不是不再要集中安置了。他想了一会儿说，最好还是集中在一起。我说，学校的图书馆很难集中保存的，你不要着急，我们慢慢地想办法。他说，那好，这件事我就交给你了，一定要想办法办好。这是他去世以前明确交代过的一件后事。

今天，我终于可以告慰爸爸，深知您的心愿的上海鲁迅纪念馆的同仁，主动提出收藏所有的存书，并决定设立专库集中陈列。您的老朋友钱君匋先生为此题写了“赵家璧专库”的匾额。您所念念不忘的那些图书，不仅集中在一起，而且存放在上海鲁迅纪念馆这个您最景仰的导师、前辈的纪念馆里，这个与您的事业和生命息息相关的所在，这个您晚年经常流连忘返的地方，相信您得知后一定会发出会心的笑声。

选自上海鲁迅纪念馆、上海文艺出版社编《赵家璧先生纪念集》，上海文艺出版社1998年

群体甄别对个人独识的超越

——赵家璧主编《二十人所选短篇佳作集》解析

李　频

赵家璧是中国现代著名的文学编辑家,他卓越的编辑成就理应载入史册。不说众多的文学新人在他的栽培下脱颖而出,也不说他主编的《一角丛书》成为新时期《五角丛书》成功的先导,单是《中国新文学大系》就以浩荡恢宏的出版规模,新颖独特的大家见识,成功地开创了中国“大系”出版形式的先河。在新时期里,当代编辑出版家接着他的编辑思想,分别出版了《中国新文学大系》(1927~1937)、《中国新文艺大系》(1949~1979)、《中国近代文学大系》,他凝结在《中国新文学大系》中的编辑思想也因此而发扬光大。面对这样一座难得的丰碑,编辑学界驻足沉思有余,热烈反应不足,与出版界积极仿效,争相继承相对照,编辑学家们除了在有关论文中举例以为论证之材料外,专文细致剖析、深入探讨赵家璧编辑实践的并不多见。

由上海良友图书公司 1937 年出版的《二十人所选短篇佳作集》同样是赵家璧编辑出版生涯中的力作,在中国现代编辑史上同样具有独特的地位。它是一部群体编选的多人作品选集,面广质高,公正精良,该书于 1937 年初出版后,在上半年连印三版,共七千册,在当时说来,销数相当可观。1982 年,花城出版社又重版印制,使它广为流传。基于尝试编辑出版评论的指导思想,本文不揣冒昧,从选集编辑的角度,转为细致地剖析赵家璧的编辑思想,缜密的编选方案,以期对这一成功的范例做出一定的理论阐释。

一　编辑构想及其孕育

在30年代，上海的期刊出版事业极为繁荣。1936年，上海出版的期刊多达308种，被人誉为“杂志年”。光是新创刊的文艺期刊就有《中流》、《作家》、《光明》、《译文》、《海燕》、《文学界》等数十种。“每逢看到日本改造社编的《文艺年鉴》，O'brian 编的《英美最佳小说年选》以及 Manlte 编的《戏剧年选》在圣诞节前放在外国书铺的橱窗中”①，赵家璧总涌起每年编辑一部选集的冲动。但苦于条件不成熟，他只好把计划埋在心里。1936年6月，巴金、靳以来到上海为良友公司合编《文季月刊》，赵家璧以为时机已经基本成熟，就敦促章靳以编一种文学年鉴或小说年选，“把每年发表在全国各地文艺刊物上的最佳短篇小说选辑成一厚册”②出版。靳以热情支持，但又颇感力不从心；赵家璧又找平时比较接近的编辑黎烈文、萧乾、黄源、孟十还等商量，“大家都认为很有必要，很有意义，但对于如何组织评选工作，由什么人来评选，莫衷一是”③。肯定选题的价值却又面对丰硕的果实无从下手，这里透露了选集编辑工作的复杂性。

选集编选是在已经面世的出版物中删芜取精，组合编辑成新的图书品种。这种组合衍生编辑工作看似简单，实非易事。阿英是中国现当代杰出的编辑家，对于文集、文钞的编选尤有建树，他曾慨叹：“选文是一件盛事，也是一桩难事。唐显悦序《文娱》曰：‘选之难倍于作。’这个‘倍’我是不能完全同意，但严肃的文选家

---

①　赵家璧：《〈二十人所选短篇佳作集〉前记》，《回顾与展望》，山西人民出版社1986年版。

②③　赵家璧：《〈二十人所选短篇佳作集〉重印后记》，《回顾与展望》。

工作的艰苦，并不亚于写作者，却是不容否认的事实。"①这种艰难，首先是搜寻的繁难，要百里挑一，要免遗珠之憾，就有高出选本规模数倍的阅读量，但这还只是显性的艰难，"还有那更为重要的，更基本的。选者的态度眼光，也就是所谓观点的问题"，"没有统一的观点，独特的眼光，其结果是必然的失败，选文绝对不是一件轻而易举的事"②。这种隐性的艰难，是对编选者学识、见地的综合考验。内容丰富的选本是编选者丰富的主体意识的外在显现，要想选本深刻，编选者自身必须见地不凡。独特的选者眼光，新颖的编选构思既是编选工作的基石，也是选本成败的关键。

就在众人莫衷一是之时，赵家璧构思成熟了他的编辑设想：

> 鉴于过去一个人或是一个小团体所选的选本都免不了有偏狭的弊病，而"文艺年鉴"的名目既大，事实上也就不容易讨好，因而想避重就轻地把范围局限于短篇小说，同时把选稿的人也扩充到二十位。这二十位选稿人的思想、趣味和所在地既代表得相当广泛，由他们每人在自己所读到的一年（1935年11月30日至1936年11月30日）中的短篇里推选一篇至三篇，再由我们辑合成一部一年中的短篇佳作集，也许不但可以包含更广更精的作品，而且会反映出不同选稿人的不同标准。同时我们这里除看到创作界的动向以外，一年来文艺批评界的趋势，也能在稿件的取舍间明白地感觉到。③

这是赵家璧为编选《短篇佳作集》设计的编辑蓝图。既有他对同类出版物的批判性审视，也有他自己的建设性规划，具体包括编选范围、编选人员、编选标准及编选目的等内容，是赵家璧作为编辑

---

①② 阿英：《论文选》，《夜航集》，上海良友图书印刷公司1935年版。

③ 赵家璧：《〈二十人所选短篇佳作集〉前记》。

家编辑主体意识的充分表现。

二 编选群体的内涵分析

我国选集编辑的传统源远流长,积累了丰富的编辑经验。明人李东阳在《麓堂诗话》中说:"选诗诚难,必识足以兼诸家者,乃能选诸家,识足以兼一代者,乃能选一代。一代不数人,一人不数篇,而欲以一人选之,不亦难乎?"表露了个体难以对应于群体的编辑困惑。近人吴启昌在《〈古文辞类纂〉序》中也说:"文辞者,道之余,纂文辞者,抑教之末也。顾非才足于素,学溢于中,见之明而知之的,则亦何以通古今,穷正变,论昔人而毫厘无失也哉。逞私臆而言之,陋而不可为也,执一得而言之狭而不可为也","自梁以来,纂文辞者日众,而至今迄无善本,其以是也"。吴启昌不仅把"纂文辞"的编辑工作提高到了与创作平等的地位,而且从编辑主体的角度检讨了以往的编选失误,即编辑者个人学识与能力的不足造成了选本的"陋"与"狭"。两人所述,相得益彰,都落实到编选主体的知识结构与能力上。从"一代"、"诸家"的编选对象出发,两人都清楚地感觉到,需要相对应的以渊博为特征的杂家型群体知识结构。

赵家璧组织二十人的编辑群体来选编《短篇佳作集》,就是从选集的编辑工作规律着眼的决策,是对选集编辑工作特点的科学尊重。《短篇佳作集》作为一部年选,时间的跨度虽然只一年,但空间上却包括全国。正是因为全国性的编选范围才同步扩大了编辑人的数量。因此,赵家璧的群体编选方案既是对李东阳编辑困惑的解答,也是他主编《短篇佳作集》超越"过去一个人或是一个小团体所选的选本"根除其"偏狭的弊病"的组织保证。因为赵家璧的召集,二十位作家、编辑集合一处,形成为完成特定编辑任务的联合群体。这群体的内涵是群体化的编辑主体结构。赵家璧意在借助于编辑群体的智力、能力合成来弥补独立的编辑个体的缺陷。显然,在这二十人的群体中蕴含着意向相似性与意向差异性,能力相似性与能力差异性的矛盾;而且,能力的相似性与差异性以及与之有关的知识差异性与相似性都是对立统一的关系,两者共存一体,正好促成了编选群体的能力互补性。不同地域、不同特长、不同心理特征的成员相互协助,共同合作,正可以弥补个人的缺陷,提高工作效益。

现代社会心理学的研究也表明,合作效率的高低,不单取决于参加者的个人素质,而且还与如何组织合作有关,后者的意义往往更为重大。为了更有效地实现编辑群体的最优化组合,赵家璧在确定二十位人选时就"尽力照顾到文学界的各个方面和几个主要地区"①。其中几位,赵家璧还"特别请求推选他们所在地的地方刊物中的作品,如洪深先生最近一年在广州中山大学执教,我们便请他专选广东的;郁达夫先生在福建,他就推荐了福建出版的《文座》上的一篇;凌叔华女士主编《武汉文艺》推选的都是华中的作者;朱自清先生和沈从文先生推选的以北方的居多"②。由于有这样周密的计划与安排,选集由于地域的广泛性而加重于它作为全国性文学选集的分量。

三 编辑角色意识转换的引导

从编选工作规律出发,赵家璧"约请较多的文艺编辑而以作家的身份来参加评选,并且不以自己所编的刊物为限"③。如果说二十个编辑人在全国范围内的数量比例均衡,是从环境和地理因素的外围角度在组织措施上保证了《短篇佳作集》的代表性,那么,

①③ 《〈二十人所选短篇佳作集〉重印后记》。

② 《〈二十人所选短篇佳作集〉前记》。

这种编辑和作家的合成结构以及编辑角色意识要求,就从选编工作的方式方法上保证了《短篇佳作集》的权威性、可靠性。

“约请文艺编辑而以作家身份参加评选”是赵家璧作为主编制订的编辑群体规范,是要求二十个编选人员共同遵守的准则,其核心涵义是要求编选者完成编辑角色的转换,建立作家型的编辑意识。约请文艺编辑是对期刊编辑职业优势的价值认同。“由于文艺刊物的编辑,在自己主编的刊物中,总是能够最早发现优秀作品的人,而在同类刊物中,他也是最善于发现新人新作沙里淘金的”①,有了这一职业优势,编选者就可以免去大量的搜寻之烦。而要求文艺编辑改换成“作家身份”,则表现了赵家璧对选集编辑工作规律的正确把握与科学尊重。选集编辑是在已有出版物基础上进行的组合衍生编辑的一种,《短篇佳作集》的编选就是在已出期刊中筛选佳作的书籍编辑工作,是对已有文学创作成果的重新审视。对于约请来选编佳作的编辑们来说,编辑工作方式已由期刊编辑改变成书籍编辑,编辑工作对象已由作者原稿变成已正式出版的创作成品。与此相应,编辑主体的心理状态、活动方式也要相应改变。《短篇佳作集》的编辑工作特点是要求高、精、尖。赵家璧要求编辑改换成“作家身份”,正是隐含着新的审读方式,要求编辑暂时隐去原有的思维定势、心理习惯,而更多地以短篇小说佳作的眼光,从文学艺术自身的特点来审读、编选作品。对作品思想深度、艺术价值的要求不仅放在首位,而且提高了鉴审标准。总之,赵家璧在正确掌握选集编辑工作的基础上,以编辑与作家的社会角色转换和相应的角色意识转变为手段,具体引导了编选工作,为《二十人所选短篇佳作集》提供了可靠的主体保证。

原载《河南大学学报》1991 年第 5 期

---

① 《〈二十人所选短篇佳作集〉重印后记》。

忆念赵家璧同志

丁景唐

十年之前，我在主编《中国现代著名编辑家编辑生涯》(1990年2月中国展望出版社)时，在序文中曾说过这样的话：从他们(指自张元济、邹韬奋等31位著名编辑家)丰富多彩的编辑生涯中可以瞥见中国现代出版事业的兴旺发达，与新文化运动的进展、新思潮新学科的兴起、中外文化的交融，有着何等密切的血肉联系。中国现代出版编辑史上，人才辈出，于灿若星河中，更出现了光芒熠熠的明星。他们的成就和影响虽各有不同，可都是我们编辑出版行当中大可自豪的代表人物。我说这些话，自然是把毕生心血、才智献给编辑出版事业，对现代文学编辑出版工作作出创造性贡献的赵家璧同志包括在内的。

中国现代文化史、文学史以及中外文化交流史是不能没有优秀的编辑出版家起着中介作用甚至促进作用的。赵家璧在良友图书印刷公司编辑的《良友文学丛书》、《中国新文学大系(1917～1927)》、《良友文库》、《中篇创作新集》及茅盾、叶圣陶、巴金、沈从文等《二十人所选短篇佳作集》等，以及韩起编著的《苏联大观》、鲁迅编选并作序的《苏联版画选集》、鲁迅等撰序并写故事说明的麦绥莱勒《一个人的受难》等四种木刻连环画集等；在与老舍合办的晨光出版公司出版的《晨光文学丛书》(包括老舍的《四世同堂》、巴金的《寒夜》、师陀的《结婚》、钱钟书的《围城》)、《美国文学丛书》等。这些都是赵家璧为三四十年代文学创作与翻译作品方面通过他的精心编辑、装帧而建造的丰碑。现在都已载入中国现代文学史、出版史和中外文化交流史的光辉史册。我们还应当补记一笔的，是赵老在继承和发扬鲁迅编印美术书册的优良传统方面作出的重大贡献。他在晚年撰写的回忆录中，仅《编辑生涯忆鲁迅》、《编辑忆旧》、《文坛故旧录——编辑忆旧续集》三书中就写有《鲁迅与连环图画——关于〈一个人的受难〉》、《编选〈苏联版画集〉——病中口述序文》、《在鲁迅感召下前进——记鲁迅逝世后出版的几种版画集》、《鲁迅与〈木刻连环图画故事〉》、《鲁迅·麦绥莱勒·连环画编文》、《鲁迅编选〈苏联版画集〉》、《郑振铎和他的〈中国版画史〉》、《李桦、野夫与〈新中国版画集〉》、《访日归来谈连环画的改革》、《麦绥莱勒的木刻连环图画故事到中国》，共十篇回忆文章，追忆了鲁迅对他编印出版美术图书的鼓励、支持与指导，以及他在鲁迅逝世后，协助郑振铎出版郑长年苦心搜集编纂的《中国版画史图录》五函二十卷大工程，萧乾编选并序的《英国版画集》、陈叔亮作序的《日本人民版画集》、中国木刻协会编选的《中国版画集》和由老舍作序的英文版，以及全国美协从 1949 年 7 月在北京举办的第一届全国艺术展览会展出的美术作品中选出 80 幅木刻作品编成的《新中国版画集》上下两卷。该书被誉为是“对第一次全国文代大会中全国木刻工作(者)大会师、与近几年来全国木刻创作大检阅的一个纪念碑”(该书序文)。此外，赵家璧还出版了蔡若虹画的连环画诗集《苦从何来》，力群刻的《小姑贤·刘保堂》，罗工柳、张映雪刻的《李有才·小二黑》等木刻连环图画，开辟了木刻连环画的新品种。以后，赵还编印了《新中国画库》、《苏联画库》、《人民民主国家画库》、《人民中国画库》多种，以图片形式向广大人民普及形象化宣传的画册。所有上述美术图册画集的出版，正如赵家璧自己所说的，他是在鲁迅精神感召下，与其他同志合作完成的，“无一不受鲁迅的熏陶和影响”。这些，也是赵家璧 60 年编辑出版生涯中杰出贡献不可分割的组成部分。

赵老较我年长 12 岁。我是他晚一辈的从事文艺编辑出版工作的同行。他一生从事文艺编辑出版工作的开创性的丰富经验与业绩是值得我辈很好学习的。说起我与赵家璧同志的第一次“见面”,可以追溯到1946年2月18日中华全国文协上海分会假上海金城银行餐厅欢送老舍、曹禺赴美讲学的一次集会。那时,我以“丁英”之名协助老作家魏金枝编辑《文坛月报》,在党内,我负责党领导的上海文艺青年联谊会。那次,文协欢送老舍、曹禺赴美讲学的集会,是叶以群通知我去参加的。赵景深的《文坛忆旧》①中有篇《一个作家集会》记叙甚详,并将当晚拍摄的“文协欢送老舍、曹禺赴美合影”印在《文坛忆旧》的扉页上。40年后,《新文学史料》1986年第2期在刊登赵家璧《老舍和我》长文时,该刊封三也重新印了这幅欢送老舍曹禺赴美讲学的照片,并标出了全部36位合影者的姓名。赵家璧与老舍、曹禺、费正清、叶圣陶、郭绍虞等12人坐在前排,郑振铎、夏衍、王辛笛、戈宝权、赵景深等24人则参差地站着。叶以群和我站于夏衍的后边。这就是赵老与我的第一次“见面”。

我与赵老密切交往,是在1976年粉碎“四人帮”以后。在五六十年代也有一些值得追念的交往。50年代中,他参加上海人民美术出版社担任副总编辑兼画册摄影编辑室主任时期,他为编好反映新中国日新月异的建设与人民新生活,曾托我约了我的老战友、新华社摄影部副主任陈昌谦同志在市政协俱乐部叙谈,希望得到新华社摄影部的大力支持,建立业务联系,提供建筑青藏公路等大规模社会主义建设和工农兵新生活的摄影照片。他的谈话十分恳切,显示他尽心尽意为社会主义服务、为人民新生活服务的迫切愿望。可是,由于政治运动一浪接一浪,未能充分发挥他为社会主义、为人民服务的才能。他是位在旧社会生活了几十年的老出版老知识分子,自然需要改造、需要学习。他与不少善良的新老知识分子相同,在一浪高一浪的运动中遭遇到痛苦的磨难,受到不公正

① 赵景深:《文坛忆旧》,1948年4月北新书局初版。1984年,上海书店曾将《文坛忆旧》选入《中国现代文学史参考资料》丛书第三辑影印出版。

的对待。他在几十年后清明的新时期所写的回忆中仍不免小心翼翼地几次提到1957～1958年反右斗争扩大化，使他生了一场大病的胆战心惊的往事。如他在《老舍和我》中说："反右斗争扩大化后的1958年秋，个别极'左'思想浓厚的上海'人美'（丁按，指上海人民美术出版社）领导，蓄意把我这个开过书店的旧知识分子当'资本家'往深渊里推，我为此患了一场大病。幸赖市出版局党组织的挽救和帮助爱护，我终于恢复了健康。"赵自称"害了严重思想病"。组织上考虑到他"最近以来，情绪不好，神经紧张，据医生检查是一种精神忧悒症，正在休养"，自1959年起，将他调离人民美术出版社，改任上海文艺出版社副总编辑。不久，又让他随上海市政协组织参观访问团去南京、武汉、北京观光，接着推荐他到北京参加中央社会主义学院学习一年，使身心得到调养。在这一年中，他几乎每个星期天都上老舍家盘桓，精神愉快。

据我所知，赵在1957～1958年反右斗争扩大化中"被刮倒在地，抬不起头来"（赵家璧《麦绥莱勒的木刻连环图画故事到中国》），因而生了一场大病，内中有一个因由，就是"人美"那个极"左"的人紧紧地迫逼赵交代与当时《光明日报》主编（曾被划为"大右派"）储安平的"关系"。储安平是赵在光华附中、光华大学读书时的同班同学，解放前在上海主编《时代文学》①和《观察》，赵为储编的《时代文学》写稿，将储著的短篇小说集《说谎者》1936年编入《良友文库》。新中国成立以后，老同学之间有一般往来是人际常情，反右时却被某人视为"异端"，非将他"推入深渊"而后快。幸经上级领导部门觉察，予以制止，但已逼得赵生了一场大病。赵

① 据姜德明《储安平编〈文学时代〉》（《新文学史料》1989年第3期）：《文学时代》出版于1935年11月～1936年4月，共6期。写稿的有老舍、张天翼、王统照、郁达夫、田汉、宗白华、赵家璧、臧克家等。"文革"中被迫先在青龙桥投河自杀未遂，接着又跳海自尽。该文称《说谎者》小说集"对于社会的观察还是比较深入的"。

在《编辑忆旧》等回忆录中写了许多人与事,但仅在《北上组稿日记》①中留下三页(1935 年 5 月 29 ~ 31 日)日记,记有与储交往的旧谊。

1962 年 10 月广州会议之后,我借广州会议的和风,主动与赵相约,提出到他家去观赏他珍藏 30 年的鲁迅写给他的几十封信。某日上午,我依约到达赵老溧阳路 1335 弄 4 号居处。赵老极表欢迎,握住我的手说,我一早就等候你贵客光临。我也致了问候。他领我上楼,在书室的桌上已放着装有鲁迅书信的一只精致的漆木匣子。我们坐下来共同鉴赏,他像献宝似小心地翻开鲁迅书信的册页,一边还作些简单的说明。鲁迅写给赵家璧几十封信的内容,我大致是知晓的,因为我已备置《鲁迅书简》(1946 年版),内已收入鲁迅致赵的几十封信。但亲眼看到这么多的鲁迅亲笔信,还是第一次。面对"远逾宋唐,直攀魏晋"(郭沫若语)的鲁迅书法,我钦敬于鲁迅伟大人格力量和文物精品,更享受到精美的艺术品的光泽。我赞赏赵家璧精心保存鲁迅书信的劳绩——蕴藏着对鲁迅的崇敬的心意。欣赏过鲁迅书信之后,我又提出让我鉴赏他保存的全套《良友画报》。赵说,很抱歉,整套《良友画报》已捐赠北京图书馆,但还有留存的一些残本。我就翻看几本残留的《良友画报》。时间已近中午。赵留我用餐,我起始稍有顾虑,推说:时候还早,不必了。——因我与李俊民、陈向平和别的同志有次应"中华上编"编辑金性尧之邀去用餐,曾被另一位也是"中华上编"的负责人批评什么"界限不清"的责难——赵说,你又不是外人,不必客气。我瞬即意识到,我是借广州会议的和风,为舒缓赵的情绪而来看鲁迅书信的。席间,赵家璧愉快地谈起几天前老舍参加广州会议后,路过上海来看他并赠他一首诗。此事,我原已忘却。看赵

---

① 《北上组稿日记》附于《和靳以在一起的日子》,刊《新文学史料》1988 年第 2 期。后收入《文坛故旧录》,1991 年 6 月三联书店版。

写的《老舍和我》,记了起来。又据胡道静先生在我的《梦溪笔谈笺注》扉页上题词,上海市出版局曾由我向主要编辑人员讲过广州会议的精神,赵也在座。所以那天赵的心情很好。老舍《赠赵家璧同志》诗为:“桃花红映锦江边,/江上相逢又五年;/酒热茶香谈笑里,/相期干劲倍冲天。”藉见广州会议的和风吹暖了老知识分子的心胸。然而,事物是复杂的,历史的进展是曲折的。赵家璧深有体会地在回忆录中写道:“老舍说:这次广州会议以后,整个文艺界情况可能会有所好转。结果,上海方面,连广州会议精神的传达都受到了限制,此后,一切又恢复到原路上去,最后更变本加厉地发展到文化大革命。”在“文革”中,这位热爱祖国、追求进步、对编辑出版工作作出卓越贡献的正直的编辑大家赵家璧,遭到了批斗、抄家、下放干校改造劳动的劫难。他在《从茅盾给我最后一信想起的》长文中于回忆茅盾之外,还插入写下《干校掏粪记》整整的一章记他以花甲之年在奉贤杭州湾边上海新闻出版五七干校赤脚下粪坑掏粪劳动的苦役。一反他平和的文风,控诉了对他诸般的凌辱,并且还义愤地记下当年受隔离审查的一位编辑,在一天半夜里跳进那座直径五六米、深达六米,被称为“远东第一大粪坑”试图自杀,结果被救起的非人生活。我在干校六年,备尝种种苦难,深能体会到赵老写《干校掏粪记》的悲愤的心情。

赵家璧在“文革”中遭到种种凌辱和痛苦,最使他镂心刻骨的是他收藏的三四十年代包括茅盾、叶圣陶、郑振铎、丁玲等几十位著名作家写给他的六七百封书信在“文革”中被迫上交后都不见了。他在几篇回忆文章中曾多次写到这件痛心事。他这样写道:“十年浩劫后期,除鲁迅给我的四十九封信得保存外,其他作家来信六七百封,全被视为30年代文艺黑线人物的黑材料,被勒令限期全部上交,至今下落不明。我始终认为一定是哪一位懂得它价值的有心人,代我秘密保藏着,将来会有一天重见天日的。”赵老对我和我的朋友以及为研究鲁迅来访问他的客人,都谈过这件心事。

我也问过一些同仁。有关情况在倪墨炎同志的《赵家璧的欣慰和遗憾》①中已有较详的记述，也就毋庸我来重复了。我要重复的，是墨炎已代我说出了我同一的愿望："但愿今后真的有人搜集、发现这批书信，那真是功德无量的事。"

粉碎"四人帮"后，特别是党的十一届三中全会以来，"在党的拨乱反正和尊重知识分子英明政策号召下"，年逾古稀的赵老精神焕发，积极参加出版协会的活动，与我们上海出版协会同仁一起，主编全国唯一的《出版史料》，为挖掘整理出版史料，倡导编辑出版理论的研究，特别自"拨乱反正后，'双百'方针得到了真正的落实"，他写作回忆30年代编辑生涯的文章"范围大大地开阔，余悸也逐渐消除"，广泛收集资料，访问知情人，撰写了《编辑生涯忆鲁迅》、《编辑忆旧》、《文坛故旧录——编辑忆旧续集》等百余万字的回忆录。他写作这些有重大的文学史、出版史价值的60年来"带有自传意味在内"的编辑生涯，甚是认真负责，"自认力求做到认真严谨，实事求是"，有些史实，几经反复查证，或面访，或函调，也有原来记错了，尔后见到了新的资料，加以订正的。细心阅读《编辑忆旧》等书的读者当能体会作者的用心。赵老在晚年，与我交往比较密切，除我们认识多年，同为上海文艺出版社的工作人员，还有一个共同研究鲁迅、研究30年代文艺出版史料的兴趣爱好的关系。他知道我长期注意收集、研究鲁迅、瞿秋白以及30年代文艺史料，对30年代文艺出版史料与作家情况较为熟悉，掌握材料较多，在他写作回忆录的时候就常与我相互切磋、交换意见。这次，我为写作忆念赵家璧同志的文章时，承上海鲁迅纪念馆的大力协助，让我看了赵先生子女捐赠给鲁迅纪念馆的赵老藏书和文稿，我自己也花力气找出了赵老与我商讨他写作回忆录的几封信札。现在就依几封书信的内容来作些说明。

---

① 《书城杂志》1997年第3期。

粉碎“四人帮”后，赵给我最早的一信，写于1977年6月1日，那已是我到他家互诉“别情”后，有事与我相商。信上说：

万恶的“四人帮”倒台后，人心大快。我虽然已离开了出版社，但听到社内运动搞得轰轰烈烈，现在老干部老领导又都担任了各级领导工作，心中说不尽地高兴。你的近况如何，也极怀念。

“四人帮”以及他们在上海的余党，讨厌、害怕我们这些30年代文艺界的“老家伙”，不让鲁研工作者接近我们，现在这条禁令也失效了。因此上海复旦、师大的人也常来找我。昨天，你介绍来的北京师范学院的两位同志也来谈了半天。看到你的字条，引起我想托你问一件事。

他托我一件事，是关于1935年“良友”出版《新文学大系》第一个十年时，编印过一本供推广宣传用的“样本”，内有鲁迅、茅盾、郑振铎等写的“编选感想”数百字。他原有此书，后在“文革”中丢失了。他问过出版社的人事干部，说是某编辑有此书。赵与之联系，“迄未得复”。他说“我们都是关心鲁迅研究的老一辈人，为了共同的革命事业”，托我可否问问。他估计到“找不到”，所以接着又说了不让我为难的话：“假如没有找到，也就算了。”不出所料，果然“没有找到”。后来我们还是托了上海书店总经理毕青同志，从旧书仓库中找到了。

信中还提及1976年粉碎“四人帮”以后，我陪一位搞美术的朋友到大陆新村访问他，并告诉他比利时（赵错写为德国）木刻家麦绥莱勒曾访问中国，我方送了一册鲁迅作序的《一个人的受难》给麦氏的事，他因要为鲁迅著作注释组的人提供确切的材料，写信向我打听那位“搞美术的朋友”的姓名和地址。

此事，我也因年老记忆力差，记不清楚。但看信中所写内容，有一点是记了起来。1976 年冬，我曾陪同当时借调在北京编《美术》的王观泉同志去访问他，叙叙“文革”十年不见的友谊，一吐粉碎“四人帮”的愉快心情，并向他约写鲁迅与美术的稿件。我为弄清那次访问的情况，写信给王观泉。王观泉复信时还附了一篇他在《黑龙江日报》上写的《书比人长寿》悼念赵家璧一文，证实，1958 年 10 月，比利时版画艺术家来华访问，并在京举行麦氏木刻展，访问结束时，陈毅副总理曾代表中国政府接见麦氏一行，并把鲁迅作序的麦氏作品《一个人的受难》送给他，这件事确系观泉向赵约稿时告诉他的。赵家璧写的《鲁迅与连环画——关于〈一个人的受难〉》后来即由王观泉编发于《美术》1979 年第 8 期。后经赵修改补充收入《编辑生涯忆鲁迅》。

赵家璧 1979 年 9 月 3 日、12 月 18 日给我两函。我怕丢失，贴在《新文学史料》1979 年 11 月第 5 期内赵写的《回忆郑伯奇同志在“良友”》两页顶上空白处。9 月 3 日信中写到两件事：第一件事是 1979 年 4 月我和复旦大学吴中杰同志结伴去西安参加陕西师范大学、黑龙江大学、辽宁大学、河北大学、郑州大学等联合召开的八省（区）十七院校合作编写的《中国现代文学史》教材定稿会议。会议期间我（也代表赵家璧）专程访问了创造社元老郑伯奇同志的夫人和他们的子女，并由小敏、幼敏二位侄女陪同去西安市革命公墓敬谒了伯奇同志的骨灰盒。回沪后，我向赵老谈了在西安的活动，并就教材会议的要点，写了一篇《关于现代文学史编写中的若干问题》（与从经合作。原载上海市出版局内刊，经《新华月报》文摘版九月号选刊），后又写了一篇《郑伯奇在“左联”成立前后的活动》，载《新文学史料》1982 年 2 月第 1 期。赵那时正在写《回忆郑伯奇同志在“良友”》，听了我讲郑伯奇在“文革”中的遭难，更激发他对“四人帮”迫害老一辈革命作家种种罪行的义愤。他在文章中写出了他对郑伯奇的敬崇与怀念的深情。

赵在信中称《关于现代文学史编写中的若干问题》“真是解放

思想之作。那天(施)蛰存告诉我,徐中玉发现此文后,立即找他去看,说有人为他说话了。”(谨按:施蛰存、徐中玉先生所说“有人为他说话了”指该文以对历史负责对作家负责,还历史以本来面目)并指出“左联”时期的关门主义、宗派主义是受到当时第三国际所推行的把中间派都驱赶到对立面去,扩大打击面的“左”的影响。以施蛰存先生30年代编的《现代》杂志为例,发表了鲁迅、瞿秋白、茅盾、周扬、巴金、洪深、冯雪峰、张天翼等作品,刊登过鲁迅纪念“左联”五烈士的杰作《为了忘却的记念》,同期还发表了瞿秋白的《马克思恩格斯和文学上的现实主义》(笔名静华,此文后来被鲁迅编入《海上述林》中的第一篇带头论文)等在当时国民党反动派实行法西斯文化专政下,一般的文学刊物都不敢发表的文章。有的“现代文学史”把“现代派”的编辑说成“反动文人”是错误的。

赵在信中谈到的第二件事是,约我看看他写的回忆《一角丛书》的初稿。信上说:“我写了篇《谈谈我最早编的〈一角丛书〉》(暂用此题)。这类文章我从未写过,别人似乎也未写过,自己没有把握,还是送给你看看,给我提些宝贵意见。如此收尾,你看好不好?我还在计划写两篇其他的,很想先向你请教。不知你有空否?我想在本星期(七日)上午去看你,你如认为可以,不必复我;否则请你约一时间。屡扰清神,希予鉴谅。附丛书全目供你参考。”

在保存下来的此信的空白处,有我写的一段记事,说明:“9月11日,因赵年老,由我前去看他。当面谈了意见。但他还希望再帮他考虑一下。所以9月16日在周朴之(我的老战友,译文出版社编辑)家中又改了一遍,写了书面意见。”

赵老写作文坛忆旧的文章,严正求实,反复征求意见,多次补充修改,其精神是十分令人感动的。我为他回忆《一角丛书》写的意见与修改之处,时隔20年,不可能记得了。现在重读赵老此文,它初稿于1979年,多次征求他人意见,修改定稿于1983年5月。

我修改之处，不外乎历史背景，人与事的一些提法以及《一角丛书》中“文总”、“左联”、“社联”、“剧联”的人名。此番重读时，发现20年前我未为校订的两个错处：一为“一·二八”日寇侵略上海战争后，南京政府与日本侵略者签订屈辱的《淞沪协定》的日期为1932年5月5日，回忆文中错作“3月中”；二为鲁迅等《创作的经验》一书为天马书店出版，回忆文中错为“北新书局”出版。实感歉疚。

又，近读赵老1956年2月20日《自传》，列为《一角丛书》第二种的《斯大林传》是他用笔名“方仲益”从外文节译的，还有《五年计划的故事》也是他用笔名“张放”节译的。这个发现，补充了赵家璧的笔名和译作。

1979年10月，我与赵老出席全国第四次文代会，同机飞抵北京，同处西苑国务院第一招待所，我们的隔壁住着施蛰存、师陀和钱谷融。其间我们还一起参加了中国鲁迅研究学会成立大会，被选为第一届理事会理事。会后，我们有分有合地看望了在京的叶圣陶、夏衍、老舍夫人胡絜青、丁玲、张天翼、萧军、郑伯奇的子女……留给我印象最深的，是谈丁玲被捕之后，鲁迅出主意要他迅速出版丁玲的《母亲》，并将以前已经丁玲签名的一百张签名纸印入书前，在良友门市部发售，以引起社会公众对丁玲被捕事件的关切。还有一次，赵与我共往老舍故居看望老舍夫人胡絜青和女儿舒济，还拍照留念。回到招待所，赵还激动不已，忽然问我，好不好在写回忆老舍的文中，写明老舍在美国讲学时，汇寄《骆驼祥子》美国译本的版税——美金给他，帮赵开办晨光出版公司。我乍听，甚感奇怪，认为这是一个不成问题的“问题”，当然可以如实写来。但赵说他顾虑重重，怕累及老舍的声誉——用美金投资当资本家——书店老板。“文革”中，“造反派”百般拷问老舍就是无中生有、上纲上线，把这种寻常的事，罗织成什么从美国人手里领取美金汇到国内投资的“美国特务”罪名。后来，赵经与舒乙同志交谈,详悉老舍被严讯拷打,横加罪名,老舍投湖自尽,以死抗议的原因,隔了五六年,才于 1985 年 12 月写出长达二万五千字的《老舍和我》,是赵老写的回忆录中最长的一篇。

回头,把话题转回到 1979 年 12 月 18 日他临去长沙参加中国出版工作者协会成立大会之前的信。此信简短,不妨全文转录,并加说明:

老丁同志:

我今天去长沙,据说下星期即可返沪。

乘便托人奉赠刊物两册①,我能够写出这些史料文章,与你的鼓励、帮助分不开的,请阅后再给我提些意见,以便进一步修改。即颂

健康

赵家璧

12.18 晨

赵老对人极重情义,回忆郑伯奇一文可见一斑。他在回忆到"良友"出书的好多文章中总不忘郑伯奇对他的帮助、教导,对良友的功绩。他写道:"如果没有伯奇,我不可能走上进步的文艺工作者的道路;如果没有伯奇,良友也不可能出版那么多当时曾发生过一定影响而至今还受人称颂的文艺作品。"文中对郑伯奇在"文革"中被迫害的惨状与诬陷的恶言,更悲愤填膺。赵写作此文,曾听取了我在西安凭吊郑伯奇和郑在"文革"中受迫害情况的汇报。

---

① 离沪临行之前,托人送赠我的两册刊物,一册是刊有赵写的《回忆郑伯奇同志在"良友"》的《新文学史料》1979 年 11 月第 5 期,我怕来信丢失,就贴在该文的上端空白处。另一册是什么刊物,可能是刊有赵文的山东师范大学校刊,已记不起了。

所以,他急急乎在去长沙(不久就回来)之际托人把文章送到我家里,让我先睹为快,共享他的一份情谊。

赵老待我甚厚,常以事相商、相互切磋,我也以诚相见,待之以礼,经常造访,关心他的健康,听取他的各种意见与建议,力所能及地为他解决一些实际问题。这次,找到1980年6月29日赵为我社重新影印半个世纪前他主编的《中国新文学大系》十卷本请示报告,但他的建议却被上级领导“改为内部发行”。为此他郑重地给我一信,提出异议。此信对我社影印《新文学大系》第一集,以及此后续编《大系》第二集、第三集、第四集,赖几代人的持续努力,完成20世纪整套《中国新文学大系》皇皇七十巨册重大世纪工程有莫大的关系。现特将赵家璧此信全录如下,并加注释说明:

老丁同志:

听说你又出差北京①刚回来,不知身体健康情况如何?念念。

《文汇报·笔会》听说《新文学大系》要重印出版②,前星期特来约我写篇短文。但昨据陆梦生同志③告我,上级决定该书改为内部发行④。现在许多过去规定内部的都改为公开,这部影印书有此新规定,不知上级领导有何新指示?我是否可以应《笔会》之约,公开写有关此书重印发售的文章?务希于百忙中抽闲赐一便条,是所至盼。你近来太忙,千祈保

---

① 指1980年6月初赴京参加全国出版会议,并向将军们组稿。

② 上海文艺出版社征得赵家璧同意,将1935~1936年良友图书印刷公司出版的《新文学大系》第一个十年十卷本影印出版。《文汇报·笔会》主编徐开垒得悉消息后,向赵约写回忆文章。

③ 陆梦生(1912~1987)原为文光书店经理、上海文艺出版社出版科副科长。与赵家璧是老朋友。

④ 我看到过1978年上级将《新文学大系》影印本作内部发行的批示。

重。前赠刊[①]谅已收到。

祝好

家璧 6.29

《中国新文学大系》第一个十年十卷本是由赵家璧主编的一项总结五四以来十年间新文学理论、作品与史料的重大出版工程。当年还是二十六七岁的青年编辑赵家璧酝酿这项开拓性的选题计划时,首先得到郑伯奇、阿英、施蛰存三位作家的支持和帮助,再次又经郑振铎、茅盾的参与策划,而后约定胡适、郑振铎、茅盾、鲁迅、郑伯奇、周作人、郁达夫、朱自清、洪深、阿英分别撰写导言,邀请蔡元培作总序。于 1935 ~ 1936 年由上海良友图书印刷公司全部出齐,皇皇十大卷《大系》的出版,为中国现代出版史树立起一座丰碑,影响遍及海内外。半个世纪之后,上海文艺出版社重新影印《大系》,使赵感到莫大的欣慰。不意,赵听到了"上级决定该书改为内部发行"的消息,令他惊愕万分。30 年代中,在旧社会堂堂正正问世的《大系》,收录的是 1917 ~ 1927 年作家作品。"现在许多过去规定内部(发行)的都改为公开(发行)",而重新影印的《大系》却要改为内部发行。赵家璧严正地向我提出这个疑问,"务希于百忙中抽闲赐一便条"(着重点是赵特地点出的)。接获这封非同寻常的诘难信,我挂了电话,即去赵宅面商。赵有点激动地说,他要在政协学习会(每周三次)上提出此事,请政协向上反映。我向赵保证我也要向上级"据理力争",解除对《大系》影印本内部发行的决定。经赵家璧与我的共同努力,克服困难,终于使该书以一万三千册——二万四千册的大印数与读者见面,受到广大读者的欢迎,而赵家璧写的《〈中国新文学大系〉话旧》也于 1981 年 2 月

---

① 赠刊,指刊有赵写的《重见丁玲话当年——〈母亲〉出版的前前后后》的《文汇增刊》。

写就，在3月22日《文汇报·笔会》发表，为上海文艺出版社陆续影印出版的《中国新文学大系》作了热忱的赞赏与宣传推广。

1998年3~5月写就

附言：关于《大系》影印本发行问题是在“乍温还寒”时发生的，我在《我与〈中国新文学大系〉》（收入上海文艺出版社三十周年社庆纪念册《书海知音》，1992年5月版）、《忆念胡乔木的三件事》（《新文学史料》1997年8月第3期）都含糊其辞，用“遭到干扰，经过主观努力，克服困难”的套话来表述的。展读赵家璧1980年6月29日的信，发人深思。

选自上海鲁迅纪念馆、上海文艺出版社编《赵家璧先生纪念集》，上海文艺出版社1998年

赵家璧的编辑思想

张志强

1997年3月12日，现代著名编辑出版家赵家璧先生走完了他的人生历程。

赵家璧，1908年出生于上海市松江县。1926年，时为光华附中高二学生的赵家璧便参与了校刊《晨曦》的编辑，并从第二卷第一号（1926年11月20日出版）起担任该刊的总编辑，开始了他编辑生涯的预演。1928年，还是上海光华大学一年级学生的赵家璧开始了正式的编辑生涯——替良友图书印刷公司助编《中国学生》，不久，又主编《中国学生》。1931年，赵家璧便主编了第一套综合性小丛书——《一角丛书》，开始在出版界崭露头角。

1932年9月，赵家璧大学毕业后正式受聘于良友图书印刷公

司，出任出版部主任，负责编辑出版文艺书籍。这一时期，是他自己所称的"良友时期"。在该时期，赵家璧除编辑了《一角丛书》80种外，还编辑了《良友文学丛书》43 种、《良友文库》18 种、《中篇创作新集》10 种、《苏联童话丛书》4 种、《中国新文学大系》(1917～1927)10 卷等等。1939 年，上海成立了良友复兴图书公司，赵家璧出任文艺编辑，编辑出版了郑振铎的《中国版画史图录》，拟编耿济之译《俄国文学名著译丛》10 部，因"良友"遭日军查封仅出了两部；拟编《中国新文学大系》第三辑《抗战八年》，因"良友"解散，也未能实现。

1946 年夏，赵家璧得到著名作家老舍的资助，两人合办了晨光出版公司，赵家璧担任经理兼总编辑，这就是赵家璧所说的"晨光时期"。在该时期，赵家璧编辑了《晨光文学丛书》40 种，又主编了《晨光世界文学丛书》，先出了美国文学 18 种 20 册，又出了几种苏联的译作。

建国后，赵家璧先生出任上海人民美术出版社副总编辑、上海文艺出版社副总编辑，主编了《新中国画库》、《苏联画库》、《人民民主国家画库》、《人民中国画库》等图书。

赵家璧这位从事编辑出版工作长达 70 年的现代编辑出版家，一生兢兢业业，编辑了大量书刊精品，积累了十分丰富的编辑经验。研究赵家璧先生的编辑思想，对于发展我国的出版事业是很有益的。拙文拟从"赵家璧的选题思想"和"赵家璧的组稿思想"两个方面探讨赵家璧的编辑思想。

一　赵家璧的选题思想

选题，是出版工作的第一步。选题的好坏，直接关系到书稿的质量和出版工作对文化事业的贡献。好的选题，体现了编辑出版者的品位及其创造性。赵家璧先生独特的选题思想，为他的编辑出版工作奠定了成功的基础。

1. 把握历史潮流，追求革命进步

历史潮流浩浩荡荡，顺之者昌，逆之者亡。在出版战线中，同样存在着进步与落后、革命与反革命的区别。

本世纪30年代，国民党政府持"攘外必先安内"的方针，对日本帝国主义步步退让，对革命、进步的文艺出版界进行"围剿"，严格进行舆论控制，白色恐怖日益严重。1931年初，"左联"五烈士就义；同年秋，国民党政府又无理查禁228种进步书刊，颁布《出版法施行细则》。上海的出版社，封闭的封闭，停业的停业。继续营业的各出版社在中小学课本、古籍整理上大做文章。一些出版社甚至出版了《欲海性潮》、《上海黑幕汇编》等黄色书籍和无聊读物。但是，赵家璧先生从开始从事编辑工作起，便把握住了历史的潮流，以一系列富有革命性内容的图书，为中国现代文化的建设作出了贡献。

赵家璧最初编辑的《一角丛书》，以介绍国内外政治、经济等知识为主，也收入一些小说、散文和传记。首批的5种推出后，九一八事变便爆发了。面对读者迫切需要知道九一八事变的真相、东北的现状、是否会引起"二战"等问题，赵家璧毅然更换了旧的选题计划，先邀罗隆基写成《沈阳事件》一书，列入《一角丛书》第6种出版。该书以满腔的爱国真情，向国民党提出了"改组政府"、"共赴国难"的要求。此后，他又邀进步政论家胡愈之写成《东北事变之国际观》(《一角丛书》之九)，对东北事变做了科学的预见。此后，《东北抗日的铁路政策》、《日俄对峙下的中东铁路》、《国际联盟理事会的剖析》等客观分析时事、思想进步的图书陆续问世。1932年"一·二八"事变后，国民党反动派卖国投降，同日本帝国主义签订了"淞沪协定"。广大群众对中日关系和国际形势更加关心。赵家璧又约杜国庠写了《美俄会联合战日否》、《特克诺克拉克》，约何思敬写了《第二次世界大战》、《英美不免一战》等列入

《一角丛书》中出版，供广大读者了解世界发展的趋势。《一角丛书》中还收入了许多"左联"革命作家的作品，如丁玲的《法网》、郑伯奇的《宽城子大将》、钱杏邨（阿英）的《创作与生活》等。正因为《一角丛书》中的图书带有强烈的革命色彩，国民党政府非常恼火，下令禁止《法网》、《创作与生活》、《宽城子大将》、《苏俄的新妇女》等图书的发行。至今，我们从当时的《一角丛书》书目有"×"者暂停发卖的说明上，还可看到国民党政府对进步出版事业的摧残。

赵家璧先生编《良友文学丛书》时，上海正处在国民党的白色恐怖之下。赵家璧以中国新文化运动的旗手、正受国民党特务监视的鲁迅先生为第一个组稿对象，将鲁迅选编的反抗黑暗统治、争取光明未来的"为人生"的俄罗斯文学集《新俄作家二十人集》列入了《良友文学丛书》，并作为该丛书的第一种出版。1933 年 5 月，"左联"作家丁玲被捕后，在鲁迅的倡议下，赵家璧又将丁玲的手稿《母亲》以很快的速度排印出版，并大登新书预约，又用作者签名本这一形式与国民党反动派开了一次大大的玩笑。在良友门市部大玻璃窗遭到国民党特务机关的破坏，良友经理也收到"严重警告"恐吓信的情况下，赵家璧不畏敌人的威胁，继续出版革命书籍。

1934 年 2 月，国民党政府又查禁了新文艺书籍 149 种，涉及 25 家书店，禁止了 76 种革命刊物的出版。在国民党文化"围剿"的同时，有人开始否定五四文学革命的功绩，否定白话文的成就。在这样的社会形势下，赵家璧先生着手编辑《中国新文学大系》。《中国新文学大系》的出版对五四新文学运动作了最初的小结，为继承和发扬五四文学传统起到了宣传、推动作用。它的出版，正如阿英所说的，不但"在当前的政治斗争中具有现实意义，也还有久远的历史价值和学术价值"（见《编辑忆旧》，三联书店 1984 年出版）。

《良友文学丛书》及以后《晨光文学丛书》中的大量进步的新

文学作品、《木刻连环图画故事》4 种、《中篇创作新集》、鲁迅编选的《苏联版画集》等在良友的问世，解放后编辑的歌颂新中国、人民群众的画库系列，都体现了赵家璧把握历史潮流，追求革命进步的编辑思想。

2. 吸取他人经验，强调创新发展

一个编辑，只有善于吸收世界各国出版社和他人的经验，在此基础上有所创新，有所发展，才能使编辑工作具有独创性。

赵家璧进入"良友"伊始，便表现出他的独创性。有一次，他在书店看到一本国外的《大学幽默》，由"大学"二字联想到当时"良友"出版的多种画报，有体育方面的，有妇女方面的，惟独没有学生方面的，便向"良友"经理建议办学生刊物。经理采纳了他的建议，决定编辑出版《中国学生》，并聘他担任这本杂志的助编辑，不久又委以重任，让他担任主编。赵家璧就这样正式开始了他的编辑生涯。

早在大学求学时代，赵家璧便萌生了编丛书的念头，而这念头的产生，得益于西洋出版物的熏陶。赵家璧在《编辑忆旧》中回忆说："我在大学选读英国文学，为了学习上的需要，经常往图书馆西洋文学部门的藏书库去找书读。整套整套的作家全集，莎士比亚的，巴尔扎克的，托尔斯泰的，深深地吸引了我；另外，因职业有关，常去四马路商务、世界、开明等书店浏览，见到成套的《万有文库》、《ABC 丛书》等，也引起了我的遐想。""对我影响最大的，还是开设在南京路四川路附近的几家西书铺，如别发洋行和中美图书公司等……各种进口图书，特别是成套的文学丛书，例如《哈佛大学古典文学丛书》《万人丛书》和《近代丛书》等……不但作品、书店、作者开阔了我的眼界，单单那些丛书的编排、扉页、封面装帧、整体设计和大小开本等都保持统一的规格，我被这种排列整齐美观、内容丰富多彩的成套书迷住了。"可见，作者的潜意识里，西方图书出版的先进之处已深深地映在他的脑海中。这样，在一定条件下,创造的灵感便会油然而生。有一次,他在西书铺里看到一套用淡蓝色书面纸做封口的袖珍小丛书。64 开骑马订,社会科学和自然科学各门学科都有,一个专题薄薄一册,都出自专家学者之手,售价一律美金 5 分,丛书名《蓝皮小丛书》。正是这部丛书诱发了他的创造灵感,不久,《一角丛书》便问世了。《一角丛书》没有照搬别人经验,而是有所独创,取名"一角",不仅是售价之义,而且也是指只触及知识一角。在作品的选择上,接受同事郑伯奇的建议,紧紧盯住进步作家,紧跟时代和群众的呼声。《一角丛书》以其选材准、出书快、作者精、售价廉吸引了广大读者,得到了社会的赞誉,行销数十万册。

1932 年,赵家璧大学毕业后到"良友"担任专职编辑工作。自此以后,他的创造性得到了更大的发挥。一次,他在外国人办的一家书店中看到一套美国出版的《近代丛书》,软面精装,每本一律九角五分。赵家璧眼睛一亮,又一个念头产生了,何不编一套《良友文学丛书》呢?"约请第一流作家执笔,用米色道林纸印,软布面精装,不论厚薄,书价一律九角;……从装帧、印刷、售价上,对当时流行市上的纸面平装文艺出版物来一个突破。"(见《编辑忆旧》)在"良友"经理的支持下,又一个独创性的选题产生了。《良友文学丛书》收入了许多新文学史上的名著,且装帧精美,内容丰富,至今还为老一辈作家所称道。

最能体现赵家璧善于吸收他人经验、采纳他人建议、善于独创选题的便是至今仍受人们赞誉的《中国新文学大系》(1917 ~ 1927)。赵家璧曾说:"编辑工作有两种,一是把别人已有的作品集起来,编到丛书中,这要在选稿、选作品的过程中看出编辑的水平;而另一种编辑,要从无到有,带有创造性的劳动。本来没有这套书,通过编辑的头脑,有了一个编辑意图,然后组织许多作者来实现你的意图,完成你的编辑计划,这可以说是创造性的编辑工作。《中国新文学大系》就带有这种性质。"(《赵家璧的书橱》,山西人民出版社编辑《无名集》,1985 年出版)赵家璧常去内山书店,或去看鲁迅先生,或去浏览新到的日本文艺书。他看到日本的成套书中有专出新作品的,也有整理编选旧作的;名目也很繁多,有称丛书、大系的,也有称集成或文库的。其中有一套整理编选近代现代文学创作的大套丛书,都不是新创作,而是已有定评的旧作汇编,引起了他的极大兴趣。当时他就开始考虑能否编选“五四以来文学名著百种”之类,并借此冲击一下当时的复古思潮。但由于版权所有的限制,这一选题肯定不行。赵家璧通过大量的调查,产生了编选各个单篇合成一集的想法,且马上得到了郑伯奇、阿英等的赞同,他们为他提了很好的建议。同时,赵家璧学习日本出版成套书的经验,给这套书取了当时我国出版界还未用过的“大系”名称,用来既表示选稿范围、出版规模、动员人力之“大”,又表示整套书是有“系统”的整体,是按一个具体的编辑意图有意识地进行组稿而完成的。在郑伯奇、阿英、郑振铎、茅盾、鲁迅、施蛰存等人的指导下,经过赵家璧与各位编选者的共同努力,中国现代文学史上的辉煌巨著《中国新文学大系》诞生了。直至今天,它仍然是一部最有系统、最有价值的参考书,提供了研究五四新文学运动第一个十年的宝贵资料。

此外,赵家璧主编的、1937 年“良友”出版的《二十人所选短篇佳作集》是受了“日本改造社编的《文艺年鉴》、Obrian 编的《英美最佳小说年选》以及 Mantle 编的《戏剧年鉴》”的启迪,而在具体做法上一改以往一个人或一个团体挑选作品的褊狭,将体裁专定在短篇小说,选稿人扩充到 20 位,则又是几次“文艺沙龙”中听取了黎烈文、靳以、萧乾等的建议而成的;《良友文学丛书》特大本是吸取了美国《近代丛书》特大本的经验;“良友”创业 20 年编的散文合集《我的良友》,则又是借鉴了开明书店创业 10 周年出版的各名家合写的小说集《十年》的经验。以上这些,都表现了赵家璧既善于吸取他人经验、建议,又富于独创的宝贵品格。

3. 注重系统完整，力求成龙配套

图书出版的系列化，有助于反映知识本身的系统和条理。系统出版的图书有很多的名称，而以“丛书”最为普遍。丛书能给人以完整、系统的知识，有助于图书的保存和流通，因而颇受出版界的青睐。30 年代，商务印书馆出版了《四部丛刊》、《万有文库》、《丛书集成》，中华书局出版了《四部备要》，生活书店出版了《世界文库》等。在丛书出版的大潮中，赵家璧以自己独特的思路和能力为中国出版界作出了贡献。

赵家璧曾说：“我喜欢成套的文学书，早在大学读书时代已心向往之，把将来也编成几套文学丛书作为自己一生的奋斗目标。”当他正式成为一名专职编辑后，就编了《一角丛书》。此后，他编丛书的经验越来越丰富。《良友文学丛书》、《良友文库》、《中国新文学大系》、《晨光文学丛书》等相继问世。建国后，赵家璧又编了“画库”系列。这些丛书，既系统、全面地记录了某个领域内的知识，又有利于这些著作的保存。此外，他还计划编辑几部名作家的全集，作为高标准的系列丛书。但《徐志摩全集》、《老舍全集》等因种种原因均只有选题，未能真正成书。

除在内容上配套外，赵家璧先生还特别重视这些丛书地域、时间上的衔接，以便全面、准确地反映历史的发展过程。但由于战火等原因，赵家璧的许多丛书配套选题均未能实现，有的虽已定稿，但未能成书，在中国文化史上留下了永久的遗憾。这中间有在茅盾等著名作家支持下，总结五四以来翻译工作的成果，“系统介绍近百年间的各国短篇小说，分国整理‘五四’以来的文学翻译作品”，作为《中国新文学大系》姊妹篇的《世界短篇小说大系》。该书在编选之后、预定出书前 20 天，日本发动的“八一三”侵略战争，扼死了这个即将临盆的婴儿。这中间还有先于第二辑编选、拟作为《中国新文学大系》第三辑（1937 ~ 1945）的“抗战八年文学大系”，由于良友复兴图书公司的停业，也夭折于胎中。他还拟选编

每年短篇小说佳作、每年出版一册的《二十人所选短篇佳作集》，也因抗战的烽火只出了1937年版而未有续篇。

这些图书虽只有选题而未能成书，但他这种重视配套出书，力求全面、历史地保存文献资料的眼光，很值得我们今天的编辑工作者好好学习。

二 赵家璧的组稿思想

在长期的编辑实践中，赵家璧在组稿方面积累了丰富的经验。他曾说："作者要为编辑服务。"这句话的意思是：在组稿过程中，要强调编辑的主体作用，一切围绕选题计划来进行，以保证出版工作的顺利进行。

1. 瞄准优秀作者，以质量求生存

在一般情况下，同一个选题，出自名家之手和非名家之手，其产生的社会效应是不一样的。赵家璧在编辑出版生涯中一贯主张瞄准优秀作者，以质量求生存。这是他从事编辑出版工作成功的经验之一。

早在编纂《一角丛书》时，赵家璧就意识到优秀作者的重要性。他在《编辑忆旧》中回忆说：当《丛书》的首批书问世而未能达到预期的效果时，"我开始认识到必须大胆地冲向社会，向具有影响的作家组稿，得不到作家的支持，编辑将束手无策，一事无成！"赵家璧作者观的形成，为《一角丛书》后来的成功打下了基础。罗隆基、胡愈之、徐志摩等名家的作品，使《一角丛书》起死回生。《一角丛书》的成功，丰富了赵家璧的编辑经验，也使他更加意识到作者对编辑工作的重要性。1932年，赵家璧开始担任专职文艺编辑，着手《良友文学丛书》的编辑出版工作。他计划邀请第一流作家执笔，以保证该丛书的成功。他组稿的第一位作家便是鲁迅。鲁迅的译作《竖琴》、《一天的工作》为《良友文学丛书》打响了第一炮。接着,巴金的《爱情三部曲》,张天翼的《畸人集》,茅盾的《烟云集》、《时间的记录》,郁达夫的《闲书》,周作人、朱光潜、俞平伯等北方作家的散文集相继推出。人们只须看看这些名家名作,便可知道《良友文学丛书》的分量,也便会明白为什么这套丛书至今仍为读者所珍爱。

《中国新文学大系》的编辑出版标志着赵家璧作者观的成熟。赵家璧将《中国新文学大系》分成诗歌、小说、散文等集,每一方面物色相应的权威人士来承担编选工作,并由他们在书前写一篇较长的序言,论述该门类文学的发展历史,对被选入的作家和作品进行评价。从这一点便可明白《中国新文学大系》(1917~1927)为什么至今仍具有重大的价值。

1936 年,赵家璧着手编辑《二十人所选短篇佳作集》。该书系小说年选,编选者云集了当时全国著名的作家和评论家。该书收录了被誉为报告文学中“影响深广、足以传世”的夏衍的《包身工》和宋之的的《1936 年春在太原》,还有早逝的女作家罗淑的短篇小说《生人妻》、严文井的成名之作《风雨》、刘白羽的小说处女作《冰天》…… 正是编辑的睿智、选者的慧眼,使这部书在 1937 年出版后,上半年即连印三版。

在此后主编《晨光文学丛书》的过程中,赵家璧同样重视选择作者。《晨光文学丛书》中老舍的《四世同堂》,巴金的《寒夜》、《第四病室》,钱钟书的《围城》,师陀的《结婚》,谢冰莹的《女兵自传》,李广田的《引力》等作品,已成为中国现代文学史上的名作,至今仍放射着耀眼的光芒。

2. 扶植青年作者,既出书又出人

赵家璧在编辑工作中十分注意扶植青年作家,为文学新人的脱颖而出作了很多工作。

1936 年,良友图书印刷公司曾出版过一套《中篇创作新集》。这是一套专为左联青年作家编印的丛书,系赵家璧先生在张天翼的启发和帮助下编辑出版的。《中篇创作新集》第一集收有蒋牧良的《旱》、奚如的《忏悔》、白尘的《泥腿子》、欧阳山的《鬼巢》、舒群的《老兵》、艾芜的《在天堂里》(后改名为《春天》)、周文的《在白森镇》、罗烽的《归来》、葛琴的《窑场》、草明的《绝地》、荒煤的《灾难》和沙汀的《父亲》。由于抗战的爆发,只出了前10种,荒煤的《灾难》和沙汀的《父亲》未能出版,原计划出版的第二辑、第三辑也未能问世。蒋牧良、草明、欧阳山、艾芜等均是当时年轻的作家,在文坛上知名度还不是很高。《中篇创作新集》的出版对作者们的鼓励是巨大的。

此外,赵家璧先生在"良友"时期,还编辑出版过青年作家罗洪的第一部长篇小说《春王正月》、青年作家葛琴的小说集《总退却》、左联青年作家周文的小说集《父子之间》等,对扶持这些青年作家的成长起到了一定的促进作用。

3. 重视群体合作,发挥群体优势

群体智慧往往比单个人的更为优越。民国时期,上海出版业之间的竞争相当激烈。商务、中华独霸天下,开明、生活后起直追。在这激烈的竞争中,唯有优质的图书产品才能在出版界占据一席之地。赵家璧依靠群体的力量,成功地编辑出版了《中国新文学大系》、《二十人所选短篇佳作集》等图书。这些均从已经面世的出版物中进行再挑选,选择出其中的精华组成新的图书。表面看来,这种编辑工作很简单,只要动动剪刀、糨糊即可完成。但如从更高的角度来看,其实是很难的一件事情。《中国新文学大系》要求反映出1917~1927年间新文学运动的发展经过,并为中国现代文学的发展提供借鉴,《二十人所选短篇佳作集》要求反映一年来文坛的收获、创作界的动向、文艺批评界的趋势。这些,仅靠一两个人是无法完成任务并达到上述要求的。赵家璧采用群体合作的办法,以群体的力量,完成了两大丛书的编选工作。

为了保证群体合作的成功,赵家璧做了大量细致的工作。其经验值得我们今天的编辑工作者好好学习。下面以《中国新文学大系》为例来作说明。

①在达成共识的基础上进行合作

对编选《中国新文学大系》，阿英、郑振铎、茅盾等都表示了极大的兴趣，但在一些具体问题上存有分歧。如全书的起讫年限等，阿英主张从五四到“五卅”，郑振铎却不同意这种方法。最后大家一致接受了茅盾提出的1917~1927年的起讫年限。在挑选各集编选者时，也是经过共同的讨论，形成了大家都能接受的各集编选者名单。

②注意选择最佳人选，形成最佳阵容

作为一部集大成的著作，只有挑选出最佳人选，组成最佳阵容，才能保证整部作品的成功。《中国新文学大系》请蔡元培这位德高望重的长者做总序，请最早提出“文学革命论”的胡适担任《建设理论集》的编选人，请著名文学史家郑振铎编选《文学论争集》，请文学研究会的元老茅盾编选有关文学研究会作品的《小说一集》，请中国新文化运动的旗手、与各地文学团体有联系的鲁迅先生编选有关新潮社、沉钟社、莽原社的《小说二集》，请创造社的主将郑伯奇编选有关创造社作品的《小说三集》，请著名散文家周作人、郁达夫编选《散文一集》和《散文二集》，请著名诗人郭沫若（后改成朱自清）编选《诗集》，请著名剧作家洪深编选《戏剧集》，请著名目录学家、史料学家阿英编选《史料索引卷》等。每一集的编选者，均是该方面的权威人士，保证了编选工作的公正与高质。

③以宏观把握为主，及时沟通联系

在选定好编选人，提出编选要求后，赵家璧放心大胆地让编选人独自工作，只在宏观上进行把握，遇到问题则及时沟通解决。选谁的作品，不选谁的作品，全由编选人根据自己的学识作出判断。在《散文集》的编选上，由于当时散文创作中的具体情况不同，则由周作人和郁达夫两大编选者商定编选过程中的分工。在编选过程中，发现问题及时与编选者联系，及时解决，以保证编选工作的顺利进行。如鲁迅曾因担心编选的《小说二集》完成后不能通过审查，要求退出编选工作。经过赵家璧的细致工作，“恳切地要求他体谅编辑出版者的苦衷，收回成命”，并保证“将尽一切力量争取做到保持原作的本来面目”（见《编辑生涯忆鲁迅》）等，使鲁迅继续参与了编选工作。

4. 对作者以诚相待，时刻交流

“我过去搞出版工作，编丛书，就依靠两种人：作者和读者，得罪了作家，我拿不到稿子……搞好和作家和读者的关系也就是我的奋斗项目之一……”（见巴金《为上海文艺出版社成立三十周年而作》）这可算是在文化生活出版社工作了14年的巴金先生的肺腑之言。赵家璧先生在编辑出版工作中同样注意搞好与作者的关系。赵家璧追求革命进步的精神，缩短了作家与编辑之间的距离。他善于接受他人的意见，勤恳能干，鲁迅、茅盾、郑振铎等先生都对他印象不错。良好的工作作风为他以后工作的开展打下了较好的基础，但更为重要的是，他时时为作家着想，与作者真诚相待，时时与作者联系、交流，善于运用艺术手段催作者交稿。这是赵家璧先生组稿成功的经验之一。

①为作者着想，保护作者正当权益

在与作家交往过程中，赵家璧时时为作者着想，保证作者的权益不受侵犯。当时上海出版界采用两种付酬方式。一是版税制，按书上标明的定价，根据实销册数，付10%或15%的版税，在交稿时可预约一笔版税；二是卖绝版权，每千字以5～10元计算，或更多。赵家璧主编的《一角丛书》、《良友文学丛书》、《晨光文学丛书》等大多是名家作品，颇为畅销。赵家璧往往采用第一种方法付酬，以保证作者多版多得，不至于吃亏。在收到作者来稿后，立即寄给作者部分稿酬。如老舍的《离婚》交稿后，赵家璧及时将预付的版税交给了他，解决了老舍先生的生活困难。再如丁玲的《母亲》出版后，在狱中的丁玲不可能亲自来领版税，赵家璧根据鲁迅先生的指点将版税分次寄给了丁玲的母亲，解决了丁玲母亲的生活困难。正是这些微不足道的事情，加深了赵家璧先生与作者的感情，从中我们也可以知道，为什么“良友”的作者群中有那么多的名作家。

②时时与作者联系，善于催稿

时时与作者通信联系，了解作者目前的写作计划、写作进程，有时甚至“逼”作者快点交稿，是赵家璧能够赢得作者、获得稿件的另一个原因。赵家璧曾说：“作家是编辑的衣食父母，反过来编辑向作者敦促、劝说、恳求，甚至不断地逼请作家动笔，有时也起一定的促进作用。由于编辑的情辞恳切，打动了作家的心，作者就下了赶快写的决心。”赵家璧的“逼”是建立在与作家深厚友情的基础上的。这种善意的“逼”，有时反而加深了作者与编者的情意。列为《良友文学丛书》第 8 种、被当时评论家李长之誉为“高出于他先前的一切作品”的老舍的《离婚》，列入良友文学丛书第 17 种的茅盾短篇小说集《烟云集》，列入良友文学丛书第 22 种的叶圣陶的短篇小说集《四三集》，列入良友文学丛书第 26 种、郁达夫生前编定的最后一部散文集《闲书》等均是善于催稿的赵家璧先生逼出来的。正是由于他的“逼”，他主编的文学丛书中增加了有分量的作品，中国现代文学史上又多了许多名著。

原载《中国出版》1998 年第 1、2 期

“邀约能手”：《中国新文学大系》成因解析

李　频

《中国新文学大系》（第一个十年：1917～1927）（以下简称《大

系》)是中国现代编辑出版史上里程碑式的杰作。其杰出意义一在开创"大系"出版体裁,二在以编辑手段系统整理五四文学成就,功不可没。对其成因,对其内在构成与特色,却一直未见专文较深入地解析。面对这座丰碑,抬头仰望了鲁迅、茅盾、胡适、朱自清等大师后,不由得低头沉思:《大系》成功是必然的,因为其选编者是当时最优秀的文化精英,名家编名著,大师选名篇,《大系》理当不朽,那个不朽的编辑群体奠定基础并建造了这座高质量出版大厦。而这创意策划、编辑操作竟出于大学毕业刚两年多,年仅二十六七岁的赵家璧之手,才是更令人惊叹的。叶圣陶说:"良友邀约能手,给前期新文学结一回账,是很有意义的事。"①初出茅庐的赵家璧凭什么"邀约能手"?其邀约的秘诀何在?方式方法如何?是解析《大系》成因的一个重要切入口。赵家璧也坦言,他能在不长的时间里实现理想,编就《大系》,"这是我始料不及的"②。

《大系》定位与价值吸引力

《大系》的策划缘起于日本的成套书。由日本现代文学创作有定评的旧作汇编,赵家璧萌发了编选"五四以来文学名著百种"的意念。这是最初的出版形式的朦胧借鉴,而出版理念的确立,出版内容的框定,则是他进一步探究中国图书市场的结果。在选题论证的过程中有三部书对他产生了影响。

其一是阿英以张若英为笔名编选、光明书局 1934 年出版的《中国新文学运动史资料》。由此,他知晓了一个著作信息:阿英个人开始了抢救、整理新文学史资料的工作。

其二是刘半农编选、1933 年由北平星平堂书店出版的《初期白话诗稿》。该书收录从 1917 年到 1919 年间,李大钊、沈尹默、沈兼士、周作人、胡适、陈衡哲、陈独秀、鲁迅 8 家 26 首白话诗,是一部用宣纸按原稿手迹影印的线装本,古雅可爱。书中明白地印着

“用以纪念白话诗十五周年”。刘半农在《序言》中说及，他曾把这部诗稿送给陈衡哲看，陈衡哲说：“那已是三代以上的事，我们都是三代以上的人了。”就因为陈衡哲“三代以上”的话，刘半农的序文成为当时文艺界的热门话题。赵家璧“认为陈衡哲的这两句话，包含着深刻的讽刺意味：为什么当年轰轰烈烈、席卷全国的五四新文学运动，如今人们都已把它看得如此遥远了呢？”咀嚼着出版文化的苦涩，赵家璧坚定了编辑新文学史料类图书的出版理念，决心以编选《大系》的出版手段来消除这“遥远”的隔阂，拉近五四新文学运动与30年代读者的距离，借以总结历史经验，发扬传统，推动30年代文学的发展。

其三是1934年出版的王哲甫著的《中国新文学运动史》。茅盾为此所写的书评意见是：“我们现在只希望有一部搜罗得很完备，编排得很有系统的记载‘史料’的书。”茅盾甚至作了具体的构想，如以编年体著录重要的理论文章和作品，记载文学集团的成立，解散等等。茅盾也看到了这书的实际功能与运作困难。他说：“这样的一部书要编得好，却也十分困难。因为第一是材料不容易得……这件事顶好是几个人合作。”③

茅盾和赵家璧不约而同地看到了图书市场的一个空当，因而分别从文学史研究和图书市场调研的不同角度达成了共识：“希望有一部搜罗得很完备，编排得很有系统的记载‘史料’的书。”而这就是《大系》的市场定位。

《大系》准确的市场定位，既得力于赵家璧对图书市场、作者力量、资料提供等多方面的可行性分析，更得力于他市场探究之后所采取的对策。这对策化为一种编辑设计方案，更集中浓缩在书名上。“大系”书名新颖、别致、恰切，郑伯奇赞同地惊呼：“这在我国出版界，还未被人用过呢。”它揭示了出版内容与文化含量，也昭示其特色市场定位。

集逸存佚与丛书规模。“大系”表示选题范围、出版规模、动员人力之“大”,使它与市场上已有新文学史料方面的书区别开来。它不是零敲碎打偏重某一方面,而是收载齐全、体例完备。

茅盾在《大系》的《编选感言》中说:“新文学发展是长长的一条路,这条路的起点以及许多早起者所留下的足迹,有重大的历史价值。现在良友公司印行《中国新文学大系》第一辑,将最初十年内的‘新文学’的史料作一次总结。这在今日的出版界算得是一桩可喜的事。至少有些散逸的史料赖此得以更好地保存下来。”

历史评述与丛书结构。“大系”作为整套书是一个“系统”的整体,其内容规划是按一个具体的编辑意图,有意识、有目的地设计并组稿完成的,这是用“大系”的命名来表达其系统性的特征,反映其丰富的内容和谨严的层次结构。《大系》体例几经反复,为的就是真实全面反映历史。《大系》每集卷首由编选者撰写长篇导言,并有蔡元培万言总序,按赵家璧在《编辑中国新文学大系缘起》中所述,目的在于“使这部《大系》不单是旧材料的整理,而且成为历史上的评述工作”④。这鲜明的编辑意识得到了众多的赞同。冰心说:“这是自有新文学以来最有系统、最巨大的整理工作。近代文学作品之产生,十年来不但如笋的生长,且如菌的生长。没有这种分部整理评述的工作,在青年读者是很迷茫紊乱的。”⑤

当赵家璧请郑振铎代邀胡适编选《建设理论集》时,郑说:“我回北平后替你去找他吧,他看到这样一个不平凡的编辑计划,可能会感到兴趣的。”郑振铎对胡适的心理推测从一定意义上道出了十位编选者的共同心声。《大系》出版工程的文化价值和宏大气度才是赵家璧能“邀约能手”的事业基础。他们认为“给前期新文学结一回账,是很有意义的事”,才走到了年轻的赵家璧周围。要说吸引力,《大系》及其选题创意才是最具吸引力和凝聚力的。

编创交往与群体合力

赵家璧的编辑工作开始于1927年，主编光华大学附中校刊《晨曦》。1928年至1932年是他在光华大学半工半读的业余编辑阶段，自1929年起，为良友图书公司策划并助编《中国学生》月刊，策划并编辑出版了"一角丛书"20余种，发行50多万册。就业"良友"后，他迅速推出了"良友文学丛书"并获好评。因此，主编《大系》时的赵家璧编龄长于工龄，是一位成熟的编辑。就他本人而言，主编《大系》是他几经试练后的大制作，是他几番耕耘后的大收获。

赵家璧"邀约"社会名流、专家学者组成强大的编辑阵容，以他此前的社会交往为基础，是他作者资源的再利用。颇有意味的是，在《大系》的10位编选者中，鲁迅、茅盾、郑振铎、阿英、郁达夫、郑伯奇等6位是赵家璧的作者，此前都曾为赵家璧主编的"一角丛书"、"良友文学丛书"等写过书稿。鲁迅的译作《竖琴》和《一天的工作》是"良友文学丛书"的开山炮，茅盾的散文集《话匣子》作为"良友文学丛书"之一，于1934年底出版。阿英有《创作与生活》、《灰色之家》两部著作收入"一角丛书"，郑伯奇是赵家璧谊兼师友的良友同事，曾有《日本的泛系运动》和小说《宽城子大将》收入"一角丛书"，短篇小说集《打火机》收入"良友文学丛书"。更有意思的是，1934年8月，正当《大系》选题初步确定，即将正式投入运作的关键时候，郑振铎为交《欧洲杂记》书稿从北平到上海，赵家璧通过巴金向郑振铎约稿，将它收入"良友文学丛书"。两人初次见面，但心仪已久、一见如故。听说《大系》的选题计划，郑便加盟编选行列。这一方面说明赵家璧联系的作者队伍的创作水准，另一方面也说明他善于组织作家们进行新的集团冲锋。

另四位是胡适、周作人、朱自清和编选《戏剧集》的洪深。洪深当时在复旦大学任教。前三位北京的名教授,是通过在燕京大学任教的郑振铎代邀的。胡适、周作人以其地位之尊,居然也应赵家璧之请,并循其蓝图而为“良友”主持编政,除选题的价值吸引力,郑振铎牵线是决定因素之一。可见郑振铎的热情,可见赵家璧作者队伍的辐射力、牵引力。

《大系》的编辑群体以赵家璧既有的编创交往为人际关系基础,这一特点为主编赵家璧与各选编者的再度合作创造了良好的工作氛围,群体合力确保了《大系》的编辑与出版质量。《大系》跨越十年历史,涉及全国整个文学界,工程难度可以想见。由年轻的赵家璧来主持总体策划,更非易事。借助编辑群体的专家优势,赵家璧的创意和总体设计“工作逐渐具体化”⑥。这“逐渐”表明了主编思想中,《大系》选题由模糊朦胧到清晰明了的渐变过程。而“具体化”,则主要指通过与有关专家的交谈、商讨,而使《大系》的选题计划更为贴近文学历史,《大系》的内部构造更为合理、更为科学。

《大系》的选题从提出到臻于完善是一个过程。这不仅表现为时间上的阶段性,而且表现为空间上的京、沪两地和其他显隐著微的编辑群体人际关系。选题在实施的过程中逐步完善,在当今出版界也许不足为训,但就《大系》而言则是历史形态。提出《大系》选题的是主编赵家璧,而完善这一选题则是编辑群体,诸如阿英、郑振铎、茅盾等人,也是历史事实。这正是赵家璧的成功之处。茅盾对《大系》的支持和帮助,主要不在于茅盾第一个交稿,选编的《小说一集》第一个出书,更不在于茅盾晚年还在回忆录中对此书赞誉有加,而在于茅盾以他的编辑智慧,帮助赵家璧解决了选题操作《大系》中的几个疑难问题。如小说部分选编方案由茅盾拍板定音,《大系》编选范围的划定与副题的由来出自茅盾等。赵家璧说,茅盾“真是所有编选者中,对我帮助最大,对《大系》出力最多,为期最长,感情最深的前辈作家”⑦。

纵观《大系》选题的提出、完善的全过程，不难看出，好些卷集是随着工作的深入而叠加的。就理论部分而言，最初的"五四以来文学名著百种"中没有列入。赵家璧看了阿英的书，与施蛰存等人商谈后，增设理论卷。在约请郑振铎编选理论卷时，又遵郑振铎建议而一分为二《建设理论集》和《文学论争集》。就编选人选而言，诗集的编选者最早确定为郭沫若，也征得了远在日本的郭沫若同意，因图书审查会不予通过只得改由朱自清选编。这当然是外力干扰。理论卷的编选人选可就几经反复了。最初拟请阿英，后因想到《史料·索引》单独成卷，郑伯奇、施蛰存以为阿英编这一集更合适，才想到换郑振铎。表面看来，这些好像是选题策划的随机性。其实《大系》选题正是在这修正过程中，借助编辑群体的力量，由简单走向精深，由粗略趋于缜密，以追求《大系》内在结构最合理、科学的，各选编者是最佳人选。对于一个选题策划者来说，其成功之处不一定在于他个人独立设计出一个完整的、详尽的选题方案，而在于他能否集中他人的智慧使自己提出的选题方案臻于完善与成熟。赵家璧在《大系》的选题策划过程中，虚心接纳郑振铎、茅盾等人的意见，不能简单地看成晚辈对长辈的尊敬，涉世不久的初学者对文学家、文学史家的价值认同，相反是赵家璧正确认识了自我地位而积极稳妥地扮演了主编角色，这正是赵家璧作为年轻编辑家的成功之道。

少年老成与主编之道

30 年代上海的文化界相当复杂。《大系》出版后，有评论者指出："倘使拿戏班子来作比喻，我们不妨说《大系》的'角色'是配搭得匀称的。"⑧应该说，《大系》的选编群体构成，最显主编赵家璧的沉练、老道和功力。他力求《大系》每集的选编者是综合比较多方面因素后的最佳人选，甚至于惟一人选。为物色编辑人选，他要反复斟酌，多次与人商讨，耗费了相当的精力。他清醒地意识到：“这是一套规模大投资多的《大系》，完全找左翼作家编，不来一点平衡，肯定无法出版。”⑨这是他对当时出版文化现实观察和认识的结果，这样看似平衡、折中的方案不是对现实的屈服与妥协，相反表现了年轻编辑家的成熟与冷静。他提议周作人编选一本散文，在有人反对、有人赞成的情况下又征求茅盾的意见，就是出于名家汇集、左右平衡的总体考虑。当郑振铎提议胡适编选《建设理论集》，赵家璧“又惊又喜”。赵家璧“内心中也想到过《大系》第一本理论集，如能找到胡适这样的人来编，那会多好”，但考虑到郑伯奇、阿英是左翼作家，不会赞同胡适加入，而没有说出口。没有说出口才正反映了他沉稳。瞄上胡适，赵家璧是有他的慧眼的。胡适当时是北京大学校长，文化界炙手可热的权威人士，对读者当然具有广泛的号召力。这是从市场营销的角度看到了胡适的宣传、广告价值。30 年代的胡适逐渐右翼，有胡适加盟，对《大系》通过政府的图书审查大为有利。这是从应对国民党的粗暴出版管理而寻求对策的角度，认同了胡适的政治掩体功能。更主要的是，胡适是中国新文学运动中有重要影响的人物，作出了无法抹煞的贡献。胡适在《导言》中说：“我是欢迎这一部大结集的，《新文学大系》的主编者赵家璧先生要我担任《建设理论集》的编纂，我当然不能推辞。”这有他对《大系》价值的认同与肯定，也有他对新文学历史的自信，正如请他编选《建设理论集》是对历史的尊重。赵家璧从胡适身上发现的宣传价值，一定意义上的政治价值都是由此滋生出来的。说他作为一个编辑家，胸怀大度，不偏向；对人对事，有历史眼光，又有现实对策，都未尝不可！

当然，赵家璧为各位编选者争取到了高标准的稿酬和编辑费，连鲁迅也给人写信说：“此书约编辑十人，每人编辑费三百，序文每千字十元，花钱不可谓不多。”⑩但感动、吸引鲁迅、胡适等名家的决不是高报酬，《大系》的十位编选者决不是用金钱能请得动的。

赵家璧作为编辑家的个人素质等也是他能团结名流的重要因素。赵家璧在作为文坛前辈、学者名流的各位编选者面前,诚恳、谦恭而又能干勤快。为《大系》,他确实事无巨细,都做得很圆满,就连为鲁迅、茅盾等人提供图书资料等琐细之事,他都几乎是随叫随到,尽量满足各位编选者的要求,以致茅盾晚年还称许:"赵家璧办事称得上干才。"⑪

在认真、诚恳地为各位编选者服务,谨慎地处理好与各位编选者的关系方面,赵家璧甚至可以说做得天衣无缝,有过之而无不及。最典型的莫过于与鲁迅的交往了。1934 年 12 月 25 日,鲁迅致信赵家璧,答允选编一本小说集。26 日,鲁迅因自己的杂文被国民党反动派无端砍削,义愤有加,同时也出于爱护《大系》,又致信赵家璧宣布退出《大系》。赵家璧便于 1935 年 1 月 2 日,请郑伯奇陪同,再次面请鲁迅收回成命。1 月 4 日,鲁迅致信赵家璧:"先想看一看《新青年》及《新潮》,倘能借得,乞派人送至书店为感。"赵家璧当然从速办理。1 月 10 日,又赶快给鲁迅寄去《大系》的出版合同。三本小说集原拟称作甲集、乙集、丙集。鲁迅 1935 年 2 月 20 日《日记》中也记有:"夜作《中国新文学大系》小说丙引言开手。"后来赵家璧又采纳郑伯奇的意见,把鲁迅编的小说"丙集"调改为小说二集。甲乙丙更多地反映了等级,而一二三更多地表示了顺序,把甲乙丙改为一二三,这是编辑思维细致的表现。至于为了不造成鲁迅殿后的印象,而让本与文学研究会对峙的创造社的那一集,后调为小说三集,固然表现了编选者郑伯奇的谦虚大方,却也表现了因对鲁迅的尊重而显示的过分敏感。由此可见赵家璧编辑工作的谨慎。

注释:

① 赵家璧《编辑忆旧》第 208 页,生活·读书·新知三联书店 1984 年版。

② 同上,第 163 页。

③ 《茅盾全集》第 20 卷第 247、248 页。

④⑤ 《编辑忆旧》第 208 页。

⑥ 《编辑忆旧》第 226 页。

⑦ 《编辑忆旧》第 223 页。

⑧ 《编辑忆旧》第 215 页。

⑨ 同上，第 173 页。

⑩ 《鲁迅全集》第 13 卷第 263 页，1981 年版。

⑪ 茅盾《我走过的道路》（中）第 281 页，人民文学出版社 1984 年版。

原载《编辑学刊》2001 年第 1 期

年轻编辑赵家璧成就《中国新文学大系》大业的缘由剖析

邵凯云

没有赵家璧就没有《中国新文学大系》（1917～1927）（以下简称《大系》），而不朽的《大系》又奠定了赵家璧作为中国现代大编辑家、大出版家的历史地位。面对一项历史性的编辑出版大工程《大系》，赵家璧在年龄、资历、学养、成就诸方面皆似不副其任的条件下，却能主持其事而终获成功，其中的奥秘，非常耐人寻味。这是编辑出版史上一个触目的个案，如能予以深入的剖析，在编辑出版学的理论建设和实践操作上，亦当有所启示和贡献。

出版《大系》，是时代使然。1934 年，距五四新文学运动不过十几年，可在国民党文化“围剿”和复古思潮泛滥的形势下，意识形态上出现了历史的倒退，而曾经炮火连天的新文学战场更是出奇地沉默。最让人忧虑的是，文献的流失使新文学的精神和成果更处于岌岌可危的境地。历史进程至此已对如何系统地保存前人的文学成就，并使新文学在实践中形成优良的持久传统，发出了急切的呼唤。历史呼唤着一部富于开创性、历史性、权威性、方向性的皇皇大部头丛书。于是,《大系》也就应运而生。

《大系》由上海良友图书印刷公司出版,皇皇十巨卷,洋洋500万字文学选材,20万字导言,不但是“自有新文学运动以来最有系统、最巨大的整理工作”[1](P.440),还对后世文学史的编撰有着筚路蓝缕的开山之功。它不仅在当时反响巨大,且隔了半个世纪之后,仍起“轰动效应”,创下影印本2万套和个别品种5万册的销售业绩,并在2003年再次影印三千套,展现了经久不衰的魅力与价值。后世的编辑家更是循着赵家璧的编辑思想,又续编了《大系》第二辑(1927～1937)、第三辑(1937～1949)、第四辑(1949～1966)、第五辑(1966～1982)和《中国近代文学大系》(1840～1919)等。但以笔者管见,尚未有出其右者。

这项由赵家璧主编、文坛巨匠联手编选的艰巨而浩大的工程之所以能获得圆满成功,其诀要可析为如下六个方面:

一　创新的编辑体例

《大系》这样集大成的丛书编辑出版工程,首要的是确定体例,绘制它的设计蓝图。这是一项前人所未进行过的工程,学者们在肯定选题价值的同时,面对庞大繁博的五四新文学的成果,如何编撰却颇感为难。赵家璧既是《大系》的创意者,又是工程的总设计师。

我们先来考察一下《大系》的概况:《大系》共十卷本,包括理论、作品、史料三大部分。理论两卷为:《建设理论集》——胡适编,收文51篇;《文学论争集》——郑振铎编,收文107篇。创作依次有:《小说一集》——茅盾编,主收文学研究会作家作品29家58篇;《小说二集》——鲁迅编,收文学研究会和创造社以外的社团作家作品33家62篇;《小说三集》——郑伯奇编,主收创造社作家作品19家37篇。《散文一集》——周作人编,收17家71篇;《散文二集》——郁达夫编,收16家148篇。《诗集》——朱自清编,收59家390首诗作。《戏剧集》——洪深编,收18家18部话剧。最后一集为阿英编的《史料·索引集》。全卷前又有蔡元培的总序一篇。整部《大系》的编排是:"始于理论而终于资料,以理论为首而张扬精神,以资料为足而站稳脚跟,中间以流派创作为体而显示实绩,从而形成一个严密而富有变化的结构完整的有机体。"[2](P.67)

在这一有机的结构体例中,无论是其整体还是细部都无不体现着赵家璧独具慧眼、"从无到有"[1](P.162)的创造精神,其中有三点尤值得称道:

1. 导言及总序。每集书前都安排长篇导言,且还有万言总序,其目的是为了"使这部《大系》不单是旧材料的整理,而且成为历史上的评述工作"[3](P.152)。借助这一方式,赵家璧实已把选家之学转为文学史家之学了。而巨匠大家笔下的导言,更远远超出了一般的导读功能,深远地影响着以后文学史的结构模式。更有学者认为,"《大系》的概念范式——分期、体裁等等——在后来中国大陆学者所写的文学史中几乎没有任何改变。"[4](P.327)闪现在导言中的颇具见地的文艺理论和作家作品评论也已成为后世现代文学研究者所广泛引用的经典评论了。而透视其导言所表现的大家的思想理论和文学史观,又成了后人研究大家文艺观的范本了。2. 十年的分期法。《大系》的副题是《第一个十年:1917~1927》,这一分期既保留了依据中国社会历史的重大事件来划分文学史时段的特点,又避免了可能隐含着的激进的意识形态倾向,为容纳不同的政治和文化立场提供了空间,且十年的表述符合国人的思维和习惯。既称第一个十年,自然希望有今后第二个、第三个……十年的丰硕的文艺成就及其编辑出版。赵家璧以其高瞻远瞩的独创品格,在《大系》中寄寓了"领头羊式"的企盼和祝福。作为优秀选题，《大系》具有很强的衍化性，可以被当做“母题”来对待。3.“大系”的称谓。“大系”二字的内涵颇丰：一方面，它在我国出版界是第一次使用，有称谓形式上的创新；另一方面，它表示书是一个系统的整体，与一般单行本杂凑的文库区别显著。当然其“大”还意味着选稿范围、出版规模、动员人力之大。

二 周全的资料宝库

大工程的设计蓝图有了，备料就成了关键的一着。因为《大系》所要求的开创性、历史性、权威性和方向性，就特别需要供选编的十年文学资料的全而又全，有一全息万能的资料宝库，它是《大系》编撰的基石。文学史料在此具有不可替代的独特价值，不论时代的变迁和文学观念的发展更新是如何地激急繁复、跌宕起伏，而被时代风云所涤荡沉积下来的原始精华资料却是不变的。《大系》需以此为依托，才可能有所生发，否则巧妇难为无米之炊。但当时的情形却是连当事人都感慨史料的稀缺，上海等大图书馆因种种原因，所收藏的书籍、期刊等也并不完整，且借阅上又有许多限制与困难。正当“山重水复疑无路”，《大系》的萌芽要陷于困顿之际，阿英约赵家璧去参观他的藏书。赵惊喜地发现，各大图书馆所没有的书，阿英大部分都有，而且以初版本居多，大量的文学期刊竟几乎全都是整套的。主人更豪爽地表示愿意无条件地将私人藏书提供《大系》编选所用。这真是天遂人愿，得道多助。时代对《大系》的呼唤从某个角度讲，首先是时代对抢救文献、整理文献和出版文献提出的要求。这项工作既是《大系》成功的基础，又是《大系》对历史所应作出的基本的、第一层面的贡献。当时文坛亦对此举多加赞许，认为“散逸的史料赖此得以更好地保存下来”，“这在今日的出版界算得是一桩可喜的事”。拥有全是精品的物质基础，是《大系》能够获得成功的首要前提条件。

三　锐利的编选目光

《大系》作为一本多功能多卷本的大选集,虽选的是别人的作品,却又在特定的意义上重塑了被选的作者。鲁迅先生曾说:"选本显示的,往往并非作者的特色,倒是选者的眼光,眼光愈锐利,见识愈深广,选本固然愈准确。"[5](P.414)《大系》的编选自然是目光如炬,它准确、全面、锐利而深刻,不单要还原和彰显作者的特色,还肩负着更深层的两重重任,即描画和塑造以各所选作者、作品组合的每一种文学样式的十年的历史面貌和十卷本合成的新文学最初开创期的总体面貌。这三层关系是环环相扣又层层递进的,第一层都是更深一层的基础台阶,只有前两层的任务完成得好,汇总、融合后,第三层的最高目标才能顺利实现。所以各卷本所选的作者作品成了基础中的基础,是《大系》组成的分子和细胞。而《大系》每集在此方面,即便不论所选每篇是否都为经典,但至少被时代历练后的经典篇目几乎无一遗漏。

各种文学样式的历史面貌,又是由每一种文学样式的各集作家作品集合而成。编选中,编选者目光的敏锐是共同的,但因是分人而编,各具机杼,自然在敏锐的共性中又各显特色。如三集小说的编选,编排上遵从当时流行的以流派为研究核心的划分,流派本身就体现了相异的文学主张和文学风貌,三位编选者虽都归属同一左翼阵营,有着统一的思想性,但具体到每集的编选角度和所作的导言却是各有所长了。《小说一集》的编选人茅盾凭藉其《小说月报》新版编辑的身份,关注的是创作方法和创作题材问题。《小说三集》的编选人郑伯奇的文学观是纯粹的现代进化论,他在导言中探讨如何使"象牙塔"式的文学审美理想与关注社会现实的创作的矛盾有机协调、统一起来。而《小说二集》的编选人鲁迅以思想家的素质和杂文家的笔法写导言,意在挖掘精神文化的内涵,指明文学应"'有所为'而发,是在用改革社会的器械"[6](P.2)。鲁迅还在导言中将当时一批身处京门而心怀乡邦的作品命名为"乡土文学",这一命名一直为学界所接受和推崇。这种以某一文体为结构框架,适当兼顾流派的方法很能反映这一类文体的全貌。两集散文的编选是以人名为界限、"个性"为标准的。与鲁迅、茅盾等注重宏观文学史现象的勾勒不同,周作人和郁达夫都秉乎性情,宣称"不讲历史",只凭"主观偏见"[7](P.3)和个人的喜好去选,且郁达夫竟率性地依着"平时的偏嗜"[8](P.2),仅周作人一人的作品就选了57篇,占其全部选文的45%。虽然有后世学者批评他近乎轻率,但他的导言却写得厚实有味,对入选作家作品的品评,更是目光锐利、评论精妙。短篇小说与散文是五四文学创作中的大门类,需各集合并来看;而其他文体的编选,虽为单集,但因各位编选者的独到见解而风韵迥异。朱自清的《诗集》以编年排列,诗史的轮廓非常清晰,且态度稳重审慎、笔法明畅简约。洪深的《戏剧集》几乎囊括了第一个十年的著名话剧,其导言完全可当做早期话剧史来读。

创作部分各种文学样式的概貌已尽突显、塑造,理论既充当开路先锋,自然也是不可或缺的。两卷理论集在时间和内容上交错相承,编选上也是既各具特色又互补互助,可藉此梳理新文学的发生史。它们连同其余7集的创作集与《史料·索引》集一起成就了新文学十年的总体面貌。而蔡元培的总序,更以开阔的胸襟和雍容的气度,表现出高屋建瓴的文化视野,且在结构上担负起了总揽全局的功能。各集选编者都是十年新文学全貌的塑造者,《大系》中似无赵家璧,但正是总编赵家璧通过选择各集的编者成为了总塑造者。赵家璧虽不是将兵"多多益善"的韩信,却是个善于"将将"的刘邦,他是名副其实的帅才。

四　最佳的编辑团队

作者对于出版的意义是极其巨大的,“从编辑的劳动对象和编辑的工作程序来说,作者的工作也是第一重要的首位环节”[9](P.77)。选择作者的恰当与否,是关系到《大系》选题策划成败的关键问题,是起决定性作用的因素。赵家璧深知自己的学术底蕴和资历名望不足以做《大系》的选编人,但他可以“委群材,会众工”[10](P.399),担当举帅旗的总工程师。早在选题策划之先和之初,他就把选题和组稿紧密地结合起来。要想组织权威性的文稿就必须起用权威性的专家名家,以他们的才学和性情既保证《大系》的质量,又可最大限度地满足读者的阅读期待。《大系》不但要找到合适的、权威的,而且要找到这“惟一的”。这是《大系》编辑团队组成的第一步。各人的权威性是《大系》历史性及其艺术眼光和思想境界体现的前提,否则人微言轻,《大系》的权威性会大打折扣。既然《大系》的选文涉及新文学的“每一方面”,那么从文化的视角看,任何先进文化都不会是偏执单一的,而应具备丰富性。这就决定了在编选人选上需撇开阵营与门户的偏见,以左翼进步作家为主,同时也需搭配中、右权威文化人。角色统筹安排的最佳,是《大系》编辑团队组合的第二步。最初有关创造社部分的《小说三集》的候选人有郭沫若、郁达夫、郑伯奇三人,后经多方权衡,敲定郑伯奇,因为散文集的编选更需要郁达夫。郭沫若原定是要担当《诗集》的分编,但由于他已被国民党图书审查委员会明文封杀,最终换上朱自清。而这一中途换将,也正好成就了《诗集》的严谨和公允。当年权威刊物《文学》就曾评论道:“倘使拿戏班子来作比喻,我们不妨说大系的‘角色’是搭配得匀称的。”

作为宏大的编辑工程,前二步的完成还仅是实现团队整体化最佳的必要条件,要真正实现 $1+1>2$ 的群体互动,还需要集团内人员良好的搭配组合,这是《大系》编辑团队组成的第三步,亦即达到的第三层境界。两集散文的编选安排,正是此精神的一方面的体现。散文的分工比较难,初期有以团队、时期或南北地区分等几种互左的意见。郁达夫是已被列入了编选名单,但周作人的启用,当时还处于“有人反对,有人赞同”[1](P.182)的两难境地。赵家璧知因两人私交甚厚,关系密切且互相尊重,决定将他们“绑”在一起,于是“分工似未解决,而实已解决矣”[1](P.182)。两位反复函商的结果以人名决定界限,也确实是不合适中的最合适。这一处理可见赵家璧用人的高明之处,组队之初便建立精心策划的角色结构,使人手之间能团结协作、默契配合,工作得更有效率。团队精神第三层境界的另一方面的体现,亦即是组合最佳编辑团队的最高境界,是每个分编者在恣肆张扬个性特长的基础上,相互间又形成错综复杂的参差互补关系。这不是龃龉相左的矛盾,而是琴瑟相谐的统一,赵家璧犹如交响乐的指挥,不但举帅旗,而且纳众议,奏响了雄浑壮丽的乐曲,成就了《大系》多元复调的学术特色和经久不衰的生命力。

五 灵巧的各方周全

要完成《大系》这样浩繁的编辑工程,不但需要每一方面的人员各司其职、各尽其能,还需要有一人在其中穿梭联络,做好各方协调工作。主编灵活巧妙的各方周全活动也正是《大系》成功的诀要之一。如果说以上几方面更多是呈现分编者的才干,那么各方周全活动所呈现的则完全是赵家璧的活动身影了。赵家璧对待作者、对付图书审查委员会和对待出版社领导及其相关部门都各有妙方。

赵家璧的作者工作,首先是约请作者,亦即主帅点将。这里体现了赵家璧富有胆魄和策略的技巧。他不但敢于启用有争议的作者，而且勇于以“无名青年”的身份去作邀约。他对不同的作者均针对性地采用不同的约邀方式。像对好友阿英、郑伯奇、郑振铎等人，直接约请是相宜的，但对其他功高名盛的将士则要谨慎持重些。当时赵家璧虽与鲁迅相识，但让他来编选“杂牌军”的小说集，心中还是惶恐不安，于是拉上鲁迅信任的郑伯奇同去。商谈时，先阐述编辑计划，在鲁迅对其他已定的编选者无疑义的情况下，最终提出恳求，使鲁迅“当场就答应了”[1](P.181)。其后赵家璧又将原定的甲、乙、丙三集小说集改为一集、二集、三集，且将鲁迅编的集子提前，使其无殿后之感。谒见蔡元培是在十位人选确定之后，赵家璧先绕开主旨引发了老人的回忆，待其聊兴高涨时，邀请工作自然也就水到渠成。而有些作者，赵是通过他人引见后，再因人而宜，各做邀约。

为作者服务是赵家璧的一大特色，他既是“主编大人”，又是勤快麻利的“服务生”，真正做到了“就如一个女仆那样为作者服务”。[11]还在《大系》的选题萌芽之初，赵家璧就考虑到相关史料“还得靠我们自己去搜集，然后供应给编选者”[1](P.165)。朱自清在《导言》中就多次提及赵家璧为其搜索、函寄资料，且其中不少是人所未见的。而茅盾多年后还由衷地夸“赵家璧办事称得上干才”[12](P.54)。赵家璧的作者服务工作不但是有求必应而且贯穿始终。单从《鲁迅日记》就可查到《大系》每集的出版日期，因为给作者寄样书，是赵家璧一贯的做法，而且因《小说一集》最先的版本封面并未印上以后各集统一都有的天蓝色，赵家璧又特意为鲁迅寄上新版。这些小事都足可见赵家璧对作者服务工作的高度重视与细致认真，也正是这种精神和做法使他叩开了作者的心扉，赢得并团结了大批的优秀作者。这体现了赵家璧踏实肯干的勤巧。且在与作者交往的过程中，赵家璧始终注意尊重和保护作者的权益，主持《大系》期间，他努力向公司为作者争取最大利益——每人编辑费三百，序文每千字十元，就连鲁迅在给友人的信中也认为这在当时“花钱不可谓不多”[13](P.365)。这既是赵家璧具有版权意识和商业头脑的体现,也是编作相互信任的表现。

对付国民党图书杂志审查委员会是最能体现赵家璧高超出色的社会活动能力的。至今《大系》的一些集子里还在醒目的位置标着“中央宣传委员会图书杂志审查委员会审查证审字第××××号”的字样。审查机关规定了原稿送审制,专门封查打击进步书籍的出版。与其打交道之类的事,一般由店主或者经理去办,编辑并不出面,但赵家璧抱着“不入虎穴,焉得虎子”的精神,去闯“鬼门关”了。多次周旋谈判的结果是鲁迅的名字不动,《大系》的全稿也予以照顾,条件是替审查委员会主管出版其精装书一册,并被敲去五百大洋。

六 完善的营销策略

以上五方面是《大系》成功的多方位的内在条件,是其本身魅力的组成部分,但要真正实现外在的轰动效应,还与运用其间的营销策略是密不可分的。如果说前五方面是《大系》可能具有的最优社会效益的基石和保障,那么完善的营销策略则是发挥其内涵的价值效用,实现《大系》社会效益与经济效益统一的妙方。

出版界有句名言:出版是基础,发行是关键。从市场看,图书的印制,仅完成了出版工作的一半,另一半才真正决定出版社的兴衰存亡。鲁迅曾说,“书的销场,和推销法实是大有关系的”[13](P.600)。营销工作的好坏直接关系到图书社会效益的体现和经济效益的获得,以编辑出版为终身事业的赵家璧,更是深知其中要害,“关于宣传推销等工作,有关出版物的销路,我都抓得很紧”。

赵家璧策划的《大系》宣传可谓是多头并进,声势不凡。他不但利用多种媒体,如报纸、刊物等进行广泛而及时的常规宣传,更创造性地推出《大系样本》这一威力非凡的“重磅武器”。《大系样本》共40余页，开头是赵家璧亲自撰写的《编辑中国新文学大系缘起》，它具有现代书评的功能，接着影印了蔡元培的《总序节要》手迹、十位编选者的《编选感想》、文艺界知名人士冰心、叶圣陶、林语堂等人为《大系》所写的评语等，并配有编选者的近影和该集的内容简介。当然其中还有书影、预约办法说明和印好的预约单等。这样简要精到且直观的介绍既让读者对其全貌有较为完整的了解，起管中窥豹的作用，又直接促进图书的订阅。在印制精美样本的同时，赵家璧还将其内容缩印成单张，夹在畅销刊物中，分赠给读者，扩大宣传面。这些宣传很见成效，在《大系》尚未出齐时，预约定数即已超过初版数，以后又再版精装本和普及本各2000册。而白报纸纸面精装普及本的售价则减半为10元，预约仅7元，很大程度上满足了贫寒学子的需求。这也是赵家璧灵活地根据不同的读者细分市场，采取有针对性的策略的高水平出版营销思想与手段的显现。在再版加印其间，赵家璧又编印了《大系三版本样本》，厚达60页的样书，在原先的基础上加了《舆论界之好评摘录》，把当时《申报》、《大公报》等全国各地7种大报的评语，摘编了4页，利用他人评论，为本版书造势。其中还以近15页的篇幅编列全部目录，以供预约者参考。[14]这些都是主编赵家璧的杰作，他凭借自身对图书本身及相关市场的熟悉与把握，不仅担当了《大系》营销的参谋和向导，更是扮演了设计师和操作手的角色。

《大系》营销的内容不仅包括宣传与广告技巧，还涉及装帧设计、出版周期等营销的外围内容。在当时出版界还并不重视书籍装帧的氛围下，赵家璧就不止一次地强调，在把稿子变成书本时，“一定要有新意”，“需要编辑多动这方面的脑筋”。[15](P.117)厚厚十卷本的《大系》，内容与形式相统一，全书版式一致，且外观的精美装帧与内文的整齐秀逸交相辉映，既显厚重凝练的气派，又给人舒适泰然的美感，不愧为学术类出版物的典范。而十巨本《大系》

一年零五个月的高效出版周期，至今令人赞叹。

《大系》确为现代编辑出版史上一项历史性的大工程，主编赵家璧也因此成为令人长期瞩目的大编辑家、大出版家而载入史册。虽然当年赵家璧仅二十六七岁，自己又尚无像样的作品问世，但就是这样一位名不见经传的“无名小卒”却指挥着11员新文学名声赫赫的宿将，共同成就了这样的创举和奇迹。这似乎是一个巨大的矛盾，让人怀疑赵家璧只是个幸运儿，贪天之功，坐享其成。但通过对《大系》成功诀要的剖析，我们不难看出，赵家璧这个主编，不仅名副其实，而且卓越杰出。正是赵家璧最敏锐最及时地感应到了时代的需求，顺应时势，登高一呼，应者云集，他不愧为《大系》的创意者，是《大系》生命的起源和孕育者，这是他的第一项功绩。而《大系》作为十年新文学最全的资料宝库，有着全息万难的丰富史料，这一成功的根基也是赵家璧牵头落实的。更难能可贵的是，赵家璧还亲手绘制了《大系》全新的设计蓝图，在成为总设计师的同时又担当了举帅旗的总工程师。他集思广益、多谋善断，妥帖地筹划安排工程的各个方面。作为主编，他既能组织编辑团队，以分编者锐利的眼光保证《大系》的权威质量，又能团结编辑团队，实现团队的群体互动与参差互补；他既能指挥若定，又能服务周到，且最善于周旋内外各方，是最佳的服务员和联络员。而赵家璧之所以为赵家璧，还有一个最突出且最值得看重和效法的优点——善于放大自己。他明知自己的帅才或相才是不足的，但却能聪明地借智借力，全方位地提升自我。他以不拘一格、兼容并包的精神与胆略，和“用人不疑，疑人不用”的开阔胸怀来委任人员，反倒把他自己文学专业学养的不足和其他欠缺统统弥补了，借他人的各方最长，“格式塔式”地延长自己，化不足为最足。且又因为是小辈，反而利于在诸多文坛骁将间穿梭联络，在貌似年龄、资历、学养、成就等皆似不副其任的条件下，终成《大系》。编辑出版事业，既是文化事业，又是经济实业。赵家璧既富有事业心又兼具商业头脑,他出色的营销策略是《大系》最终成功的保证。赵家璧对《大系》的编辑出版确实起到了关键性的决定性的作用。

在中国现代编辑出版史上,赵家璧是只最具特色、最值得解剖的大"麻雀",可惜笔者的刀子太钝了。但由于赵家璧主编成《大系》这个历史事件对现代编辑出版学所具有的意义与给人的启示太丰富、太深刻了,即使是钝刀子,不也可以显现出其精彩的一些层面来吗?本文作者期待着更多宝刀对此典型个案的锋利解剖!

参考文献:

[1] 赵家璧.编辑忆旧[M].北京:三联书店,1984.

[2] 杨义.新文学开创史的自我证明——为《中国新文学大系导言集》所作导言[J].文艺研究,1995,(5).

[3] 赵家璧.编辑《中国新文学大系》缘起·回顾与展望[M].太原:山西人民出版社,1986.

[4] 刘禾.跨语际实践——文学,民族文化与被评介的现代性中国(1900—1937)[M].北京:三联书店,2002.

[5] 鲁迅.鲁迅全集·第6卷[M].北京:人民文学出版社,1981.

[6] 鲁迅.中国新文学大系·小说二集导言[M].上海:上海良友图书印刷公司,1935.

[7] 周作人.中国新文学大系·散文一集导言[M].上海:上海良友图书印刷公司,1935.

[8] 郁达夫.中国新文学大系·散文二集导言[M].上海:上海良友图书印刷公司,1935.

[9] 张如法.编辑社会学[M].开封:河南大学出版社,1989.

[10] 柳宗元.梓人传[A].吴楚林,吴调侯.古文观止[C].北京:中华书局,1978.

[11] A.斯科特·伯格.天才的编辑[M].西安:陕西人民出版社,1987.

[12] 赵家璧.文坛故旧录——编辑忆旧续集[M].北京:三联书店,1991.

[13] 鲁迅.鲁迅书信集[M].北京:人民文学出版社,1976.

[14] 张志强.赵家璧图书宣传思想研究[J].南京大学学报,1994,(4).

[15] 华水.赵家璧的书橱——一位老编辑的过去和现在[J].编创之友,1983,(1).

原载《河南大学学报》2005年第1期

存目

著作

赵家璧 《编辑生涯忆鲁迅》

人民文学出版社1981年

赵家璧 《编辑忆旧》

北京三联书店1984年

赵家璧 《回顾与展望》

山西人民出版社1986年

赵家璧 《书比人长寿》

香港三联书店有限公司1988年

赵家璧 《文坛故旧录——编辑忆旧续集》

北京三联书店1991年

上海鲁迅纪念馆
上海文艺出版社编 《赵家璧先生纪念集》

上海文艺出版社1998年

论文

赵家璧 《共同努力办好出版史料》

《出版史料》1982年第1辑

赵家璧 《编辑杂忆》

1983年4月22日《人民日报》

赵家璧 《回忆我编的第一部成套书——〈一角丛书〉》

《新文学史料》1983年第3期

赵家璧 《为了出好书——为〈鲁迅与书〉作序》

1983年8月25日《人民日报》

赵家璧 《中国新文学大系日译本的苦难历程》

《新文学史料》1986年第2期

赵家璧 《闯出一条新路的现代文学史料读物》

《随笔》1986年第3期

赵家璧 《"良友画报"忆旧》

《编辑之友》1987年第3期

雷　达 《编辑这一"家"也大有可为——赵家璧〈编辑生涯忆鲁迅〉读后》

《上海出版工作》1982年第2期

边风豪 《致力于文化积累工作的老编辑——访赵家璧》

1982年12月9日《文学报》

华　水 《赵家璧的书橱——一位老编辑的过去和现在》

《编创之友》1983年第1期

陈　红 《论赵家璧编辑出版的艺术特色及风格》

《西南民族学院学报》1984年第3期

应国靖 《赵家璧从〈晨曦〉走上编辑道路》

《随笔》1984年第4期

查志华 《为书籍的一生——访著名编辑赵家璧》

1984年11月4日《解放日报》

张中良 《编辑是播种者——赵家璧〈编辑忆旧〉读后感》

《编辑之友》1985年第4期

余　亭 《系列化丛书编辑家赵家璧》

《编辑记者一百人》,学林出版社1985年

罗竹风 《读〈编辑忆旧〉所想到的》

《读书》1985 年第 7 期

丁景唐 《播种者的回忆——读赵家璧〈编辑忆旧〉》

1985 年 12 月 16 日《人民日报》

张丽珍 《展前辈足迹　激后人奋起——访著名出版家赵家璧》

1987 年 8 月 8 日《光明日报》

凌　岚 《实践后他才干——赵家璧成为著名出版家的小故事》

《行政与人事》1988 年第 4 期

曹正文　张国瀛 《著名的编辑家赵家璧》

《旧上海报刊史话》,华东师大出版社 1991 年

张志强 《赵家璧编辑思想初探》

《编辑学刊》1992 年第 2 期

庞　政 《创造性编辑的典范——赵家璧主编〈中国新文学大系〉析》

《铁道师院学报》1993 年第 3 期

张志强 《赵家璧图书宣传思想研究》

《南京大学学报》1994 年第 4 期

青　云 《赵家璧图书宣传思想研究》

《编辑学刊》1995 年第 3 期

陈　红 《赵家璧编辑出版思想二题》

《出版广场》1995 年第 6 期

姜德明 《忆赵家璧先生》

《博览群书》1997 年第 2 期

张志强 《为人作嫁的一生——怀念赵家璧》

《编辑学刊》1997 年第 3 期

方厚枢 《怀念赵家璧同志》

1997 年 3 月 25 日《中国新闻出版报》

赵而昌 《忆出版家赵家璧先生》

《世纪》1997 年第 4 期

李　频　《家璧老，何吝一面》

《出版广角》1997 年第 4 期

江曾培　《心血化珍璧，书斋一大家——怀念赵家璧》

《书城》1997 年第 4 期

李荣生　《要做有创见的编辑——缅怀赵家璧先生》

《齐齐哈尔师院学报》1998 年第 2 期

刘　舍　《追怀赵家璧先生》

1998 年 12 月 8 日《文艺报》

孔海珠　《有福之人——记赵家璧伯伯》

《香港文学》1998 年第 157 期

马国亮　《家璧和我》

《香港文学》1998 年第 158、159 期

姚锡佩　《视野开阔，独具胆识的赵家璧先生》

《鲁迅研究月刊》1998 年第 3 期

张丽珍　《初访赵家璧》

《我与上海出版工作》1999 年

赵敬立　《出版史上的赵家璧》

《中国现代文学研究丛刊》1998 年第 3 辑

张　典　《赵家璧编辑思想初探》

《编辑学刊》2001 年第 1 期

张　典　《赵家璧与新文学运动》

《编辑之友》2001 年第 4 期

陆　潜　《建树中国出版丰碑的巨匠——赵家璧》

《编辑学刊》2001 年第 5 期

王圣贻　《书比人长寿——忆赵家璧伯伯》

《人物》2003 年第 7 期

范　军　《赵家璧的图书广告艺术》

《出版文化散论》，湖北教育出版社 2004 年

黄洛峰

黄洛峰(1909～1980),云南鹤庆人。1927年加入中国共产党。1930年赴日本留学。“九一八”事变回国后,积极投入抗日救亡运动。1936年与李公朴、艾思奇等创办读书出版社,并任总经理。在他的大力支持下,1938年首次出版了郭大力等翻译的《资本论》,后又出版了马克思的《剩余价值学说史》。读书出版社出版的《大众哲学》、《中国民族解放运动史》等,对引导青年走向革命道路起了积极作用。抗战中、后期,他在重庆白色恐怖环境下,和徐伯昕(生活书店总经理)、徐雪寒(新知书店总经理)等,带领三家书店工作人员,坚持同国民党当局迫害文化出版事业的反动政策进行不屈的斗争,开展出版界的统一战线工作。1943年组织30多家倾向进步的出版社成立重庆新出版业联合总处和联营书店,他被公推为董事长。1948年,生活、读书、新知三家合并成立三联书店,他任管理委员会主席。1949年初,调任中共中央宣传部出版委员会主任。

新中国成立后，历任出版总署出版局局长、办公厅主任、党组副书记；文化部出版局局长、办公厅主任、部长助理；文化学院院长等。1979 年当选为中国出版工作者协会副主席。

出版委员会工作报告[①]

黄洛峰

今天我代表出版委员会做工作报告，准备分作几方面讲：（一）出版委员会成立经过；（二）7 个月来的出版工作；（三）我们的发行工作；（四）干部问题；（五）企业化问题。

在未向大家报告前，先简单说几句话：

我们的新华书店，开始是各战略区分别建立的，就因为那时是在抗日战争期间，在人民解放战争期间，或者是被日本帝国主义包围，或者是被蒋介石反动军队分割为若干小块，由于当时宣传、教育工作的需要，先后就在各区建立了新华书店。若干年来在抗日战争和解放战争中，各地都能完成任务，对党的文化宣传工作尽了最大的努力，今天来北京开会，就是为了总结过去的经验，并布置今后的工作。

在这次会上，出版委员会的工作也应做一番总结，但这个总结还未经出版委员会讨论，稿子是经过几次断续写成的，仅经大家传阅一遍，如果在报告中发生错误或不妥当的地方，主要由我个人负责。

其次出版委员会是一个新机构，我个人一向在国民党统治区做工作，关于解放区的一套办法，可以说是刚刚才学习，还是一个小学生，从担负起这工作到现在一直在摸索中，因此感到各方面都不够，都要向大家学习，希望在报告后，各位同志尽量提出意见，给予指示。

一 出版委员会成立经过

在1948年8月间,中央鉴于当时的形势和对以后局面开展的估计,就决定建立出版工作的全国性的统一集中的领导机构。北京解放前,中央宣传部陆续派出出版组的祝志澄、华应申等十几位同志参加北平的接管工作,同时部署出版书籍,供应新解放的城市。

二月中洛峰经东北到北平,中央决定成立出版委员会[②],首先统一领导平津及华北地区的党的出版工作,并指定黄洛峰、祝志澄、平杰三、王子野、华应申、史育才、欧建新等为委员(以后又加了徐伯昕同志)[③],在中央还没有搬到北平以前,由华北局宣传部周扬同志领导。2月23日,我们就开始在大院胡同5号办公,3月28日迁入司法部街75号,这时中央搬来了,任务也一天一天地加重了。截至最近为要腾给司法部房子,9月21日又迁到东总布胡同10号。

由于干部不够,从开始筹备到现在,始终是在一面执行任务,一面建立机构的过程当中。

3月初,我曾到石家庄去向中央请示,当时中央的指示是:"出版工作需要统一集中,但是要在分散经营的基础上,在有利和可能的条件下,有计划的、有步骤的走向统一集中。"7个月来,我们一直就是秉承着这个指示,一步一步地向着统一集中的路上走。

本会的任务,是筹划统一集中的工作,照应了当时的情势:第一步我们立即开始集中出版工作,首先把华北新华书店的出版工作集中体会掌握。同时决定所出版的书籍,属于文件性的东西和理论读物如"干部必读"等用解放社的名义,其他用新华书店的名义。

为了适应具体的工作条件,本会的组织暂时分为出版、厂务两处，秘书、会计两室，处室以下各科的组织，随着工作的展开陆续增设。到目前为止，出版处下设出版、编校、印务（兼代推广）、杂志、美术 5 科和资料室；秘书室下设人事、文书、总务 3 科；厂务处尚未正式建立好，只有一个材料科；会计室尚未明确建立分工系统。④

书籍出版后统由华北新华书店总发行。为了统一平、津的发行工作，把平、津原来的东北与华北两个系统的门市部，在 6 月间合并为华北新华书店北平分店和天津分店。

本会成立以来，每周要举行常会一次，一般都能如期召开。到 8 月底止，已开过常会 23 次，谈话会 3 次，讨论决议事项共 200 余件。每次常会，都检查上次决议执行的情形，树立了集体领导的制度。

到 8 月底止，会本部职工为 87 人，直属的北平新华印刷厂职工为 406 人（另按件计酬女工 76 人），华北新华书店总店及 8 个分店、3 个工厂全部职工 918 人，北平新华油墨厂职工共 17 人，以上为本会所直接管理的职工，合计 1428 人。

出版委员会不仅是进行出版业务的一个企业部门，更重要的它还是我党的出版工作的领导机关。但是由于种种条件的限制和主观力量的薄弱，只做到通过业务、通过出版物来发挥它的领导作用，这是大大的不够的。我们对各战略区的新华书店的帮助，对各私营出版业的团结指导工作，是做得太少了，甚至联系都太不够了。有许多应该准备起来或应该马上着手的事情都没有做，这就是没有尽到我们应有的责任。我们希望在这次会上，能够进行一次很好的检讨，让我们能够在今后把工作进行得更好些。

二　七个月来的出版工作

（一）统一出版先从统一版本开始

1. 出版工作的一篇总账

前面已经说过，我们要统一出版工作。那末，我们怎样开步走呢？我们觉得各地的版本是太混乱了，例如《毛泽东选集》，就有好几种版本，每种版本各不相同，由于这种情况，要统一出版，首先而且顶顶重要的，就是统一版本。7 个月来的两次出版计划，就是向着这条路走的。

我们的任务重点，首先是出版文件、政策和干部读物，其次是教科书，统一版本，也就从这几类东西开始。中宣部的党内教育组和编审组，一直就为重新审订各种文件政策和干部读物而努力着。

统计从 2 月到 8 月底止，我们在平、津两地重排新排的书刊，可以分为 12 大类，255 种（有的是合几册为一种）共 305 册，其中已出版的 209 册，完成排校工作打好纸型，交华北联合出版社和华北新华书店付印的 26 册，正在排版校对装订中的 70 册。

255 种 305 册书刊（习惯上 305 册我们总是说 305 种），除用纸型再版者外，共排20841500字，用掉的纸张是24665令，已经打出的纸型是 783 副。总共印装成4687983本书。（附表略）

2. “干部必读”的出版

为什么要出“干部必读”呢？因为各地出版的干部读物很多，有些过时了，有些需要重新审订，非得重新整理一套干部读物不可，因此中央决定重新编审一套干部读物，叫做“干部必读”，目前先出第 1 辑，共 12 种，出版委员会成立后，我们的第一个任务是出版“干部必读”。这一套书，现在已出版了 11 种（还有 1 种未出），各方面的需要量很大，由于印刷条件的限制，纸张缺乏等等原因，已呈供不应求之势。

因为人力不足，这套书的校对工作，还不能令我们满意。尤其《政治经济学》错讹很多，更感到不安，这套书出版后，一般的反映是定价太高。现在正在研究如何减低成本。

3. 重排《毛泽东选集》

《毛选》是中国党[5]的一部最重要的文献，也可以说是自 1840

年鸦片战争起到现在109年以来的中国人民解放斗争的一大篇总结。毛主席的这部伟大著作,经过《毛选》编委会的重新编选,交给我们重新排版,我们认为是一种光荣的政治任务。

《毛选》新版在5月6日发稿,6月初排完,6月中旬我们校完了3校,现在编委会也已校对完毕,全部校样,正送呈毛主席亲自校阅中,业经毛主席亲自校阅改正后第二次送校的约有500面,占全书的三分之一。为印好《毛选》,我们又改革了校对制度,树立了新的校对办法。

《毛选》新版,不同于过去的各种版本的,有三个特点:(1)新版是按照中国革命战争的各个不同的时期,以时期为经,以文章为纬编选的;(2)《毛选》编委会,在许多需要加以注释的地方,加上了注释;(3)编委会在卷首有一篇编印新版的说明,这篇说明是一篇很重要的文章,对学习党史学习毛泽东思想都会有极大的帮助的。

校阅工作很快就要完成了,我们所最担心的是恐怕不能很快地印好装成;更担心的是由于印刷条件的不够,恐怕在印制上,赶不上东北版。为了这些,当4月24日北平新华印刷厂举行开工典礼的时候,我们就曾号召全厂为印好《毛选》而努力。开始发排的时候,我们也曾动员了整个出版部门的同志们,为迎接这个光荣的政治任务而努力。我们希望在大家的督促鼓励之下,能够让我们很好地完成这个任务。

4.教科书

在统一版本工作中,又一个重心工作是教科书。

在老区,教科书一向是由各个地区自行编印的,正因为是分区编印,不仅教材不一致,课程标准也不一致。现在,各个解放区早已由分割状态连成一大片,革命已经取得了基本胜利,统一的课程标准,特别是统一的教科书的需要,就更加迫切起来了。

记得去年在香港的时候,我们就曾打电报向中央请示过,今后的教科书是否统一编印？当时中央的回电是：已经决定统一编印，同时并要邀约有经验的人到解放区来进行这一工作。3月间我们到中央去的时候，也曾接触到这个问题，结论还是同从前的一样。恰巧这时叶圣陶先生他们已经到了烟台，对于编印教科书的计划，就有了可以实行的条件。接着就成立了教科书编审委员会，经过与他们商量决定华北区的春季教科书，老区完全由华北总店和各区党委分店自行解决，新区如平、津等地基本上用华北新华书店所出的那一套，再辅以旁的分店所出的，这样把上学期勉强应付过去了。至于下学期的呢，教科书编审委员会决定或则就各种的版本加以修订或则重新编纂，几个月来，由于教科书编审委员会诸位同志的努力总算把本学期的教科书解决了。

教科书的编排工作，截至8月底止，出版了小学教科书7种29册，中学教科书9种16册，还在排印中的中学教科书11种，其中有一部分现在业已出版，最后又发排大学国文1种，师范教材4种。

小学教科书，老区的由华北总店和各区党委区域的新华书店解决。新区，特别是平、津两大城市统由北平供应。总计北平新华书店在保定、邯郸、石家庄三厂共印了5305833册，北平由出版委员会印出10万册，由华北联合出版社印出1685000册，合计共印了小学教科书7090833册。联合出版社负责平、津两市及附近地区的供应。

中学教科书，由华北新华书店在保、石、邯三地印出343855册，由出版委员会在平、津两地印出600000册，由华北联合出版社印出277000册，合计1220855册。除一部分高初中国文课本和政治课本外，其余全由华北联合出版社发行。

教科书的出版工作，1949年1月至8月总共印了小学教科书83种(各地所印累计数)，计7090833本。中学教科书50种(各地所印累计数)，计1220855本，两项共印制了8311688本。

本学期的小学教科书，华北一部分地区由当地自行印制，老早解决了问题，须由我们供应者，大体上已能及时与充分供应，比起历年的情形，可以说有了某些改进。虽然中学教科书，因时间关系和教科书编审委员会人力不够的关系，没有能编出全套教科书及时出版，但这学期修订和编出的已近30种之多，这是我们应该在此地特别提出报告的，也是我们应该向教科书编委会诸位同志特别致以慰劳的。

（二）出版发行工作的新形式——联合出版社

现在有两个联合出版社，一个是华北联合出版社，一个是上海联合出版社。这两个出版社在全国说起来，是一种出版发行工作的新形式。

为什么要有这样的新形式呢？依照中央的政策，我们要实行"公私兼顾"，那么我们首先就要想办法团结和领导全国私营出版事业。我们从什么地方去联合他们，和他们搞统一战线呢？我以为如果单靠政治上去团结他们，成立一个出版工作者协会或者每月搞一次座谈会，是不够的；主要还得把他们从经济上结合起来，就是搞联合出版社。

联合出版社的存在与出现，是有一定条件的。什么条件呢？就是一定要基于两利的条件，假使只是一利——我们有利或者只是私营出版业有利都搞不起来的。我们这个联合出版社能够搞起来，一方面是我们需要它，同时他们也需要它，就在这样两者都需要的条件下搞起来了。不过我们搞联合出版社还有另外一些目的，例如：在新解放区——北平、天津、上海这些大城市中的私营出版业，过去很多不是为广大人民大众服务的，这些城市解放，他们就陷于一种萧条情况。我们是"门庭若市"，他们则是"门可罗雀"（自然，这种萧条我们可以肯定说是为时甚暂的）；因此，私营出版业的许多人就哇啦哇啦叫起来说："我们没有饭吃，没有事做怎么办？"我们的政治任务，是要团结他们，领导他们；那么我们就要给他们一个路子走一走,这个路子是什么路子呢?就是让他们有生意可作。这也是搞联合出版社的原因之一。

其次,我们进入北平以后,在工厂中控制的物资很少,拿到一个厂子,差不多都是一些破破烂烂的东西,拿到的纸头不到 2000 令,能解决什么问题呢?而当时教科书的任务既迫切又沉重,为了完成这个任务,我们也需要团结动员他们共同来解决困难。所以我们在北平首先就搞起联合出版社,在上海也搞起来了。关于这两个联合出版社的情形,有许多同志对于这个新形式,还有一些不同的意见与看法,那么我就对这个问题多啰嗦几句吧。

首先我要报告华北联合出版社(以下简称北联社)。

北联社组织的时候,我们先发动了思想酝酿,记得在五六月间搞过三次座谈会,经过三次座谈会,就把北联社的组织确定下来了,最初以参加第三次座谈会的 15 家,作为基本社员,于 7 月 1 日正式成立。截至 8 月底止参加北联社的股东共为 23 家,其中包括了商务、中华、世界、大东、北新、儿童、广益等 7 家在内(这 7 家共从香港运进纸头 6900 令投资给北联社)。从北联社的资本构成来说,北联社的总认股额是 921 股,每股 500 个北京人民银行折实单位,认股额以 80% 缴白报纸,以 20% 缴现款,共合报纸 9310 令,现款92100个单位,在总认股额里面,新华、三联投资只占 26.4%,私营书店占 73.6%(其中有少数店家未缴足)。

北联社所担负的出版任务在小学教科书方面,主要是供应北平、天津两大城市和附近几十个县份,以及察哈尔雁北、绥蒙等少数地区。中学课本就供应全华北区的 5 个省份,乃至供应到了陕西省,截至 8 月底止,北联社共印中小学教科书1962000册。

其次,上海联合出版社(以下简称上联社)成立的时间比北联社更为短促,几乎快到 7 月底才搞起来,这是经过了几场曲折的斗争以后,才算是建立起来的。截至 9 月中旬,已经赶印出 800 万本中小学教科书,基本上解决了华东华中新区的教科书。上联社的资本总额为 1603 股,每股 500 个折实单位(上海人民银行折实单位),共收股款756616000元,以纸作价共收白报纸33010令,新华、三联投资12000令,占全部资本总额的 20.75%。

不论华北联合出版社也好,上海联合出版社也好,我们只用四分之一的力量,运用了人家的四分之三的力量,完全解决了困难。但是这个情形,有的同志还有误解,还说这是:“肥了鸭子瘦了鹅。”不错,从表面上看好像我们有一点损失,因为过去在解放区只是我们独家干,别人不能干,现在进入新解放的大城市,我们不干让别人干了,这不是损失吗?可是我们如从长远的政治利益上看,用一小点经济损失,赚回了一个政治上的胜利,我们不是成功了吗?再说,全中国的出版事业中,我们的力量连印刷、机器、纸头,各种各样的器材都算在内,也不过约占四分之一强,如果让那四分之三的力量闲起来或者不让它为我们服务,那才真是一个损失哩!现在大家都在喊着没有书看,我们就得把这四分之三的力量动员起来,和我们一道为人民服务。另外从私营出版业来说,他们无事可做,就要倒闭失业,就会造成社会上的混乱,这个包袱什么人来背呢?还是我们自己背,还是各个中央局,各个省政府,各个市政府来背。所以我们不能让他们闲在那里,我们一定要把他们动员起来。

我们今天检讨起来对于团结运用私人出版业的力量,共同来为新民主主义文化服务这一工作,做得太多还是太少了呢?同志们,我们做得太少了!我们所做的是否超过了中央给我们的原则呢?还是没有做够呢?很坦白的说,我们没有做够。

今后是不是我们对于教科书的发行就放弃不管了?不控制这个东西了?不是的,我们还要管,还要控制,不论华北也好,上海也好,董事长是我们,经理也是我们,两个头都是我们的人,人家来作陪客跟着跑,别人恐怕会嫌管得太厉害了吧?另外教科书的版权还拿在我们手中,出版的时候,小学教科书,我们要抽 2% 的租型费,中学教科书抽4%的租型费,这就说明我们还是很好地控制着的。

我们应该很快地作出一个总结(华北联合出版社的总结,我们可以作,上海联合出版社的总结,希望华东的代表回去后赶快作出来),得出经验教训,这对我们团结组织私营出版业会有很多的帮助的。在两个出版社未总结出来以前,我想从组织和领导私营出版业共同为新民主主义文化服务这一点来说,是已经获得了初步成功的。

联合出版社是一种新的形式,为什么?因为它不是一个纯公营的东西,也不是纯私营的东西,是一种公私合营的东西,不同于三联那样的一种公私合营的新形式。现在我们还不能估计究竟要20年还是30年走入社会主义,可是有一点是明确了的,就是在我们未进入社会主义之前,作为阶级斗争的重要武器的文化出版事业,要比旁的东西先进入社会主义,也就是首先进入国营。从私营到国营,是不容易跨一大步的,在组织上、思想上都还需要长期做工作,要把这些人组织起来,用公私合营的办法逐渐同他们联合起来,并且还要灌输给他们毛泽东思想,让他们自己内部发生变革(如在上海经过了同志们努力工作的结果,现在有许多私营出版业的内部就在变着了)。我想,用这样的方针和形式去组织他们,将来我们就可能让私人出版业跟着我们进入社会主义。当然我们不只是用这样一种形式,不过我们可以把这个东西作为实验,总结出经验教训,按着这个形式把一向是分散的,一向是“同行是冤家”的那许许多多书店,团结在一道,让它成长,让它发展,让它巩固,一直到和我们一同走入社会主义。我们绝对不能说规定有些人让他走向社会主义,有些人不让他走向社会主义,只要他思想上愿意改造,愿意进入国家化,我们都欢迎。正像昨天陆部长报告中说到的,民族资产阶级甚至也讲他们要创造消灭自己的条件哩。在今天说来我们还是要发展民族工业,发展以后,才能走向社会主义。

因而对于私营出版业也要坚持这样的方针，就是要他们发展，叫他们由分散的经营走到初步的集中经营；过去完全是自私自利的，现在要为人民服务；过去“同行是冤家”，今天同行是兄弟；团结起来环绕在我们的周围，跟着我们一道走。因此，我希望出席这次会议的同志，特别是上海的同志，回去以后，能够约集私营出版业的人，按照我们初步总结出来的这个方向，好好地和他们谈谈。同时我们也要学会听他们的意见，因为今天许多私营出版业的人，他们觉得有很多困难，今天我们要想办法让他们说出来，好知道他们肚子里有多少牢骚。所以我们要好好地去处理联合出版社的问题，好好地去宣扬联合出版社的性质和业务，好好地去与私营出版业打交道，倾听他们的意见，和我们一道想办法解决今后我们可能遭遇到的困难。

（三）杂志的出版

1. 长时期没有拿起好武器

通常我们要搞任何一种斗争工作的时候，我们总是会先选好一种武器拿在手里的；但是，遗憾得很，当我们肩膀上挑起了一个庞大的出版任务的时候，我们却把出版工作的一个好武器——就是杂志这个武器，长时期搁在一旁了。

杂志可以说是出版工作的号角，可以说是联系出版者、读者与作者的最直接的桥梁，也可以说是出版工作上少不了的新血轮，在出版工作的历史上已经一遍又一遍地为我们解说过这种论点了，可惜我们恰巧忘记了这个好武器，在7个月的出版工作中，没有拾起这把利剑，好好地干一手。

现在不仅仅是由于政治上的要求，同时也是由于业务上的要求，我们决定大大地挣一把力，把杂志很快地搞起来；透过杂志去完成和增加我们的推广报道，透过杂志让我们可以紧紧地去拉着作家和读者的手，透过杂志让我们紧紧地和广大人民联系起来，透过杂志让我们随时添加我们工作上的新血轮，可以更好地做好我们的工作。

下面说说我们将出版哪些杂志：

2. 要出版这些杂志

我们已经确定要出版的杂志有下面的9种：

①《争取持久和平，争取人民民主!》(半月刊)，②《新华月报》(月刊)，③《中苏友好》(月刊)，④《新中国妇女》(月刊)，⑤《新闻》(半月刊)，⑥《人民文学》(月刊)，⑦《文艺报》(半月刊)，⑧《新音乐》(月刊)，⑨《人民》(半月刊)。

以上9种杂志，按字数说每月约150万字；按时间说，平均每三天出版一种，到了明年估计要出的杂志还要增加。

这几种杂志一般都用16开本，除《新音乐》外，其余都是直排，排字以新5号字为主，6号字为辅，特别重要的文章才排老5号。每面字数至少要排2000字以上，用纸尽可能采用国产纸，以降低定价和节约纸张。

为了迎接这一个新的工作任务，出版处要设立杂志出版科，统一管理杂志出版的事情，华北新华书店方面和印刷厂方面，也要设立专门机构，专门组织一部分人力来做杂志发行和杂志印刷的工作。

现在存在着的一个严重问题，是发行问题，这些杂志都是全国性的杂志，需要动员全国的党的发行力量，发行到全国(现在还有我们出版的《中国青年》等，也需要我们协助发行)。但是在全国发行工作还没有统一或仅仅在开始走向统一的时候，在币制还不稳定的时候，要把这些杂志发行到全国是有很多困难的。

为了解决困难，我们初步的计划，打算用下面的办法来解决问题(即分区翻印杂志的办法)。(具体供型、印发区域略)

趁这机会，我们向到会同志们要求，希望大家一同努力来把发行全国性杂志的新任务担负起来！我们要把它作为一个重要的政治任务，从思想上、工作上都动员起来，特别是上海方面、沈阳方面和汉口方面，应该对全国性杂志的出版发行工作做周密的考虑和具体的布置。这里要特别强调的是共产党与工人党情报局机关报《争取持久和平，争取人民民主！》一定要搞好。党中央为了加强国际主义教育，为了使得我们中国党能与各兄弟党取得更好的配合，取得更好的联系和向他们学习，曾经发了一个通报，动员全党各文化宣传部门，加强和平民主报的出版和发行工作，并责成我们要把这个杂志销到10万份。希望在座的各位同志，为完成党中央的号召，努力把和平民主报中文版销到10万份。

（四）出版工作上的一些问题

1. 出版工作的计划性

7个月来，由于没有正式建立编审机构，在这方面我们工作的依赖性是太大了，主动性太不够了，所以这个时期出版工作的计划性是很不够的。尽管我们有过一个3个月的出版计划，基本上已完成了和超过了这个计划，尽管后来又有过6个月的出版计划，也一样努力完成着这个计划，但严格说起来，7个月来的出版工作，基本上只是翻印计划，并没有很好地考虑和很好地去组织编辑工作，作为一个全国出版工作的中心，这个时期的编辑出版工作，是远远落在客观形势后面的。

在这里必须说明，中央对“干部必读”理论书，对毛主席选集，对教科书，对“人民文艺丛书”等等的编辑出版工作，一开头就有具体的布置，并且直接掌握，还规定了平、沪、武汉翻印书目，使我们这一个时期的出版工作，有轨道、有重点、有系统，在这个时期使我们的工作整个有了计划，这是必须与我们本身的缺乏计划性区别开来的。

2. 只注意提高印刷质量，不注意供应普及

我们出版物的印刷质量是提高了一大步了，以北平的印刷条件来说，达到现在的质量标准也算是不坏了，但是我们却忽略了有广大的读者，特别是购买力薄弱的读者，被我们丢在一边。我们的

书绝大部分是用老5号字排的，版面比较疏松，行间与天地头空得比较多，用的纸也比过去好，精装本也出得比较多……这些改进是有必要的，而且也是应该的。但这样一来，成本与定价就比较高，就影响到书籍的普及，纸张和印刷力量也耗费得比较多了，这样形成我们满足了一部分人的要求，却招来了一部分读者的埋怨。因而粗制滥造，廉价竞销的翻版书也就有了空子可钻，大大地泛滥了北平、天津乃至华北市场。过去在这方面，我们的考虑是不够全面的，接受了这个教训，为了更扩大更深入党的出版宣传工作，决定把一般读物分出两种本子，就是要另外增加一种普及本，普及本以小5号字为主辅以6号字，把版面放大，司配司[⑥]也要挤紧，最多用二分一的条子，这样做就可以减轻广大读者的负担，同时也可以节约一些纸张的消耗。这个方针，希望各地新华书店也实行，当然我们出普及本不是向粗制滥造的翻本书看齐，我们只是降低一些印刷质量，绝不降低出版物的政治质量，比如说普及本就同样要求消灭错字，这是不用说的。

3. 不注意推广报道工作

尽管我们的工作本身就是宣传工作，但是为了要做好这个“宣传工作”，就少不了要搞好另外一个“宣传工作”，就是推广报道工作，也就是刊登广告，发布出版消息，编制新书汇报等等的工作。

推广报道工作，是向读者经常的按时的一种汇报工作，透过这种工作，可以加强我们和读者的联系，可以加强我们对广大人民的汇报。我们能够争取更多的读者，也就是对人民更加负了责。

7个月来，在前5个月，我们对这工作做得是太不够了，几乎好像把我们的工作变成“秘密工作”了，后两个月，虽然我们已经竭力扭转了这个缺点，但是直到今天，可以说这个工作还是做得很不够的，今后我们希望在这方面能够做得更好些，做得更及时些。

三　我们的发行工作

当我们开始建立出版委员会的时候,开始印出一本一本的书的时候,发行问题,便一天一天地苦恼着我们。因为面对着我们的发行工作,是不能与我们的出版工作配合得很好的。

7个月来,在发行工作上,摆在我们面前的有如下的几个问题:第一是统一区域性的发行,第二是从乡村发行转变到城市发行,第三是改造和提高我们的发行工作。

(一)统一区域性的发行

平津解放以后,在这两个大城市,我们有着两个发行系统,一个是从石家庄搬来的华北新华书店的系统,一个是从东北入关的东北书店的系统,一块同样的招牌有了两个不同的系统。

两支兄弟军队会师了,这是多么令我们高兴的事啊!刚刚解放的平津就凭了他们的努力,供应了满足了广大人民的要求,展开了马列主义、毛主席著作的传播工作。

但是,正由于是两个不同的系统,不论在发行办法上,不论在工作作风上,不论在领导思想上,都有着不同的差别,对外界形成"并非一家"的感觉,"并非一家"倒还是小事,由于许多办法不尽相同,便给予我们的发行工作以某些妨碍。对准这种情况我们首先提出统一平津的发行工作。经过几度磋商,华北、东北两个发行系统在5月底统一起来了。

很明显地在华北这个区域内,我们单是统一了平津的发行工作是不够的,进一步我们还得把华北全区的发行工作统一起来。为了实现这个要求,华北新华书店在7月25日召开了分店经理会议,邀约了太行、太岳、冀东、冀鲁豫等几个区党委书店的代表一同来讨论这个问题。经过这次会议思想上是酝酿了一下了,但是整个的解决,还得等到这次会议以后呢。

就因为在华北区的发行还没有统一，许多书刊的发行，还有发不出去，发不下去的苦恼，这种情况，不单是华北如此，每个战略区都是这样，因此在这次会议上，我们要着重地要求各位同志好好研究这个问题，讨论这个问题。至少从明年1月起，我们得首先做到每一个战略区的统一。

（二）从乡村发行转变到城市发行

其次，我们要谈一谈发行工作的转变问题。在这儿我所指的转变，就是由乡村发行工作走向城市发行工作的转变。

从抗日战争以后，我们的出版发行工作，便先先后后，东一块、西一块地在山沟沟里搞起来了，经过了多年地磨练，经过了多年的摸索，我们要肯定地说，我们对乡村发行工作是有了很大的收获的，是有了很大的成绩的。但是今天的情况不同了，我们不仅还得面对着乡村，更重要的是我们得面对着城市——特别是大城市。自然，这并不是说我们就得丢下乡村工作，正相反，我们应当把已经生了根的乡村发行工作坚持下去，如果，我们在某些地方，曾经或多或少地轻视或放松了这一工作的话，那我们就得很快地把它纠正过来。

到了大城市，没有问题的，我们的老一套就会自然而然的吃不开，就不能像在山沟沟里的时候那样的能够应付裕如，为了这种原因，我们就得把我们的发行工作开始向城市发行工作转变，也只有坚决的转变，才能适应新情况，才能更好地完成我们的任务。

如何转变呢？这得首先要打通思想，首先要丢掉我们的经验主义的包袱，我们得承认摆在我们面前的新鲜的事物：那四通八达的铁路、公路、火车、汽车，那集中在城市里的几十万几百万的广大城市人民，那成千成万的工人学生，以及成千成万的职员店员，这一切都不同于在分割环境里的一切了，这一切都不是我们所熟悉的一切了，我们得重新认识，我们得重新学习，把我们的发行工作，来一个转变，创造出新的发行办法。譬如上海就曾经创造了“机械化货郎担”,把成车的书,开到工厂里去售卖,这是要提醒大家马上就跟着学习的。

关于这个转变问题,在座的同志们一定比我有着更丰富的经验,我想关于这些现象,我可以不用多在这里唠叨了,我只希望把这个老问题重新提出,希望大家能热切地注意这个问题,在这次会上也很好地讨论一下这个问题。

(三)改造和提高我们的发行工作

第三我们要提一提改造和提高我们的发行工作问题了。这个问题与上面所提出的问题是分不开的,也就是上面所提出的问题的高峰。

我们的发行工作是不是需要改造和提高呢?同志们,我想总不会有一个人会举手反对的,大家总是愿意这样做的,问题就在于我们如何去改造,如何去提高罢了。

在天津我们曾经闹过一个笑话,就是有一次开明书店的人到我们店里去接洽去了,当开明的那位先生通报姓名,说明来意以后,我们的同志却还不知道在中国曾经有过这家书店,更不知道这家书店曾经出过很多书,还去盘问,这家书店坐落何方,何时开张,有没有出过书等等。自然,这个例子是一个很偶然的例子,但是从这个例子,我们就会懂得我们的发行工作着实需要提高一下了,着实需要提高一下了!我们不仅只需要懂得我们自己,还需要懂得同行;不仅只要随时随地望着自己,更要随时随地望着同行。

我们从乡村带来的发行工作作风,是门市部的书常常锁在柜子里卖,读者们站在我们的栏柜面前,只能可望而不可即,休想轻易翻动翻动那一本本“娇小玲珑”的书。这种情况,经过不止一次地提出,在平津两市算是改变过来了,但是我不晓得旁的地方是否还会如此,是否还有这种现象?假如在某些地区还存在着这种现象的话,我们就得高呼把它改变过来。

同志们,上面所说的两桩事,只是需要改造和提高的具体事例之一，这种事例是多得很的，是讲不完的，我只希望在这儿把它作为一个原则性的问题提出来，供我们的各方面来的同志们参考，能够使存在在发行工作上的许许多多缺点很快地加以改造，我们发行工作上的许许多多办法，要更加加以提高。

四　干部问题

在我们的整个工作里面，我想，干部问题是一个大问题。在谈这个问题之先，我得先报告一下出版委员会的人事情况：

出版委员会自2月成立后，由于机关新立，当时只是忙于充实机构，进行业务，搞建立工作，因而一切规章制度开始都没有，都是在工作发展中，逐步摸索，逐步产生的，直到5月以后，才走入正规，初步建立了简单的人事制度。

人事科自5月份正式成立之后，即明确了我们人事工作的规章与原则。6月16日提出了对新人员与留用人员的登记审查工作。并于8月底大体上初步完成了这一工作，对今后人事工作起了很大的推动作用，并使我们的工作深入了一步。

登记审查工作是分三个段落完成的，即动员填表、谈话讨论和总结。这一工作主要的收获是：对于历史出身复杂的人进行了概括的了解，初步澄清了一点机关人事的情况。

此外，我们也建立了人员来往登记，及一般登记报表制度和存卷入档的规定等，可以说我们是不断地在克服着过去的游击习气的作风的。

从2月23日本会成立到4月底，包括新华印刷厂在内，共有职工388人（书店人员不在内），其中留用人员为140人，占总人数的39%。人员因需要逐步增加，再加上华北新华书店改归本会直接领导，到6月份职工即达689人，其中新考用人员318人，占46%。加上留用人员则为66%。可以说新人员是占很大的比重的(最多的还是工人)。

到7月底(包括直属各单位)统计职工共771人。其中党员团员为166人,占总数22%,业已坦白的反动党团分子86人,占11%,一般工作人员232人,排以上干部109人。

到8月底的人事情况是这样的:会本部为87人,从人员增减来说,较6月份的54人增加33人;男同志75人,女同志12人;从性别来说,男性占86%,女性占14%;从年龄比较来说20~30岁为65人,占总数的74.7%,其他25.3%;从学业程度来说,中学以上程度者占68%;从参加工作的先后来说1949年参加工作者38人,占44%;从党籍来说党团员36人,占总人数的41%,非党团员51人,占总人数59%,已坦白的反动党团分子4人,占总人数4%点强。

总括会本部、华北总店、三联、油墨厂、印刷厂全体职工共为785人,较之4月底的388人增加了397人。

从整个本会所领导的单位,即是说连同各地的分散组织共为1428人,较之与华北新华书店合并之初的1788人,精简了360人,这是由于保定厂的交出,石家庄、邯郸等厂的结束的结果。

报告了出版委员会的人事情况之后,我就要谈谈一般的干部问题了。由于新的情况,就必然会产生一些新的问题:比如说,长期在解放区做革命出版工作的同志与长期在蒋管区做革命出版工作的同志会师以后彼此之间的问题,和工农分子与知识分子之间的问题,老同志与新同志之间的问题,新式的革命职员与旧式的留用人员之间的问题等等,在这些问题中间,又相互产生了一些错综复杂的关系。

同志们!这些问题可以归结为三方面,第一是由会师所引起的干部团结问题,第二是新老干部的问题,第三是培养新干部和改造旧人员的问题。

(一)会师所引起的干部团结问题

现在先让我谈谈这一个问题。没有问题的长期在解放区工作的干部,一般说在政治上是比较可靠的,特别是经过整风和土改整党的,他们的阶级立场就更加站得稳;他们看问题的时候,就能够具备着阶级分析的眼光,能够很快地抓住问题的本质。他们有一套农村出版发行工作的经验,对出版工作的严肃性、原则性,比较有认识,也掌握得牢些。但是大部分说来,文化水平较低,不熟悉城市工作,还保留着若干不适合于新情况的老作风,有不少同志则还背着一个经验主义的包袱。

长期在蒋管区工作的干部,一般说来文化水平较高,也接受了一些进步思想与马列主义,但基本上由于对革命生活体验不够真切,认识也不够深入,还有教条主义的毛病。他们比较敏感,容易发现缺点;他们熟悉城市情况和城市工作,对业务技术比较注意,在这方面的进步也比较快。他们对工农出身的分子往往缺少正确的看法,在某种程度上,往往不信任群众的力量,立场显得有些模糊,对工作往往从技术观点和单纯营业观点出发。

同志们!对准这种情况,我们要求长期在解放区工作的同志和长期在蒋管区工作的同志,大家要互相学习,而不是互相磨擦;大家要互相协助,而不是互相排斥。在这个问题上,我们所需要的只是团结,团结,第三个团结。

长期在解放区做出版工作的同志与长期在蒋管区做革命出版工作的同志之间,既然在团结上有了问题,那末,他们之间的团结,也就来得特别重要。这不是一般的新同志与老同志的问题,这里是没有什么内外之分,你我之分与新老之分的。如果把长期在蒋管区做出版工作的同志看做客卿,而保持着一种单纯的使用观点,那是完全错误的。因为他们同样是我们的骨干,同样是革命的老战士啊!这一点我们必须弄得十分明确才好。

与这个问题关联的,还有一个工农分子出身与知识分子出身的干部之间的问题。一般说,这个问题在解放区,大体上是已经得到了解决的。问题只在于两支文化军队会师以后,从蒋管区来的一些干部与工农分子出身的干部,才引起了一些问题,这些问题基本上就是前面所说的由于会师所引起的团结问题的延长和发展,同样我们要求长期在蒋管区工作的同志了解和团结工农出身的干部,并善于向他们学习。只要能够彼此学习,彼此帮助,就可以而且一定会把它澄清了的。

(二)新老干部的问题

大城市一个接着一个地解放了,两支文化军队不断地在这儿那儿会师了,招考调用的新同志一天比一天增加起来了,因之又发生了新老干部之间的问题。

这个问题比前一个问题的持续性长,也比前一个问题的波幅大,因为前一个问题的存在,只是短时间的事。这个问题却会经常发生,不断地出现在我们面前的。因之,我们更要留意处理这个问题。

关于这个问题的具体现象,我想在座的各位同志,一定会比我了解得更多,更深入,在这方面我不想多讲什么了,我只想提出一个最重要的原则问题。

依据我们的了解,处理新老干部的问题,乃至处理干部之间的任何其他问题,我们只能有一个原则,就是团结与教育的原则,而团结与教育又必须是相辅而行的,即是说,必须是在团结下去搞教育,在教育中加强和巩固团结。

很明白,今天我们如果仅仅只靠着老同志的原班人马,我们就不能很好地开展工作,也就不能更好完成建设新中国出版事业的艰巨任务。如果我们不能很好地团结和带动新干部一道干,就会损害我们的工作,甚至使我们在某些工作上遭到失败,这是我们要着重提醒我们的老干部的。

新干部文化水平高,业务技术也容易学好,既了解城市情况又熟悉城市工作，这是很好的。但是必须告诉他们，这些好处必须要拿来为人民服务，为革命服务，这才能成为好处。要发扬好处，就必须要努力提高政治水平。不懂得政治，是决不能够很好地为人民服务的。单纯技术观点和单纯营业观点，是决不能把革命工作搞好的。如果政治上错了，技术虽好，纰漏也许还越大。我们的营业利益虽然和政治利益根本上是一致的，但是营业利益必须首先服从政治利益，要强调指出，不能单纯地为了赚钱发财，就丢掉了政治利益。相反的，为了一定的政治利益，牺牲我们的营业利益也是应该的。这是我们要着重告诉我们的新干部知道的。

（三）培养新干部和改造旧人员的问题

为解决这个问题，我们曾经做了一次试验工作，办过一期训练班。我们想透过业务训练班，来长期地培养新干部和改造旧人员。自然，提到业务训练班，它对我们的老干部也并不是一无用处的，正相反，我们的老干部，更迫切需要它，我们也很迫切地希望能够给予老干部一个短期训练的机会，从而让他们不论在思想上、政治上、业务上都能够更提高一步。这一点，正是今后我们需要共同努力解决的一桩事。

现在我要简单报告一下关于第一期训练班的情形：

第一期业务训练班在5月1日开学，学习期两个半月，7月中结业。学员共53人，是抽调华北新华书店、三联书店两店在北平、天津、保定、张家口、石家庄、济南各分店的在职干部而成的。其中十分之七的学员是当时新招收的职员或练习生，参加书店工作一般只有二三个月，所以教学方针着重在政治教育。

第一周至第五周以上政治课为主，第六、第七周搞“改造我们的学习”，采用小整风方法。第八、第九两周，重心才转入业务课。

政治课有《目前形势和我们的任务》、《中国革命与中国共产党》、《社会发展简史》、《新民主主义论》、《新社会观》、毛主席《在延安文艺座谈会上的讲话》等，讲师有艾思奇、胡绳、何其芳、周建人、吴敏、王子野、蒋齐生、马适安等。业务课有“发行工作”、“会计工作”、“出版工作”、“出版业简史”、“管理工作”等,业务课主要是讲一些营业方法和基本知识,讲师由新华、三联的一些同志担任。全部授课时间共 210 小时。此外曾经举办专题讲演 8 次,每次请一位同志讲演,为学员们解答或报告某些问题。担任讲演的是黄操良、萨空了等同志。

配合当时本会建立新民主主义青年团的工作,业务训练班在第 5 周开始,以业余时间进行了建团文件的学习,卷起了热烈的建团运动,后来填写申请书请求入团的,几占全班学员的三分之一以上。这一期训练的效果,一般说是有些收获的,学员们的政治认识提高了,也懂得了一些基本的道理了,两个半月的学习生活,始终活跃紧张,对当时会本部的工作同志们也起了若干好的影响。

缺点方面是生活指导的思想性和政治性还不够,只抓紧了训练班的业务和作息时间,放松了贯穿整个集体生活中的政治领导,和在学员中没有建立起坚强的政治骨干。其次课程太多,颇有浅尝辄止之叹,因而不能消化那么多的精神食粮。再其次,学习生活过于紧张,学员们的健康一部分受到影响,而我们对这方面的照顾也不够。因为房子问题,第二期还没有接着办。但是我们是老早下了决心要长期办下去的。

(四)处理干部问题的原则

同志们,在干部问题上,不用说我们必须明确,我们应以党员干部和非党老干部(特别是在蒋管区工作多年未解决关系的老干部)为骨干的方针。但是我们也得大胆地吸收新人,特别是刚刚离开学校的青年知识分子。如果我们不打开大门欢迎新人,如果我们处处畏首畏尾,那就会使我们不能前进一步。

在干部问题上,假如新老干部之间发生了任何团结问题,就必须对准那些问题进行教育,一定要搞清楚谁是谁非。一般讲,不论谁是谁非,我们认为党员干部和非党老干部,应该更多负一些责任,应该更多地进行自我检讨,领导上对他们的要求也应该更严格一些。这样才能搞好团结工作。

明确了以上所说的骨干问题和处理团结问题的两个原则,我们认为在处理干部问题的时候,就容易胸有成竹,知道应该采取什么基本态度和什么方式方法,才不致轻重倒置,左右为难了。

让我们大家牢固地团结在党的领导之下,团结在高度革命原则性之下吧!

五　企业化问题

(一)什么是企业化

一提起企业化,大家往往都会有头痛的感觉,好像企业化就是我们出版工作的癌症,永远无法医治好的一样。其实企业化并不如何困难,而且事实上由于客观事物的发展,不管你愿意不愿意,企业自然会“化”了你的。

当我们讲到企业化的时候,往往很容易有一个错觉,以为企业化只是单纯地追求“实物保本”;其实“实物保本”只是企业化的一个消极目的。企业化的积极意义,还在于反对那些手工业小生产的经营方式;还在于要以科学化的管理方法来经营企业;还在于要以精密的核算制度来核算成本;还在于要以一定的有组织的积极精神,来求得自身的资金流通到可以自行进行不断地扩大再生产。

如果我们能把握住这样的精神,那末,我们才能谈企业化,也才能真正地走向企业化。否则,我们就容易被“实物保本”这一消极目的,掩盖了它的积极意义,使得我们不能全部把握住企业化的精神。

(二)从什么地方企业化起

企业化是一桩经纬万端的事,它的内容丰富得很,广泛得很,如果我们性急了,很容易堕入(产生)百废齐兴的想头,结果反倒招致一废不兴的恶果。因此,我们认为还只能先检几桩事情摸摸看,试试看。

下面我就想谈谈我们从什么地方企业化起:

首先,我觉得应该写出四个大字,这四个大字就是“企业精神”。

请同志们想一想吧,看一看吧,今天在我们的工作里面,是不是还遗留着或者说还存在着一些非企业精神的“衙门作风”呢?我想是有的,还存在着的,甚至是还生长着的。于此我要举一个例子:听说在我们门市工作同志当中,常常流行着一句话,叫做“爱买就买不买拉倒”,这句话粗看起来,似乎没有多大毛病,不,这简直还是筋强力壮的有力有气的八个大字呢。但是只要仔细想一想,就可以知道这八个大字,是没有任何一点企业精神的意味的,因为从企业精神出发,也可以说就叫作从会做生意出发吧,我们就得要使进门的读者“见了就买,买了就爱”,才算是获得了我们的经济目的,才算是达到了我们的政治目的,我们千万不能抱着“东方不亮西方亮”的想法,等人走了自言自语地说什么“你不买别人买”的后话。

我们是为人民服务的,我们就得处处替读者着想,处处要迅速周到,处处要给读者便利。如果缓慢而不周到,如果不给读者便利,甚至还给读者麻烦,那末虽然服了务,也不能说是已经有了企业精神。企业精神,包括的事情很多,我提出这点点,只不过想供大家参考,希望大家从这些出发,更好地去培养和发扬企业精神而已。

其次,我想应该就是成本核算了。

以印刷厂做个例子吧。现在我们的公营印刷厂的生产成本,一般都比私营印刷厂高,甚至有些地方,几乎要高到一倍。我们的公营印刷厂,资力既雄厚,生产规模又很大,生产的有机构成又很高,照说成本是应该低于私营印刷厂了,为什么会偏偏比别人的高呢？就是因为我们还没有很好地实行成本核算，甚至是还没有搞什么成本核算，因而工人多了让他多，材料费了由它费，磨了洋工反正是公家的，不爱多管那三七二十一。于是我们的生产成本就无可避免地比私营印刷厂来得高了。自然，这里面还包含着缺少工厂管理这套经验等等因素在内，但我想这应该不是什么基本的原因吧。总而言之，我们要切切实实地计算，要凭数字做根据，马马虎虎或者差不多是要不得的，也是不行的。

再其次，就是书价问题。

这个问题，在我们的工作上，是常常成为一个争论的问题而存在着的；简单说，有两种方向，一种是低书价政策，一种是高书价政策；我们可以武断点说，不论前者后者，都不妥当。

低书价政策，固然读者是受惠了，但是国家却受苦了；按照目前财经的困难情形，政府是不可能也不应该给我们更多的补助来贴补我们的低书价的。高书价政策呢，读者负担太重，又不合乎我们的宣教政策，这条路也不应该走。依照我们 7 个月来摸索而得的经验，我们认为书价不能低也不能高，要在高低之间求得均衡，就是说任低也不应该低于印刷成本，任高也得低于一般私营出版业的售卖价格。在这样的原则下，只要我们能够逐步走向严格的成本核算，就能够使我们进行再生产，即使这种再生产不可能是扩大的，也不致就陷于越来越萎缩了。为了适当地调整价格，在某种程度上追随物价上涨的波幅，现在我们大体上是采取每月调整一次倍数的办法，想把涨价纳入一条比较正常的规律，我想也还是妥当的。

有了企业精神来处处为我们打气，处处给我们以鼓舞；有了成本核算来使我们降低了成本，防止了浪费，真正做到节约；有了一定的定价政策，加上一定的时期的调整定价，我想我们就可以第一步跨入企业化这道门槛了吧。

六 补 充 的 话

最后我想补充几点：

这个报告只提出几个比较有关的问题，不是什么问题都接触到的。这样一方面总结一下7个月以来出版委员会的工作经验，另方面为了配合分组讨论，提出一些意见，供各位同志参考。希望在这个报告以后，特别是将来整理成为书面的东西，发到各位同志面前的时候，请各位同志尽量地提意见。

其次关于私营出版业问题，我还要补充几句。对于私营出版业问题，今天我们整个的原则、方针，是要打开门，跟这些人打交道。上面已经说过，总结我们7个月的工作，这方面不是做的多而是做的太少。可能在旁的地区也犯了同样的毛病，“两耳不闻同业事”，这是不妥当的。我们要想办法照顾别人的事，特别是将来出版部门成为国家机构以后（新华书店变成一个国家的书店以后）我们要处处照顾到旁人，不单照顾到自己。

昨天晚上主席团汇报时，有同志有这样的意见：今后我们从党的书店变成国家的一个国营书店以后，对于出版和发行上会发生一些困难，譬如某些民主党派，某些民主人士，要找我们出版一些东西，我们怎样处理呢？

这个问题的确是一个问题，老早我们就考虑过，并向陆部长请示过，决定了这样的原则：今后即使我们变为国家书店，但在政治上还是不能放松的，并不是新华书店变为国家的书店以后，便什么东西都可以卖。这儿有一个原则：就是别人写的东西，如果是符合于中国人民政治协商会议的共同纲领的，也就是符合我们共产党的最低纲领的就可以出，可以卖。如果是不符合共同纲领的，也就是不符合今天我们共产党的最低纲领的，那末，对不起，我们就不出，不卖。

将来可能会遇到这类问题的，特别是在上海更容易遇到很多这类问题的,如果遇到这样的问题来了,我们就坦白地说服他们,本着团结的方针去说服他们吧。

注释:

① 黄洛峰于1949年10月5日在新华书店出版工作会议第四次大会作关于出版委员会的工作报告,因出版委员会主要工作多为新中国建国前所作,故将这篇报告列于此处。报告原载《全国新华书店出版工作会议专辑》,新华书店总管理处1950年编印,略有删节。

② 对于出版委员会的名称,已发表的文章中有三种说法:(1)“出版委员会”,(2)“中宣部出版委员会”或“中共中央宣传部出版委员会”,(3)“华北出版委员会”。对此,曾在出版委员会工作过的王仿子回忆说:“我在1949年初,从香港经朝鲜到达大连,在光华书店担任出版工作。6月中旬接到北平调令,抵达北平到出版委员会报到。当时出版委员会与新华社同住司法部街75号一幢大楼。……我到出版委员会的时候(6月),没有见过出版委员会的牌子,大门口没有,司法部旧楼上也没有。我用过牛皮纸的竖式信封,上面印有‘中共中央宣传部出版委员会’的扁宋体字。但是,印象不一定可靠。为了证实,我找过几位熟人,找到一个出版委员会举办的业务训练班的结业证书。这个证书的名称就叫‘中央宣传部出版委员会业务训练班结业证’,有训练班主任黄洛峰和副主任华应申的签名章。发证日期1949年7月10日,在发证日期上盖有阳文篆体的‘华北出版委员会’一方图章(附图略)。这个结业证书说明两个问题。出版委员会的全称应是中央宣传部出版委员会,或中共中央宣传部出版委员会,简称出版委员会;成立初期叫华北出版委员会。原因是2月间成立时,中央宣传部还没有到北平,委托周扬领导,而周扬当时任华北局宣传部部长。……3月间中宣部进城,周扬调任中宣部副部长,出版委员会就归中宣部领导,不再用华北出版委员会的名义了。虽然那颗图章还留着,在发通知时已改用一颗木质的‘中国共产党中央宣传部出版委员会’图章了(附图略)。”

③ 组成出版委员会的8位委员的原属工作单位为:黄洛峰(生活·读书·新知三联书店临时管理委员会主席)、祝志澄(中宣部出版组)、平杰三

(华北局秘书长)、王子野(华北局宣传部出版科科长)、华应申(中宣部出版组)、史育才(华北新华书店经理)、欧建新(新中国书局负责人)、徐伯昕(生活·读书·新知三联书店总经理)。

④ 出版委员会的组织机构和干部名单,据王仿子回忆如下:

(1)出版处:主任华应申、副主任徐律。编校科(科长徐律兼):整理稿件,决定版式用字,校对,付印;出版科(科长朱希):制订出版计划,决定印数,保管纸型、铜锌版;杂志出版科(科长范用):校对,印务,决定杂志印数;印务科(科长王仿子):与印刷厂往来,结算印刷费,掌握用纸、发货;美术科(科长邹雅,副科长阿老):美术设计,绘图;资料室。

(2)厂务处:管理科,技术研究科,印务科,材料科(科长邢显庭)。

(3)秘书室:主任王钊,副主任程浩飞。人事科(科长王钊兼);文书科(科长倪子明);总务科(科长孙清泉)。

(4)会计室:主任陈正为。

王仿子回忆说:"当时人员短缺,机构和人都是逐渐增加的。如印务科是我到北平后增设的,杂志出版科又晚一步,是范用到后增设的。以后又设宣传科,由我兼任,而资料室、厂务处等机构的负责人一直到出版委员会结束还是空的。"(以上注②③④均摘自王仿子:《回忆出版委员会》,《北京出版史志》第6辑,北京出版社1995年出版。)

⑤ 原注:即中国共产党。

⑥ 原注:"司配司"为上海洋泾浜英语,这里作行与行之间的距离讲。

选自宋原放主编、方厚枢辑注《中国出版史料》现代部分第3卷上册,山东教育出版社、湖北教育出版社2001年

回忆黄洛峰同志

张友渔

黄洛峰同志是一位忠实的共产党员,革命的斗士,他创造性地建设、领导和发展了党领导下的革命出版事业。在他的一生中,充

满着革命的曲折经历,谱写了人民出版事业的成长、发展的过程。

《出版家黄洛峰》书影

黄洛峰具有马克思主义的坚强信念。1927年,“四一二”政变后,生机勃勃的革命被腥风血雨所代替。那时,18岁的洛峰在云南省立第一中学高中读书,面对严酷的白色恐怖,他毫无畏惧,毅然于5月份加入了中国共产主义青年团,继而于同年8月加入了中国共产党。在对敌斗争中,他几经被捕入狱,但始终不屈不挠,英勇斗争。1930年他曾去日本留学,1931年7月中旬,被日本警方怀疑参与反日活动拘留关押一个多月。九一八事变爆发后,和其他留学生一道,开展了种种反日活动。随后他遵照党组织通过留日学生总会所发的“全体”罢学回国的指示回到上海,投身于抗日救亡运动,参加了“上海民众反日救国联合会”,并担任秘书长。次年,因反日活动在英租界被捕入狱。出狱后,身心虽受严重摧残,但仍英勇不屈,坚持革命斗争,并将其主要精力投身于革命的出版事业,宣传民主抗战,宣传马列主义。1934年,他到了北平,先编《学会生活》杂志,宣传爱国主义和进步思潮,被查禁后,改为《西南风》杂志。1936年11月“七君子”事件后,《读书生活》杂志随即被查禁,读书生活出版社濒于极度困难。第二年初,黄洛峰应艾思奇和郑易里之邀赴上海出任该社经理(艾为总编辑,郑为董事长),担负起出版业务和经营管理工作。在这个以传播马克思主义为长远任务和宣传抗日救国为现实任务的阵地上,他呕心沥血,顽强奋斗,为我党领导的人民出版事业做出了贡献。其中,最为突出的是出版第一部中译本《资本论》和艾思奇的《大众哲学》。他到出版社的第一桩大事，就是同艾思奇、郑易里商谈出版《马克思恩格斯全集》的长远规划，首先是约郭大力、王亚南译《资本论》。并将整个出版社新筹资金4000元的一半即2000元，拨为出版《资本论》专用款，每月给两位译者各80元作为预支稿费使用，以保证译稿按时完成。抗战爆发后，《资本论》的出版仍按原计划继续进行。到1938年8月《资本论》第一卷在上海出版，其余两卷也相继问世。虽在运往内地途中又遭战火损失惨重，但经再印，终于将三大卷《资本论》献给读者。在此以前，侯外庐、王思华曾根据法文版本翻译《资本论》第一卷，由我根据日文本加以核校，但未译完。因此，这是第一部《资本论》的中译本。它的出版发行，成为人们关注的大事，为进步的舆论界传为佳话。此外，先后又出版了《恩格斯论资本论》、《资本论通信集》、《卡尔·马克思》、《恩格斯传》、《剩余价值学说史》，还有列宁的《唯物论与经验批判论》、《社会主义与战争》、《列宁传》、《辩证唯物主义与历史唯物主义基本问题》等等一大批马克思主义著作。所有这些著作都是在黄洛峰同志的领导和组织下出版发行的，为传播马列主义做出了贡献。另外，还出版了《大众哲学》和《社会常识读本》、《帝国主义》、《中国历史》、《读书常识》等大批通俗读物，在思想启蒙方面起了巨大作用。黄洛峰同志为发展和壮大革命的出版事业，进行了艰苦不懈的努力。读书出版社迁至武汉后，先后在广州、桂林、重庆、成都等地设立了分社，在香港设立了办事处，加上上海分社共有七个分支机构，还在贵阳和新知书店合开了读新书店。读书出版社迁到重庆后，于1940年在南方局领导下和生活书店、新知书店两家兄弟书店一起合作到延安和太行开办了华北书店。以后，在苏北解放区开办了大众书店。“皖南事变”后，三家书店除重庆外，分支机构全被查封。有的人被逮捕、杀害，有的人疏散隐蔽起来，黄洛峰和徐伯昕撤往香港，开展海外出版事业。太平洋战争爆发后，又辗转返回重庆。而生活书店、新知书店的领导者邹韬奋、徐伯昕、徐雪寒都没有再回重庆,这样,黄洛峰实际上就成了三家的领导者,使三家无论在政治上还是组织上都紧密地团结在一起。并以三家书店为核心,广泛开展统一战线工作,经黄洛峰同志说服和争取,1943 年 23 家出版社联合起来,组成了一个新出版业联合总处,黄洛峰同志担任董事长。该组织一成立,就向国民党当局开展了斗争,在报上公开呼吁排除出版业发展的障碍,要求取消邮寄限制,平价供应纸张等,迫使国民党召开座谈会听取意见,参加的出版社和书店达 50 多家,在此情形下,又成立了联营书店,并在重庆、成都等地成立了分店。抗战胜利后,为适应新的斗争需要,生活、读书、新知三家决定合并成立重庆三联书店,这对所有进步出版业是一个很大的鼓舞。为了反对国民党任意查禁书刊,黄洛峰有计划地组织出版界开展了取消国民党出版法的斗争,并在《民主生活》杂志上发表了《除去言论自由的障碍》一文,得到了出版界和进步人士的大力支持,《新华日报》发表了"打破法西斯的出版法"的社论,黄炎培联合了十多家杂志发表。"文稿概不送审"的声明,郭沫若、沈钧儒、茅盾、叶圣陶等也都写了文章支持,继而各地新闻、出版、文化界都积极行动起来,展开了一场大规模的"拒检运动",终于迫使国民党当局宣布撤销了实行 14 年的对新闻和图书杂志的审查制度,这是我国出版史上的一曲响亮的凯歌。

1946 年,黄洛峰到上海同徐伯昕、沈静芷共同研究了人民出版事业发展的新途径,先后在北平开办了"朝华书店",在胶东和东北解放区开办了"光华书店",还在台北与人合作开办了"新创造出版社"等。1947 年 10 月,在党的指导下,三联书店的重心由上海转到香港,11 月黄洛峰抵达香港继续筹划三联书店的工作。1948 年底三联书店彻底合并,集中统一经营管理,黄洛峰任管理委员会主席。1949 年 2 月党中央调黄洛峰北上,2 月到北平,筹设出版委员会,黄洛峰担任主任委员。7 月,在北平成立了由出版委员会领导的华北联合出版社,由商务、中华、世界、大东、北新、儿童等15家私营书店参加,这是公私合营的一个新的尝试。不久,由新华、三联和商务、中华、世界、大东、开明等62家书店联合成立上海联合出版社。这两个联合出版社的成立,对全国出版事业产生了极大的影响,各大城市相继成立了类似的机构。为统一全国的出版事业奠定了基础。

11月中央政府设立出版总署,黄洛峰任该署出版局局长,党内是署党组成员,1950年4月兼任新华书店总管理处总经理。1951年4月出版总署成立了"毛泽东选集出版印刷发行工作委员会",黄洛峰任主任委员;1952年任总署办公厅主任、党组副书记,为健全人民出版制度、改进和发展人民出版事业做出很大贡献。在他担任出版领导工作期间,统一了全国的新华书店,在各大区成立了9个总分店,在各省成立了47个分店,在各县成立了889个支店。同时,实行了出版、印刷和发行三种业务的分工,并合理调整了公私关系。还建立了大批专业出版机构,如工人出版社、青年出版社、人民教育出版社、科技出版社、机械工业出版社、人民文学出版社、人民美术出版社、世界知识出版社、外文出版社、民族出版社等。并相继成立公私合营的专门负责发行的中国图书发行公司和经营书刊进出口的国际书店。1954年出版总署撤销,出版事业转为文化部管理,黄洛峰任文化部出版局局长,部党组成员,后任部长助理仍兼出版局局长,对出版事业继续做出了大的贡献。

我与黄洛峰相知较早,但直接接触较晚。30年代初我们都在日本留学,"九一八"事变后都曾参加反日活动,但无个人直接联系。后都回国,他返上海,我返北平。1934年为了工作和生活,黄洛峰到了北平,先后主编进步杂志《学会生活》和《西南风》,同进步文化界有所来往。在党领导下,我通过温健公同他有间接联系。抗战后,1939年我到重庆,在党领导下搞宪政运动,黄洛峰作为出版界的代表人物积极参加了这个运动,同时,他又是我作为领导人之一的救国会的成员，同我接触较多。太平洋战争爆发后，1942年，他从香港撤退到桂林，我当时担任接待安置从香港撤退的文化人的任务，曾同他畅谈，并送他去重庆，他态度积极，表示仍为党的出版事业继续做出贡献。1943 年在我回到重庆后，担任南方局文委秘书长，公开职业是重庆生活书店总编辑，负责联系出版界。黄洛峰的组织关系在南方局，由文委书记徐冰直接领导，有些具体工作同我联系。那时我和黄洛峰同志对门而居，经常接触，除商讨出版工作外，我常为他发行的《学习生活》写稿。由于他通晓日本情况，对我所著的《东京统治者》在写作过程中也曾提供了不少意见。《东京统治者》这部书名就是由他定的。他并主动承担了由读书出版社出版的任务。解放后，他在出版总署出版局和文化部出版局工作期间，因我在北京市领导新闻出版工作并了解文化界实际情况，曾就出版工作问题征求过我的意见。我建议出版工作的方针是要争取多出书、出好书，而在具体措施上则要严格把关，宁缺毋滥。他采取了我的建议。另有一事值得一谈，即他对知识分子是尊重的，是严格执行了中央的知识分子政策的。在文化部担任党组成员期间，为了解决侯外庐党籍问题，曾严肃认真、不厌其烦地向我校对事实，征求意见。由我出具证明，使多年失掉党籍的侯外庐重新获得党籍，一反当时的“左”的作风。

黄洛峰同志 1980 年 11 月辞世，距今已整整十年。但是，作为老一辈出版家，他为党的人民出版事业所做的贡献和艰苦奋斗的精神，是永远值得后人颂扬和学习的。特别是在当前出版文化和出版队伍严重混乱的情况下，我们更应当以黄洛峰同志为榜样，加以整顿求得改善。

1990.10

本文为张友渔同志为《出版家黄洛峰》一书出版写的代前言，光明日报出版社1991年

忆黄洛峰

赵晓恩

1980 年 6 月间,我因患肺癌住首都医院做切除手术,洛峰同志闻讯前来探望,慰勉有加。术后我转无锡华东疗养院疗养,不久,噩耗传来,洛峰同志心脏病突发去世了。晴天霹雳,万万没有想到洛峰同志会先我而去。医院话别,竟成永诀。遥望北天,悲悼无已。

洛峰同志是革命出版工作的先驱之一,抗战前在上海参加读书生活出版社,是该社的主要负责人,从此把毕生精力倾注于党的出版工作。

解放前,读书生活出版社和生活书店、新知书店一起,在党的领导下,并肩战斗在国民党统治区和香港等地,历尽艰难险阻,出版革命书刊,宣传马克思列宁主义、毛泽东思想和党在各个时期的主张,传播革命文化,启发和引导许许多多有志青年,投入抗日洪流,走上革命道路。三家书店成为党在国统区和香港等地出版工作的主要承担者。在大批革命图书中,风靡一时的艾思奇的《大众哲学》、马克思的经典巨著《资本论》在中国的第一个译本,都是由读书生活出版社出版的。那时候,出版的环境和条件都十分艰难,据我所知,"读社"的资金不多,只有几千块大洋,洛峰同志有一个宏愿,要陆续出版马恩全集,可见他的雄心壮志和革命胆略。《资本论》就是在靠借贷过日子的情况下付印的。出版后,把书送到延安毛泽东同志手里,又设法在国民党中央党部的机关报《中央日报》第一版报头旁刊出《资本论》广告,不啻在反动营垒中丢了一个政治大炸弹,引起国民党反动派的震撼。

建国后,洛峰同志在出版工作的领导岗位上,对建国初期国营出版事业的建立和私营出版事业的改造以及在培养文化干部的各项工作中,精力擘划,组织实施,做出了不可磨灭的贡献。他一生的业绩,将成为现代革命出版史上的光辉篇章。

对我个人说来,洛峰同志是一位难得的良师益友。我在政治上和工作上多年来得到他的指导和帮助。我们早在抗战前的上海相识。他是“读社”的负责人,我在生活书店跟徐伯昕同志学做推广宣传工作,通过编发新出版业联合广告,在业务上有了接触。抗战后转移到重庆,一起蹲防空洞,他对人热情,平易可亲,在敌机轰炸声中,谈笑自若。皖南事变后,我们又在香港相见。其时我已转到党在香港的喉舌《华商报》附设的出版部工作。洛峰同志常来报社串门,交往就多了。

我到报馆工作以前的一段时间,承担内地一些书刊在港的印制工作,并为《华商报》组织出书跑跑腿,港英当局以非法出版等罪名,对我在法院起诉,当洛峰同志知道我正在吃官司时,十分关切。这时,香港已发生同类问题多起,洛峰同志以他丰富的斗争经验和敏锐的洞察力,认为其中有鬼,是国民党反动派的魔掌伸到香港勾结港英当局串演反共闹剧的插曲,指导我在法院答辩时,强调经营业务,不涉及其他人和事,以免节外生枝,最要紧的是要防止被驱逐出境,落到国民党手里,使我提高警惕,请了律师辩护,最终审问不出什么名堂而被罚款了结。我感受到洛峰同志的深情厚谊,增加了对他的认识和信赖,真可谓疾风知劲草,患难得知音。

1941 年 12 月,太平洋战争发生,香港沦陷,我们相继撤退到桂林。我得了伤寒症在桂林城郊三户印刷厂汪允安同志家中养病。洛峰同志要去重庆,行前偕同倪子明同志看我,动员我留在桂林,劝我病愈后到文化供应社工作(因为我是《华商报》的人,在此以前同报馆负责人范长江讲定去我老家浙东抗日根据地工作)。我听从洛峰同志的意见和安排,在文化供应社工作了七年。其中遇到挫折和困难,洛峰同志给了不少指导和帮助。

解放后，我在洛峰同志的直接和间接领导下工作，联系更加密切。建国之初，人民出版社接受出版《毛泽东选集》的任务，当时我在该社负责出版部的工作，具体安排印制工作。洛峰同志作为出版总署出版局长、出版总署临时成立的《毛泽东选集》出版印刷发行工作委员会的负责人，把这项政治任务一抓到底，直接指导我工作，要人要物，无不全力支持。并且具体组织印刷、发行部门通力合作。他对印制质量的要求十分严格，如要求校对不出一个错字，包括标点符号和铅字断笔画。经过大家努力，终于做到了。有了这个榜样，人民出版社出版物的校对质量大大提高了。一些出版工作的基本规章制度，也是这个时候在洛峰同志的督导下建立起来的。

"大跃进"时期，我和洛峰同志均下放在苏北参加劳动，1959年下放回来，洛峰同志受文化部委托，接收北京西郊翠微路农业大学旧址，筹建文化学院，调我协助工作，他任院长兼院党委书记，我是院党委委员、出版编辑系副主任（洛峰原定请出版局副局长陈原兼任主任，未到职）。文化学院的任务是轮训文化系统在职干部和培养新生力量。洛峰同志调兵遣将，干劲十足。在短短三年多时间里，使学院初具规模，教职员工达300人。在与文化部有关业务司局的配合下，举办了各个门类的短训班多期，又建立起系科。单就出版方面而言，先是办了一期出版发行研究班，学员多为地方出版社和新华书店省店的负责干部，下分两个大组。阅读哲学、政治经济学书籍和文化出版政策文件，以自学为主，提出问题，请文化部领导和专家结合提问做报告，并组织学员联系实际工作，总结经验，探索出版工作的规律，集体编写了《图书出版工作概论》和《图书发行工作概论》，为以后开办系科准备教材（这几部书稿，还有《图书馆学概论》等，经学院整理加工洛峰同志亲自定稿后，曾印发有关单位参考）。接着办了一期编辑进修班，历时14个月，有上百名编辑人员参加。设置的课程有：哲学、政治经济学、语法修辞、形式逻辑、编辑业务和党史、出版史等专题讲座。教员不足，也为了提高教学质量，洛峰同志亲自出马，请中央高级党校、中国人民大学协作讲授哲经课，并请他们代培教员，又请叶圣陶同志讲授语法修辞、王益同志讲授形式逻辑，至于编辑业务，请来讲课的人更多了，都是学有专长的著名老编辑，如陈翰伯、金灿然、陈原、周振甫等，把学员的政治、文化、业务水平提高到大专程度，今日多已成为编辑骨干力量。1960 年建立起四年制本科，设有哲学系、图博系、出版编辑系、图书发行系、印刷工艺系，同年招生秋季始业。可惜次年在国民经济调整中下马。经洛峰同志争取，保留了印刷工艺系移转中央工艺美术学院接办，就是今日北京印刷学院的前身。

在文化学院工作期间，洛峰同志除了假日，都住在学院，工作不分白日夜晚，有事就找人商量。可谓全神贯注。没有教材自己编，没有教员请人协作加自己培养，经济困难时期伙食差，组织教职员工和学员抽时间自己种地（学院有农大移交的试验地近百亩）。洛峰同志和主要干部饭同桌、住同楼，朝夕相处，融洽无间。学院还有一个好条件，文化部钱俊瑞副部长经常来学院做报告。

我对洛峰同志十分敬佩。他那磊落的胸怀，他那忠贞不渝开创事业的献身精神，他那刚直不阿唯真理是从的品格，常激励我鼓足余勇，为开创出版工作新局面，切切实实做一些力所能及的有益工作。我想，这不失为对洛峰同志最好的纪念吧！

选自赵晓恩著《六十年出版风云
散记》中国书籍出版社1994年

回忆黄洛峰同志二三事*

戈宝权

记得抗日战争期间在重庆时,我们通常称黄洛峰同志为黄老板,这个称呼既有尊敬之意,同时又有亲切之感。

作为一个独具远见和魄力的出版家,黄洛峰同志是受到我们普遍的敬意的。早在1936年他到了上海之后,就参与了李公朴、艾思奇等人创办的《读书生活》杂志和读书生活出版社的工作,不久就担任出版社的经理。这家出版社着重于宣传马列主义哲学和政治经济学,鼓吹抗日救国和民主进步的思想。像当年出版的艾思奇著的《大众哲学》和《如何研究哲学》,艾思奇和郑易里合译的《新哲学大纲》、李公朴编著的《读书和写作》,还有欧阳凡海编译的《马恩科学的文学论》等书,都受到广大读者的欢迎。在马列主义经典著作方面,黄洛峰和郑易里做了前人未能完成的事,就是出版了由王亚南和郭大力合译的《资本论》,同时还出版了许涤新译的《怎样研究资本论》、郑易里译的《资本论的文学构造》等书,帮助读者理解《资本论》这部科学巨著。我还记得当年他把三大卷中译本的《资本论》送给我时的那种喜悦的感情。

在为人方面,黄洛峰同志始终给人以亲切之感。记得我最初于1938年在武汉交通路读书生活出版社同他相见,到了重庆以后,我又到冉家巷那所石库门的里弄房子去看望他。他住在二楼的前楼,那里是他工作、会客和生活起居的地方。更不用说,我每次从化龙桥新华日报编辑部进城时,都要到他那里去打扰他。

我们可以从各个方面和各个角度来回忆黄洛峰同志。我现在想专就他创办的《文学月报》和《学习生活》等刊物的情况来谈谈。

抗战期间,1938 年 5 月从中华全国文艺界抗敌协会在武汉成立之后,就出版了《抗战文艺》;同时茅盾在香港为生活书店主编《文艺阵地》。胡风先后在武汉和重庆编辑《七月》。但从 1939 年 5 月初重庆几次遭到日机大轰炸以后,刊物都不能按时出版,这时黄洛峰同志有意要创办一个新的文艺刊物,团结广大的进步作家,这就是 1940 年 1 月开始出版的《文学月报》。洛峰同志担任这本刊物的发行人,编辑者为文学月报社,由孔罗荪主编,我协助他工作。罗荪在自传中曾提起这件事,"1940 年我同戈宝权为读书出版社主编《文学月报》",即指此而言。

为了编辑这本刊物,我们经常到冉家巷去看黄老板,我还常到高踞在珊瑚坝上面的罗荪家去商量细节。这样到了 1940 年 1 月 15 日,《文学月报》的创刊特大号就出版了。这是一种 16 开本的大型文艺刊物,第一期的封面上的题字,是选自鲁迅的墨宝,还印了李可染作的钢笔画《游击队》。在《创刊辞》中就指出:"本刊不是同人杂志,乃是一切努力于当前文艺运动的工作者的共同的园地。"由于这本刊物的出版,团结了大后方的广大作家,其中有不少人是东北作家。每期的内容,有论文、小说、诗歌、报告文学;在外国文学作品方面,从第一期就选载了苏联作家奥斯特洛夫斯基的《钢铁是怎样炼成的》的姊妹篇《暴风雨所诞生的》。此外在每期刊物的封面和封底,都印有中外文学作品的插画。罗荪为创刊号写了《抗战文艺运动鸟瞰》。我差不多每期都要为它写稿,为第一期写了《1939 年苏联文坛剪影》,第二期《关于奥斯特洛夫斯基》,第四期《关于马雅可夫斯基》,第五期有哈萨克民间歌手《江布尔的自传》。我翻译介绍了苏联儿童的集体创作《我们是伊加尔卡的孩子们》,甚至还用叶林娜的笔名,译了俄罗斯民间故事《夏伯阳之死》。

就在《文学月报》创刊之后不久,黄洛峰同志代表出版社于 1 月 24 日在国泰饭店宴请在重庆的作家,当天到了老舍、姚蓬子、王平陵、陈纪滢、胡风、潘梓年、臧云远、李辉英、光未然、罗烽、白朗、王亚平、黑丁、曾克、力扬、高兰、丘琴、戈茅、宋之的、凤子、葛一虹、方殷、梅林、李葳、徐盈、子冈等六十余人。首先由黄洛峰和孔罗荪报告《文学月报》的创刊和编辑计划等。来宾中由老舍、胡风两人致词,到七时半结束。这时郭沫若和阳翰笙姗姗来到,原来这一天第三厅有例会,他们来晚了,因而又转到国泰咖啡座举行了一次临时的晚会,郭老写了《文学月报》社招待在渝作家晚餐会题名,而且还挥毫写了一首诗:“毋愁寇已深,有旅众如林,横扫期无敌,雕龙万古心。”签名和郭老的题诗,都印在《文学月报》第1卷第2期的里封上。

在《文学月报》创刊的两年当中,编辑部还在刊物上编了各种特辑,如《文艺的民族形式问题特辑》、《鲁迅逝世四周年纪念特辑》、《高尔基逝世四周年纪念特辑》、《马雅可夫斯基逝世十周年纪念特辑》、《俄国大诗人莱蒙托夫诞生一百二十四年纪念特辑》,在1940年12月出版的第2卷第5期还编了一个《苏联文学专号》,所有这些特辑,都各具有它们的特色。

就在《文学月报》创刊的同时,读书出版社又出版了《学习生活》半月刊。黄洛峰任发行人,楚云和赵冬垠两人任主编,我也为它写过稿,由于内容取材自当年苏联的一些大事,总称为《苏联科学故事》:第一篇是《“祖国号”飞机的长途英勇飞行》,第二篇是《“乞留斯金号”的人们是怎样被营救的》,第三篇是《莫斯科的地铁是怎样建设的》。

1941年1月,国民党反动派疯狂地发动了第二次反共高潮,制造了震惊中外的“皖南事变”,在安徽省的茂林地区阻击了北撤的新四军,接着就查封了生活、读书和新知书店在大后方各地的分店,逮捕了不少书店的工作人员。敬爱的周恩来同志根据党中央的指示,为了保存进步文化界的力量,继续呼吁抗日和揭露国民党的投降阴谋;同时为了在海外开展文化宣传工作,就把在重庆和桂林等地的大批民主人士和文化界人士转移到香港和南洋一带去，建立新的文化阵地，韬奋和茅盾等人就是在这时经周恩来同志的部署去到香港的。这时生活书店、读书出版社、新知书店的负责人徐伯昕、黄洛峰等也都先后到了香港。我是在3月去到香港的，当离开重庆时，承孔罗荪为我在邮局弄到了一张邮政车的座位票，再由读书出版社的老人万国钧把我送过嘉陵江，在海棠溪登上邮政车，坐在司机的旁边，我就这样秘密地离开了重庆。到达香港时，《华商报》已经出版，韬奋正在筹办《大众生活》，茅盾主编《笔谈》，张铁生主编《青年生活》，我为这几种刊物写稿和译稿，同时协助叶以群创办文艺通信社，向海外的中文报刊供稿，整个香港和南洋的文化生活顿时非常活跃起来。孰知好景不长，这年12月7日太平洋战争突然爆发，日本军队圣诞节前夕占领了香港，我们靠了东江游击队的营救，在1942年1月9日离开香港，我陪着茅盾夫妇和叶以群先到了铜锣湾，登上预先安排好的小船，在这里见到了多日未见的韬奋。第二天清晨我们偷渡过海，穿过九龙的市区和新界一带，到了在白石龙的东江游击队的司令部。我曾在龙岗圩附近的阳台上，同韬奋等人同住过一段时期。当年4月离开游击区时，想不到同韬奋话别，竟从此成为永诀。

我回到重庆以后，仍在《新华日报》工作，并继续参加生活、读书和新知三家书店的编辑工作。读书出版社出版的《文学月报》，当出到第3卷第2、3期合刊时，在1941年12月被迫停刊，但这时《学习生活》半月刊仍能继续出版，于是我们同黄洛峰同志商量好，就利用这个刊物，每隔一期出一个文艺版，代替《文学月报》。我现在手边还保存着一本在1943年4月1日出版的《学习生活》第4卷第4期，在这期文艺版上，有吴伯箫翻译的海涅的《哈兹山旅行记》，有我翻译的察科夫斯基写的《诗人海涅之死》，封面上印的是林仰峥木刻的海涅像。

到了1944年4月，叶以群的《文艺阵地》被国民党查封以后，他靠了邵荃麟和葛琴的帮助,设法取得了桂林已经停刊的《青年文艺》的登记证,在重庆重新出版。新 1 卷的《青年文艺》,实际上是继续了《文艺阵地》的任务,就在它出版的 6 期当中,从第 2 期起连载了我翻译的高尔基的《我怎样学习写作》。这本书后被收入曹靖华主编的《中苏文化协会苏联文学丛书》,经黄洛峰同志同意,于 1946 年 7 月由读书出版社出版,封面的美术字,还是由出版社的范用同志题写的。1945 年抗战胜利以后,由于国民党的"劫收"(接收)大员满天飞和到处横行霸道的时候,交通非常困难,幸好这时生活、读书和新知三家书店雇了两条大木船运送图书和纸型前往武汉,我就由读书出版社的郑树惠把我送到重庆的临江门码头,搭上木船,冒着风险,穿越三峡,顺江而下,一路上经过两个多月才到了武汉,然后改乘江轮,在 1946 年春节到了上海。由于国民党反动当局不允许《新华日报》在上海出版,我就先后进了生活书店和时代出版社的编辑部工作,但我和黄洛峰同志和读书出版社还是经常有联系的。尽管这时上海正处于国民党反革命的白色恐怖之下,但是生活、读书和新知三家书店,已在全国广大的解放区扎下了根,开展了大规模的出版发行事业。1948 年生活、读书和新知三家书店,在香港正式合并,成立了生活·读书·新知三联书店,黄洛峰同志担任三联书店的领导人之一。当 1949 年初我到了东北解放区时,我在哈尔滨和沈阳等地见到 1949 年 2 月用三联(东北光华)书店的名义印的高尔基的《我怎样学习写作》。此书在 1950 年 9 月印了第三版,1951 年 1 月印了第四版,1951 年 6 月已印到第五版,而且都是用三联书店名义出版的。

在这里,我就想到抗战期间在重庆时,我参加了由周恩来同志领导的党的文委的工作,知道周恩来同志根据党中央和毛泽东同志的指示,为了开展国民党统治地区的文化宣传工作,对生活、读书和新知三家书店的工作,都非常重视。他曾经向三家书店的负责人明确地指出:这几家书店是整个进步文化事业的组成部分,参加这些书店工作，也就是参加革命工作。他还要三家派人到边区和解放区去开展出版发行事业，把革命的书刊发行到祖国的四面八方去。

时间过得真快，黄洛峰同志离开我们已是整整十周年了。但是他开创的出版事业，并没有被人们所遗忘，他的光辉形象，也永远活在我们这些同他共过事的人们的心中。

注释：

* 原载三联书店《联谊通讯》第73期，2000年7月15日出版。原编者注："此文是戈宝权同志九年前为怀念黄洛峰同志而撰写。"作者戈宝权（1913～2000），著名外国文学研究家、翻译家。1940年同孔罗荪一起为读书出版社主编《文学月报》。

选自宋原放主编、吴道弘辑注《中国出版史料》现代部分第2卷，山东教育出版社、湖北教育出版社2001年

黄洛峰纪念

俞筱尧

黄洛峰（1909.2～1980.11），原名黄垲，又名肇元、伯庸，云南鹤庆人。1924年在昆明成德中学上初中的时候，开始接触新文化和新思想。1925年发生"五卅惨案"，黄洛峰积极投入昆明学生的反帝爱国运动。在声援北平"三一八"惨案的斗争中，掩护被搜捕的同学艾思奇（李生萱），并使他得以安全转移。1927年云南"清党"斗争十分复杂，但黄洛峰却更加坚定了追求真理和拯救中国的理想，同年5月参加了中国共产主义青年团，8月转入中国共产党，是云南早期的共产党员。黄洛峰参加革命后，曾在家乡从事农

民运动和青年工作。先后担任中共云南安宁、易门、禄丰三县特委书记和共青团昆明市委书记等职务。为了便于开展工作,还在昆明办起了云南书报社,作为公开活动的据点。

救亡运动中诞生的读书生活出版社

1930年,黄洛峰东渡日本,在东京东亚预备学校学习日语,准备深造。1931年春,参加中共留学生特别支部,不久发生九一八事变,同年10月中国留日学生纷纷要求返回祖国参加抗日救亡运动,黄洛峰是第一批回国的留日学生之一。当他们抵达上海时,受到上海爱国同胞的热烈欢迎。上海各界当时正纷纷成立抗日救亡的群众团体,黄洛峰以留日学生代表身份参加了上海民众反日救国联合会,并担任该会秘书长。次年3月,黄洛峰在上海妇女反日大同盟检查工作时,被英租界巡捕房逮捕,坐了一年半的牢。这时艾思奇也在上海从事革命活动,1936年初,黄洛峰又和艾思奇一起,在《通俗文化》等杂志上开始用"黄洛峰"的名字发表文章。同时参加艾思奇主持的哲学座谈会。这个"座谈会"既是党领导的,又是沈钧儒、邹韬奋等发起成立的全国各界救国会的成员,所以黄洛峰也就参加了救国会的活动。

1936年,李公朴和艾思奇、郑易里等在李公朴主编的《读书生活》半月刊的基础上创办了读书生活出版社(1940年改称读书出版社,以下简称"读社")。11月发生"七君子事件",李公朴和沈钧儒等被捕。《读书生活》也随着被查禁,"读社"在政治上和经济上都遇到困难。黄洛峰长于做组织工作,对书刊经营也有经验,这是艾思奇深为了解的,经艾思奇提出邀请,黄洛峰到"读社"任经理,领导核心也进行了改组,由郑易里任董事长,艾思奇任编辑部主任。从此黄洛峰便和我国革命出版事业结下了不解之缘,并为之奋斗了一生。

《大众哲学》脍炙人口

黄洛峰十分重视哲学和通俗读物以及期刊的编辑出版工作，最为人们熟知的是艾思奇著《大众哲学》。这部著作原名《哲学讲话》，曾在《读书生活》的《哲学讲话》专栏连载。从 1934 年 11 月 10 日创刊的第 1 卷第 1 期起，每期 1 篇，共发表 24 篇，创办“读社”的时候，《哲学讲话》恰好告一段落，于是由艾思奇编订结集，在 1936 年 1 月出版。这是“读社”的第一本书籍，也是最畅销的书籍，出版后立即受到读者的热烈欢迎，在短短的几个月间印了三次，终被国民党当局查禁。同年 6 月，艾思奇修订后，改名《大众哲学》继续出版。艾思奇是我国最早运用通俗形式宣传和讲解辩证唯物主义的著名学者和革命家，在这本著作里，他以人们日常生活中经常接触的事物为例，阐述辩证唯物主义的基本原理，十分引人入胜。如以美国著名电影演员卓别林和德国法西斯头子希特勒两人的胡子为例，用以说明认识事物不能仅仅依赖表面现象或感性知识，还必须加深理性认识，才能了解事物的本质。又以杭州雷峰塔倒坍的过程，说明量变和质变的关系等等。许多人在读了《大众哲学》以后，觉得很新鲜，产生了进一步钻研辩证唯物主义理论的兴趣。在我们革命队伍里，有很多人在他们的青年时代，几乎没有不曾读过《大众哲学》的。他们受了这部著作的影响，引起对马克思主义理论的兴趣，走上了革命的道路。

抗日战争和解放战争时期，随着“读社”从上海撤退到武汉和重庆，战后复员上海，《大众哲学》不断在这些地区重印。据不完全统计，到 1949 年北平解放，至少印了 32 次。艾思奇写作这部著作时，只有 23 岁。“八一三”事变以后，艾思奇到了延安，虽然工作繁忙，但他仍对这部著作作过多次修改。据我们现在所知道的，1948 年作过一次较大的修改。解放后在 1950 年又作了一次较大修改。1979 年 3 月由生活·读书·新知三联书店出版的新版本，印数 35 万册，是根据 1950 年的修改本重新排印的。

在哲学方面，“读社”随后又出版了列宁的《唯物论与经验批判论》，米丁的《新哲学大纲》，普列汉诺夫的《论一元论历史观的发展》，博古编译《辩证唯物主义与历史唯物主义基本问题》等一大批马克思主义著作，在知识界产生巨大影响。

《资本论》中文全译本的问世

在黄洛峰心目中，办出版社的目的就是传播新文化、新思想，宣传马克思主义，这是他终生信守不渝的原则。这时郭大力正在翻译《资本论》，经黄洛峰、艾思奇、郑易里商量后，都认为郭大力是翻译《资本论》的适当人选，便决定请他担任这项工作。

郭大力 1927 年毕业于上海大夏大学，曾在上海中学执教，因思想进步，以“宣传赤化”之嫌被解聘。1928 年他为节约开支，借住在杭州大佛寺，继续从事翻译工作。这时王亚南也寓居在这所寺院里。他们两人由于志趣相投，便在一起商定了长期合作翻译《资本论》的计划。1929 年，郭大力到上海大夏中学执教。王亚南得到友人资助，赴日本研究政治经济学，1931 年回国后在上海暨南大学任教。他们在翻译《资本论》的过程中都深深感到，如果要做好这项工作，必须弄懂 18 世纪前后英国的古典经济学。为此，他们重新学习并翻译出版了大卫·李嘉图的《经济学及赋税之原理》和亚当·斯密的《国富论》等古典学派代表性著作。

他们刚译完《资本论》第 1 卷，七七事变和“八一三”战起，抗日战争全面爆发。王亚南初在上海参加抗日救亡运动，上海沦陷，又举家内迁。郭大力因日机轰炸，大火烧了住处，抢出译稿交给了艾思奇。随之艾思奇去了延安，黄洛峰撤退武汉，这部译稿就由在“孤岛”（指上海英、法租界）坚持工作的郑易里接手。郭大力则携家眷回江西南康原籍，继续从事《资本论》第2卷的翻译。

郭大力与"读社"接洽《资本论》的翻译出版时，"读社"的经济状况很困难，全部资金不过四五千元，而《资本论》全书两百余万字，卷帙浩大，翻译工作艰巨费时，黄洛峰特地提出2000元现金作为专款存入银行，每月固定给译者一笔费用作为预付版税，使译者生活安定，有可能专心从事译作。起初，郭大力在老家将第2卷和第3卷的大部分译稿分批寄给了在武汉的黄洛峰。黄洛峰和"读社"后来撤退重庆，郭大力也就应约将译稿直接寄给上海郑易里。上海成为"孤岛"后，有段时间相对较为稳定，印刷条件较大后方为好，且排印、纸张价格便宜。译稿经郑易里加工整理，在第3卷译稿还没有全部译竣时，黄洛峰便派万国钧专程赴上海，安排印刷和发行工作。郭大力也应邀从江西老家来到上海，一面继续翻译第3卷未译部分，一面阅看第1、2卷校样，直到译完校完全书。

《资本论》第1卷中译本终于在1938年8月31日于"孤岛"上海问世，第2、3卷中译本也随后在9月15日和30日出版。《资本论》全译本三大卷，第一版共印了3000部。封面装帧设计尽量和德文原版保持一致，只是当时买不到米色的粗纹麻布，只得用色泽相近的细纹布代替。当出版预告在"孤岛"上海和重庆等报纸刊出，两地知识界欣喜若狂，纷纷奔走相告。在重庆的宋庆龄、冯玉祥、邵力子等社会知名人士也都预定了这部名著。出版后第一批2000部装了20大箱，通过太古轮船公司运往广州，适逢广州沦陷，下落不明。其余1000部，除在上海销售外，小部分打成小件邮包，经香港、广州湾运到桂林和重庆。部分经两地的八路军办事处运到了延安等地。

我国知识界在20世纪20年代后期，也有人尝试翻译《资本论》，但他们大多没有译竣。郭大力、王亚南《资本论》全译本的出版，使我国广大读者有可能直接用中文研读这部巨著，其影响深远可以想见。解放后，《资本论》虽有中央编译局新的中文全译本问世，从1968年至1992年共印行37.3万部。但郭大力、王亚南的全译本，由于它独有的风格和特色，且后来又经过几次修订，直到50年代后期，仍由人民出版社继续出版。据不完全统计，累计印数在48万部以上。黄洛峰克服重重困难，采取各种有效措施使这部巨著的翻译和出版得到可靠的保证，如果没有革命家的胆识，就不会下这么大的决心而且能够坚持到最后出版发行。

配合《资本论》中译本的出版，黄洛峰还组织郑易里、章汉夫、许涤新、郭大力等翻译出版了《怎样研究〈资本论〉》、《恩格斯论〈资本论〉》、《〈资本论〉通信集》、《〈资本论〉的文学构造》、《卡尔·马克思》、《恩格斯传》等著作，随后又出版了一百几十万字的《剩余价值学说史》。为传播马克思主义和我国的现代化做出了重大贡献。

在抗日高潮中发展

1937年11月，太原、上海相继失陷，南京危在旦夕，黄洛峰西撤到武汉。他先在汉口交通路会文堂租到一间比较宽敞的房子，作为“读社”办公兼宿舍。黄洛峰就和“读社”同人全力投入抗日救亡的高潮中。《群众》周刊创刊，最初由“读社”经销，除了批发给各地书店，还向《读书生活》的老订户直接发售。次年3月，中华全国文艺界抗敌协会成立，创办《抗战文艺》三日刊，也由“读社”出版发行。“读社”还出版了杨述等主编的《战时青年》半月刊，潘梓年、张申府主编的《战时文化》半月刊，章泯、葛一虹主编的《新演剧》半月刊，李公朴、柳湜等编辑的《全民》周刊。尤其周副主席的《怎样进行持久战》（言论集）等新书出版，读者竞相购阅。

陈楚云、赵东垠主编的《学习生活》半月刊，孔罗荪主编的《文学月报》，李凌、赵沨主编的《新音乐》半月刊及胡曲园主编的《哲学杂志》相继在重庆和“孤岛”上海和读者见面。在抗日战争和解放战争时期,“读社”出版的潘梓年主编的《抗日救国丛书》,华岗著《中国民族解放运动史》,范文澜著《中国近代史》(第一分册),杨邓(杨松、邓力群)编《中国近代史参考资料》,吴黎平编《论民主革命》,石啸冲著《欧洲反法西斯的民主运动》,吴清友编译《殖民地附属国新历史》,都成了读者必读书。文艺作品方面,立波著《晋察冀边区印象记》,陈学昭著《延安访问记》,艾芜著《秋收》,蒋天佐主编《新中国文艺丛书》,以及柯仲平著《边区自卫军》、《五月的延安》,艾青著《反法西斯》,马建翎著《民间歌曲集》,张庚编《打回老家去》,王莹等著《台儿庄》等小说、报告文学、戏剧、诗歌也都陆续出版。所有这些书刊使读者从中得到抗日救亡的鼓舞和新鲜知识,“读社”也由此在读者中享有很高的声誉。

由于业务迅速开展,干部力量也有所加强。“读社”在广州、桂林、昆明、成都、香港等地先后设立了分社,为了掩护,还用了北斗书店、辰光书店、鸡鸣书店、彗星书店等各种名义出版书籍。在1940年前后,黄洛峰和生活书店、新知书店合作,共同派出干部分别到延安、太行和苏北根据地开设了华北书店和大众书店,直接参加解放区的文化建设。

武汉时期,是第二次国共合作时期两党关系较好的时候。但没多久,1938年8月,国民党武汉卫戍司令部下令解散青年救国团、中华民族解放先锋队和蚁社等抗日救亡群众团体。郭沫若主持的政治部三厅,宣传和动员民众抗日的工作,也阻力重重,难以开展下去。通过大量事实,黄洛峰认识到革命的道路不是平坦的,斗争错综复杂,但也更加坚定了坚持抗战和抗战必胜的信念。

这时黄洛峰接受了一个新任务,党组织要他以云南同乡身份协助罗炳辉做滇军的工作。当时担任国民党60军副军长兼184师师长张冲是云南泸西人,彝族,20年代初受孙中山领导的民主革命和三大政策的影响,长期以来与我们党保持着良好的关系。这时张冲率部驻扎江西德安,特地派该师政训处长、共产党员张致中到武汉找党的关系。黄洛峰和张致中在大革命时期就已相识,这时他受党重托,介绍蒋南生去张部工作。徐州会战以后,184师突围到了武汉,黄洛峰又奉命和蒋南生安排张冲在德国医院与周副主席、叶剑英、罗炳辉等见面,并进行了长时间的会谈。在张冲的要求下,党组织派薛子正前往张部,以秘书的名义(后为参谋长),协助张冲工作。后来张冲参加了党,在解放战争时期对川、滇将领的光荣起义,起了重要作用。

团结新出版业功绩卓著

1938年10月黄洛峰从武汉撤退到重庆,直到1946年复员上海,大部分时间都在重庆度过。他在周恩来副主席和中共中央南方局文委书记徐冰直接领导下,为宣传抗战,实现民主政治,反对国民党独裁统治进行了有声有色的斗争。

1939年1月,国民党召开五届五中全会,炮制了一整套反动政策,钳制人民言论出版自由,特务到处横行。1941年1月又制造"皖南事变",竟使数千抗日健儿血洒江南大地,亲痛仇快,莫此为甚!除重庆以外,各地"读社"和生活、新知书店也都被国民党当局查封或被迫停业。3月邹韬奋愤而辞去国民参政员之职,被迫出走香港。黄洛峰和生活书店总经理徐伯昕、新知书店总经理徐雪寒奉命撤退。1941年12月日本侵略者发动太平洋战争,占领香港。黄洛峰于次年3月在东江纵队协助下,经韶关、桂林辗转回到重庆。三家兄弟书店同国民党反动文化斗争的历史重担,落在了黄洛峰的肩上,黄洛峰成了三家书店的实际领导者。

黄洛峰首先以"读社"和生活、新知三家书店为核心,通过上海杂志公司总经理张静庐、作家书屋经理姚蓬子和教育书店经理贺礼逊等联系了一批重庆的新出版业,以聚餐和座谈等灵活多样的形式,议论新出版业面临的困难和谋求生存采取的对策,进而讨论时局。在此基础上,1943 年 12 月成立了新出版业联合总处(简称新联总处)。所以没有用联谊会一类团体的名称,主要是避免在申请登记时产生困难,这是黄洛峰在征得新联成员同意后作出的决策。新联总处根据实际需要,逐渐发展成为“出版分工,发行统一”的经济实体,先后在重庆、成都等地设立了新出版业联营书店,通常简称联营书店,由张静庐任总经理,黄洛峰任常务董事。新联总处成立时只有成员 17 家左右,很快发展到 29 家。新出版业有了这个组织,不论单位大小,都有表达自己意见的场所和机会,在扩大销售“新联”成员的出版物、谋求降低印刷工价和纸张价格等物质利益方面,黄洛峰做了大量切实工作,还亲自起草《出版业紧急呼吁》,提出一律供应平价纸张,印刷价格不得无限狂涨;恢复印刷品邮递办法,减轻读者负担;设立出版业文化贷款,以维护正当出版业之生存。《紧急呼吁》6 月 14 日在《新华日报》头版头条显著位置发表,并以广告形式刊于同日重庆《大公报》。签名者上海杂志公司等 29 家出版社,都是新联总处成员。因此新联总处,受到新出版业普遍的支持,发展很快。抗战胜利后发展到 55 家,几乎包括除国民党官办出版社和少数几家大出版社以外的大部分中小出版同业。这个组织的建立以及在当时和以后所做的工作,表明党的统一战线政策在出版界的重大胜利。而这个胜利的取得,是和黄洛峰卓越的组织工作才能和韧性的战斗精神分不开的。

我国出版史上的凯歌——“拒检运动”

全面抗战进入第七个年头的 1944 年,世界反法西斯战争胜利在望,日本侵略者为挽救入侵南洋的孤军,发动打通大陆交通线的战争。而国民党当局由于政治上的腐败,军事上不战而溃,引起国内外舆论强烈谴责,纷纷要求给人民以民主权利。黄洛峰经过长期准备和反复酝酿,条件逐渐成熟。1945 年 2 月,在他策划下,郭沫若起草，由342位文化界知名人士共同署名发表了《文化界对时局进言》。《进言》在《新华日报》刊出后，国民党当局惊慌失措。

5月3日黄洛峰组织重庆文化出版界人士在百龄餐厅举行茶话会，讨论出版言论自由。与会者一致要求取消图书杂志原稿审查制度，反对干涉戏剧演出以及要求取消过去的禁令等。由沈志远等负责整理《重庆文化界对言论出版自由意见书》。在这份《意见书》上签名的共78人，文化学术界的知名人士有郭沫若、茅盾、夏衍、老舍、曹禺、侯外庐、潘梓年、胡绳等，代表出版界的有黄洛峰、张静庐、姚蓬子等。

6月13日郭沫若在《新华日报》发表了《为革命的民权而呼吁》。7月12日，新联总处29家成员又联名发表了《出版业为文化危机向参政会紧急呼吁》并特别提出了“对于国防军事有关的书刊外，一律免检”的主张。重庆杂志界联谊会由张志让、杨卫玉、傅彬然起草了有关拒检的《联合声明》，严正宣告《战时图书杂志原稿审查办法》已不适合当前形势，应予撤销，并公开声明从9月1日起不再将杂志原稿送审。为扩大影响，组织力量，还出版《联合增刊》随时发表有关论文和动态。随之，《东方杂志》等也加入了这个行列。9月1日是记者节，《新华日报》发表题为《为笔的解放而奋斗》的专论，指责国民党继续“扣紧人民咽喉的枷锁”。成都《新中国日报》、《华西晚报》等十多家报纸和团体，联名致函重庆杂志界联谊会积极声援。昆明、桂林、西安等地新闻出版界也都纷纷发表声明，起而响应。黄炎培、沈钧儒、章伯钧、茅盾也都发表文章支持，叶圣陶在《联合增刊》第2期上发表《我们永不要图书审查制度》的专论。

这样，在大后方造成了声势浩大的“拒检运动”，终于迫使国民党当局下令废除《战时图书杂志原稿审查办法》。稍后，国民党中央宣传部部长吴国桢在记者招待会上宣布从10月1日起废止新闻检查制度。“拒检运动”取得了胜利。这是我国出版史上一曲响亮的凯歌，黄洛峰善于抓住时机，敢于发动这场斗争，他的革命胆识和斗争艺术，至今令人赞叹不已。

抗日战争胜利后的重要部署

1945 年 8 月 14 日日本无条件投降，蒋介石迫不及待地在 14 日、20 日和 24 日连续三次电邀毛主席到重庆商谈“国是”。为了迎接战后的新形势，生活书店、读书出版社、新知书店成立了联合出版部。在毛主席到达重庆当天，以《人民丛刊》形式，用“人民出版社”名义，出版了爱泼斯坦等著《毛泽东印象》。列入《丛刊》的还有李普著《解放区的民主生活》、《新社会的新教师》和《反对内战》等，既介绍了解放区的情况，又宣传了和平、民主和团结，充分表达了国统区人民的愿望，因此受到各阶层人士的广泛欢迎。

做好战后三家书店的工作，任务十分艰巨。经过长期战争和国民党当局的摧残迫害，三家书店经济上遭受了重大损失，也有必要开辟新的道路。这时政治斗争依然十分错综复杂，因此更需要有全面的考虑和部署。为了利用时机，也为了集中干部力量，首先在重庆民生路生活书店原址建立了“生活书店、读书出版社、新知书店三联书店重庆分店”，由仲秋元担任经理。原来三家各自独立的分店业务结束，这是国统区第一次公开以“三联书店”名义设立的分店，也是后来三家书店实行全面合并的先声。

在建立“三联书店”重庆分店同时，三家书店抽出力量分赴沿海和新收复的大城市，根据各地具体情况，有的由三家联合建店，如北平朝华书店、长沙兄弟书店、广州兄弟图书公司和台北新创造出版社等等。上海是三家书店的发源地，也是国际观瞻所系的大都市，社会基础又较好，仍各自独立建店，工作上则相互配合，采取共同行动。

黄洛峰一面积极部署战后三店工作，一面继续毫不松懈地从事民主运动。他和黄炎培、郭沫若、陶行知等重庆各界五百余人集会,成立了重庆各界反内战联合会,呼吁全国人民团结起来,用一切方法制止内战,成都等地的团体、学校纷纷起来响应。昆明西南联大、云南大学等大中学校师生,在他们举行反内战晚会时,遭到国民党大批军宪警特的疯狂镇压,制造了骇人听闻的"一二·一"惨案。为了揭露和抗议国民党当局的暴行,扩大反内战动员,重庆各界在黄洛峰和李公朴负责组织下,在长安寺公祭"一二·一"惨案死难师生。这次公祭活动,为反内战运动造成很大声势。

要求废止反民主的《出版法》

在"拒检运动"胜利后,黄洛峰十分清醒地认识到要实现人民的言论出版自由,必须经过艰巨的斗争和采取有利、有理、有节的斗争策略。所以在抗战胜利政治协商会议开幕前夕,在新联总处领导成员中经过多次酝酿,由沈钧儒指导,仲秋元等参与起草,1946 年 1 月 9 日在《新华日报》发表了《出版业争取出版自由致政治协商会议意见书》。提出了五点意见:(一)废止《出版法》;(二)取消期刊登记办法;(三)撤销收复区检审办法;(四)明令取消一切检扣;(五)取消寄递限制。

1 月 10 日政治协商会议开幕,蒋介石在开幕词最后假惺惺地宣布"四项诺言",第一项便是"人民享有身体、信仰、言论、出版、集会、结社之自由"。黄洛峰立即在 1 月 16 日出版的《民主生活》第 2 期发表了针对性很强的专论《除去言论自由的障碍——废止〈出版法〉》。这篇专论对 1 月 9 日的《意见书》作了进一步申述,各地出版界和文化工作者迅速作出积极反应。《新华日报》、《群众》等报刊纷纷发表社论或专论,支持废止《出版法》的意见。成都新闻界在 1 月 31 日发出了《呼吁言论出版自由书》。随之上海杂志界联谊会和重庆文艺界茅盾、巴金、冯雪峰等 21 位著名作家都发表宣言或紧急呼吁。晋察冀边区文艺界联合会、华北联合大学、鲁迅艺术学院等14个文教团体和成仿吾、周扬、萧三、丁玲、艾青等46位文化界知名人士,华中解放区阿英、范长江、李一氓、孙冶方、徐雪寒、艾寒松、黄源、楼适夷等31位文化界知名人士也纷纷致电政协会议,要求尽快结束国民党一党专政,建立民主联合政府,实现人民的民主权利和废止《出版法》等旧制度。

继续从事反内战的民主运动

随着抗日战争的胜利,重庆新联总处的成员也陆续复员,联营书店总管理处由重庆迁到了上海。黄洛峰仍以三家书店为核心,在新联总处的基础上吸收新的同业,组成上海新出版业联谊会,有关新出版业的问题多商量处理。例如进口纸张的平价配给,通过联谊会的集体力量,经上海书业公会向南京国民党当局交涉,才得以部分解决,为中小出版业谋取了利益。上海新出版业联谊会的活动十分活跃,黄洛峰通过这个组织做了大量工作。

1946年6月,国民党当局悍然撕毁政协决议和停战协定,调动百万大军准备进攻解放区。在黄洛峰的参与下,由上海新出版业联谊会和中国民主促进会、民主建国会等59个社会团体发起成立了上海人民团体联合会。上海人民团体联合会和上海市学生争取和平联合会,组成以马叙伦为团长的11人请愿团,赴南京请愿。请愿团离开上海时,上海市机器、纺织、市政、饮食、百货、文化各界两百多个社会团体和一百多所学校师生五万余人在北站举行隆重的欢送大会。请愿团出发后,欢送人群随即举行游行示威,上海新出版业联谊会各单位职工也多参加了这次集会和游行。请愿团到达南京下关车站时,遭到国民党特务殴打,制造了骇人听闻的"下关血案"。这时黄洛峰和茅盾、巴金、田汉、周建人、徐伯昕、胡绳等上海文化界260人联名发表《上海文化界反对内战争取自由宣言》,提出停止内战,保障人民自由,保卫民族工业,改善人民生活等主张。

1946 年 7 月民盟中委李公朴和闻一多因反对国民党发动内战,相继惨遭特务枪杀。云南各界在惨案发生后,立即发出紧急呼吁,要求制止内战和国民党当局的法西斯暴行。随之,中共、民盟等各党派和上海等大城市的社会各界发出了愤怒的抗议声。李、闻为民主运动惨遭杀害,黄洛峰和"读社"的干部们都十分悲痛。10 月 4 日,由沈钧儒主祭,上海各人民团体在天蟾舞台举行公祭。

在此前后,三家书店和各地的分店也被横加摧残。三联书店重庆分店和武汉联营书店,6 月 1 日同天被查封。6 月 22 日,广州兄弟图书公司也在"五四"被捣毁后又被封闭。台北新创造出版社则在 1947 年"二二八"事件中被国民党当局查封。

1947 年 2 月,国民党当局通知中共撤回派驻南京、上海、重庆等地担任谈判联络工作的代表,国共谈判全面破裂。

10 月 9 日中央社发表国民党中宣部副部长陶希圣"答记者问",攻击说,市场充斥"共党宣传书刊","新知书店、读书出版社刊行共匪书籍尤多"。为查封三家书店,进一步摧残和镇压进步文化事业制造舆论。

生活·读书·新知三联书店的建立

国民党当局对进步文化事业的摧残和镇压,黄洛峰是有思想准备的。由于上海形势紧张,为了坚持斗争,1947 年 6 月派倪子明等前赴香港设立香港分社。11 月三家书店的领导机构由上海转移香港。在中共香港工委领导下,由邵荃麟、胡绳、黄洛峰、徐伯昕、沈静芷组成领导核心,决定三家书店实行全面合并,建立生活·读书·新知三联书店。新机构由黄洛峰、徐伯昕、沈静芷等组成临时管理委员会,推举黄洛峰任主席,徐伯昕任总经理,沈静芷任副总经理,万国钧和薛迪畅任协理。

1949年3月,生活·读书·新知三联书店总管理处由香港迁到北平,一度改称新中国书局。7月,中共中央发出《关于三联书店今后工作方针的指示》指出,生活、读书、新知三家书店“过去在国民党统治区及香港,起过巨大的革命出版事业主要负责者的作用”。这个文件,还对三联书店在全国解放以后的领导关系、书店性质、经营方针、与新华书店的分工等作了原则规定。根据文件精神和社会各方面反映,考虑到三家书店在我国知识界的影响和作用,1949年8月15日仍统一改称生活·读书·新知三联书店。并在北平、上海、重庆、天津、沈阳、大连、哈尔滨、济南、开封、西安、长沙、武汉、广州和香港等地设立分店。

生活·读书·新知三联书店的建立,在我国出版界是一件大事,同时也为建设新中国出版事业迈出了重大的一步。黄洛峰在思想上、组织上和干部问题上都呕心沥血,进行了长期的酝酿和准备,做了大量卓有成效的工作。

出版和供应新中国中小学教科书

1948年12月,中共中央电告香港工委,通知黄洛峰北上。黄洛峰经东北到达北平时,已经1949年2月了,他立即到河北平山西柏坡报到,中央要他担任新的任务。回到北平以后,黄洛峰全力投入了中共中央宣传部出版委员会(简称出版委员会)的筹建工作。这个委员会由黄洛峰任主任委员,在中央人民政府建立以前,统筹全国的出版工作。

出版委员会一方面用新华书店名义,编辑出版一般书刊和教科书;另一方面用解放社名义,编辑出版宣传党的各项政策和“干部必读”等书籍。解放战争的形势发展很快,为了适应广大城乡中小学迅速恢复教学的需要,5月间黄洛峰在华北人民政府教育部设立了教科书编审委员会,由叶圣陶任主任委员,周建人、胡绳任副主任委员,负责修订或重新编写中小学教科书。随之,在黄洛峰主持下,出版委员会经过多次酝酿和磋商,决定组织公私合营的华北联合出版社,负责办理华北地区1949年中小学秋季教科书的出版供应工作。华北联合出版社于7月间由新华书店、新中国书局、开明书店、商务印书馆、中华书局等23家公私出版社合资组成,由于方针明确,措施得力,调动了公私出版业的积极性,使1949年中小学秋季教科书的出版和供应获得了较好的成绩。11月,由46家公私出版社合资,建立了上海联合出版社,使南方广大城乡1950年春季中小学教科书同样得到了及时供应。这在当时曾被认为是个难题的工作,在黄洛峰的策划下,得以圆满解决,对解放战争的迅速发展、稳定社会秩序和巩固胜利成果,都具有重大意义。

为了统一管理全国的出版事业,1949年10月3日至19日,出版委员会在北京召开了全国新华书店出版工作会议。黄洛峰在会上作了《中央出版委员会工作报告》和会议的《总结报告》,在会议期间,黄洛峰广泛听取出版界的意见,还特地在中山公园来今雨轩举行茶话会邀请北京出版界人士和与会代表一百三十余人座谈,到会者都能畅所欲言,表达了各自的设想和意见。又经过会议充分酝酿和讨论,通过了《关于统一全国新华书店的决定》,完成了解放区和国统区两支出版队伍的胜利会师。

1949年11月,出版委员会奉命撤销,黄洛峰被任命为中央人民政府出版总署出版事业管理局局长,党组成员,兼任新华书店总管理处总经理。1952年改任出版总署办公厅主任,党组副书记。1954年出版总署建制撤销,并入中央人民政府文化部,黄洛峰被任命为文化部出版事业管理局局长,党组成员。1955年任部长助理,党组成员。1956年奉命创立文化学院。1962年文化学院撤销,调回文化部,仍任办公厅主任,党组成员。1964年文化部整风后，被安排到农村调查，后调中国科学院哲学社会科学部民族研究所，担任副所长和党总支书记。十年浩劫中，黄洛峰遭受诽谤、诬陷和打击，但他始终坚持原则，不为所屈。1978 年调任中国历史博物馆顾问。在此期间，黄洛峰怀着对祖国和人民的无限热爱，以及对家乡的眷恋，有编印云南大理三塔、剑川石窟等书籍的设想，文物研究所和文物出版社也都愿意在洛峰同志指导下实现这个计划，但这时洛峰同志已经有病在身，未能实现。不久，洛峰同志永远离开了我们。他还有意编写一部《中国现代出版史》，也没有能够如愿。所有这些都是十分令人痛惜的。

黄洛峰毕生从事民主运动和革命出版事业，并为此做出了卓越的贡献，1954 年当选第一届全国人民代表大会代表；1956 年当选中国共产党第八次全国代表大会代表；1959 年后，先后被推选为第三、四、五届全国政协委员。1979 年中国出版工作者协会成立，被选为副主席。黄洛峰一生任劳任怨，顾全大局，襟怀坦白，以诚待人，他的一生是光辉的社会活动家和革命出版事业杰出的领导者和组织者的一生，他对党和社会主义事业的高度责任感，严肃认真的工作态度和对不正之风敢于斗争的精神，永远是我们学习的典范。

原载《出版史料》2001 年第 1 辑

大后方出版界的领头雁黄洛峰

王建辉

黄洛峰(1909～1980)是由参加进步的文化斗争而转入出版界的。

1936 年 11 月的“七君子事件”中，李公朴被捕，由李任经理并以其名义登记的读书出版社遭到沉重的打击。艾思奇、郑易里等向黄洛峰告急求援,请他出任读书出版社经理,担负起出版业务和经营管理工作,以共挽危机,共渡难关。李、艾、郑、黄这几个人都来自"白云之南"。黄已经是中共党员。这读书出版社的前身是《读书生活》杂志,此杂志是由李公朴主编的,以发表当时只有二十四五岁的青年艾思奇的哲学通俗化的连载《哲学讲话》而出名。这个连载为期一年,汇集成册就是有名的《大众哲学》(自第四版起更为此名,从 1936 年初到 1948 年底这部书共印行了 32 版)。而读书出版社就是在这本书的基础上发展起来的。

黄是 1937 年 2 月到任的。艰难时世中,一个新的出版社的发展是不容易的。面对巨大的困难,他对读书出版社存在的困境做了分析,认为主要的有三个因素:一是和读者以及同业的联系太少,二是机构、人员和出书协调存在问题,三是资金困难,周转不灵。为此有必要采取相应的措施,改善包括会计制度在内的经营管理,立足于读者的需要,建设一个进步的文化堡垒。他决定出版方针应该是,以传播马克思主义为长远任务,以抗日救国为现实任务。于是在作了初步的整顿之后,他在出版社接任经理后的第一件大事,可以说就是同总编辑艾思奇和董事长郑易里商谈出版《马克思恩格斯全集》的长远规划,第一步便是约请郭大力、王亚南译出《资本论》。在精心研究之后,他们将整个出版社新筹资金的一半拨为出版此书的预付版税和专用款。可是战争已经到来了,黄洛峰与出版社西迁武汉,译者在交出第一卷后由出版社帮助回到江西老家继续翻译余下的两卷,于是书稿在江西、武汉、上海之间辗转来回。1938 年 8 月,第一卷在上海印刷出版,稍后第二、三卷相继问世,这部两百多万字的巨著,终于在中国而且是抗战中的中国出版了。见到样书黄洛峰竟情不自禁地失声高叫:"这部伟大光辉的著作终于在中国问世了!"当下便写信告诉艾思奇,他们两人多年来为此书付出的艰辛劳动有了结果。此书次年辗转运到重庆首发，部分由重庆转送延安。在转运当中损失巨大。这部经典巨著出版，是要有勇气和魄力的。在恶劣的政治形势和困难的经济条件下，黄洛峰与郑易里负起出版重任，不负历史使命。随后，他们出版了《剩余价值学说史》，对马克思主义理论的宣传和研究又做出了重要贡献。而出版的《大众哲学》、《哲学选辑》、《中国民族解放运动史》等许多通俗知识读物，对于引导读者特别是青年参加民族解放斗争走向革命道路都起了积极作用。

当时的中国战火纷飞，发货收货如此困难，经济上也有危机，出版社还能不能支持下去？在战争条件下，上海的出版业以及其他的工商业，都面临着这样一个生存问题。黄洛峰毅然迁出上海。当他们还未到达武汉，敌军便已占领了南京。在武汉，黄通过八路军办事处和党接上了单线联系。在抗战初期的这个全国出版中心奋斗的一年间，读书出版社发挥了巨大作用。而这一特殊时期不可能设立专职编辑，黄洛峰三头六臂只好一手抓。他吸收了部分工作人员，不仅注意从政治思想上教育他们，而且大胆使用，使他们在业务上得到锻炼，逐渐成为新的出版骨干。为政之道，在于得人。黄洛峰一向十分重视年轻人才以及对人员的培训。不论是在汉口时期，还是后来在重庆时期，他都注意引进人才。袁伯康是穷孩子出身，因为生活所迫到了读书出版社，在重庆民生路的门市做学徒，黄决定送他去读书，多学点文化，后来袁还成了一名作家。

武汉失守前，黄又是最后关头才离开汉口的。重庆是他们文化斗争的下一站。

在抗战期间，读书出版社与生活、新知两家书店一起，成为由党领导的追求进步和革命的新型出版机构。在传播进步的革命思想文化、鼓动宣传团结人民积极抗战、争取民主自由进步的斗争中，做出了功不可没的重大贡献。此外，他们还承担了为延安选送图书的重任。当时纸张困难，读书与《新华日报》联合成立文华纸行，纸张副业在“黄老板”（当时人们这样称呼他）的亲自擘画下，经营也卓有成效，连《中央日报》有时也要找他们解决用纸困难。由于在皖南事变后重庆形势紧张，国民党对读书出版社严密监视，图书杂志审查委员会曾“请”黄去谈话，黄被扣留一天。黄洛峰和徐伯昕撤往香港。太平洋战争爆发后，他又辗转返回重庆，重组读书出版社总社，重理出版业务。董必武很关心读书出版社，曾到出版社与黄商谈工作。而生活书店的领导者邹韬奋、徐伯昕及新知书店的领导者徐雪寒，都没有能再回到重庆，这样黄洛峰实际上成为由我党领导的三家出版社的负责人，使三家无论在政治上还是组织上都紧密地团结在一起，成为新出版业的一面旗帜。

除了自身的出版业务以外，在陪都重庆，生活、读书、新知三家出版机构坚持同国民党当局迫害文化出版事业的反动政策进行不屈的斗争，开展出版界的统一战线工作，并以三家为核心，组成新出版业的统一战线。在战时黄洛峰成了重庆中小出版业的领袖。1943 年末，生活、读书、新知等 13 家书店出版社发起成立新出版业联合总处，作为新出版业的议事团体。黄洛峰被推为董事长，张静庐为总经理。对内议事由黄主持，对外交涉多由张静庐出面。这个联合体后来扩展到二三十家，它的形成是为了和反动派开展斗争，并保护中小出版业自身的利益。他们多次联名向社会发表呼吁书，要求取消新闻、图书杂志和戏剧演出的审查制度。黄洛峰还多次领头作为出版界的代表，参与整个文化界的要求议论出版自由的政治活动并签名，许多文件都是出自他的手笔。黄洛峰等还发起重庆文化出版界举行邹韬奋追悼大会。1945 年 7 月，黄炎培等六位国民参政员应邀访问延安，返渝后黄很快写出《延安归来》书稿，以日记体裁详实记载了作者的耳闻目见，这对国民党多年的造谣是个有力的揭露。黄炎培接受黄洛峰的建议，不送检而自行出版发行，用这本书打头阵，开展拒检运动。这本书出版后成为大后方的畅销书。

战后，读书社复又回到上海，继续从事革命出版事业。鉴于本社的重要出版物《大众哲学》出版后，作者艾思奇从来没有领受过任何稿酬，当同国民党谈判的中共代表团将要返回延安之际，黄洛峰代表读书出版社专门购置了一块进口表，托博古带给艾思奇作为纪念，感谢他的贡献。可是不曾想飞机与代表团空中遇难，这块表未能到达艾思奇的手中。这个读书精神的象征物虽然成了蒙难者，但读书的斗争没有停止。1948 年，国民党上海当局发出查封读书等三家书店的密令，读书出版社等紧急应变，同时撤往香港，待特务发觉时已人去楼空。为了适应新的形势，生活、读书、新知三家书店实行合并，由黄洛峰任管理委员会主席，生活的总经理徐伯昕任三联总管理处总经理。1949 年 7 月，中共中央在《关于三联书店今后工作方针的指示》中指出："三联书店（生活·新知·读书出版社），过去在国民党统治区及香港起过巨大的革命出版业主要负责者的作用。"而黄洛峰又是主要负责者中的一个主要负责者，因此可以说是由党领导的出版事业的一个代表。黄是云南鹤庆人，1927 年参加中国共产党，后曾赴日留学，解放后担任过出版总署出版局局长，文化部出版局局长。

参考文献：

马仲扬、苏克尘：《出版家黄洛峰》，光明日报出版社 1991 年版。
熊复主编：《中国抗日战争时期大后方出版史》，重庆出版社 1999 年版。
范用：《一个战斗在白区的出版社》（初稿，内部资料）。

选自王建辉著《老出版人肖像》，江苏教育出版社 2003 年

存　目

著　作

马仲扬、苏克尘　《出版家黄洛峰》

光明日报出版社 1991 年

论　文

黄洛峰　《在全国新华书店出版工作会议第十六次大会上的工作总结报告》(1949 年 10 月 19 日)

新华书店管理处编印的《全国新华书店出版工作会议专辑》

黄洛峰　《出版工作委员会主任黄洛峰出版工作活动资料》

袁亮主编《中华人民共和国出版史料(1)》,中国书籍出版社 1995 年

胡　绳　《追怀黄洛峰同志》

《出版工作》1985 年第 11 期

王士菁　《"认真做好出版工作"——怀念黄洛峰同志》

《出版工作》1985 年第 11 期

倪子明　《最后的愿望——纪念黄洛峰同志逝世五周年》

《出版工作》1985 年第 11 期

沈静芷　《抗战后期黄洛峰同志在重庆的文化出版活动》

《出版工作》1985 年第 11 期

赵晓恩　《纪念黄洛峰同志逝世五周年》

《出版工作》1985 年第 11 期

王代文　《黄洛峰与文化学院》

《出版工作》1985 年第 11 期

郑树惠　《我喜欢和我抬杠的干部》

《出版工作》1985 年第 11 期

浦光宗　《悼念战友黄洛峰同志》

《云南现代史料丛刊》1985 年第 4 辑

唐登岷　《忆念黄洛峰同志》

《云南文史丛刊》1986 年第 1 期

马仲扬　《抗日战争时期的出版家黄洛峰》

《光明日报》1986 年 7 月 5 日

魏玉山　《出版委员会始末》

《中国近代现代出版史学术讨论会文集》，中国书籍出版社 1990 年

赵晓恩　《黄洛峰与文化学院》

《新文化史料》1991 年第 4 期

王仿子　《回忆出版委员会》

《北京出版史志》第 6 辑，北京出版社 1995 年

尚　丁　《黄洛峰——"拒检运动"的策划人》

《纵横》2000 年第 3 期

马仲扬　《回忆中国第一部〈资本论〉中译本的出版发行——缅怀黄洛峰同志》

《中共党史研究》2001 年第 1 期

吉少甫　《统一全国新华书店的奠基者——纪念黄洛峰同志逝世20周年》

《书林初探》，上海三联书店 2001 年

罗竹风

罗竹风(1911~1996),山东平度人。青少年时期喜爱文学。1931 年考入北京大学中文系,曾在北京大学校园内办起了一种四开大小的报纸《北大新闻》,广为流传。大学毕业后,回到山东省,先后在烟台中学、益都中学(在青州)任语文教师。1937 年卢沟桥事变后,离开青州回到家乡。1938 年加入中国共产党。抗日战争和解放战争时期,先后任《抗战日报》社社长、八路军胶东五支队秘书长、宣传部长、胶东交协副会长、平度县县长、山东省教育厅督学主任等。1949 年 6 月 2 日随军接管青岛山东大学,任教务长。

新中国建立后,于 1951 年 8 月调上海工作,历任华东抗美援朝总分会秘书长,华东、上海市宗教事务处处长、上海市出版局局长、上海市哲学社会科学联合会主席、中国宗教学会副会长等。他还是山东大学、华东师范大学、上海师范大学兼职教授。

1956 年,他曾在《文汇报》发表了《杂家》一文,受到姚文元的粗暴批判,引起了一场“杂家风波”,后被贬任《辞海》专职副主编。

近50年来,他先后主持编纂了许多重要的大型辞书。他曾任《辞海》的常务副主编、《汉语大辞典》主编、《中国大百科全书·宗教卷》主编、《中国人名词典》副主编等。著有《杂家和编辑》。

杂　家

——一个编辑同志的想法

骆　漠*

窗外下着毛毛雨,春雨贵似油呀,但这天气却总有点使人腻烦。

工作了一天,正应该"逸"一下了,便顺手拿起一本《史记》来,想查清"左袒"这个典故的出处,也算是一种消遣吧?

"笃,笃笃……"有人敲门,却原来是一位出版社的编辑来访。

多日不见,不免寒暄一番。起初,没话找话说,两人都显得吃力。不知怎么一来,话头转到编辑业务方面,于是松动活泼起来了。

"人都要有一行,没有一行,就会变成二流子。"编辑同志是这样开头的,"其实,二流子也应该算是一行,不过是'等外品'而已。但使我迷惑不解的却是'编辑'究竟算哪一行、哪一家呢?"

我认真地想了一下,答道:"社会分工,不能用植物分类学的方法,编辑就是编辑。如果硬要追问属于哪一家,恐怕只能算是'杂家'了。"

他哈哈大笑起来,连连说:"好一个杂家!有意思,真有意思!"

"三百六十行,缺一不可。《水浒传》一百单八将配搭起来,行当齐全,才显得热闹。若都是一群呜呀呀的黑旋风李逵,岂不扫兴?”我借题发挥,着实谈了一通社会分工必须有“编辑”的大道理。然后又联系实际,说什么“当教师的,得天下之英才而教之,一乐也;难道得天下之妙文而先欣赏之,在许多书稿编辑出版过程中,既开阔眼界,又增长见识,更能发掘宝藏,有利于人类文化知识的积累和传播,那自然是编辑同志的一大乐事了”。

“嗡,嗡……”他先是漫应着,后来却突然兴奋起来,说了这样一大段话:

> “李逵也好,鲁智深、武松也好,当然各不相同。但谁又愿意做个水亭放箭的联络员朱贵呢?一个作家成名,谁也看得起;作家以自己的作品为社会所重视,这当然是他辛勤劳动的成果。然而这其中也有编辑的一份心血。编辑的不平,正是他年年为人作嫁衣裳,而自己却永远坐不上‘花轿’。这些年来,领导上颇重视演员、作家,似乎什么都有他们的份儿,而编辑却有点‘广文先生’的味道。难道你听说过有什么负责同志专门接待过编辑这一行吗?哈哈……所谓‘杂家’,名不正则言不顺,命定该坐冷板凳!在后台的人也有各式各样,我不相信组织上给我一定的条件,像一般作家那样,我会写不出东西来!如果真是不堪造就,那只好从心里认输。然而这几年,我却在‘可出可不出的书,不要出’呀,‘有益无害的书,不妨出一点’啦等等空洞原则底下,搞得头昏脑涨。当然,也并不是说我白吃饭,成绩总还是有一点的。这不过是一些牢骚话,偶尔说说也就算了。”

我深切感到“言者谆谆,听者藐藐”的苦楚。雨夜一席话,好像谁也说服不了谁。但我始终认为:编辑这一家是无论如何也缺少不得的,杂家必杂,杂中求专,当一个名副其实的编辑专家,对社会的贡献恐怕也不一定比其他行当的专家们更少一些吧?

为什么这位编辑同志还有一肚子苦水呢？个人主义吗？名利思想吗？不甘心作无名英雄吗？都或有之，但也不尽然。如果帽子什么的可以解决问题，那未免太简单了。凡是自以为不被重视的工作，最好是从两方面的原因去想一想。例如负责同志专门接待一次编辑工作者，同他们谈谈心，对编辑工作的情况多了解一点，帮助解决一些可能解决的问题。这样，岂不皆大欢喜了吗？

我常想：人的欲望是无限的，也是有限的。怎样在无限中求有限，这是一种艺术，也是一门学问。明乎此，领导者的天地就广阔了。

注释：

* 骆漠即罗竹风。

原载 1962 年 5 月 6 日《文汇报》

再论“杂家”

罗竹风

17 年前，写过一篇《杂家》，登在 1962 年 5 月 6 日的《文汇报》上。当时是有感而发的；书籍出错，编辑有责，往往要先作检讨；参加必要的会议无份儿，阅读必要的文件也无份儿，而担子却挑得很重；社会上重视各行各业的专家，只有编辑不入流。总之，又要马儿跑，又要马儿不吃草。把编辑称之为“杂家”，无非是指这个行当知识面广，杂中求专，是很不容易办得到的。因而希望领导上多重视编辑的处境，解决他们的一些困难。

全国的编辑不知有多少人，如果把各地出版社、报社、杂志等全部编辑工作人员加起来，大约也是一个相当庞大的队伍吧？这些人都是脑力劳动者,担负着把意识形态领域内各方面成果加以汇集、整理、公布的重大职责,是积累和传播人类文化科学知识必不可缺少的一个集群。特别是在近代社会分工方面,编辑也占有一定的重要地位。

“四人帮”横行时期,情况不仅没有什么改变,而且每况愈下,更加不成体统了。“四人帮”把所有知识分子骂倒,一律贬为“臭老九”;把出版社、报刊统统抓在手上,作为替他们炮制反革命舆论,搞“阴谋文艺”和“影射史学”的工具。过去十年的出版工作也是重灾区,体制被打乱了,编辑被百般迫害,所谓“掺沙子”的结果,有的编辑部门几乎变成了沙漠,荒芜不堪,后继乏人。因此,必须拨乱反正,正本清源。

作为编辑,应当具备四个条件:

第一是专业知识。第二是业务能力。第三是文字素养。第四是组织活动。四者搭配,才能成为力能胜任、名副其实的编辑人才。大学里有专讲李白、杜甫的教师,出版社不可能分科这样精细,但至少也要设置范围较广而具有相当水平的编辑,了解作者的情况,审稿时能够提出确切意见,对提高质量有所裨益。责任主要在作者,编辑懂行,也可以起“参谋”作用。文法、修辞、逻辑是所有编辑的基本功,一站二走三跑,循序渐进,才能攀登高峰。如果文字能力差,等于两脚凌空,不但不能“锦上添花”,势必“佛头着粪”,搞得一塌糊涂。打好基本功,这是看家本领。从热爱自己的业务,到熟悉业务、精通业务,积累某一学科的知识,纵观全局,对所处理的书稿心中有数。同时对版面、字体、装帧设计以至印刷、发行都能相当内行。出一本书,质量要求固然要高,形式也应当不断创新,许多封面单调,版式呆板,编辑有责任研究改进,使风格多样化。根据书籍不同内容,表现在形式上,不妨有的端庄,有的活泼,有的严谨,有的放纵。总之,百花齐放,不拘一格。

编辑工作要静动结合。不静,便无从审理稿件;不动,思想容易僵化,而且坐井观天,所见甚小。当前最重要的还在于编辑的眼界不开阔,一般缺乏组织能力,和作者的共同语言不多。“行千里路,读万卷书”,外出去组稿有机会能参观一些名胜古迹,游览名山大川,可谓一举两得,又何乐而不为?过去却被斥之为“游山玩水”、“玩物丧志”。通过全国性的学术会议,具体了解、研究学术动态,进行组稿活动,提高编辑的组织能力,这是应当加以提倡的。

编辑和作者的关系最好是做到水乳交融,相互帮助,相互促进。当然两者之间不是没有矛盾的,而矛盾的解决,正是促进书稿质量提高的动力。有一位老编辑曾经语重心长地说过:通过我的手,出过很多好书,也看到不少作者成了讲师、副教授甚至于教授。这正好说明一个称职的编辑所付出的劳动,一定是会开花结果的。为他人作嫁衣裳吗?这种“嫁衣裳”是应当大作而特作的。从这一角度看编辑,的确对繁荣学术是有一份功劳的。现在也有人说编辑的权力太大,对书稿采取武断专横的态度,称之为“编辑专政”。任何书籍的出版、文章的发表,都是通过编辑这一关的,因此,有所谓“把关”之说。仅就这一点来看,编辑的权力是很大的,如果编辑滥用职权,当然是错误的。有时由于眼界狭窄,把已到手的好稿子轻易放过,这也是失职的。这些缺点错误,应当改正,也必须改正;不然,将会影响繁荣学术和创作,不利于“双百”方针的贯彻。

四个现代化需要更广泛地开展百花齐放、百家争鸣,出版更多更好的书刊,以满足广大读者的需要。一本《新华字典》能够满足当前的工作需要吗?《辞海》编了22年,真是“龟行”速度。“四人帮”的干扰破坏消除以后,各式各样的工具书应如“雨后春笋”,遍地出土。“禁区”还很多,冲破禁区需要理论上的勇气,作者要破除迷信,解放思想,独立思考,敢于创新。但这还不够。作者如果做到了,而编辑却依然故我,也是会扯后腿,起阻挠作用的。两好合一好,力量加倍;一好一坏,劳绩减半。

冲破禁区，编辑是很大的关口，所谓“一夫当关”者是也。如果编辑思想不解放，陈陈相因，固步自封，远远跟不上形势的发展，这对学术研究、文艺创作都是非常不利的因素。应当十分重视编辑工作，大力培养编辑队伍，让他们参加必要的会议，经常深入实际生活，保证有一定的时间学习和写作，不断提高政治水平和业务能力，成为思想活跃、眼界开阔的文化学术“助产师”。

要提倡编辑练笔写文章，这是提高编辑业务的有效办法。过去编辑写文章是“犯禁”的，认为这是不务正业，是为名为利，是白天如猫，夜晚似虎。总之，编辑只能跑龙套，演配角，而永远不能充当主角。因此，编辑也认为自己不过是跑腿的，求人的，四不像，摆不到桌面上去。出去组稿，也不能与作者平起平坐；作者有创作假似乎是理所当然的，编辑外出组稿，反而落得个“游山玩水”的臭名。因此，在不少编辑当中产生不满情绪，也是完全可以理解的。

有名作家，有名导演，有名演员，也不妨有名记者和名编辑。鲁迅是名作者，同时也是名编辑，他除了为我们留下了大量作品以外，还编过许多杂志和书籍，培养出不少新作家。《未名丛书》、《奴隶丛书》的出版，就是最好的例证。《海上述林》的编辑出版，更加说明鲁迅在这一方面的功绩。所谓“名”，并不是个人成名成家的“名”，而是由于他们辛勤劳动，孜孜不倦，努力钻研业务，做出特殊的贡献，更好地为人民服务，为四个现代化服务，应当受到表扬。这样的名和家，不是越多越好吗？一定要求没有丝毫杂质掺杂在内，而是提出所谓纯之又纯的主观动机，那是虚幻不切实际的。如果真有这种纯之又纯的东西，岂不早就到达“顶峰”，用不着再继续前进了吗？

人必自尊而后人尊之，这也是至理名言，无可指责的。据我所知，埋头苦干的编辑是大有人在，他们为了提高书稿质量付出了大量劳动，做过许多对广大读者有益的工作。为了更进一步调动编辑的积极性，充分发挥他们的主观能动作用，必须倾听他们的呼声，了解他们的甘苦，和其他意识形态领域的工作同志一样，给编辑应有的社会地位，为编辑创造一定的工作条件，这是合情合理的愿望，应当受到重视。要马儿跑，就要马儿多吃草，不然，又该怎么办呢？

科学的春天已光临人间。对于及早实现四个现代化，编辑也能够贡献自己更大的力量，在“双百”方针指引下，起促进学术繁荣的有力作用。

17 年过去了，缅怀既往，瞻望未来，真是感慨万千！往者不可追，来者犹可谏，但愿再过若干年，老调不再重弹，这个老题目也就可以结束了。

杂家必杂，杂中求专，为建设一支强大的编辑队伍而努力不懈，它将使我们祖国的学术研究和文艺创作更加光辉灿烂，有助于及早地实现四个现代化。

原载《上海文学》1979 年第 4 期，
收入本集《编辑杂谈》时做了删节

修订《辞海》的前前后后

罗竹风

外界有个印象，似乎我是专门编写辞书的；其实，不过是一种误会。人不相知，莫此为甚！

为什么会发生这种误会呢？也并非捕风捉影，毫无根据。事情还得追溯到 1958 年。当时有人想很快改变中国的落后面貌，突然来了个“一天等于二十年”的“大跃进”，办法无非是大搞群众运动，企图朝夕间就“人换思想地换貌”。这可能吗？凡稍有疑虑者，一大堆“帽子”便在那里晃动了：什么“观潮”派、“秋后算账”派等等，不一而足。后果怎样，人人心里有数，多说无益。

1957年秋天，毛泽东同志来上海视察工作，他提出修订《辞海》的任务，并把这项任务交给了上海。一个大体的框框是：需要五年左右时间，调集五六十个干部，用百把万元的经费，集中上海学术界的力量来努力完成。修订《辞海》的全过程，按照1965年春出版《辞海·未定稿》推算，这个"蓝图"还是八九不离十的。《辞海》迟延至1979年10月1日才正式出版，那是因为有差不多十几年的时间被浪费掉了！

毛泽东同志倡议修订《辞海》时，我正在上海出版局工作，指示下达后，立即着手筹备。舒新城先生是旧《辞海》主编，一向对辞书工作很热心，曾在全国人代会上提出编写"中国大百科全书"的倡议。关于修订《辞海》工作，毛泽东同志曾亲自找舒新城先生谈过，并决定由他担任主编。为此，专门成立了中华书局辞海编辑所，调集干部，组成编委会，不久便在陕西北路开始办公了。

当时最流行的办法是大搞群众运动，例如大炼钢铁，大除"四害"等等。单就全民打麻雀的伟大场面而论，真可以动天地而泣鬼神！修订《辞海》，当然也不例外。最初是发动大学生写，轰轰烈烈，热火朝天，但所写的几乎等于一堆废纸。碰壁之余，不得不有所改变。1959年春在锦江饭店南楼集中了各学科的一部分专家学者，经过详细研究讨论，按照辞书的规格和要求，大家写出一批"试写稿"来，并以此作为"样板"推动全局。总算是入门了，以后经过几次分散和集中，1962年冬终于出版了试行本16分册，并派人分赴各地征求意见。在16分册的基础上，又按部首编排，搞了一个内部参考本；稍加修订，就是后来出版的"未定稿"。所积累的经验，说明修订《辞海》是金字塔形的，越到后来人数越少。头脑发热，兴师动众，是无济于事的。

在开始"搭班"时，从哪里调人的问题，毛泽东同志曾提出从全国各大学物色一部分有真才实学的"右派"当编辑，有几位骨干大约就是这样来的。1962年因为《杂家》问题，我变成修订《辞海》的专职副主编了。虽然人家没有明说，但自己心里有数，这是"戴罪立功"的一次机会，于是沉下心来，所有稿子几乎都通读过。有的纵然囫囵吞枣，食而不化；但不管怎样，并非窥豹一斑，而是目有全牛。总算没有白白浪费生命吧。

当时"左"得相当可怕，有些条目根本不能实事求是地加以处理，违反了历史唯物主义"还原历史本来面目"的原则。例如《北斗》杂志，主编是丁玲，这是板上钉钉的历史事实；但因为丁玲同志早已戴上"右派分子"帽子，发配到北大荒劳动改造去了，于是主编只得抹掉。"七君子"也因其中两人"有问题"，只剩下"五君子"，这使读者怎么了解"七"的含义呢？对瞿秋白同志的评价也一再降格，变得很平庸了。至于观点受"左"的影响，那就更为普遍。从总体来说，修订实际上等于重写，基础还是不错的；进一步打磨，改正错误，保证不出或少出"硬伤"，《辞海》必将以崭新面貌出现于读者之前。后来的事实也充分证明了这一点。

《辞海·未定稿》正式出版后不久，"文化大革命"的灾难临头了。秉承张春桥、姚文元的意旨办事的"批判家""批判"《辞海》时，有两句最为"精彩"的话：第一句是"集古今中外封、资、修之大成"；第二句是"字字都是黑的"。凡参加《辞海》编写工作的专家学者（即所谓"资产阶级反动学术权威"），几乎没有不被批斗的。在"文化大革命"后期，由于林彪、"四人帮"插手干预，《辞海》又继续修订过，其中"私货"更多。1979年初重起炉灶，在最后定稿时，重申应以"未定稿"作为基础，乃是理所当然的。我参加了最后定稿工作，可以说是与修订《辞海》相始终的。

从此开始，我才与辞书挂上了钩。现在参加《汉语大词典》、《中国大百科全书·宗教卷》、《中国人名词典》工作，大约都与修订《辞海》有着血缘关系，于是我也被误认为什么辞书"专家"了。二十多年了，当然也会有点心得体会，这里不可能拉开来谈。一言以蔽之:编写辞书是一件非常严肃认真的工作,只有专家才能胜任;也不妨说,编写辞书一定要走专家路线,或者说是走专家的群众路线。过去走过许多弯路,付出的学费不是太高了吗?试问,我们在哪一项工作上付的学费又是低的呢?有的还要高一倍、两倍以至无数倍,时代使然,这也是不以人们意志为转移的。

大题小做,这就算是"我与辞书"的一点缘由吧。完全可以肯定,如果不参加修订《辞海》工作,我与辞书将是风马牛不相及的。当然,能够在这一方面尽点力量,也是非常值得的;苦、辣、酸、甜回忆起来,哪一样没有点余味呢?

原载《辞书研究》1983 年第 5 期

七十四岁自述

罗竹风

鲁迅写《阿 Q 正传》,一开始关于"传记"问题就发表了一通议论。草木之人如我者,自己写"传"没有必要;别人为之立传,难免有所隔膜,而且也毫无价值。

人生七十古来稀,这种说法正在背时。现在已改为"八十、九十不稀奇,七十还是小弟弟"。我很赞赏新说,当个小弟弟还不好么?然而毕竟是老了,不中用了!

我生于辛亥革命那年的 11 月 25 日,属猪的,算是中华民国生人;从小就没有拖过猪尾巴似的小辫子,也没有上过私塾,一开始读的是商务印书馆出版的"共和国国文",即"人,手,足,刀,尺"那一套。父亲是自由职业者,主要依靠自学升迁,在中学教英文,也教国文,以劳动所得,供应子女求学。我是长子,受教育是台阶式的:由小学而中学,进的大半是教会学校;因为教会学校英文好,理科设备也好，而且管教严，学生不至于沾染抽烟、喝酒等坏习气，为家长们信得过。

1931 年暑假，我考入国立北京大学中文系。这一年只录取了六名新生，是不愧为“高门坎”的。当时还考上清华大学的生物系和税务专科学校的内勤；但我终于进了北大的中文系，主要是受看进步小说和其他文艺作品的影响。选择这样一个“倒头系”，便决定了我一生的坎坷命运。

我的兴趣相当广泛，大学时代也并未定性，“一心以为有鸿鹄将至”的念头还是常有的。北大是蔡孑民先生打下的基础，后继的校长们只得“萧规曹随”，轻易不能改动。北大又是五四运动的发祥地，一向主张独立思考，自由研究，所采用的是英国学制，选修课特别多，学生们不仅可以跨系选，还可以跨院选。除以“中文系”为“主系”之外，我还集中选了哲学系的课，特别是偏重于宗教方面的，例如汤用彤、熊十力、许地山等都是我的老师。还选过马叙伦先生的“老庄哲学”，总共只有五个学生，有时就在他家客厅里上课。有问有答，议论风生，气氛极为融洽。有因必有果，我之所以与宗教工作长期发生瓜葛，至今不断，这大约就是一点“根苗”吧。

还在理学院选过生物系、心理系的课程，都比较零散，而在哲学系选课却不下十来门之多。我是以中文系为主系，哲学系为副系取得北大文凭的。这可能近于现在所说的“双学士”学位吧？当时只想老老实实读书，学有所成，好在社会上做个清白的人。

1931 年“九一八”事变发生，我开始参加学生爱国活动，到张学良所住的顺承王府请过愿。他满面苍白，咿咿呀呀地说了一套：“军人以服从为天职，只要蒋委员长一声令下，学良一定率部出关杀敌，收复失地……”如此不得要领，但也总算上了一课。12 月初，北大学生南下示威，我也参加了，认识了不少进步同学。当到南京游行示威时，队伍走到成贤街教育部门前，被预伏的军警特务包围痛殴,183 人被关进了孝陵卫。以此为转折,我便恍然于“读书救国”不过是白日说梦,而国民党、委员长之类的也不过是些大脓包。中国必须走另外一条路,以群众的怒吼反抗日本帝国主义的侵略。这不妨说是我生命中的一个转折点。我的觉醒,是从“九一八”民族危机严重时开始的,而关键则是 1931 年初冬的南下示威。有一条曲线贯串下来,大约一直可以划到现在。

南下示威以后的几年,对我现在还有影响的几件事不妨提一提。走上街头呼喊,不过是抗日救亡的一个方面,而且是不可能持久的,还必须干点更加切实的工作。当时出版了一种四开张的《北大新闻》,主要成员有千家驹、吴廷璆、李山风、徐世纶(即徐仑)、肖家驹等,我也是其中之一。这张小报影响超出北大校园。不久,邹科嵩、石宝瑚等也办了一张,报头、开张、编排都与《北大新闻》一模一样;“鱼目混珠”,读者是很难分辨的。据说邹、石等人是“托派”,从他们的言论来看,是同当时的革命主流思潮迥乎不同的。这就是所谓《北大新闻》真假“双胞胎”案,老北大同学当记忆犹新。这对我来说,从抗战期间一直到现在对报刊还极感兴趣,也是有些“蛛丝马迹”可寻的。

随着大众语运动的进展,学习和推广新文字(《北方话拉丁化方案》)的来潮已很明显。最初,我是在一期《La mondo me la chine》的刊物上看到的,接着又看过不少上海天马书店所出的书刊。我是偏重于学语言学的,对方块汉字的难识、难学、难写深有体会,而且认为这是中国文盲占全国人口 80% 以上的主要原因之一。凭借我对语言学的一点知识,曾在北大民众夜校(在马神庙二院)亲自试教过新文字,成绩很好。抗战期间,我又在胶东地区 22 个县推行过新文字,同事有刘立凯、王良平等同志。我至今还热心于文字改革工作,任何干扰也不能动摇我的坚强信念,这大约也是由来已久的了吧。

在旧社会,“毕业即失业”的说法极为流行,事实也的确差不多。北大毕业之后,离开学校,人海茫茫,突然产生了一种无所适从的茫然情绪。因为北大是金字招牌,在社会上的影响大,就业总比那些私立大学、野鸡大学占优势。安于清贫,最后终于当上了一名中学语文教师。山东省教育厅厅长何思源有一个所谓"菏泽、六中、北大、哥伦比亚"的"山头",四者有其一,在山东教育界找个饭碗还是不难的。全省教育经费以屠宰税作抵押,每月 25 日发工资,从不七折八扣,远比河北、江苏等省优越,而且思想也并不像禁锢的沙丁鱼罐头那样严,闻名全国的"子见南子"轩然大波,就是由曲阜第二师范发动的。各省立中学还请了不少外省人当教员,如胡也频、李何林、王冶秋、李俊民等都在济南、烟台教过语文课。每月工资不打折扣和思想不太保守,两者大约相互有关,才吸引了不少外地学者到山东来。

我以北大中文系毕业生的身份,在烟台中学、益都中学担任语文教师,每月工资百十元,这在当时总算可以的了。1937 年春天,一个偶然的机会,我看这两本书:一本是斯诺的《西行漫记》,一本是巴比塞的《从一个人看新世界》(即《斯大林传》)。记得是李欣(现名胡昭衡)从北平寄给我爱人张秀珩的。我们大喜若狂,以最快的速度读完,又广为传播,借给不少教师和学生们看过。这使我的视野更加开阔起来,思想的"失重"现象得以克服。"七七"卢沟桥事变的消息,是我从青州去济南,在火车上听到的,预感到一场翻天覆地的大风暴就要临头了。相隔约摸三个月,日本诱降未遂,便攻过了徒骇河;未经受任何抵抗,即到达黄河北岸的华不柱山。从这里向济南炮击,飞机还扔了几枚炸弹,韩复榘部早已败退到宁阳去了。不久,国民党山东政权土崩瓦解,神州大地谁主浮沉?这是人们头脑中的一个大问号。

在这段混乱时期,何去何从,必须善自抉择。我曾到济南见过李公朴,在谈话中,他说了一句"就地开花也好嘛"的话。同时还看到了中共中央北方局关于"脱下长衫,参加游击队"的文件。这两件事，对我都有所触动。当时益都中学师生的考虑：一去武汉，二到延安，三回老家。由于以上诸因素，我毅然决然回家乡去。时届冬令，大雪初霁，当我乘蓝村到平度的汽车，远望巍峨的大泽山，像一幅匀称的水墨画挂在晴空，不禁想到这是藏龙卧虎之地，凭借它，也许可以有所作为吧？

现在我不是还对中学语文教学有兴趣吗？在我一生中曾经当过两年中学语文教师；抗战后期，为了迎接全国解放，还在胶东参加主持中学教材的编写工作，当时白桃、孙陶林、杭苇等都是主要领导人。编好的这套教材，中央电告专程送往前委所在地西柏坡村。解放后，即作为初中教材在全国普遍使用。在解放济南后，我担任山东省教育厅督学主任（多么陈腐的职称），也曾在中学蹲点，试验过语文教学改革工作。这些加在一起，可以证明我对中学语文教学深感兴趣并不是偶然的。

话再说回去。回到家乡以后，从济南反省院刚释放出来的乔天化同志因与我早就相识，便经常在一起商量拉游击队的问题。过了半个多月，沈鸿烈从青岛带一部分海军陆战队逃往鲁南的沂蒙山区，日寇从青岛、烟台登陆，48 辆兵车转了一圈儿，几乎是通行无阻，只在莱阳花院头遭到当地群众的抵抗。从此之后，胶东各县大部分“伪化”，平度县城也挑起了白旗。形势紧迫，我们不得不加紧活动，终于拉起了一支队伍，依傍乔家、正涧一带山区活动。春节之前，和掖县接上关系。1938 年正月间参加攻打掖县城，我就变成一个“大兵”了。

抗战八年和解放战争五年，都一直在党的领导下工作，当过兵，扛过枪，作过八路军五支队的秘书长，还当过“县太爷”，干过文化教育工作。为了工作需要，还写了不少杂文。这些杂文涉及面很广。我是 30 年代在北大中文系读书时开始写杂文的，有一篇就登在陈望道办的《太白》半月刊上，记得题目是《看画》。由此可见，写杂文也已有半个多世纪的历史了。1962 年 5 月，在《文汇报·笔会》发表的《杂家》,竟然惹出一场“莫须有”的“文字狱”来,这是意料不及的!抗战期间的工作像陀螺一样团团转,哪里需要就到哪里去。解放战争以来,似乎有点“落叶归根”,工作重点逐渐朝文教方面倾斜、靠拢,在文协、胶东公学、省高教厅都干过。1949年6月2日随军接管青岛山东大学。当时的学生现在多已成名成家,有的已达离休或退休年龄。每逢去青岛、济南、北京等地出差,看到这些学生,便乐不自禁;他们对我这个老师也是满腔热情,关怀备至。这一段是最值得我怀念的,可惜时间并不长;如果能够继续干下去,那该多好呀!

1951年8月,我调上海工作:起初在华东抗美援朝总分会,老“三反”时到华东及上海宗教事务处;1956年中央提出向科学进军时,转上海哲学社会科学学术委员会(筹);“反右”不久,又调上海出版局工作,还参加过《辞海》修订,断断续续,一直到1979年10月1日三卷本正式出版。“文化大革命”一开始,我又从《杂家》开头被批斗,后来由张春桥、姚文元等罗织成罪,加上四五顶罪大恶极的“帽子”,于是永世不得翻身了。然而又得以翻身者,正因为“四人帮”粉碎后,被颠倒的事实又重新颠倒了过来。

我一生最痛快的时刻,莫过于亲自看到江青、王洪文、张春桥、姚文元四大罪魁祸首覆亡并被押上了历史审判台。1981年冬天,我作为上海市代表团的成员去北京列席旁听特别法庭审判“四人帮”案件,我和周谷城老并排坐在靠通道的地方,从候审室提审江青等四凶恰好从这里经过,看得非常清楚。第一个油然而生的念头是:被押上历史审判台的终于是你们,真是“天网恢恢,疏而不漏”,罪有应得。在审判过程中,我再一次看到了他们的丑恶表演,不禁又想:固一世之“雄”也,而今安在哉!?

自党的十一届三中全会以来,我的心情是比较舒畅的,以垂垂暮年,还能贡献“余热”,一直在为党为人民做些力所能及的工作。除上海社联之外,主要的是担负几部大型辞书的组织编写工作,如

《辞海》、《汉语大词典》、《大百科全书·宗教卷》、《中国人名词典》等。这些任务相当繁重,能够尽上自己的一份力量,总感觉是无尚光荣的。“烈士暮年,壮心未已”吗?岂敢,岂敢,不过“尽其在我”而已!

写到这里,应当来个180度的大转弯和急刹车了。我正在思考人生的必然性和偶然性,两者相交便是你、我、他以及所有人的遭遇。我总可以算是一个知识分子吧,因为大半辈子的工作、秉性、气质等等都是属于知识分子类型的。处在民族危急的动乱时代,我开始走上了人生之路,从20来岁一直到74岁,经历过无限艰辛和曲折,自然有个人喜、怒、哀、乐所凝聚起来的情感,经验教训也是无穷无尽的;但是不管怎样,为人民服务的信念却永远是炽热的。生命不息,战斗不止。从今天我所从事的许多工作中,不正是过去某些“根苗”的成长和意愿的折射吗?

回顾过去的几十年所走过的道路,正像退潮后的海滩上,有一群跑过的孩子,足迹是凌乱的,一溜歪斜,但也是清晰的,总的方向还是跑向对面去的。我正是如此。既然路是走过了,也并不后悔;因为后悔不但于实际无补,而且徒然令人迷茫和怅惘!

还能再活几年呢?“阎王要你三更死,谁能留你到五更?”这大约就是既含糊而又肯定的回答。必然和偶然的交叉,铸造了一个人的终生,也可以说是“在劫难逃”吧。这“劫”也正处在无数交叉点之间,无数交叉点连绵、延伸,便形成了你的喜、怒、哀、乐;而对于革命者来说,必然性与偶然性总是同时代背景与个人遭遇密切相关。也可以说,是不以人们意志为转移的。这不是宿命论吗?我认为不仅不是宿命论,而正是人生途程中的辩证法。

孔子说过一段话:“吾十有五而志于学,三十而立,四十而不惑,五十而知天命,六十而耳顺,七十而从心所欲不逾矩。”两相对照,我是相差十万八千里的。年过七十,能够做到“从心所欲不逾矩”吗?真是谈何容易!我想在孔子个人,恐怕也是虚悬一个目标，可望而不可及的吧。

《七十四岁自述》，就写到这里为止了。其实，是完全没有必要写的，如果能多少起点“镜子”的作用，那算是意外的收获，连自己也就欣然有喜色了。但愿如此！

1985年10月15日

原载《编辑之友》1986年第2期

回顾与展望

——记《汉语大词典》首卷出版

罗竹风

中国的字书历来很多，词典是较晚才发展起来的。建国以前，人所共知的词典有商务印书馆出版的《辞源》，中华书局出版的《辞海》，开明书店出版的《辞通》。这三部词典在社会上流传广，影响也较大。其余小型字典、词典也有不少，多限于教育系统和学校范围使用，几乎谈不上什么系统性。

建国以来，还是在以前出过的老辞书身上打主意，《辞海》、《辞源》等都曾先后修订过，有的面目全非，等于重编，只不过还是原来的框架而已。这三部辞书是以汉语字、词为主的，而《辞海》百科词目所占比重大，并各成体系，可以按学科分类出单行本。

《汉语大词典》是一部另起炉灶的大型词典。在邓小平同志1975年主持中央工作时，由周恩来总理热情支持，此书开始筹备并着手编写。承担编写任务的是华东五省一市（山东、江苏、安徽、浙江、福建、上海）有关学校、研究机构、出版单位以及地区，参加编写初稿的400余人，最后由少数人定稿。全书12卷，收词目约37

万条,5000多万字,并附有检索和附录。

1979年9月下旬,在苏州召开第一次编委会时,确定编辑方针为“古今兼收,源流并重”。也就是纵横交叉,全面概括,既显示词汇历史的演变过程,又体现它在某一时期的运动情况。当时书荒严重,辞书尤其缺少。最初对《汉语大词典》曾有过网开八面,包罗万象的设想,以为只此一“典”,即可为读者解决一切疑难问题。但这是绝对不可能做到的。1981年秋,在杭州召开第二次编委会,循名责实,更进一步明确了这部大词典的专业性质。它只收汉语的一般字、词,适当选收百科知识词目,并力求义项完备,释义确切,层次清楚,文字简练,符合辞书科学性、知识性、稳定性、实用性的要求。已积累的700多万张卡片,都是摘录引用古今著作原书的第一手资料,竭力避免反复抄录的第二手、第三手资料,尽量做到翔实可靠。所收单字以带复词并有引文例证者为限,不带复词的僻字和死字一律不收列。专科词只收进入一般语词范围的,不与其他专科辞书重复。这也是与另外一部《汉语大字典》分工所决定的。由四川、湖北两省编写的《汉语大字典》只收单字,不管死字活字,凡具有形、音、义的单字一律收列,不收复词。全书约收6万余字,是一部空前庞大的汉语字典。

因为编辑方针是“古今兼收,源流并重”,根据实际情况,决定以部首检字法编排,基本上采取《康熙字典》的214个部首而稍加改进。其他检字法如音序、笔画等一概列为附录。凡是能够使用任何一种检字法的读者,都可应用自如。国务院颁布使用的简体字,各自归属于繁体字之后。这样不仅照顾到汉字演变的过程,而且有助于了解繁、简两者的关系,这是符合国家语言文字工作委员会有关规定的。一开始就制订了详细的编写条例,逐步完善,求得全书体例统一。

在编写过程中,我们不断遇到一些难以克服的困难,都及时得到帮助解决,中央曾先后为《汉语大词典》发过三次指示,对于一部词典来说,这也可能是空前的吧。五省一市领导大力关注,予以必要的精神鼓励和物质支援。工作委员会、顾问委员会在行政和学术两方面为我们创造条件,协调关系,解决疑难,也尽了最大努力,这充分说明了社会主义制度的优越性。同时,编写人员之间,编写人员与编辑之间,通力合作,切磋琢磨,取长补短,对提高质量大有助益。所有参加工作的同志,不避寒暑,不辞辛劳,艰苦奋斗,十年如一日,才使整个工程得以按预定计划完成。

《汉语大词典》不是一般的字书,它所涉及的知识面极为广泛,对社会生活、古今习俗、中外文化乃至民族、宗教都发生横向联系,考订源流,绝非易事。对语词本身的发展演变,理清脉络,也煞费苦心。在整个编写过程中,我们所念念不忘的是质量第一,尽可能做到正确、简要、明白,避免异说纷呈或模棱两可,给读者可靠的知识。但由于所收词目浩繁,又加时间紧迫,疏漏、错误必然难免;如有发现,一定记录在案,在重版时修订补充。

十年编写,促进了有关单位汉语研究的进展,培养出一大批编纂汉语辞书的专门人才,并积累了大量资料,为今后编纂各种类型的汉语词典开辟道路,基本上做到了出书、出人、出经验的要求。从这一角度加以衡量,其重大意义当不限于一部大词典本身的收获。

语言现象是错综复杂的,它是一个民族科学文化的运载工具,又是人们一刻也不能缺少的交际手段。把语言现象加以概括总结,加以条理化、系统化,并阐明其内在的固有规律,便是编写语文词书的任务。而大型语文词典,对于词汇的纵向研究,可以看出它的历史演变,古今异同;若从某一时代的平面来看,便不难窥测人们的物质生活和精神生活的概貌。以语言文字为轴心,贯串所有社会生活、科学文化、风俗习惯、神话传说、成语典故等等,构成一幅人类进化的图景。伴随生产力水平不断提高,商品交换发展,社会交往频繁,在每个历史转折关头,都有不少新词产生,有些旧词被淘汰,有的习惯用语也不得不相应改变。例如过去的“半斤八两”,是根据一斤是十六两的计算,半斤等于八两;现在一斤是十两,自然会演变成“半斤五两”。又如“行将就木”,是指土葬而言,现在改为火葬,岂不也要变成“行将就火”了吗?海外华侨和华裔往往不懂得“出差”、“招待所”之类的名词,这两个新词,在抗战前是未出现的,久居海外的华侨和华裔不了解也并不足怪。

在抗战期间流行的“喀里空”、“老戈尔洛夫”、“黄昏思想”等,也正在消逝,几乎听不到有人再说了。有某些“左”倾路线影响下产生的语词,如“摘帽右派”、“刑满释放分子”等,这在当时就是乖谬的,沿用下来更会产生副作用。右派既已“摘帽”,就变成了人民的一员;而刑满释放,不再有任何罪责,还算什么“分子”呢?这些名词正在消逝,因为原来不合理,现在简直变成“蛮性遗留”了!“十年内乱”时,“牛棚”是关人的,“喷气式”是斗争的野蛮手段,“抄家”更是违反宪法的,所谓“采取革命行动”,实际上正是打、砸、抢、斗。随着时光的流逝,留在人们印象里的只是厌恶和憎恨。再如曾经流行过千百年而与“鸡声茅店月,人迹板桥霜”相联系的“客栈”、“客店”等,也已由“宾馆”、“旅馆”、“饭店”等所替代了。

抗日战争、解放战争期间,有许多新词产生,而且还是富有生命力的,例如“军属”、“烈属”、“合作社”、“武工队”、“麻雀战”、“地道战”、“公粮”、“粮票”、“拥军优属”、“拥政爱民”、“尊师爱生”、“五保户”等等。自党的十一届三中全会以来,中国大地上出现了许多新生事物,所有新事物必然具有新概念,也一定会不断产生适应它们的新语词。这种语言更新现象,是由客观存在所决定的,不以人们的爱憎为转移。对内搞活,对外开放,更加助长语言更新的势头,例如“红眼病”、“左视眼”、“反馈”、“反思”、“出台”、“盘子”、“机制”等,都已有新义和特殊用法。“电脑”、“电子计算机”、“软件”等也应运而生。

对内搞活，促使商品生产发展，人们的接触更加频繁，有的方言词汇可能涌进普通话而增加活力，而方言区的人民为了更便于交流思想，有利于发展生产和贸易，也增强了学说普通话的要求，逐渐冲淡方言的冷僻性，走上较容易懂的“蓝青官话”这条路。对外开放，外来语也一定会在汉语中扎根生长，除外来语汉化的途径以外，势必增加不少音译词，出现两条腿走路的新局面。语言的丰富多彩，是我们“四化”建设的需要，也是搞活和开放的必然结果。

构成一个国家文化水平的因素很多，而语文词典质量高低也是其中的组成部分。它提供学习、工作、研究各方面所需要的素材，当然不是指一门学科的系统知识而言，不过是提供一种建筑材料而已。作为一门学科系统知识的工具书，应属于大百科全书和专门著作的职责范围，不是语文词典本身的任务。但提出以语文为轴心观察和判断一个国家全方位、多层次的文化素质，对语文词典来说，恐怕也并不是过分的要求。

《汉语大词典》是国家的重点科研项目，应当具有一定权威性，并代表我国已有的语言科学研究水平以及社会横向联系多方面的成果。人类可以创造出空前未有的新事物，但决不可能创造出“绝后”的任何东西。“空前”表示向更高的目标追求、前进，从一个高峰攀登另外一个高峰，高峰连绵，显示出人类聪明才智的创造本能，从而走向更文明、更富有的社会，这是历史已经证明了的。火药、指南针、造纸、印刷术，在中国当初发明时是空前的，是攀登科学高峰的，但发展到现在，几乎出现了难以置信的奇迹，如宇宙火箭、精密导航仪器、印刷用的分色仪等等，能不能说这些已经成为“绝后”的呢？科学更新过去二三十年才能完成，现在只要三五年就行，如电子计算机的发展即是一例。如果谁想充当“绝后”的英雄好汉，那不过等于痴人说梦；真的“绝后”了，人类社会就会陷入停滞状态。后来者居上，后人比前人更有才干，这样才能不断“空前”发展，一浪高过一浪，一直向人类最美好的共产主义社会前进。

《汉语大词典》也是如此。第一版出齐后，经过实践检验，必然会发现不少缺点和错误。一二十年之后重新修订，质量一定会在原有的基础上提高。然而我们毕竟开辟出一条前人未走过的新路，这应当说是“空前”的。“前人种树，后人乘凉”，乘凉者如果不是躺倒不干的懒汉，当他乘凉舒畅之后，精力更加充沛地接力干下去，加力培育这棵树，使它的枝干更加茁壮旺盛，便为后人乘凉创造了更好的条件。前人为后人尽到应有的责任，让后人在新的起点上起跑，如此轮番，必将步步登高；即使这样，但永远也不会是什么“绝后”的。

《汉语大词典》是我国汉语词典的里程碑，它只能记录过去的成就，而且也仅是华东五省一市三十八个单位语言工作者共同努力的成果。如果缺乏众志成城的坚强意志和同心协力的合作精神，这部大词典在重重困难面前，随时都有夭折或半途而废的危险。第一卷出版后，今后还有大量工作要做，我们将一如既往，为全书定稿出版努力奋斗；而且相信，在原有的基础上，经验比较多了，扬长避短，工作任务可能完成得更快更好一些。

不妨说，《汉语大词典》相当于一部汉语通史资料书，但通史本身不可能代替断代史。为了大量提供研究语言学的资料，有必要分别出版断代汉语词典，如先秦两汉、魏晋南北朝、隋唐、元明清等等。同时，多层次而又相互衔接地编纂各类不同文化程度读者所需要的汉语简明词典，形成阶梯式的系列，即循序渐进，步步登高，这对我国文化教育也是非常必要的。

《汉语大词典》本身还可以有许多副产品，例如通假字、成语、典故等等，驾轻就熟，也不妨附带出许多种。由于资料比较完备，新编各种类型汉语词典的内容可望更为丰满。中央在第一次专为《汉语大词典》的批示中，提出汉语大词典编纂处要长久存在下去，成为各类汉语辞书的专门编辑出版机构。我以为正是要求它完成更多的任务，填补汉语词典方面的若干空白，为祖国的文化出版事业做出更大的贡献。任重道远，曙光在前，我们愿意为谱写各类汉语词典的新篇章而努力！

1986 年 8 月 20 日

原载《辞书研究》1986 年第 6 期

《辞海》六十年

罗竹风　王　岳

《辞海》是一部以字带词，普通语词和百科条目兼而有之的大型综合性词典。由于涉猎面广，提供知识丰富准确，于 1936 年初版问世以后，立即受到社会的重视和读者的欢迎，成为广大知识分子用以释疑解惑的具有权威性的工具书。据长期担任毛泽东主席警卫员的李银桥同志回忆，主席十分重视《辞海》，在战争年代，虽

罗竹风在《辞海》编委会上讲话

流动性大,也始终带在身边,经常查考。然而,1936年版《辞海》是在旧中国的历史条件下编纂的,其内容的历史局限性较明显,因此又具有明显不足。

中华人民共和国建立之初,百废待兴,修订编纂新版《辞海》一事还来不及排上议事日程。50年代中期,国家的政治建设、经济建设已经初具规模,同时人民群众对科学文化的需求也日显迫切。毛主席在1957年秋到上海视察工作时,十分赞成舒新城关于修订《辞海》的建议。因为上海是1936年版《辞海》的诞生地,有不少人参加过《辞海》的编纂工作,而且上海的专家学者比较集中,还拥有不少第一流的权威,学术力量很强,学科的覆盖面也相当广泛,毛主席就把这项光荣而艰巨的历史任务交给了上海。

1958年春,《辞海》的修订编纂工作正式启动。在中共上海市委的领导和支持下,组建了专司其职的中华书局辞海编辑所,一时间各路编辑人员纷纷调入。1959年6月,市委又批准成立了由120余位专家学者组成的辞海编辑委员会,统一领导《辞海》的修订工作。编委会由1936年版《辞海》主编之一舒新城任主编,罗竹风、曹漫之任副主编,在主编、副主编之下,又按学科门类,设立分科主编(近100人),具体负责修订工作。1960年11月舒新城病逝后,由陈望道继任主编,副主编也增加到9位,即冯德培、刘大杰、苏步青、吴文祺、沈克非、杭苇、罗竹风、周予同、程孝刚。

参加《辞海》编写的虽然多为饱学之士,但在辞书这个领域却又大多是外行。为了使修订工作能尽早走上正轨,1960年8月,编委会组织部分骨干力量,在锦江饭店南楼召开《辞海》初稿审查会议,按照《辞海》的编纂体例和编纂要求进行训练,内容是选定词目和试写样稿。著名教授苏步青就"直线"的释文,反复思索,尽力推敲,写出了质量很高的样稿。其他学科也都分别写出若干条,使所有参加编写的同志有所遵循。1959年6月,编委会第一次会议提出过"政治性、科学性、通俗性"的编写原则。这次集中训练后，除再次重申这三条原则外，编委会还补充总结了"正面性、知识性、稳定性"三项原则，使编写工作所应把握的原则更趋完整。同时在释文的行文方式方面，也作出了一系列规定，如"四至"说、"挤水分"说等等。

在全体编委、编写人和编辑的共同努力下，1961 年 10～12 月出版了以修改第二稿为基础的、按学科分类编排的《辞海·试行本》16 种分册，作为内部发行的版本送往全国 24 个大中城市征求意见。1963 年 4～6 月，又以 60 种简装分册的形式出版了继续供内部修改使用的《辞海·试排本》。随后又进行了数次集中修改定稿工作，终于在 1965 年 4 月底正式出版了《辞海·未定稿》，全书收词 9.8 万条，共 1160 万余字。虽说仍然属内部发行，但实际上完全达到了公开出版的水准。

从 1958 年修订工作上马到 1965 年正式出版《辞海·未定稿》，用了 7 年的时间，速度是比较快的。其间虽然走过一些弯路，出现过不少曲折，如用大跃进的做法进行"大呼隆"的编写，用大批判的口气撰写释文等等，但时间不长，很快得到了纠正。因此从总体上讲，工作的进展还是相当顺利的，对辞书编写规律的摸索、总结和运用也是比较成功的。《辞海·未定稿》对于 1936 年版《辞海》而言，虽然称之为修订，但实际上等于重编，除书名、框架有所沿袭外，其他一切无异于重起炉灶，是脱胎换骨的新版。

就是这样一部凝聚着全体编写者和编辑人员极大心血的，为了精益求精而推迟公开出版的《辞海·未定稿》，由于 1966 年"文化大革命"运动的开始，不仅被迫停止了继续修订的工作，而且还受到了彻头彻尾的批判。《辞海》被诬蔑为集古今中外封、资、修之大成的大毒草，而且"字字都是黑的"，被打入了十八层地狱。参加编写的人，几乎都被戴上了"反革命修正主义分子"或"资产阶级反动学术权威"的帽子，其中有 96% 的人被打成了"牛鬼蛇神"。1971 年 3 月，周恩来总理提出要把修订《辞海》的任务列入国家出版规划，并且指示要“小修小改，快速出书”。但是“四人帮”及其爪牙却利用他们所篡夺的权力，对《辞海·未定稿》进行大砍大杀，以贴政治标签代替科学分析，按一概划分为儒法两家的模式对中国几千年来的历史人物进行图解，大批判的语言充斥字里行间。这种最终会导致葬送《辞海》的“修订”，后因“四人帮”的被粉碎、“文革”的结束而中止，“修订”稿也就未及成书。

1978年，中共上海市委作出了恢复和充实辞海编辑委员会的决定，并且提出要以《辞海·未定稿》为基础，迅速开展修订工作，新版《辞海》一定要赶在1979年10月1日之前出版，向建国30周年献礼。新的编委会由180余人组成，由于第二任主编陈望道已于1977年病逝，因此由夏征农继任主编，副主编增加到16人，即马飞海、石美鑫、冯德培、朱物华、刘佛年、苏步青、李国豪、李俊民、李培南、束纫秋、吴文祺、杭苇、罗竹风、周予同、赵超构、郭绍虞。在主编、副主编之下，仍然由分科主编（增加到120余人）具体负责修订工作。

为了使新版《辞海》能够全面达到代表国家科学文化水平的要求，修订工作首先要解决的根本问题，就是破除迷信，解放思想，用实事求是的科学态度指导工作实践。为此，编委会及时组织全体参加修订工作的同志，认真学习中共十一届三中全会的精神，做好统一思想、统一认识的工作，并且根据对十一届三中全会精神的理解，果断大胆地拟订了《处理稿件的几点具体意见》，对关于阶级斗争、“文化大革命”、路线斗争、社会主义经济、国际关系等一系列当时的重大问题的提法作出了具体的原则规定。于是，一个个禁区冲破了，一个个历史人物的本来面目恢复了，一批批尖端条目诞生了。同时，为了使修订工作能够达到保质、保量、保时间进度的要求，编委会采取了大协作、大集中、大会战的方法。所谓大协作，就是指参加定稿工作的专家学者，不仅来自上海、北京、南京、杭州等地的70多个单位，而且人数多达1000余人，就是参加校对和通读的人员，也分别达到110余人和60余人；所谓大集中，就是指在短短的200来天中，作者、编辑和校对人员相对集中，日夜奋战，突击完成修订任务；所谓大会战，就是指全体参加修订工作的同志，都以饱满的精神和高昂的斗志，全力以赴投入工作，打速决战、歼灭战。从而谱写了我国大型辞书编纂史上成功的辉煌篇章。

新版《辞海》终于在1979年9月21日由上海辞书出版社（前身是"中华书局辞海编辑所"）公开出版，如期向建国30周年献上了一份厚礼。凡是参加过修订工作的同志，都深深地为这份厚礼的诞生感到由衷的兴奋和自豪。这部收词10.7万条，1340万余字的新版《辞海》的问世，在全社会引起了极大的反响，广大读者纷纷赞誉《辞海》是"没有围墙的大学"，是释疑解惑的典范，是我国具有权威性的大型综合性词典。

参照国际上对大型辞书每隔十年左右修订一次的惯例，在进入80年代以后，辞海编辑委员会就对其组成人员进行了数次调整和充实，以加强对修订工作的领导。1980年罗竹风改任常务副主编，1984年增补周谷城、巢峰为副主编，1985年又增补钱伟长为副主编，编委和分科主编也分别增加到240余人和140余人。同时对1979年版《辞海》的修订工作作出部署：一是继续清除"左"的流毒和影响。虽然1979年版《辞海》定稿时，中共十一届三中全会已经召开，以经济建设为中心和对内改革、对外开放的总方针已经明确，但是许多具体政策并未落实，"文革"中的一些机构和组织仍然存在，因此随着时间的推移，"左"的痕迹日益明显，所以必须及时纠正，恢复科学性。二是力求反映最新的科学文化技术成果。进入80年代后，我国的政治形势和经济形势都发生了翻天覆地的变化，新学科不断诞生，新名词不断产生，新成果不断涌现，而1979年版《辞海》所依据的资料基本上还是60年代的，所以存在差距，必须迎头赶上。三是补缺纠错。所谓补缺，就是要按学科体系大量补充新的内容，消灭缺漏，使之不断完整；所谓纠错，就是要按科学性、知识性的要求，订正错误，力求准确。在修订工作的组织形式方面，则改变了以往“大兵团作战”的方法，先按学科从分册的修订入手，然后综合平衡，汇编成合订本。经过全体作者和编辑历经5个春秋的共同努力，1989年版《辞海》终于在建国40周年前夕如期出版。

1989年版《辞海》与1979年版《辞海》相比，无论在政治性、科学性、知识性、稳定性、简明性方面，还是在规模和容量方面，都有了明显的提高，全书的观点更为正确，内容更为丰富，资料更为翔实，文字更为简明，收词大量增加，多达12万余条，近1600万字，从而日益成为我国人民政治、经济、文化生活中不可或缺的权威工具书。1989年版《辞海》出版后，江泽民同志曾欣然命笔：“发扬一丝不苟、字斟句酌、作风严谨的‘辞海’精神，为提高中华民族的文化素质而努力。”这是对《辞海》及其编纂精神的高度评价。全体编纂人员受到了极大的鼓舞和鞭策。

1989年版《辞海》1991年获得上海市优秀图书特等奖，1993年获得第一届国家图书奖荣誉奖。截至1995年底，《辞海》三卷本、缩印本累计发行460.2万部，26种分册累计发行1123.7万册。1993年，由辞海编辑委员会、上海辞书出版社与台湾东华书局合作，在台湾地区出版了《辞海》繁体字版，在香港地区出版了《辞海》（缩印本）香港版。《辞海》在港台以至海外也产生了巨大的影响。

1996年1月，辞海编辑委员会再次充实力量，增补谢希德、王元化、李储文、杨福家、翁史烈为副主编，编委和分科主编也都作了大量补充，分别达到270余人和200余人。同时决定对1989年版《辞海》进行全面修订，编纂出版1999年版，以全新的面貌和内容迎接21世纪。

已经启动的修订工作所贯彻的指导思想和编纂方针主要是：

一要坚持以马列主义、毛泽东思想和邓小平建设有中国特色社会主义理论为指导,着重反映有中国特色的社会主义理论和实践;坚持实事求是的思想路线,坚持政治性、科学性、知识性、稳定性、简明性的统一,严格遵循辞书编纂的规律性。二要全面反映国际、国内形势发生的深刻变化和科学技术日新月异的发展成果,社会主义市场经济体制和高新技术的条目要大量增加。三要继续完善学科体系,不断增强学术性。四要出版4种印刷版本和光盘版。

可以相信,1999年版《辞海》必将在我国辞书史上树立起新的里程碑,并以建国50周年纪念的标志性文化精品形象进入21世纪。

原载《辞书研究》1996年第5期

忆罗老

巢　峰

罗竹风同志于1996年11月4日与世长辞了！我们党失去一位优秀党员,学术界失去一位著名学者,我则失去了一位几十年来同欢乐共患难的良师和领导。

罗老的一生,是革命的一生,是卓有成就的一生。20年代末、30年代初,他在北京大学读书时,还是一个二十来岁的青年,就冒着生命危险,参加爱国学生请愿运动,随即参加“反帝大同盟”。“七七”事变后,他毅然决然在山东老家拉起一支抗日队伍,不久就参加了中国共产党。六十余年来,他把毕生精力完全献给了中国革命和社会主义建设事业。

罗老不仅是一位革命老干部,而且是一位学识渊博的专家。他是《辞海》的常务副主编,《汉语大词典》主编,《中国人名大词典》主编之一,《中国大百科全书·宗教卷》主编。他把一生贡献给党的文化事业、辞书事业,是一位当之无愧的语言学家、宗教学家、辞书学家、出版家和杂文家。

罗老治学,一丝不苟,精益求精。修订《辞海》,他除了运筹帷幄之外,还逐条审读稿件。夏日炎炎,罗老赤膊上阵、挥汗如雨看稿的情景,老辞海的同仁,至今仍记忆犹新。从头到尾,通读《辞海》(未定稿)全书者,唯罗老一人!1978年年底,开始编纂《辞海》1979年版,为了保证向建国30周年献礼,罗老全力以赴,坐镇辞海编辑部,挑灯夜战,长达9个月之久。

由于十余年极左路线流毒甚深,稿件处理,十分棘手。为此,罗老曾专程去北京请示有关方面,但由于党的十一届三中全会尚未召开,建国后的若干历史问题尚未有定论,莫衷一是,只能空手而归。客观形势逼着辞海编辑部独立思考,拿出办法。在罗老直接领导下,一个《〈辞海〉(合订本)处理稿件的几点意见》(初稿)产生了。1979年初春的一个晚上,罗老带着我到主编夏征农家中,对这一《意见》逐条研究,由夏老拍板定稿。这份文件共有8条39款,大胆否定了"十一大"肯定的"以阶级斗争为纲"、"纲举目张"、"抓纲治国"、"无产阶级专政下继续革命"、"三个资产阶级司令部"、"走资本主义道路的当权派"等等提法;一般不提党、国家、军队的缔造者,更不讲某一个人缔造,革命领袖一律按辞书体例直呼姓名,不加"同志"一词,更不加"伟大领袖和导师"。这些在今天不足为奇,但在当时,如果心有余悸,没有舍得一身剐的革命精神,这一胆大包天的《意见》,能够拿出来吗?但是如果没有这一《意见》,按照极"左"观点修订《辞海》,等书出版后,岂不成了一堆废纸!罗老作为《辞海》的主要决策人之一,堪称为置个人得失于不顾,具有铮铮铁骨的真正共产党人!

不仅如此,罗竹风同志还就《辞海》修订的方针大计作过宏观的深入的思考研究,阐发过许多见解和主张。为此,他在《辞书研究》上发表了一系列的文章。计有:《实践是检验辞书编纂工作的唯一标准——〈辞海〉修订工作20年》(1979年)、《〈辞海〉是怎样修订的——漫谈〈辞海〉的性质和历程》(1979年)、《修订〈辞海〉的前前后后》(1983年)、《〈辞海〉1989年版的编纂方针和出版意义》(1989年)等。就在生病住院期间,他还执笔写了《〈辞海〉六十年》等文(1996年)。

罗竹风同志一直关心中国辞书事业的发展,他十分重视语文词典编纂工作的建设,1981年,写成《试论语文词典编纂工作》一文,认真回顾了中国语文词典编纂的优良传统,又客观地分析了现状,指出了存在的问题,提出了规划语文词典重大选题的种种设想。他担任《汉语大词典》主编一职后,又发表了一系列有关文章,有《〈汉语大词典〉在实践中》(1980年)、《同舟共济,鼓浪前进》(1984年)、《回顾与展望——记〈汉语大词典〉首卷出版》(1986年)等。1982年,罗竹风同志写了《迫切需要一支辞书编纂队伍》一文,提出了要迅速培养一支辞书编纂队伍的意见,指出"辞书编纂工作,正如采花酿蜜一样,占有大量材料之后,还得有所甄别,决定取舍,不蔓不枝,言简意赅",而所有这些工作,需要有一支精干的编纂队伍才能胜任,他并语重心长地指出:"我们需要一支富有战斗力的辞书编辑队伍,在国家统一规划下,分工协作,从事各种辞书的编纂工作,以自己的优异成绩,为人民服务,为社会主义服务。这支队伍应当甘做无名英雄,以无名为有名,这名是伴随着工作成绩而来的……这样的一支队伍正在茁壮成长,但我们总是希望要快些,快些,更快些。"

老骥伏枥,志在千里。他在年逾古稀之时,仍然全身心投入事业,为事业之忧而忧,为事业之乐而乐。由于诸事繁杂,力不从心,他的焦虑不安和对事业极端负责的心情,可以从给我的书信摘录中看出:

没有哪个傻瓜愿意自讨苦吃，毛遂自荐，去接替《汉语大词典》和《中国大百科全书·宗教卷》的“肥缺”。不得已，只好“小车不倒只管推”了，推到哪里是哪里，什么时候推到沟里去就算完。

——1982 年 7 月 15 日

突然感到老了十岁，来日无多，又无摆脱当前困境之妙计，真不知如何是好！

——1984 年 9 月 4 日

我的 G. P. T 高，弄不好就会转化为肝硬化，因而（医生）极力劝我休息。只要还冲在第一线，又怎能休息下来呢！

——1984 年 12 月 8 日晨

近日来《中国大百科全书·宗教卷》基督教分支定稿，我必须通读所有稿件，以便提出意见，有时也去参加他们召开的审稿会议，因而大忙。

——1984 年 12 月 10 日

今年 78 岁，无能为矣，但又不得不“为”者，非心甘情愿，而迫于客观形势，还不能摆脱一切、只当“寓公”耳！

——1989 年 1 月 14 日

“小车不倒只管推”，确是罗老毕生特别是晚年的写照。他倾注的心血与汗水，终于开花结果，一部部皇皇巨著，是留给人们用之不竭的宝贵财富。

罗老为人正直无私，光明磊落，仗义执言，与人为善。出于对编辑出版工作的热爱，抒发编辑们的苦衷和心声，希望得到领导和社会上的重视，1962 年他在《文汇报》上发表了《杂家》一文。哪里想到，因此却遭来一场横祸。张春桥书面批示：此文“站在资产阶级立场上，把矛头指向党”。帽子乱扣，棍子乱打，从此罗老就没完没了地接受批判，直到“文革”结束，时达 15 年之久。虽然如此，罗老的革命意志从未消沉。“文革”后,他一如既往,从善如流,嫉恶如仇,指点江山,激扬文字。听他的发言或看他的文章,常常大快人心!他的革命精神、道德文章,永远是我学习的榜样!他的音容笑貌,谆谆教导,永远记在我的心中!

原载《辞书研究》1997 年第 2 期

罗竹风　从《辞海》到《汉语大词典》

宋志坚

罗竹风先生与辞书结缘,是因了一篇杂文。那是 1961 年的秋天,罗竹风应《文汇报·笔会》编辑余仙藻之约,写了一篇题为《杂家》的短文。他当时是上海市出版局局长,了解编辑人员的酸甜苦辣,故在《杂家》中希望有关领导体谅编辑人员的苦衷,对他们的工作予以必要的关注。在这篇杂文中,他提出“负责同志专门接待一次编辑人员,同他们谈谈心”的建议。他说:“如果‘帽子’什么的可以解决问题那未免太简单了。”这大概就是全文最尖锐的语言了。《杂家》发表后,姚文元就嗅出了什么气味,这员不久前还与罗竹风一起谈笑风生的“左”将,立即拉下脸来,在《文汇报》发表文章说,领导都是一视同仁的,毫无不重视编辑工作的事例,《杂家》显然无中生有。其言辞之中,已隐含了诬陷罗竹风挑拨知识分子和党的关系的意思。以后,随着“左”温不断上升,《杂家》也越来越引人注目。1963 年,上海召开思想工作会议整了陈其五,罪状之一,就是说这位市委宣传部的负责人庇护《杂家》,其时,张春桥已取代了市委宣传部长之职。会议之后,罗竹风便受到专场批判。

罗竹风就这样被贬去当《辞海》的专职副主编。

中国有不少这样的知识分子，不论受到多大的冤屈，照样孜孜不倦地工作。罗竹风就是这样一个知识分子。对于这项惩罚性的工作，他干得很投入，《辞海》试行本16分册的所有稿子，几乎都通读过。他不满足于“窥豹一斑”，而是力求“目有全牛”，因为这才能负起自己应尽的责任。他自嘲这是“戴罪立功”，但这只是“自嘲”。有人曾要他揭发陈其五以“争取主动”，“戴罪立功”。他断然拒绝了。出卖良心的事，他是决不去做的。因而，比较合理的解释，只能是他压根儿就没有认为自己是在为哪一个人干事，他只知道，他为的是中华民族的文化事业。罗竹风尤其为中国辞书出版事业的落后的现实焦心。17年后，当他总结《辞海》的编纂工作时，不止一次地说到当时文教界的严重饥荒：从高级知识分子到小学生，从国家干部到工农兵群众，用的都是一本《新华字典》，更不要说百科辞书了，而《辞海》则兼有语词和百科的优点。罗竹风是带着强烈的使命感和责任心投身于《辞海》的编纂工作的。

但《辞海》的编纂工作一开始就面临两个尖锐的问题：一是靠谁来编？1958年全民编《辞海》的教训已使人们形成一种共识，必须组织和依靠全国学术界的力量来编纂《辞海》，毛主席还提出要调一些有真才实学的“右派”去当骨干。罗竹风非常赞成，他说：如果要说群众路线，这就是走依靠专家学者的群众路线。二是怎样编？《辞海》是工具书，具有经典性，要准确地介绍知识，不能想当然，不能没有根据；《辞海》出版周期长，具有相对的稳定性，要有政治原则，却不能跟着政治运动不断地变换调子，因而，编纂《辞海》更需要有实事求是的精神。然而，在那个时候，要做到这两条，实在是难，罗竹风只能“尽其在我”。

1965年，《辞海》（未定稿）在内部出版，“文化大革命”的灾难也跟着临头。罗竹风为《辞海》（未定稿）所做出的贡献，丰富了批斗他的内容，《辞海》（未定稿）则受到了规模更大的冲击。当时的中央文革宣传出版组专门下达了《关于〈辞海〉批判问题的指示》，上海还成立了“批判《辞海》联络站”，参与编写《辞海》的专家学者都成了资产阶级反动学术权威，《辞海》（未定稿）也成了“字字都是黑的”，“集古今中外封资修之大成”的“大毒草”。罗竹风不仅要对这每一个“黑”字负责，而且还得对“黑”字之外的“黑组织路线”（或许就是所谓的“专家路线”）负责。

1971年，周恩来总理提出要把修订《辞海》的任务列入国家出版计划。周总理要求“小修小改，快速出书”；“四人帮”却要大砍大斫，另起炉灶。《辞海》介绍的历史人物，都要按“四人帮”的帮味重新改写；到了“评法批儒”时，所有的历史人物几乎都要按儒法两家画线；《辞海》的书证，能改用“语录”的也都改用“语录”；评《水浒》时又将《水浒》的书证一条条删去。如此砍斫，几乎一刀刀都落在罗竹风的心头，他当然不会去为此“戴罪立功”，于是又多了一条罪状：“躲在阴暗角落里，窥伺方向，以求一逞。”

《辞海》的编纂工作重新走上轨道，是“四人帮”被粉碎之后的事。1978年12月，中共上海市委决定恢复和充实《辞海》编委会，提出出版3卷合订本向建国30周年献礼的要求。此时，《辞海》的两任主编舒新城和陈望道已相继辞世，由夏征农任主编。罗竹风以极大的热情投入《辞海》的修订定稿工作。这次修订以1965年的“未定稿”为基础，尽可能铲除当时留下的“左”的痕迹。例如介绍《北斗》杂志社的条目加上了主编丁玲，介绍“一野”的条目加上了司令员彭德怀和政委习仲勋，介绍“七君子”的条目加上了章乃器和王造时。对陈独秀、瞿秋白以至李秀成也重新作了比较客观公正的评价。此类以历史唯物主义的态度和实事求是的原则拨乱反正的工作是大量的。罗竹风与编委会的其他同志以及各学科的专家学者一起尽心尽力，终于在1979年10月1日正式出版了3卷合订本，向建国30周年献了一份厚礼。

自从1957年毛主席将修订《辞海》的任务交给上海算起，一部新版《辞海》编了22年，此中自有当代中国曲折发展的缩影。罗竹风说:“我是在苦难中参与修订《辞海》工作的,又在心情比较舒畅时完成了这一任务。”我想,这恐怕也不只是罗竹风一个人的际遇,当代中国的知识分子,大致都有这样的经历。

“杂家风波”使罗竹风与辞书结缘,成为当代中国屈指可数的辞书专家。他是《辞海》(1989 年版)的常务副主编、《中国大百科全书》的总编委及《宗教卷》的主编、《中国人名大词典》的主编、《汉语大词典》的主编。

我曾问过罗老,一生中花费精力最多的是哪一些辞书工程,罗老不假思索地告诉我,除了《辞海》,就是《汉语大词典》。

从罗竹风发表在《辞书研究》的诸多论文中,我们可以看到他为《汉语大词典》所做的大量案头工作。可以说,他通览了古今中外的汉语辞书,对中国历史上包括字典、词典和韵书在内的三大类辞书作了详尽的考察。从最早的字典《说文》,最早的词典《尔雅》以及保留义训资料最多的《广韵》一直到《康熙字典》,乃至 1915 年开始编纂的《辞源》,他都一一指出它们各自值得借鉴和继承的传统。罗竹风还注意到日本出版的《大汉和辞典》,台湾出版的《中文大辞典》以及《成语典》。他认为这些汉语辞书仅就数量来说,都可谓洋洋大观,为中国当时的语文辞书难以企及,同时也指出了这些辞书的先天不足。例如日本的《大汉和辞典》,至少就有三个缺陷:一是书证不足;二是收的均为古汉语词汇,日本以后出版的《新汉和辞典》增加了现代汉语词汇,却仍以古汉语词汇为主;三是所收的并非都是词语,有的只是短语。他的意向十分明确:《汉语大词典》理所当然地要超过日本的水准,这才无愧于中华人民共和国的声誉。

正是在这样的基础上,罗竹风为《汉语大词典》勾勒出了一个粗略的轮廓。

《汉语大词典》以“共时性”与“历时性”作为“收词立目”的总方针。罗竹风说:“应当从共时性和历时性两个方面反映汉语在长期演变过程中的总面貌，反映其历史状况与现实状况。”这一总方针确定之后，还有许多复杂的具体情况。在古代词汇中，有一直流传沿用下来的基本词汇，在同族词和派生词中，有意义已引申转换（如“桃色”、“破鞋”、“红雨”）的词汇，也有不具引申意义的词汇；在古代和现代词语中，都有大量的书面词语，也都有大量的口语、熟语和方言。凡此种种，该收什么，不收什么，罗竹风都提出了自己的意见。

罗竹风十分重视书证资料。他说：“资料贫乏，编出来的词典，等于先天不足的贫血儿，质量肯定不会高的。”他要求书证必须引用得当，准确无误，“犹如板上钉钉，字字都有着落”，不能只凭第二、第三手的资料。为此，他不断鼓励编写人员更多地积累卡片，并倡议各地互相交流，提高利用率，使死资料成为活资料，这对于提高《汉语大词典》的质量起到很大的作用。比起日本和台湾的汉语辞书，《汉语大词典》在书证方面就具有明显的优势。例如“羊肠”条，日本的《大汉和辞典》只有4条书证，《汉语大词典》有12条；“射石钦羽”条，台湾的《成语典》只有1条书证，《汉语大词典》则有4条，而且引的都是第一手资料。

“犹如板上钉钉，字字都有着落”，其实也可以用来比喻罗竹风一丝不苟的敬业精神。他的工作做得很细，凡是可能影响《汉语大词典》的进度和质量的问题，他都注意到了。为了便于统筹协调，上海成立了汉语大词典的编纂处，罗竹风直接抓了编纂处的工作。他要求编委会和编纂处及时发现各地在编写过程中出现的问题，尽量解决在萌芽状态，以免到最后定稿时积重难返。浙江率先写出了“寸”字部，江苏接着写出了“谷”字部和“齐”字部，上海也写出了“羊”字部，罗竹风都像农技师观察苗情一样地予以关注。对于辞书编纂工作，社会上有偏见，认为这是“述而不作”，有的编纂人员也缺乏自信，以为真的比大学教授和研究人员矮了一截。罗竹风于是苦口婆心地做起思想工作，甚至还为有关编写人员的职称评定仗义执言,直到问题得到解决。

罗老感到欣慰的是,《汉语大词典》不再像当年的《辞海》那样不断受到"左"的干扰。中央对邓小平同志提出并得到周总理支持的这项工程是高度重视的。胡耀邦同志曾专门为《汉语大词典》作过批示,中央以及国务院有关部门也为《汉语大词典》发过多次文件,五省一市也都予以大力支持。80 高龄的罗竹风,为了《汉语大词典》,殚精竭虑,到处奔走。他一会儿到北京汇报工作,一会儿到苏州、杭州、厦门主持编委会议,一会儿到无锡召开词典办公室的工作会议,还间或参加各地的业务会议和审稿活动。他的愿望只有一个,就是要努力编写出一部无愧于中华人民共和国的大型辞书。

他的心血没有白费,1986 年,《汉语大词典》首卷如期出版,以后的各卷也合着他的心律陆续问世。

1994 年 5 月 10 日,《汉语大词典》的编纂出版庆功会在北京人民大会堂隆重举行。人们或许还记得和江泽民、李鹏等中央领导一起步入会场的那位穿着浅灰色中山装的老人,他就是《汉语大词典》的主编罗竹风。然而,谁会知道,其时,罗老已身患骨癌,他是坐着轮椅登机,由女儿女婿陪同,从上海到北京来参加庆功会的。

罗老的女婿事后告诉我,在他们步入会场之前,江泽民、李鹏等中央领导人到休息室看望过罗老。江泽民在上海工作时就认识罗竹风,1986 年,《汉语大词典》首卷出版时在上海召开新闻发布会,他曾到会祝贺。他把罗老介绍给李鹏,说:"这就是罗老,大主编!"一直坐在沙发上的罗老想站起来,却被江泽民、李鹏等中央领导人阻止了。

三十几年前,罗竹风曾在使他蒙冤的《杂家》一文中呼吁"领导同志专门接待一次编辑人员,同他们谈谈心",此时此刻,此情此景,他一定感到欣慰。

两年又五个月后,即 1996 年 10 月 4 日,84 岁的罗老走完了自己人生的最后历程。

原载《中国出版》1997 年第 9 期

罗竹风同志与《辞海》

——罗竹风同志逝世周年祭

卢润祥

1962 年夏天，罗竹风同志因《杂家》事件，离开上海市出版局的岗位，来到当时的中华书局《辞海》编辑所，参加正在紧张进行的《辞海》修订工作。从此，他完全沉入这个“海”中，朝朝暮暮，尽心尽力，殚精竭虑，倾注心血，为完成这个艰巨的任务而付出了大半生。

罗竹风同志说过：他是在感情受到巨大伤害、心情最为苦闷的时期来到《辞海》的。在蒙受不白之冤与误解的情况下，他有满腔的不平，对发生在眼前的不正常的事态想不通，他说：“在社会主义中国，难道让人发表一点意见的自由都没有吗？这是十多年来，我感觉最为痛心的事！”（《从〈杂家〉说到〈辞海〉》）。但是，作为一个马克思主义者、共产党人的罗老，具有宽广的胸怀，他完全摒弃了个人恩怨，全身心地一头扎入《辞海》的工作中去。罗竹风同志从 1958 年起，就是《辞海》的副主编了，由于政务繁忙，不可能用全部时间从事《辞海》工作，现在的情况变了，罗老说，这时的他已经事实上“变成了修订《辞海》的专职副主编了，虽然人家没有明说，但自己心中有数”。这样，他一方面运筹帷幄，把握全局，抓修订方针大计，一方面也具体地抓好条目的定稿工作。大热天，他不顾年迈体衰，大汗淋漓湿透了汗衫，仍坚守在办公室内逐条通读稿件，这种动人的情景,至为感人。他和老一辈《辞海》同仁一起倡导的一丝不苟、字斟句酌、作风严谨的"辞海精神",成为《辞海》修订工作之魂,同时影响着一代辞书工作者去不断编纂适合社会需要的高质量的工具书。

《辞海》是一部什么样的工具书呢?罗竹风同志是一位具有厚实的国学基础的文化人,他熟悉中国辞书的优良传统,因此,他能准确地把握好它的性质。他说,《辞海》是一部"以字带词"的综合性工具书,是一部"相当于字典兼小百科性质的中型辞书",是"供中等文化水平以上的读者参考之用的"。几十年来,《辞海》在中国相当流行,应该说,它在普及知识及文化建设事业中,起过一定的作用。但是,时至今日,它毕竟大大落后了!实际上,旧《辞海》已不能符合广大读者的"查疑质难"的需要了。罗竹风同志在《实践是检验辞书编纂工作的唯一标准——〈辞海〉修订工作20年》一文中阐明:"时隔几十年,无论是国际、国内,形势都起了翻天覆地的变化,从自然科学到社会科学也有了很大发展。建国以来,旧的《辞海》已经不能适应新的要求了,必须重起炉灶,或者在原有的基础上加以修订,才能有用。其中,百科条目尤为显著。希特勒、墨索里尼都是屠杀人民、摧残人类文化的混世魔王,难道还能原封不动地加以赞扬吗?少数条目的内容很反动,很多条目的面貌陈旧落后,必须彻底改变这种情况,才能使旧《辞海》获得新生,而对读者有益无害。"罗老的上述见解,概括地指明了《辞海》修订的必要性、修订方向与重点,是对《辞海》修订工作的重要意义的最准确的阐述。

那么,怎么才能修订好《辞海》呢?首先,他同编委会一起确定并完善了政治性、科学性、通俗性的"前三性"和"知识性、稳定性、简明性"的"后三性",成为指导全书修订工作的纲。他说:"知识性是辞书的灵魂。"没有知识,只说空话的辞书是不能有什么用处的!与此同时,他也充分肯定了"实事求是"的精神,认为应贯穿在修订工作的始终。他认为："前三性"与"后三性"融会贯通起来，概括地说，就是"实事求是"的精神。如对历史人物，绝不能一棍子打死，而要就当时他所处的时代和环境，进行具体分析，是就是是，非就是非，不能凭主观论断，贴政治标签，穿靴戴帽，"如对李秀成这样一位在太平天国起过重大作用的人，难道能像戚本禹那样以'叛徒'定罪而全盘否定？海瑞也不能因为姚文元的一篇所谓'评论'，就打入'十八层地狱'，好就好到天上去，坏就坏到脚底流脓，这绝对不符合辩证唯物主义和历史唯物主义"（见《实践是检验辞书编纂工作的唯一标准——〈辞海〉修订工作20年》）。

与此同时，罗老认为，修订工作还要贯彻"百家争鸣"的方针。即凡是两派共同承认的，就合为一条来写，不同的主张和意见，分列义项，各说各的。如"劳动力"条，原稿末句："在社会主义公有制下，劳动者是生产资料的主人，劳动力不再是商品。"由于出现了不同观点，因此改为"在社会主义公有制下，劳动力是否成为商品，学术界有不同看法"，只如实反映不同说法，并未确说劳动力是否成为一种商品。罗老认为，这条的处理方法值得肯定。总之，在学术问题上，允许各持己见，允许争鸣，介绍各说，不强求一律。这也是保证辞书科学性、知识性、稳定性的重要方法。

在具体的条目基本写法上，罗老肯定了"四至"的提法。他说："原来所定的'四至'，正像旧社会的四契一样，把土地的面积勾画清楚。例如：东至庙、西至桥、南至沟、北至道。一条条目的'四至'，不能超出其内容范围，任意发挥以至越界。"

针对当时高校及学术界轻视辞书工作的认识与现状，罗竹风同志明确指出："修订《辞海》是一项重要的科研项目。"他说："写一篇文章，作者可以任意发挥，只要言之成理，持之有故，也就行了。但是辞书的条目，字数有限，而又要给读者基本的和必要的知识，并且做到材料和观点的统一，言简意赅，不蔓不枝，把释文限定在叙述具体内容的范围之内，才能做到具有严密的科学性。"为了做好这一点，全部修订工作必须依靠学术界人士进行，而不能搞所谓“群众运动”。他说：“知识分子、学者、专家是主力。”对于这一问题，罗老特地举了《辞海》中“詹天佑”一条加以说明：过去一直说火车的自动挂钩是詹天佑发明的，以致以讹传讹，几乎已无人怀疑，但老一辈科学家茅以升提出不同看法。他认为：火车首先是在欧洲发明并广泛利用的，詹天佑修建京张铁路时，中国还是很落后的，他不可能发明自动挂钩。后来，经过充分的调查研究，也就改正了一个相沿已久之误，使“詹天佑”一条的科学性得到了保证；又如“秋瑾”的生年有四种说法，经过专家的考证，最后才确定为1875年。

在修订形式上，罗老主张采取分散与集中的方法。这是因为《辞海》涉及的知识面相当广泛，必须依靠上海以至全国学术界的集体力量，由各有关方面（大学、科研所、业务部门等）的代表性人物组成编委会，确定各学科“主编负责制”，这是一个行之有效的办法，否则，力量分散，无从调动学术界的积极性，也无法按照预定计划进行工作。因此，修订工作一般应以分散写作为主，这样更便于吸收更多的专家学者参加，但一定时间的集中，也是不能缺少的。在各学科分写的基础上，再按照以字带词的体例“打乱合编”，然后再处理相关交叉问题。从以上罗老的主张中，完全可以看出他对《辞海》修订工作在坚持科学性的前提下，谋划考虑是十分具体、全面、细致、周到而正确的。

在罗竹风同志亲自参与部署下，经过七年时间的寒来暑往，亦即1965年，《辞海·未定稿》出版了，但由于1966年开始的“文化大革命”，使《辞海》进一步修订受到极大的干扰和破坏，《辞海》诬为集古今中外封、资、修大成的大毒草，并被说成“字字都是黑的”，在此情况下，罗竹风同志除了沉默、气愤、无奈外，是不能多说什么的。

1971年，在周恩来同志亲自关怀下，修订《辞海》的任务才被列入国家出版规划，总理希望它能及早出版，以应各界之需。但由于“四人帮”的干扰，特别是在“批林批孔”、“评法批儒”运动中，《辞海》修订也被卷入政治旋涡，于是条目被大砍大删，弄得体无完肤，面目全非；当时的形势迫使人们用贴政治标签代替科学分析，把中国几千年来的历史人物按儒法两家模式图解，大批判的语言充满字里行间，《辞海》变成了“十万大批判书”，对这种违背辞书规律的做法，罗老十分不满，但迫于政治形势，又不能也无法改变这种做法，于是修订工作进退维谷，最终不得不陷入困境之中。“平地一声雷”，1976年10月，“四人帮”被粉碎了，1978年12月，中共上海市委决定恢复和充实“辞海编委会”，对《辞海》进行最后一次的修订，以便正式出版，向建国30周年献礼。市委的决定，使罗竹风同志感奋不已，他看到《辞海》工作成功的希望所在，愿意为它的催生再加一把劲。他重振雄风，横刀上马，又以极大的饱满的热情再一次投身“海”中。他全力以赴，白日坐镇辞海编辑部，入晚挑灯夜战，连续达9个月之久。与此同时，罗老还多次专程去北京中央书记处请示一些敏感条目的处理方案，并利用晚上时间，把请示的情况随时电话传达给上海市方面，以便及时处理稿件。据巢峰同志回忆，由于十多年来极左路线的影响很深，一时不易肃清，加上党的十一届三中全会尚未召开，建国后的若干历史问题尚未有定论而莫衷一是，因此，许多人、事问题的处理一时难有定论或定评，客观形势逼着辞海编辑部自己独立思考，拿出办法来，在罗竹风同志直接领导下，一个《〈辞海〉（合订本）处理稿件的九点意见》（初稿）产生了。就在1979年初春的一个晚上，罗老偕巢峰同志到主编夏征农家中，对这一文件逐条研究，拍板定稿。这个文件共有8条39款之多，大胆地否定了“十一大”肯定的“以阶级斗争为纲”、“纲举目张”、“抓纲治国”、“无产阶级专政下继续革命”、“三个资产阶级司令部”、“走资本主义道路的当权派”等等提法，一般不提党、国家、军队的缔造者，更不讲某一个人缔造，革命领袖一律按辞书体例直呼其名，不加“同志”一词，更不加“伟大领袖和导师”。这些在今天是不足为奇的,但在当时,“左”的影响阴影还在的情况下,如果心有余悸,没有从全局着眼、“舍得一身剐”的革命精神,这一“胆大包天”的《意见》,是很难拿出来的。(见巢峰《忆罗老》,《辞书研究》1997 年第 2 期)

不仅如此,罗竹风同志还认真地为 79 版《辞海》撰写了《前言》的草稿,并分送主编、副主编等征求意见后,才最后定稿。《前言》既交代了《辞海》作为综合性辞书的性质及修订缘起、经过、原则、全书概况等,又殷切指出“《辞海》涉及的学科和内容极为广泛,虽经反复修订,不足或错误之处仍属难免,热切希望读者批评指正”,孕育了《辞海》再次修订的契机。

特别令人感动的是:还在罗老辞世前因病住院期间,他还应《辞书研究》编辑部之约,撰写了《〈辞海〉六十年》一稿。他在这篇文章中,深情地回忆了《辞海》各个阶段的工作,进一步总结了《辞海》的编纂经验与教训,并对《辞海》进一步修订、出版 99 版寄予厚望。他在文章末尾说:“可以相信,1999 年版《辞海》必将在我国辞书史上树立起新的里程碑,并以建国 50 周年纪念的标志性文化精品形象,进入 21 世纪。”

罗竹风同志在《〈辞海〉是怎样修订的》等一篇篇文章中不断总结编纂《辞海》的宝贵经验与教训,这些文章在今天读来,也仍然能感受到他对《辞海》工作的炽热眷恋之情,无疑也是辞书工作的值得珍惜的一份宝贵精神财富。罗竹风同志说:“如果不亲自参加《辞海》修订工作,我与辞书将是风马牛不相及的,能够在这方面尽点力量,也是非常值得的,苦、辣、酸、甜回忆起来,哪一样没有余味呢?”他那种无私、无畏、无悔,甘心为《辞海》献身的精神,永远值得后人景仰与学习,也将激励我们奋进,为进一步搞好 99 版《辞海》而努力。

原载《编辑之友》1998 年第 1 期

执著的追求　毕生的奉献

——记出版家、辞书编纂家罗竹风

王　岳

在喜迎上海解放50周年，并回顾上海出版工作光辉历程的时候，我们格外地思念上海市出版局的老局长罗竹风。

倡导杂家的出版家

自1957年罗竹风到上海市出版局任代局长起，他的心就同出版工作紧紧地联系在一起，并为全力推进上海的出版工作倾注了大量的心血。

他始终强调，出版工作必须坚持社会主义方向，必须按照"多出书、出好书、形成规模、形成优势"的方针开展工作，必须以"坚持质量第一"，"质量是图书的生命"作为座右铭。他还特别指出，选题是出版社工作的基础，选题情况的好坏，关系着出版物的品位和质量，是出版社工作思路、编辑思想优劣的反映，是出版社定位情况、学术水准的标志。出书是完成选题内容的实践过程，是出版社全部工作的最终体现。所以，对选题和出书这两项工作，必须高度重视，牢牢把握，不能有丝毫的马虎和松懈。对于关系到出版社工作灵魂的图书质量，他更是反复重申。为了确保高质量图书的出版，必须有三审三校制度为依托。他要求全系统围绕这样的根本思想，部署工作、规划选题、狠抓质量、积极出书。

在各出版社的共同努力下，上海这一老出版基地很快呈现出一派生机勃勃的繁荣景象，出版了一大批在全国极有影响的高质量、高品位的优秀图书。上海人民出版社的哲学、经济、党建、中国断代史、少数民族史的图书，在全国一直处于领先地位；上海人民美术出版社的连环画，深得广大读者喜爱，出版量占全国总量的三分之一；上海科学技术出版社的一批学术专著，在社会上引起了很大反响；少年儿童出版社的《十万个为什么》，在青少年中产生了广泛而深刻的影响；辞海编辑所的《辞海》(未定稿)，更是代表了国家科学文化研究的最高水平。上海的出版工作取得很大成绩，并形成许多特色，首先是广大出版工作者努力工作的结果，当然也同有罗竹风这样的好领导是分不开的。他思想解放，视野广阔，知识渊博，工作大胆，敢于负责，作风深入等特点，给出版系统留下了十分深刻的印象。

他还非常强调，编辑是出版好书的关键，因此尤其注重抓出版队伍的思想建设和人才培养，特别是编辑干部整体素质的提高，并且一再要求各级领导应该为编辑干部创造良好的工作环境和学习条件，以利于他们充分地施展才能。他甚至针对编辑的社会地位和物质待遇与所承担的社会责任明显不符的问题而大声疾呼，并因此招来大祸。

1962 年 5 月，他在《文汇报》发表了一篇题为《杂家》的文章，指出编辑工作是一项很不容易的工作，既要求有宽广的知识面，是杂家，又要求杂中求专，是某个学科的行家，编辑工作也很辛苦，而且要有奉献精神，因为他们只是为他人作嫁衣裳，所以希望领导能多重视编辑工作，多关心编辑甘苦，以尽快改变某些不尽如人意的状况。然而就是这样一篇原本来源于工作实际，又完全是以友善的态度提出问题的文章，却首先遭到姚文元“莫须有”的批判，以后则在柯庆施、张春桥的支持下不断升温，无限上纲，直至 1963 年上海市委召开思想工作会议时使批判达到顶峰。于是在不容分辩的情况下遭到错误处理，基本上离开了出版局的领导岗位。但是知识界、出版界对罗竹风反而格外钦佩和敬重，在上海，罗老的称呼就是始于那个年代。

“文革”以后，他虽然离开了出版系统，但对出版工作依然是那样的一往情深，又写下了《再谈“杂家”》、《三论“杂家”》，继续对编辑是杂家，是通才，提出殷切期望，认为编辑应当具有广博的专业知识，较高的审稿水平，相当的文字素养和一定的活动能力，四者的有机结合，才称得上是一位好编辑。

罗竹风提出的杂家，已经为社会所承认，是对编辑的一种美誉。

1987 年，他受命担任上海市出版专业高级职务评审委员会主任，主持并完成了上海市出版专业高级职务的首次评审工作。在近两年半的时间里，共召开评审会议 25 次，评出了出版专业高级专家 581 人（其中编审 110 人，副编审 471 人）。这是数十年来，他为呼吁尊重编辑劳动，提高编辑社会地位所做的一件实事，他为自己在已经离开出版系统后，还能继续为出版系统的同志们服务，真正为上海出版界任命了一批高级专家而感到无限欣慰。罗竹风为上海出版专业高级职务评审工作所做的努力，被誉为是他替出版界做的又一件大好事。

树立丰碑的辞书编纂家

从事辞书编纂工作，并且一干就是 40 年，这是罗竹风与出版工作结下不解之缘的又一重要内容。

1957 年，毛泽东主席把修订 1936 年版《辞海》的任务交给上海以后，作为上海市出版局代局长的罗竹风，从一开始即参与其事，是最早的两位副主编之一。他参与组建了《辞海》修订编纂工作的领导机构辞海编辑委员会和工作机构辞海编辑所，并具体主持了修订编纂工作。他与编委会一起，提出了从实际出发、实事求是的修订思想；概括了政治性、科学性、通俗性、知识性、稳定性、简明性的编写原则,即释文应以马克思主义的立场和观点为统率,用科学的、客观的、正面叙述的方法,为读者提供尽可能多的稳定的知识,且力求简明扼要,深入浅出,通俗易懂;确定了以字带词,普通词语和专科词语兼收的收词原则;制定了一系列释文编写的行文规范,包括由他提出的释文必须切题而不可东拉西扯的“四至”说,释文必须简明扼要的“挤水分”说,多种学术观点必须客观表述的“并存”说等,为修订编纂工作确立了十分具体的指导方针。他领导了选收词目、撰写样稿、总结经验、推动编写等工作,为全面开展高水准的修订编纂打下了扎实的基础。他帮助解决了许多编纂中随时遇到的困难和问题,并且全身心地扑在审稿上,是唯一从头至尾审阅了《辞海》全部条目的领导人,对纠正稿件错误,锤炼语言文字,提高全书质量起了极其重要的作用。他对所兼任的宗教学科主编的工作极端负责,在领导整个学科的修订过程中,最为突出的贡献,就是能够排除“左”的干扰,实事求是地提出修订工作的指导思想,即以现行的宗教政策为指导,用客观的态度介绍必要的知识,既不能使宗教信仰者产生错觉,以为有反宗教的倾向,又不能使非宗教信仰者增加对宗教的向心力,从根本上解决了这一敏感学科的修订方向,为顺利开展工作奠定了坚实的基础。事实证明,按照这样的指导思想修订的宗教条目,社会效果是好的。经过全体作者、编者七个春秋的共同努力,1965 年 4 月终于出版了《辞海》(未定稿)。这部为了精益求精而特意推迟公开出版的内部发行本,对于 1936 年版而言,虽然称之为“修订”,其实几近于重编,除名称、框架有所沿袭外,其他一切无异于重起炉灶,完全是脱胎换骨的新版。

1978 年,他继续担任《辞海》副主编,具体主持《辞海》1979 年版的修订编纂工作。他明确提出,修订工作必须依靠过去参加过此项工作的全体专家学者,必须以《未定稿》为基础,在政治上,必须坚决否定“文革”极左的理论和路线,在科学文化技术上,必须尽可能反映最新的研究成果。为了尽快扫除修订工作中最大的思想障碍,他在专程赴京,对否定极左错误未获明确提法的情况下,经与主编商议,具体领导了《〈辞海〉处理稿件的几点意见》的起草工作。文件大胆否定了“文化大革命”、以阶级斗争为纲、无产阶级专政下继续革命、资产阶级司令部、走资本主义道路当权派等一系列极左提法,并且很快被证明与党的十一届三中全会和以后由十一届六中全会作出的《关于建国以来党的若干历史问题的决议》的基本精神几乎完全一致,对于指导实事求是的修订工作,起了至关重要的作用。他始终坐镇修订工作第一线,运筹帷幄,把握全局,做了大量的组织领导工作,解决了许多尖端的棘手的问题,并为终于公开出版的《辞海》撰写了前言。这部向建国 30 周年献礼的大型综合性辞书,是结束中国辞书编纂落后局面和开创新纪元的重要标志。

《辞海》1979 年版刚出版,他就提出,《辞海》的修订编纂是一项长期的任务,辞海编委会要始终保持下去。1980 年他改任常务副主编。1985 年开始继续具体主持《辞海》1989 年版的修订编纂工作。他提出,修订工作应当清除 1979 年版未及肃清的“左”的流毒和影响,力求反映最新的科学文化技术成果,努力做好补缺(完整学科体系)、纠错(消灭释文错误)、删滥(去除查考价值不大的条目)。这些意见是编委会对修订编纂工作提出的总要求的主要内容。向建国四十周年献礼的 1989 年版与 1979 年版相比,容量明显拓展,质量明显提高,是在 1979 年版基础上实现的一次飞跃。1993 年,《辞海》1989 年版荣获首届国家图书奖荣誉奖。

1994 年,他虽已患病住院,仍关心《辞海》1999 年版的修订编纂工作,并对总体构想提出了重要意见。这个总体构想确定的奋斗目标是,要完成更新换代的历史责任,编纂一部以全新的释义内容和精美的彩色图片合璧而成的新版《辞海》,向建国 50 周年献礼,以崭新的形象迎接 21 世纪。

1979年,罗竹风又受命担任中国第一部大型语文工具书《汉语大词典》主编。他作为这一巨大工程的设计者、组织者和领导者,上任伊始就为组建学术顾问委员会和编辑委员会而四处奔波,聘请了国内第一流的语言学家担任学术顾问和副主编,以加强全书的整体学术力量。关于《汉语大词典》的性质,他提出应当是一部提高性质的大型语文工具书,整个编纂工作都必须紧紧扣住这个中心来开展。关于它的规模,他提出应当是中国历史上空前的,收词需要达到35万条以上,字数在5000万左右。关于它的质量,他强调必须是能够达到反映汉语言全貌,并对中华民族的语言和传统文化进行系统的、科学的、全面的总结的要求,而且必须超过日本出版的《大汉和辞典》和台湾出版的《中文大辞典》。关于它的编纂方针,他概括为古今兼收、源流并重,即收词必须突破时代界限,古今汉语兼容并蓄,释文必须注重对源流的探究,全面准确地解释词义。更具体地讲,就是尽可能收录古今汉语著作中的普通语词,吸收语言文字的研究成果,准确地解释词义,恰当地引用书证,力求反映汉语词汇的发展演变。关于它的编纂原则,他提出了六个方面的要求,收词谨严,准确把握历时性和共时性,即收词工作既要有从古到今的纵向概念,又要有处于同一时代平面上的横向概念,将两者完美地结合起来,就能把有生命力和有使用价值的语词收列其中;纠正《大汉和辞典》和《中文大辞典》的错误;释文应综合新的成果,增补新的内容,具有新的见解;释文应义项完备,释义确切,层次分明,文字简练;体例应整齐完备,切实起到规则和规范的作用;装帧设计和插图应具有中国风格。关于作者队伍,他提出一定要充分调动老一辈专家学者的积极性,作为骨干和"种子",让他们搞好传、帮、带,对于中青年,一定要大力培养,放手使用,让他们在工作实践中不断提高业务水平和工作能力,尽快成为作者队伍的中坚,党和政府部门应当支持辞典编纂工作,将其列入科研工作的范畴。关于编者队伍,他提出一定要把汉语大词典编纂处建设好，要充实编辑力量，并为他们创造良好的工作条件和环境，实现出书、出资料、出人才的目标。关于资料工作，他强调这是保证《汉语大词典》质量的基础，必须把功夫花在积累第一手的原始资料上，通过搜集整理，去伪存真，去粗取精，形成科学体系，《汉语大词典》的内容和观点，应当从丰富的资料中概括和提炼。

在《汉语大词典》千头万绪的编纂过程中，他主持召开过无数次的编委会、审稿会和定稿会，研究决定了包括词典性质、编纂方针、收词原则、编写体例等一切事关全书的大政方略，部署和领导了包括讨论词目、解剖样稿、总结经验、全面推广等所有关键环节的工作，并且不辞辛劳地深入集中审稿、定稿的第一线，悉心研究推敲稿件，解决存在的疑难杂症，始终抓住编写质量不放，始终抓住出书进度不放，同时在工作实践中建立起了一整套行之有效的工作制度。他还在承担编写任务的华东五省一市（山东、江苏、安徽、浙江、福建、上海）间做了大量的组织、协调的工作，处理和解决了各种各样的困难和矛盾，有效地推进了整个编纂工作的健康发展。他对组建负责编辑和出版工作的汉语大词典编纂处、汉语大词典出版社的工作十分重视，花费了不少精力。

就在《汉语大词典》即将告成之际，他又将目光投向更远处，提出要充分发挥集十余年所形成的丰厚资源的优势，更好地适应不同读者的需要，努力出版包括《汉语大词典》缩印本，涵《汉语大词典》全部精华的《汉语大词典》简编本，按先秦、两汉、魏晋南北朝、唐宋、元明清和现代汉语各个时期划分的断代语词词典，以及成语词典、典故词典等，为不断拓展和丰富《汉语大词典》系列指明了方向。同时他也提出，要搞好《汉语大词典》的合作出版，让《汉语大词典》在香港、澳门、台湾地区等所有有汉语文化存在的地方发挥作用。他还特别强调，要不断做好《汉语大词典》每隔若干年修订一次的工作，使之日臻丰富与完善。

1994年,《汉语大词典》全卷出齐后,党和国家最高领导人出席了在北京人民大会堂举行的庆功大会,对这部彪炳千秋的皇皇巨著给予了极高的评价,赞誉《汉语大词典》是中华民族五千年文化的结晶,是中国辞书出版史上的壮举。同年,《汉语大词典》荣获首届国家图书奖,并被联合国科教文组织列为世界权威工具书之一。

1980年,罗竹风又担任中国第一部《中国大百科全书》总编委和《宗教卷》主编。他根据《辞海》宗教学科成功的修订经验,明确提出《宗教卷》的编写工作,必须以实事求是为原则,以宣传党的宗教信仰自由政策为核心,坚持内容的客观表述,努力把握好既反"左"又反右这个度。他注意落实从组织编写队伍,拟订所收条目,分学科编写样稿,组织样稿讨论,到全面铺开编写等各个环节的工作,为全书的编纂奠定了扎实的基础。他参加了重点条目、敏感条目的研究和审稿工作,并提出过许多关键性的意见,还亲自撰写"宗教"这一领头条目,对全面提高《宗教卷》的编写质量,起了重要的作用。《宗教卷》是一部填补中国百科全书领域内宗教门类空白的力作。

在对辞书编纂长期的研究和实践中,他也写下了许多理论与实践相结合的文章,《实践是检验辞书编纂工作的唯一标准——〈辞海〉修订工作二十年》、《〈辞海〉是怎样修订的——谈〈辞海〉的性质和历程》、《〈汉语大词典〉在实践中》、《试论语文词典编纂工作》、《同舟共济,鼓浪前进》、《回顾与展望——记〈汉语大词典〉首卷出版》、《〈辞海〉六十年》等,是其中的主要作品。

1996年11月,罗竹风因病逝世,离开了他毕生为之奋斗的事业,但是他的精神,他的人格,他的学识,他的业绩与社会同在,与事业永存。

原载《我与上海出版工作》1999年

“杂家”的宗师和楷模

——深切怀念我的校长罗竹风

陆　潜

今年 11 月,是罗竹风先生诞辰 90 周年和逝世 5 周年。他是我们“杂家”的宗师和楷模,我作为他的学生,此时此刻不能不表示深切的缅怀之情。

“没有罗校长,就没有出版学校”

罗竹风先生是我 1957 年就读上海出版学校时的校长。那时,他是上海市出版局的局长,每学期总有一二次和学生见见面,说说话。他给我们的印象是一位学问很深的高级干部,大家都知道他是“山东才子”,很尊敬他,仰慕他。他在我们毕业典礼上做的报告,印象最深的是要我们“做一个社会活动家”,“做一个杂家”和“做一个知识面广、学有专长的出版家”。这在那个强调所谓“又红又专”,实则只“红”不专宣传的年代里,是很鲜见的。在他的倡导下,学校非常注重语文教学,学生每周要交“500 字的小品文”5 篇。因为罗校长是中国语言学会的顾问,又是上海语文学会的会长,他常常是身教笔传,在《语文学习》杂志上写语文教学的文章。为了课余提高自己的语文水平,同学们只要见到《语文学习》刊载罗校长的文章,大家都会挤到图书馆去借阅,或几个人凑钱买回来拜读。

上海出版学校是培养出版工作者的摇篮,由于是新中国的首创,办学没有固定模式,学校从上海各出版社调来了一大批学识丰富的学科和专业老师，还从校外聘了一大批专家名人作兼职教授，如胡道静、赵家璧、胡问遂、黄若舟、颜文门、任意、宋原放、孙立功……在那个年代里，如没有一些胆魄、预见和事业性特强的领导，出版学校是办不起来的。罗校长的远见卓识，不仅在于办中国第一所出版学校，他还想办一所“上海出版文化学院”，由于“三年自然灾害”和他那篇倒霉的《杂家》而成了泡影。在我就读三年级的时候，学校除了编辑出版、资料校对、美术装帧、推广和图书发行班外，又新设了木刻水印班。据说，这个班也是由罗校长倡议设立的。如不设这个班，上海的木刻水印就“断子绝孙”了，也不会有1989年莱比锡“国际书籍艺术展”上朵云轩的《十竹斋画谱》的获奖。当年，罗校长作为国家出版代表团成员在莱比锡现场观摩木刻水印操作时，感触尤深。因为，制作重刻《十竹斋画谱》的木刻水印艺术家，正是当年在上海出版学校就读的他的学生。

当年我们这些在上海出版学校的五七届毕业生，现在大多工作于上海新闻出版发行的重要岗位上，有的担任社、店、厂级的领导，有中高级职称的不少，有的是出版系列高评委的成员、上海市的人大代表。

“杂家”的宗师和楷模

1961年毕业后，我先在新华书店上海发行所工作。以后在出版局和我创办的《书讯》报工作，与罗校长接触就多了。在我办报的几年里，多次得到他的指导，特别是登门向他约稿时，常常能聆听到他的教诲。他绝无大领导、大出版家的架子，而是诲人不倦、循循善诱。

1982年春节前后。一次偶然的机会，他跟我聊过他“充其量不过是个‘杂家’而已”的一生。他说，“1911年阴历十月间一降生，就算五族共和，咸与维新了”。“1931年考入国立北京大学中文系。这一年只录取了6名新生，是不愧为‘高门坎’的”，“除以中文系为主系外，还集中选了哲学系的课，特别是偏重于宗教方面的。我之所以与宗教工作长期发生瓜葛，大约就是这点根苗吧”。“北大毕业后，在烟台、青州当了二年语文教师”。“抗战爆发，学校解散，回家乡拉游击队”。“我当过兵，办过报，搞过文化教育，还干过‘县太爷’，总之无所不当”。“新中国建立三十年来，工作更是五花八门，其中值得一提的是曾在宗教事务部门干过四五年，接触了宗教实体”。“在我的大半生中，不知为什么竟和编辑工作结下了不解之缘；除出版行政之外，还编过《辞海》，现在正挣扎在《汉语大词典》的长征途中”。“几十年来，我写过不少文章，但以杂文为主。近几年，别人给我加上许多‘头衔’，其实，都是盛名难副的”。

这次谈话是这样引起的：那时我在主编的《书讯》上开了一个“我和图书”的专栏，很受作者、读者欢迎。1980年初，我也约请校长，他写了一篇《多读书，增长见识》。因在刊出时，照例登了他一张我为他拍的照片，还有一个我写的简介：“罗竹风，著名的学者，山东平度人，1911年生，现任上海社联副主席、上海语文学会会长和《汉语大词典》主编。”为此，他给我来信进行了批评，信中说：“《书讯》要登我写的那篇短文，当然为‘应征’而作，未尝不可。但所加的头衔似乎有点大得吓人，什么‘著名学者’之类。我一向是反对登照片的，也反对自我吹嘘的那一套。”使我深受教育。

校长是“杂家”的宗师。他曾说：“我之为有些人所知，大约是1962年5月6日，在《文汇报》上写了一篇豆腐干那么大的文章《杂家》，竟然闯下了弥天大祸！于是纷纷扬扬，变为封资修呼风唤雨的神咒了。而我也就‘一蹶不振’，被张春桥、姚文元之流折腾了十几年。如果有什么所谓代表作，那么《杂家》就是。”“杂家”这词儿，如不是罗校长的那篇文章，又没有张春桥、姚文元之流疯狂的炒作，恐怕今天的人们还会是很陌生的，而今风暴已过，天高云清，编辑是“杂家”的美名扬天下，这大概也是出乎罗校长的预料吧。

校长是“杂家”的楷模。在校长83年的人生中，他既是杂家，又是专家。在他工作的任何岗位上，我们都能看到他奋进不息而取得的辉煌实绩。

他是杰出的出版家。《辞海》修订本的出版、《汉语大词典》的出版、《中国大百科全书（宗教卷）》的出版、《中国人名大词典》的出版，《宗教学概论》、《宗教通史简编》和《宗教经籍选编》都是在他主持、主编下的呕心沥血之作。

……

校长83年的人生，是“杂家”的一生，也是专门家的一生。

我最敬仰的校长

人的一生求学中，会遇到不少校长，而罗竹风是我最敬仰的校长。1991年秋，即校长80华诞时，上海教育出版社将他一生的辛勤耕作，汇编为《行云流水六十秋》出版。那年的11月27日在上海社联的大厅中，隆重地举行了出版仪式，我也有幸受邀，并得到了校长的一本签名本。这是我放在案上床头间常翻阅的书刊之一。在他90诞辰的日子里，我翻阅这书，想起更多往事：

1980年2月23日，他给我一信说：“我很忙，即使写点小文章，也很难抽出时间，不得已，只好硬挤，有时利用夜晚赶写。年已七十，身心两衰，难胜繁剧。今后更应当知天命，量力而行了。”

1980年12月17日，他从北京来信：“12日来北京，旁听《两案》审判”，“欠的文债，得以偿还，总算不辱使命了。但所谓‘作家照片’之类，我是一向反对的。”

1982年1月30日，他又来信：“因患心脏病，并曾发生过心肌梗塞，外加血压高（110—200），像我这样一条结实的汉子，也不得不遵医嘱卧床全休了。”“这两三天稍好些,勉强应命;但已经超过约定时间十来天了,实觉愧对!”

学生接到这些信时,也真有“实觉愧对”校长之感。在他身心两衰的情况下,屡屡求稿。其实师生之心是常常相通的。校长有一次对我说:“我一生最痛快的时刻,莫过于亲自看到江青、王洪文、张春桥、姚文元四大罪魁祸首覆亡并被押上历史的审判台!”“固一世之‘雄’也,而今安在哉!?”从中让我体察到干了一辈子“杂家”的他,屈辱了十多年的他,在这“翻身的日子里”的巨大快乐!

1987 年元旦的那天,我有半天在他衡山路的寓所相叙,他为我的册页题词:“读书破万卷,下笔如有神。会当凌绝顶,一览众山小。1987 年元旦书杜甫诗句,以应陆潜同志参阅。”这是校长为我留下的珍贵遗言,我当永远铭记。

原载《编辑学刊》2001 年第 4 期

罗竹风的编辑实践和编辑思想

孙义清

主持修订《辞海》、主编《汉语大词典》等工具书的现代出版家罗竹风先生,以其丰厚的编辑实践提出了编辑有“学”、编辑应当是“杂家”的观点,并不断呼吁改善编辑的待遇、提高编辑的地位,为出版工作,特别是丰富和充实编辑学理论、培养编辑人才做出了较大贡献。

罗竹风出生于辛亥革命爆发的 1911 年,“从小就没有拖过猪尾巴似的小辫子”①,也没有上过私塾,小学开始学习的即是商务印书馆出版的“共和国国文”。1931 年,他以优异成绩考入新文化、新思想摇篮的北京大学。

北大的学习生涯对罗竹风的一生产生了很大影响。在这里，他主修中文，还选修了哲学、生物、心理等专业课程，后来他以中文和哲学两个专业获得文凭，成为北大“双学士”。北大学习期间，罗竹风与千家驹、李山风、徐世伦、肖家驹等人一道，尝试编辑出版了一份四开的《北大新闻》，这也算是罗老编辑生涯的第一步。这份报纸影响甚广，后来竟超出北大校园，以至有人鱼目混珠，也仿办了一份与《北大新闻》报头、开张、编排完全一样的报纸。这一“侵权”行为即是轰动北大的《北大新闻》“双胞胎”案。此事件从侧面证明了《北大新闻》的成功。

北京大学毕业后，罗竹风因山东的“思想不太保守”②，待遇优厚，先后在烟台中学和益都中学任教。此间，他接触到《西行漫记》、《斯大林传》等书籍。抗战爆发后，罗竹风响应中共中央北方局关于“脱下长衫，参加游击队”的号召和李公朴先生“就地开花”的劝导，与乔天化等人在大泽山地区拉起了队伍，与日寇展开游击斗争。

有感于早期方块汉字的难识、难学、难写，罗竹风认为这是中国文盲占全国人口比例巨大的主要原因。抗战时期，罗竹风与刘立凯、王良平等人在胶东 22 个县推广使用新文字，抗战后期又主持了中学教材的编写工作。这份教材受到中共中央的高度重视，被电告专程送到中央前委，并于解放后在全国推广使用。编写中学教材可以说是罗竹风编辑实践的第二步，是其热心文字改革和中学语文教学的结果，也为其在解放后主编《辞海》、《汉语大词典》等工作打下了基础。

新中国成立后，罗老先后在上海宗教事务处、哲学社会科学委员会、出版局等部门工作，1958 年被调参加《辞海》修订工作。1962 年 5 月，罗老在《文汇报·笔会》发表了为编辑待遇和地位仗义执言的《杂家》一文，迅即受到张春桥、姚文元等人的大肆污蔑和恶毒攻击，从而招致一场“莫须有”的“文字狱”，被批斗了十多年。直至党的十一届三中全会以后，罗老才重新走上工作岗位，前后主编修订了《辞海》、《汉语大词典》、《中国大百科全书·宗教卷》、《中国人名词典》等多部大型工具书。

修订《辞海》和主编《汉语大词典》是罗老解放后的两大编辑活动。修订后的《辞海》(1979 年版)克服了旧版《辞海》(1936 年版)的历史局限性，增加了词语部分的百科条目，编写态度严谨，词语解释更全面、完整、简要、准确、稳定，内容更加充实，知识性强。它的出版发行，改变了此前全国上下从高级知识分子到小学生人手一册《新华字典》的辞书饥荒状态，也成为向新中国成立 30 周年献礼的文化工程。

罗老主编、1985 年出版的《汉语大词典》属提高性质的大型语文词典，共收词 30 余万条，它以“古今兼收、源流并重”的编写方针，“通过对汉语词汇发展演变的整理，为研究汉语词汇学提供资料，同时也可以帮助解决阅读古今图书时所遇到的问题，扫除了因语词难懂所造成的困惑”③。编写《汉语大词典》还汇集了一批编写人员，培养了一支具有一定业务水平的编辑队伍，为编辑队伍的壮大、编辑学理论的形成与发展，奠定了基础。

罗竹风的编辑思想

长期的编辑实践，孕育了罗老丰富的编辑思想。

编辑有“学”，是一门独立的职业。

罗竹风一贯摒弃编辑无“学”的观点，认为出版工作是积累、保存和传播人类思想、文化、知识、技能的重要工具，是一项承前启后、继往开来的文化事业。作为出版程序的龙头，编辑也是“人类灵魂的工程师”，“因为编辑劳动的成果是图书，而图书是人类科学文化的重要运载工具，它不受时空的限制，可以流传久远”④。

出版，特别是编辑，又是科学文化的“重工业”，所以，“编辑是一门科学……是辅助劳动，但又是更高级的劳动，要掂量出稿件的分量，要对稿件做锦上添花的工作……无论是选题的制定，还是稿件的判断、原稿的加工，这中间都是充满了创造性的”⑤。

关于如何加强编辑学研究，罗老总结一要史、论结合，史、论交叉，便可系统地看出这一门学科在时间上的推移，也可以观察它在一个平面上运动的状况，“史”、“论”是构成“学”的必要条件。二要重视对编辑实践经验的提炼。他认为编辑学是一门实践性很强的学问，中国有悠久的编辑实践历史，而且长期从事编辑工作者，有很多具体的经验，但我们历来不重视提炼编辑学的自身规律，因而“学”的建立已经滞后很多，“现在确实是到了认真探讨的时候了……编辑要加强这个观念”⑥。他还认为编辑的地位、工作、作用等常不为外人所理解，既有编辑学自身发展滞后的因素，也和有的主管部门对编辑学和编辑职业缺少认识和不够重视有关。

编辑应该是“杂家”，要“杂”中求“专”。

罗老认为一个力能胜任、名副其实的编辑，必须具备一定的专业知识、业务能力、文字素养和组织活动能力，其核心是编辑首先要当“杂家”，因为“不管是哪一门类的图书，内容所涉及的范围都不能是十分单一的，往往出现多种知识相互错综交叉的情况，需要编辑分析、判断和处理，并最后作文字加工”⑦。编辑要有广博的知识，只有这样，才可以从多方面鉴别稿子的质量，并向作者提出中肯的修改意见，求得锦上添花，使编辑出版的作品质量更上一层楼；从另一角度看，编辑不仅要积累一定的文化知识，具备文法、修辞、逻辑等文字基本功，还要对版面、字体、装帧设计以至印刷、发行都相当内行。编辑知识丰富而全面可以使书刊风格多样化，出版形式不断创新和提高，适应读者和社会的广泛需要。另外，编辑要进一步提高素养必须“杂”中求“专”。他认为：“编辑的修养一定要高一点……要有一门专长，要在通才里面拔尖。”⑧而当今世界知识间的横向发展，学科之间的相互渗透，为编辑成为哲学家、历史学家、经济学家、语言学家及理工学科的专家，提供了大的文化环境和可能性。而“杂”中求“专”不仅是老编辑成为名编辑的必然归宿，也是编辑行业摆脱“跑龙套”身份，扩大影响，提高社会地位的必由之路。要切实提高编辑的理论素质和业务素质，罗老提倡要为编辑创造参加各种学术会议的机会，鼓励他们深入实际生活，并保证有一定的时间学习和写作，使其成为思想、眼界开阔的文化学术的“助产师”。他特别提倡编辑要多练笔、写文章，这是提高编辑业务能力的有效方法。

编辑要有严谨踏实的工作作风和良好的职业道德。

罗老认为编辑是一项严肃、重要的岗位，必须兢兢业业，认真负责，不能掉以轻心，草率从事。编辑对书稿、文稿要有高度的责任感和质量意识，“大到观点、材料，小到一则引文、一个标点，都不能凭想当然处理”[⑨]。作为这一观点的证明，罗竹风把修订《辞海》作为“一项重要的科研工作”对待，“尽量做到材料与观点的统一，言简意赅，不蔓不枝，把释文限定在叙述具体内容范围之内，做到具有严密的科学性”[⑩]。而且这样做，“对培养实事求是、认真优良的学风，是大有帮助的”[⑪]。关于编辑职业道德，他指出，要杜绝为作者出书而分享稿费、接受作者馈赠、组稿面向熟人，甚至利用编辑职权剽窃别人成果等不良现象。“凡此种种，固然不属于贪污盗窃范围，而且总是极少数，但对这些精神产品方面的蚊虫，如不防微杜渐，及时加以制止，那么，一只苍蝇败坏一锅汤，会损害编辑的声誉，一方面使正直的作者裹足不前，产生离心作用，另外也对编辑队伍起腐蚀作用”[⑫]。为此对编辑队伍要加强教育和监督，使之端正态度，提高认识，坚决抵制不正之风的滋生蔓延。

编辑与作者之间是相互帮助、相互促进的关系。

首先，编辑应充分尊重作者的劳动成果，不可以武断的态度，滥用自己对书稿、文稿“生杀予夺”的特权。在学术上要允许争鸣,不强求一律。其次,编辑要经常保持与作者的联系,和作者交朋友,切不可妄自尊大,更不能到处张扬作者的缺点和失误。其三,编辑要有"甘为人作嫁衣裳"的精神,以自己的无私奉献,为繁荣学术及精神文明建设做积极的贡献。

罗竹风编辑思想的影响

罗竹风的编辑思想对当代的编辑工作和编辑学研究产生了很大的影响。

首先,他提出的编辑应该是"杂家"的观点,与我国20世纪80年代以后出版界关于编辑"学者化"问题的讨论有着内涵方面的承续关系。虽然这一关于编辑素养的大讨论,至今仍仁者见仁,智者见智,没有定论,但编辑学的理论研究已在这些讨论中不断升华和深化,理论对实践的指导意义则更为广泛而深刻。事实上,罗竹风关于"杂家"的两个层次的解释,亦即所谓编辑"学者化"的基本要求。

其次,罗竹风先生坚持编辑有"学"、要加强研究的态度,及其要大力加强编辑队伍建设、提高编辑待遇的倡议和努力,为我国出版事业的发展、编辑队伍的壮大,立下了汗马功劳。早在1962年,他就以《杂家》一文,提出编辑队伍建设和待遇问题。他的关于出版学研究要"网开八面"⑬的思想,推动了北京大学、南开大学和复旦大学等著名高校开办编辑学专业,从而为出版业培养了大批高级专门人才。他还积极倡导出版编辑学领域"不妨建立研究所,还可以成立编辑学会,作为群众性学术团体,经常开展学术讨论,由点到面,从各个不同角度为着一个共同的目标分工协作"⑭。最为直接的是,他理论与实践结合,把修订编辑《辞海》、《汉语大词典》等工具书的出版活动,作为集合、培养和锻炼编辑队伍的"实战演习"。在他的精心培育和引导下,一批编辑人员迅速成长起来,编辑队伍不断发展壮大。

注释:

①② 罗竹风:《七十四岁自述》,见《杂家和编辑》,太原:山西人民出版社1986年版,第1—12页。

③ 《〈汉语大词典〉在实践中》,同上书,第99页。

④ 《组织编辑,更好地为"四化"服务》,同上书,第43页。

⑤⑥⑧⑨ 《在改革的涛声中思考》,同上书,第485—491页。

⑦ 《编辑与杂家》,同上书,第29页。

⑩⑪ 《〈辞海〉是怎样修订的》,同上书,第74页。

⑫ 《编辑职能与业务道德》,同上书,第33页。

⑬⑭ 《对出版学的点滴看法》,同上书,第39页。

原载《编辑学刊》2001年第6期

存 目

著 作

罗竹风 《杂家和编辑》

山西人民出版社1986年

罗竹风 《行云流水六十年》

上海教育出版社1991年

论 文

罗竹风 《实践是检验辞书编纂工作的唯一标准——辞书修订工

作二十年》

《辞书研究》1979 年第 1 辑

罗竹风　《〈辞海〉是怎样修订的》

《辞书研究》1979 年第 2 辑

罗竹风　《〈汉语大辞典〉在实践中》

《辞书研究》1981 年第 2 期

罗竹风　《回顾过去展望未来——〈学术月刊〉25 周年纪念》

《学术月刊》1982 年第 1 期

罗竹风　《我们迫切需要一支辞书编纂队伍》

《辞书研究》1982 年第 5 期

罗竹风　《读〈编辑忆旧〉所想到的》

《读书》1985 年第 7 期

罗竹风　《"杂家事件"的前前后后》

《杂家》1986 年第 1 期

罗竹风　《三谈"杂家"》

《杂家》1986 年第 1 期

罗竹风　《三十而立——纪念〈学术月刊〉创刊 30 周年》

《学术研究》1987 年第 1 期

罗竹风　《辞书理论与辞书编纂——纪念〈辞书研究〉创刊十周年》

《辞书研究》1989 年第 2 期

罗竹风　《〈辞海〉1989 年版的编纂方针和出版意义》

《辞书研究》1989 年第 5 期

陈　原　《记罗竹风》

《语文建设》1997 年第 1 期

胡惠贞　《风范永存——悼罗老》

《语文建设》1997 年第 1 期

刘禹轩　《哀思无尽——悼念罗竹风同志》

《青岛文学》1997 年第 2 期

刘　建　《学习罗竹风同志实事求是的开拓精神》

《当代宗教研究》1997 年第 1 期

宋志坚　《罗竹风与〈辞海〉》

《出版广场》1997 年第 5 期

宋志坚　《罗竹风老人的最后岁月》

《书与人》1998 年第 2 期

于淑敏　《罗竹风——执著于“圣人”的事业》

《出版广角》1999 年第 10 期

陈　原　《纪罗竹风同志》

《我与上海出版工作》1999 年